Alternative Öffentlichkeit

»Öffentlichkeit herstellen« – das war nicht nur die zentrale Parole der Studentenbewegung gegen die gefrorene Atmosphäre der Nachkriegsära. Auch Alternativ- und Ökologiebewegung, Friedensprotest und Grüne haben unterschiedliche Formen von Gegenöffentlichkeit entfaltet.
Anhand des detailliert aufgearbeiteten Öffentlichkeitsmaterials der letzten Jahre unternimmt es der Autor, die kennzeichnenden Merkmale alternativer Öffentlichkeitsproduktion herauszuarbeiten. Dabei gilt sein besonderes Interesse den Gegensätzen zwischen und auch den Verschränkungen von Bewegungsöffentlichkeit auf der einen und klassischer Medienöffentlichkeit auf der anderen Seite. Er kann schließlich – jenseits der Protestkonjunkturen – den Idealtypus einer »neuen« Form von Öffentlichkeit aufzeigen, der sich mit Kategorien wie »bürgerlicher« und »proletarischer Öffentlichkeit« (Negt/Kluge) nicht mehr adäquat fassen läßt. Die alternative Öffentlichkeit zeichnet sich dadurch aus, daß sie das vermeintlich Private nicht als ihren Gegensatz, sondern als wichtigen Bestandteil begreift.
Die Analyse stützt sich nicht nur auf Flugblätter und alternative Zeitungen. Um die Öffentlichkeitsproduktion der Protestgruppen wirklich verstehen zu können, ist ihr ganzer Lebenszusammenhang zu berücksichtigen. So hat der Autor auch die Aktions- und Demonstrationsformen, die Kommunikationsstrukturen und die alternative Symbolproduktion in seine Untersuchung einbezogen.

Karl-Heinz Stamm, geb. 1948, lebt als freier Publizist in Berlin. Er studierte dort und in Frankfurt Soziologie und Philosophie. Während seiner Studienzeit war er zunächst Mitarbeiter beim Informationsdienst zur Verbreitung unterbliebener Nachrichten (ID), später Redakteur bei der Tageszeitung (taz). Auch als wissenschaftlicher Mitarbeiter am Institut für Kommunikationssoziologie und -psychologie der FU Berlin hat er sich mit alternativen Medien und deren Öffentlichkeitsbildung beschäftigt.

Karl-Heinz Stamm

Alternative Öffentlichkeit

Die Erfahrungsproduktion neuer
sozialer Bewegungen

Campus Verlag
Frankfurt/New York

CIP-Kurztitelaufnahme der Deutschen Bibliothek

Stamm, Karl-Heinz:
Alternative Öffentlichkeit : d. Erfahrungsproduktion neuer
sozialer Bewegungen / Karl-Heinz Stamm. – Frankfurt/Main ;
New York : Campus Verlag, 1988
  ISBN 3-593-33948-X

Das Werk einschließlich aller seiner Teile ist urheberrechtlich geschützt.
Jede Verwertung ist ohne Zustimmung des Verlags unzulässig. Das gilt insbesondere
für Vervielfältigungen, Übersetzungen, Mikroverfilmungen und die Einspeicherung
und Verarbeitung in elektronischen Systemen.
Copyright © 1988 Campus Verlag GmbH, Frankfurt/Main
Umschlaggestaltung: Atelier Warminski, Büdingen
Druck und Bindung: Weihert-Druck, Darmstadt
Printed in Germany

Für Sylvia,
die für mich lange Zeit die einzige Form von Öffentlichkeit darstellte

Inhaltsverzeichnis

Einleitung 13

Kapitel 1
**»Gegenöffentlichkeit« — die Studenten- und Schülerbewegung
der ausgehenden 60er Jahre** 17
1. Politikverständnis und Verlauf der Revolte 17
2. Der aufklärerische Impuls der Revolte 21
3. Konstitutionsbedingungen der auf »Öffentlichkeit«
   zentrierten Politik der Außerparlamentarischen Opposition 22
4. Die Widerstandsformen des Protestes:
   Aktion und Aufklärung 25
5. Das Scheitern der Aufklärung 28
6. Die Kommunikations- und Organisationsprinzipien
   der Revolte 29
7. Studentischer Protest und bürgerliche Öffentlichkeit 33
8. Gegenöffentlichkeit in der Protestbewegung 40
9. Die Zeitungen der Bewegung 42
10. Öffentlichkeit als konstitutives Element
    »politischer Identität« 47
11. Schlußbetrachtung 50

Kapitel 2
**Zerfallsprozesse der linken Öffentlichkeit —
Kaderparteien, Basisgruppen und »bewaffneter Kampf«** 54
1. Die proletarische Wende 54
2. Die »studentische« Kaderparteie 57
3. Die Öffentlichkeit der Partei 59
4. Die Parteipresse der K-Gruppen 62

7

5. Ritualisierung der Öffentlichkeit 65
6. Zur Dialektik von »revolutionärer Gewalt« und Medien-Öffentlichkeit 66
7. Fanalöffentlichkeit und Solidarisierungszwang 69

Kapitel 3
Die publizistische Umsetzung des radikalen Öffentlichkeitsanspruchs — der Frankfurter »Informations-Dienst zur Verbreitung unterbliebener Nachrichten« (ID) 71
1. Die Konstitutionsphase des ID 71
2. Das ID-Konzept 73
   2.1 Die Entstehung des Konzeptes 73
   2.2 Der konzeptionelle Dualismus 74
       2.2.1 Medienproduktion als konkrete Utopie — der radikale Gehalt des Konzeptes 75
             — Betroffenenberichterstattung 75
             — Die Gebrauchswerteigenschaft einer Nachricht 78
       2.2.2 Der traditionelle Teil des Konzeptes 79
   2.3 Die »unterbliebene Nachricht« 80
   2.4 Die Fetischisierung des Agenturanspruchs 81
   2.5 Forum oder Interventionsinstrument, Redaktionelle Autonomie oder Repräsentanz der »Bewegung«? 85
3. Der ID als Repressions- und Knastblatt 86
4. Der ID und die bürgerliche Öffentlichkeit 88
5. Die Funktion des ID für die »Bewegung« 90
   5.1 ID und Tageszeitung: eine verpaßte Chance? 90
   5.2 Der langsame Tod des ID — zwischen Magazin und alternativer Presseagentur 92
   5.3 Der ID und die Alternativpresse 94
6. Schlußbemerkung 96

Kapitel 4
Erfahrungsproduktion und Öffentlichkeit — die Gegenöffentlichkeit der Alternativbewegung 99
1. Die Alternativbewegung 99
   1.1 Definitorische Eingrenzung 99
   1.2 Politischer Hintergrund 101
   1.3 Entstehung und Entwicklungsverlauf 102
   1.4 Zum Politikverständnis der Alternativbewegung 105

2. Die erfahrungsgeleitete Öffentlichkeitsproduktion
   der Bewegung 110
3. Der Rückzug ins Getto oder Theorieverlust
   und Lagermentalität 115
4. Strategien der Entgrenzung: die Aufhebung der
   Trennung öffentlich — privat 118
5. Die Pervertierung des Erfahrungsansatzes 122
6. Das alternative Symbolmilieu als Teil der
   Gegenöffentlichkeit 126
7. Organisations- und Kommunikationsstrukturen 128
8. »Gegenöffentlichkeit« in der Alternativbewegung .. 134
9. Die Alternativpresse 139
   9.1 Ziel und Zweck der Produkterstellung 144
   9.2 Organisation des Arbeitsprozesses 144
   9.3 Das Kommunikationsmodell der Alternativzeitungen 145
   9.4 Inhaltliche Zielvorstellungen 146
10. »Authentische Öffentlichkeit« als Konstitutionsbedingung
    »politischer Identität« 147
11. Resümee 151

Kapitel 5
Die Partizipationsöffentlichkeit der Bürgerinitiativ-
und Ökologiebewegung 154
1. Vorbemerkung 154
2. Vom Bürgerprotest zur Ökologiebewegung 155
3. Aktivierung der Öffentlichkeit 160
4. Die Reaktion der lokalen Öffentlichkeit 164
5. Zur Dialogstrategie der Bürgerinitiativen 168
6. Die Aktionsformen des Bürgerprotestes 170
7. Organisatorische Verdichtung und
   kommunikative Asymmetrie 172
8. Die Volksblätter 175
   8.1 Das Volksblatt-Konzept 178
   8.2 Zum Scheitern der Volksblätter 180
9. Resümee 181

Kapitel 6
Die »neue« Friedensbewegung und ihre Öffentlichkeit 186
1. Entstehung und Verlauf 186
2. Die Demonstrations- und Aktionsformen des Friedensprotestes 189

3. Organisations- und Kommunikationsprinzipien 193
4. Die Öffentlichkeit der Bewegung 195
5. Das Defizit an theoretischer Reflexion 204
6. Friedensbewegung und bürgerliche Öffentlichkeit 206
7. Die Thematisierungsleistung der Friedensbewegung 208

Kapitel 7
Der Etablierungsprozeß der »grünen« Bewegung und die Ausdifferenzierung einer Parteiöffentlichkeit 210
1. »Grüne«, parlamentarische Öffentlichkeit 210
2. Die medienzentrierte Öffentlichkeitsproduktion der Grünen 214
3. Das Ende einer Politik des Privaten und die Instrumentalisierung der Lebensinteressen 221
4. Öffentlichkeitsverlust und Parlamentarisierung 224
5. Das Öffentlichkeitsprinzip und die Ausbildung informeller Strukturen 228
6. Die Ausbildung einer Parteiöffentlichkeit 230
7. Fazit 238

Kapitel 8
Zum Struktur- und Formwandel alternativer Öffentlichkeit 241
1. Die Folgen des »Deutschen Herbstes« 241
2. Merkmale des Strukturwandels der Alternativpresse 243
   2.1 Die Strukturkrise der Zeitungen 245
   2.2 Entmischungsprozesse und Funktionsverlust 246
   2.3 Mediatisierungsprozesse 249
   2.4 »die tageszeitung« (taz), Kommunikationselite in der sich hierarchisierenden Gegenöffentlichkeit 250
3. Zum Formwandel der linken Öffentlichkeit 256

Kapitel 9
Inhalt und Funktion einer »neuen«, »authentischen Öffentlichkeit« — Zusammenfassung und vorläufige theoretische Einordnung 260
1. Zur Diskontinuität alternativer Öffentlichkeitsproduktion 260
2. Die invarianten Elemente alternativer Öffentlichkeitsproduktion 263

3. Erfahrung und Öffentlichkeit 264
4. Die Elemente der »neuen« Öffentlichkeit 268
   4.1 Kollektive Erfahrung 268
   4.2 Wiederaneignung von Zeit und Raum 269
   4.3 Verallgemeinerung und theoretische Reflexion 270
5. Zur Dialektik von bürgerlicher und spontaner Öffentlichkeit 270
6. Das Neue der »neuen« Öffentlichkeit 273
   6.1 Begriffliche Näherung 275
   6.2 Inhaltliche Bestimmung 278
7. Träger und Funktion der »neuen« Öffentlichkeit 283
8. Ausblick 287

Anmerkungen 290

Literaturverzeichnis 293

Einleitung

Es scheint verwegen, in einer Zeit der politischen Wende, in der die grüne Bewegung als politische Kraft eher stagniert als expandiert, in der die bunte Vielfalt alternativer Projekte und Zeitungen sich kommerzialisiert und etabliert, in der vor allem aber die globale Utopie von einer besseren Gesellschaft sich verflüchtigt, von den Ansätzen einer anderen, »neuen« Öffentlichkeit zu sprechen. Wer sich aber vergegenwärtigt, in welchem Zustand die bundesrepublikanische Gesellschaft am Ende der Ära Adenauer war, wer sich an die versteinerten und verkrusteten Öffentlichkeitsstrukturen der Nachkriegszeit erinnert, der findet diese Idee weniger unsinnig. Einzig in Relation zu jener historischen Situation, in der der Erosionsprozeß bürgerlicher Öffentlichkeit nahezu vollendet war, wird die, in den letzten Jahren erst sich abzeichnende, Bedeutung und die Tragweite der von den neuen sozialen Bewegungen geschaffenen Öffentlichkeit deutlich.

Ausgangspunkt dieser Arbeit war zunächst weniger die Sphäre einer sich entfaltenden Öffentlichkeit als vielmehr das Interesse an einer alternativen Zeitungsbewegung, die während der Studentenbewegung sich zu entwickeln begann und Mitte bis Ende der siebziger Jahre zur vollen Blüte gelangte. Die alternative Medienproduktion, die von ihrem Anspruch her die tradierten Produktionsformen und -inhalte bürgerlicher Öffentlichkeit überwinden wollte, hatte das Experiment, die Aufhebung der Trennung von Kommunikator und Rezipient, auf ihr Panier geschrieben. Was aber ist aus diesen Ansätzen, was aus den Intentionen und Versuchen geworden? Das war die Frage, die am Anfang dieser Arbeit stand. Sehr schnell jedoch ist die Begrenztheit dieser Fragestellung offensichtlich geworden, ist mit der alternativen Zeitungsarbeit doch nicht nur eine andere Produktions- und Rezeptionsweise intendiert, sondern auch ein anderes Verständnis von Öffentlichkeit, von Kommunikation und Interaktion. Hinsichtlich der Methodik ist eine qualitativ interpretierende Verfahrensweise gewählt worden, weil sie dem Gegenstand, vor allem aber der Fragestellung am ehesten gerecht wird, im Gegensatz zu einer empirisch quantifizierenden Analyse, die die medialen Produkte von ihrem Enstehungs- und Rezeptionszusammenhang isoliert und klassifiziert. Eine solche Verfahrensweise aber erschwert den Zugang zu einem Gegenstand, der, wie die alternativen Medien, untrennbar mit seinen Trägern und deren soziokultureller Lebens- und Arbeitswelt verbunden ist. Denn Medien sind Werkzeuge im sozialen Prozeß und nicht, wie fälschlicherweise oft angenommen, der soziale Prozeß selbst.

Deshalb begreifen wir die alternativen Medien, speziell die alternative Presse, nur als *einen*, materiell greifbaren, Ausdruck der Produktion von Öffentlichkeit, wie sie von den neuen sozialen Bewegungen geleistet wird. Da aber erst das ganze Ensemble gegenkultureller Lebenszusammenhänge die Sicht frei macht auf ihre Öffentlichkeitsproduktion, sind auch die Kommunikations- und Interaktionsformen, die Demonstrationstechniken und Durchsetzungsstrategien, die Symbolproduktion, sowie die zugrundeliegenden politischen Konzepte in unsere Untersuchung mit einbezogen worden. Erst dieser Totalitätszusammenhang ergibt ein genaueres Bild der je unterschiedlichen Ausformungen von Öffentlichkeit. Von daher ist die Analyse auch nicht auf publizistikwissenschaftliche und soziologische Fragen beschränkt, sondern auch politologische und sozialpsychologische Aspekte haben Eingang in die Arbeit gefunden.

Bei der Untersuchung haben zwei erkenntnisleitende Fragen im Mittelpunkt gestanden. Zum einen wurde gefragt, ob und wie die Erfahrungen der außerparlamentarisch Handelnden in der alternativen Öffentlichkeit zur Geltung kommen, wie sie organisiert sind, zum anderen, wie das Verhältnis zur bürgerlichen Öffentlichkeit den Charakter der sich jeweils ausbildenden Bewegungsöffentlichkeiten bestimmt.

Dabei folgt die Darstellung dem historischen Entwicklungsprozeß selbst, einzelne, durchaus politisch relevante, Bewegungen sind allerdings außer acht gelassen worden, wie z.B. die Frauenbewegung, der Protest der Punk-Generation sowie die neue Jugendbewegung der Hausbesetzer. Gleichwohl sind wir der Meinung, daß diese Auslassungen unsere Argumentationsfigur hinsichtlich des Konstitutionsprozesses einer »authentischen Öffentlichkeit«, die parallel und mit der Ausdifferenzierung einer »neuen« Mittelschicht sich entfaltet, nicht beeinflussen. Allerdings entwickelt sich diese Öffentlichkeit nicht geradlinig und kontinuierlich, nicht als Vollzug der primär theoretisch formulierten Medienkritik der Revolte, sondern als dialektischer Prozeß von Kontinuität und Bruch.

Trotz des konstatierten Form- und Funktionswandels alternativer Öffentlichkeit, den wir u.a. am Strukturwandel der alternativen Presse festmachen, wird vor allem in der Schlußbetrachtung versucht, das Paradigma einer »neuen« Öffentlichkeit zu begründen, die von den Konzepten bürgerlicher und proletarischer Öffentlichkeit sich unterscheidet und in der die Ausbildung »politischer Identität« möglich ist.

Zwar beansprucht jeder Abschnitt dieser Arbeit eine gewisse Autonomie, aber sowenig eine partiale Bewegung hinsichtlich ihrer Bedeutung ohne den Kontext, ohne die Abfolge der Bewegungskonjunkturen begriffen werden kann, sowenig können die einzelnen Kapitel für sich alleine stehen.

Kapitel 1
»Gegenöffentlichkeit« — die Studenten- und Schülerbewegung der ausgehenden 60er Jahre

1. Politikverständnis und Verlauf der Revolte

Als Mitte der 60er Jahre die Studenten in den Universitätsstädten Berkeley, Nanterre, Paris und Berlin auf die Barrikaden gehen, löst das eine weltweite Protestbewegung aus, die nicht nur in der Bundesrepublik als eine der einflußreichsten sozialen Bewegungen der Nachkriegsgeschichte gelten kann (vgl. Leineweber/Schibel 1975: 9). Ein diffus wachsendes Unbehagen an den überkommenen Normen und Werten komplex organisierter Industriegesellschaften ist auf ein System gestoßen, dessen Legitimationsbasis zunehmend brüchig geworden ist. Daraus entwickelt sich eine Bereitschaft zur »Großen Weigerung«, die nach neuen Politik- und Lebensformen sucht und damit die eingeschliffenen Verhaltens- und Deutungssysteme radikal in Frage stellt.

Hier in der Bundesrepublik fällt die Revolte zwar mit dem Ende der Rekonstruktionsphase des westdeutschen Kapitals nach 1945 zusammen, gleichwohl lebt der Protest von seinen Inhalten als auch seinen gesellschaftspolitischen Utopien vom Fortschrittsoptimismus der Nachkriegszeit, von der Idee des unbeschränkten Wachstums und der Machbarkeit all dessen was man vor hat. „Eine Opposition, die vom Vakuum und von der Labilität bzw. Überalterung der Normalität profitierte, traf auf Verhältnisse, die ihrerseits sich noch in einer expansiven, interaktiven Spielraum bietenden Phase befanden, ohne daß die darin liegenden Möglichkeiten benutzt wurden." (Schülein 1983: 264)

Alle diese Strömungen vereinigen sich auf dem Höhepunkt der Revolte zur Außerparlamentarischen Opposition oder besser zum »antiautoritären Aktionszusammenhang«. Der Begriff Aktionszusammenhang verweist auf die Tatsache, daß es innerhalb der Bewegung erhebliche Differenzen hinsichtlich der Strategie, der Ziele als auch der Aktionsformen gibt, die auch regional voneinander abweichen. Da eine zusammenfassende Chronologie der Revolte, die alle diese Faktoren berücksichtigt, nicht vorliegt, beschränken wir uns hier auf eine, zugegebenermaßen sehr verkürzte, Einteilung, die für unsere Zwecke durchaus ausreichend ist (vgl. Habermas 1969: 10ff.).

In der ersten Phase, vom Frühjahr 1965 bis Juni 1967, ist die Studentenbewegung fast ausschließlich auf die Freie Universität Berlin beschränkt. Die studentische Kritik entzündete sich an den restaurativen Verhältnissen und Strukturen des universitären Ausbildungssystems, am autoritären Führungsprinzip einer »ordinierten Macht« (Ordinarienuniversität), die auf eine jahrhundertealte Tradition zurückgreifen kann (»Unter den Talaren Muff von tausend Jahren«). Die überholte Ordnung der Universitätshierarchie wird für die Studenten gleichsam zum Paradebeispiel für die überalterte Ordnung des Gesellschaftssystems überhaupt. Erst nach dem Tod von Benno Ohnesorg am 2. Juni 1967 erfaßt die Revolte die bundesrepublikanischen Universtitäten und wird dort in beschleunigtem Tempo nachgeholt. „Aber in dieser zweiten Phase hat sich, wiederum von Berlin ausgehend, der Protest nach außen gewendet, zunächst gegen die Springer-Presse, dann, im Zusammenhang mit den Notstandsgesetzen, gegen die Regierung der großen Koalition sowie gegen die Partei- und Gewerkschaftsapparate." (Habermas 1969: 10ff.) In dieser Phase, die durch eine allgemeine Politisierung gekennzeichnet ist, werden auch Schüler und Jungarbeiter mobilisiert, und es kommt zu einer Verschmelzung der studentischen mit den außeruniversitären Protestpotentialen (Ostermarschierer, Falken, Naturfreunde etc.); die Außerparlamentarische Opposition »APO« entsteht.

Nach den Osterunruhen (April 1968) setzt ein Prozeß der Fraktionierung ein, der die dritte Phase, die Transformationsphase einleitet (Negt 1976: 305)[1]. Es kommt zu einer »Momentanisierung« der Bewegung, die das ungegliederte Ganze in seine einzelnen Bestandteile auflöst. Kraushaar (1978: 14f.) hat diese Entwicklung als »komplementären Entmischungsprozeß« bezeichnet, der zunächst zwei Lager hervortreibt: das der Parteiaufbauer und das der Antiautoritären. Diese Transformationsphase ist vor allem durch die Organisationsdebatte gekennzeichnet, wie sie maßgeblich vom Sozialistischen Deutschen Studentenbund (SDS) geführt wird. Ihr liegt die Intention zugrunde, das antiautoritäre Bewußtsein in eine sozialistische Opposition zu transformieren.

Zwei Momente sind es, die gleichsam konstitutiv für die Revolte sind: das ist einmal die Problematisierung der eigenen sozialen Lebenswelt, wozu auch der Protest gegen die Familie, gegen die Väter gehört, die Auschwitz, den Faschismus ermöglicht hatten, und zum anderen die auf einem hohen moralischen Anspruch basierende Identifizierung mit den »Verdammten dieser Erde« (F. Fanon), mit den Befreiungsbewegungen der Dritten Welt[2]. Aus dem Spannungsfeld dieser beiden politischen Dimensionen hat sich die explosive Kraft der Bewegung entfaltet. „Wir waren einerseits durch die Greuel der Menschenvernichtung aufgeschreckt, andererseits haben wir am Beispiel Vietnam aber auch gesehen, daß es möglich war, einer technischen Übermacht wirkungsvolle Kampfformen gegenüberzustellen und Lebensformen zu entwickeln, die menschlicher sind. Und das korrespondierte mit unserem Bedürfnis, gegen die Konsumgesellschaft, gegen die total technisierte Welt eine andere, eine menschlichere Welt (...) zu setzen." (Cohn-Bendit 1978: 192)

Diese beiden Momente verweisen aber auch auf ein anderes, grundlegendes Prinzip der Revolte: die Dialektik von Selbstbefreiung und sozialem Befreiungskampf. Dieses »historisch neue Prinzip« wird zum zentralen Aktionsgehalt des antiautoritären Protestes. Man ist der Meinung, daß subjektive und objektive Veränderung, Selbstbefreiung und politischer Kampf miteinander vermittelt sein müssen.

Dieser »Dialektik der Befreiung« entspricht das neue, »authentische Politikverständnis« (Cohn-Bendit), das sich gegen einen vorherrschenden Typus instrumenteller Politik wendet. Es ist gerichtet sowohl gegen das bürgerlich-parlamentarische Delegationsprinzip als auch gegen die »klassischen Revolutionstheorien«, die der Arbeiterklasse die Rolle der Avantgarde zuweisen, aber deren unmittelbaren subjektiven Bedürfnisse zugunsten einer endzeitlichen revolutionären Perspektive aussparen. „Im Gegensatz zum traditionellen sozialistischen Politikverständnis wurde durch die subjektiven Bedürfnisse der Individuen hindurch ein Politisierungsprozeß entfaltet, in dem weder von einem selber, noch von anderen abstrahiert werden konnte. Politik als permanente Revolution im Sinne der Praktizierung eines radikal anderen Lebens — das war das historisch neue Prinzip und daraus bezog die Rebellion von '68 eine Ausstrahlung, die sie im objektiven Sinne zu einer subversiven Kraft werden ließ." (Kraushaar 1978: 55)

Allerdings wird dieses, von der Studentenbewegung formulierte, emphatische Politikverständnis, mit seinem Anspruch nach Veränderung der eigenen Subjektivität wie auch der objektiven Situation, nicht erst am Ende der Revolte einseitig verabsolutiert. Praktisch brechen beide Momente ständig auseinander. Das zeigt sich beispielhaft am Konflikt zwischen der Kommune I und dem SDS: hier werden wechselseitig Orgasmusschwierigkeiten gegen den Vietnamkrieg und die Verbandspolitik einer Studentenorganisation gegen die Problematisierung der Verkehrsformen ausgespielt, was dann ja auch letztlich, weil die Diskrepanz zu groß ist, zum formalen Ausschluß der Kommune aus dem SDS führt. Negt/Kluge (1974: 153) bieten dazu folgendes plausibles Erklärungsmuster an: „Die abstrakte Mobilisierung, die sich vor allem auf moralische und lediglich politische Impulse verläßt, schafft notwendig einen Ausgrenzungsmechanismus, der konkrete Interessen ausscheidet, weil sie vor dem legitimierenden politischen Gewicht von Weltereignissen nicht bestehen können."

Umgekehrt stößt der Anspruch nach einer Veränderung des unmittelbaren Selbst, das Prinzip der »radikalen Subjektivität«, an die Grenzen einer individuellen Privatheit, was am Auseinanderbrechen des SDS sich zeigt. Es stehen sich am Ende der Revolte drei Fraktionen des SDS gegenüber, die auf unterschiedlichen Ebenen ihre Erwartungen an die Organisation formulieren. In dieser Situation geht es darum, die heterogenen Erfahrungsprozesse zu kollektivieren, was aber nicht gelingen kann. Hans-Jürgen Krahl bringt diesen Zustand auf den Begriff: „Es handelt sich um Prozesse der privaten Aneignung von Politik, ohne Politisierung des Privaten." (Negt/Kluge 1981: 880)

Daß mit der Selbstauflösung des SDS und dem Auseinanderbrechen des antiautoritären Aktionszusammenhanges die Veränderung des Individuums *nicht* aus dem Programm der neuen Linken verschwunden ist, zeigt die »Alternativbewegung« Mitte der 70er Jahre: sie macht die Veränderung des Individuums, das »Einbringen von Eigeninteressen«, zum Mittelpunkt einer Programmatik, die mit der »Einheit von Politik und Leben« den durch die »proletarische Wende« weitestgehend ausgegrenzten Anspruch wieder aufnimmt.

Gleichwohl, mit dem geänderten Politikverständnis, das versucht, den alten Widerspruch von Reform und Revolution aufzugreifen und ihn auf eine andere Ebene zu stellen, ist es der Bewegung gelungen, gesellschaftliche Bereiche zu erfassen, die bislang von einem traditionellen Verständnis linker Politik ausgegrenzt wurden. „Angefangen von der sozialen Keimzelle Kommune als Alternative zum kleinbürgerlichen Familienverband, der auch im Staatssozialismus unangetastet geblieben war, über die Gruppenformen in Universität und Schule, bis hin zur kollektiven exemplarischen Aktion auf der Straße wurde in allen Lebensbereichen ein antiautoritäres Prinzip praktiziert: Sensibilität, Öffentlichkeit, Spontaneität, Kollektivität, Basisdemokratie und moralische Integrität (...)." (Kraushaar 1978: 55) Dies macht die »subversive Kraft« der Revolte aus, ihren Enthusiasmus und ihre spezifische Radikalität, die alle Bereiche der Gesellschaft durchdringt und innovative Impulse frei setzt, so daß es nicht nur in der traditionellen Politik (Reform-Ära Brandt/Scheel, Herabsetzung des Wahlalters, flexible Ostpolitik), sondern auch im Erziehungssystems (antiautoritäre Erziehung, Kinderläden), in der Kultur (Aktionskunst, Pop-Art, Agit-prop, politisches Theater), im Bereich der Familie (Kommune, Wohngemeinschaft), in der Justiz (§ 218, Reform des Strafvollzugs) und im Bereich der Sexualität zu Veränderungen kommt.

Die Existenz eines unmittelbaren Bedürfnisses nach Veränderung und der daraus resultierende Aktionismus („die Politik der Bewegung stand unter der Zeitstruktur des »sofort«", sie kannte keine politischen Programme und papiernen Protestresolutionen [Brückner 1981: 103]), das hat die situative

Stärke der Bewegung ausgemacht. Andererseits sind dies aber auch gerade die Bedingungen ihres Scheiterns. Die Nichtrealisierbarkeit dieser Ansprüche hat zu einer Perspektivlosigkeit geführt, die entweder im Marsch durch die Institutionen oder im Parteiaufbau kompensiert worden sind. Und so führt am Ende der Revolte die »Dialektik des antiautoritären Bewußtseins« (Krahl) zu dem zurück, von dem sie ihren Ausgang genommen hat, zu einem traditionellen, instrumentellen Politikverständnis.

2. Der aufklärerische Impuls der Revolte

Angetreten mit dem Impuls der Aufklärung, stoßen die Akteure der Protestbewegung sehr rasch auf die Strukturen der starren, entpolitisierten Öffentlichkeit des CDU-Staates, die still und autoritär jede Diskussion des Status quo unterdrückt. Sie erfahren die als liberal geltende Öffentlichkeit als einen »manipulativ hergestellten Verblendungszusammenhang«, den es zu durchdringen gilt. Damit aber wird die Auseinandersetzung mit der bürgerlichen Öffentlichkeit, mit ihren Strukturen und Mechanismen, zu einem zentralen Thema der Protestbewegung. Zwei grundlegende politische Positionen haben in allen Phasen des studentischen Protestes in ihrer Gegensätzlichkeit das Spannungsfeld für die verschiedenen politischen Aktionen abgegeben: a) die einem bürgerlichen Aufklärungsdenken verpflichtete Strategie der Politisierung durch massenhafte Aufklärung und b) die Strategie zur Durchsetzung sozialistischer Politik. Die Politik der Revolte, versucht man sie auf einen Nenner zu bringen, hat immer beide Momente enthalten. Von ihrem Ziel her ist sie antikapitalistisch-revolutionär (das wird ganz offensichtlich, wenn man sich die »Neue Kritik«, die Verbandszeitschrift des SDS anschaut), von ihrer Methodik her notwendigerweise aufklärerisch-konkret. Zwar ist die Notwendigkeit, die bürgerliche Öffentlichkeit zu überwinden, abstrakt begriffen, konkret aber steht die Rekonstruktion und Rehabilitierung einer vom Strukturwandel betroffenen Öffentlichkeit lange Zeit im Mittelpunkt der studentischen Politik. „Die Studenten versuchten, inhaltliche Elemente einer bürgerlich-liberalen Idee von Öffentlichkeit einzuklagen, indem sie Diskussionen demonstrativ erzwangen. Sie wollten Erfahrungen, Lebenszusammenhänge, geschichtliche Gegenwart (...) in einen öffentlichen Diskussionszusammenhang bringen, den die formale Öffentlichkeit hintertreibt." (Negt/Kluge 1973: 151) Erst die konkreten Auseinandersetzungen mit den Mechanismen bürgerlicher Öffentlichkeit, die Erfahrungen mit der Berichterstattung der bürgerlichen Medien, haben dieses Vertrauen destruiert und die Bewegung hat in

Teilen einen »sozialistischen Selbstaufklärungsprozeß« (Blanke) durchlaufen, an dessen Endpunkt die Hinwendung zum Proletariat steht. Von daher kann die Revolte auch als *Prozeß der Desillusionierung* begriffen werden. Denn die Hoffnungen in eine Strategie der massenhaften Aufklärung und die damit verbundene Idee von der Herstellung einer Gegenöffentlichkeit, die sich auf Ideen und Diskurse mit aufklärerischem Inhalt stützt, sind enttäuscht worden. Obwohl die Studentenbewegung sich in einem ungeheuerlichen Tempo radikalisiert hat, ist letztendlich das Bewußtsein einer »innerinstitutionell-appalativen Opposition« nie restlos überwunden worden.

3. Konstitutionsbedingungen der auf »Öffentlichkeit« zentrierten Politik der Außerparlamentarischen Opposition

Was waren die historischen Voraussetzungen, die gesellschaftlich-politischen Rahmenbedingungen, die zu einer Überwindung und Transzendierung der tradierten Formen bürgerlicher Öffentlichkeit nötig waren, und die zu konkreten Ansätzen wie auch abstrakten Visionen einer Gegenöffentlichkeit führten, die im Nachhinein als paradigmatisch bezeichnet werden können? Hierzu, nur sehr verkürzt, drei Aspekte:

Auf politischer Ebene ist das Gesellschaftssystem der Bundesrepublik, insbesondere das System der Öffentlichkeit und dessen Institutionen, in eine Krise geraten. Diese Krise der Öffentlichkeit wird vor allem dadurch ausgelöst, daß die SPD ab November 1966 mit der CDU/CSU eine große Koalition eingegangen ist. So gibt es keine parlamentarisch-politische und damit öffentlichkeitswirksame Opposition mehr, denn die FDP ist hierzu nicht in der Lage. Die politischen Kräfte links von der SPD sind damit gezwungen, sich in der außerparlamentarischen Opposition (APO) einen organisationsähnlichen Rahmen zu geben. Da eine solche außerparlamentarische Oppositionsbewegung rechtlich nicht vorgesehen und damit nicht abgesichert ist, muß sie sich auf die im Grundgesetz verbrieften Freiheitsrechte (Recht auf freie Meinungsäußerung, Versammlungsfreiheit etc.) stützen. Insofern ist der Kampf der APO *ein Kampf um den Zugang zur Öffentlichkeit,* ein Kampf um Kommunikationsmittel, die für eine politische Opposition lebensnotwendig sind.

Mangel an Öffentlichkeit ist aber auch an den Universitäten vorherrschend und das in zweifacher Hinsicht:

a) An den Universitäten ist es zu einem »Handlungs- und Kommunikationsstau« gekommen, der u.a. aus einer verfehlten Wissenschaftspolitik resultiert. Diese hat unter der „Dunstglocke einer unermüdlichen Reformrhetorik" (Habermas 1966: 7) den Immobilismus der universitären Strukturen nur sanktioniert. Dieser »Kommunikationsstau« der Universitäten läßt sich auch als »Insularitätserscheinung« (Claessens) der Universität deuten, d.h. als Abschluß der Universität gegenüber der außeruniversitären Öffentlichkeit. Die »monadologische« Struktur der Ordinarienuniversität — als wirksame Garantie gegen Kritik und Kontrolle — hat das wissenschaftliche Streitgespräch, den vernunftbegabten Diskurs fast gänzlich zum Erliegen gebracht. Das hat zur Folge, daß auch die Partizipationsmöglichkeiten der Studentenschaft an den universitären Belangen gleich null sind. „Das minimale Mitspracherecht — falls überhaupt vorhanden — von Studenten und Assistenten bei den »Kooptationsritualen der Habilitation und der Berufung« läßt sich auch erklären als Sicherung einer inneruniversitären Elite gegen inneruniversitäre Kritik." (Lepenies 1968: 182) In dieser Situation wird das Bedürfnis potenziert, „Kommunikation verstärkt in die außeruniversitäre Öffentlichkeit zu tragen" (Lepenies 1968: 183) wie auch umgekehrt, den beschränkten Zugang zur universitären Öffentlichkeit zu demokratisieren. Die Forderung nach dem politischen Mandat und die Forderung einer Demokratisierung der Hochschule sind Ausdruck dieses Bedürfnisses.

b) Diesen eingeschränkten Partizipationsmöglichkeiten entspricht die Struktur einer Universität, die das Humboldt'sche Ideal von Wissenschaft — durch deren Praktizierung sich die autonome Persönlichkeit als allseitige entwickeln sollte — weit hinter sich gelassen hat. Die Massenuniversität ist zur »Ausbildungsfabrik« verkommen. Anonymität und Vereinzelung auf der einen, überkommene Bildungsansprüche auf der anderen Seite, die aus diesem Widerspruch resultierenden Elends- und Entfremdungserfahrungen werden zu einem »kräftigen Motor der Bewegung« (Brückner). Die Versuche der Studenten, in Formen wie der »Politischen Universität« oder dem »Aktiven Streik« (Berlin, Frankfurt), dem etablierten Lehrbetrieb etwas qualitativ anderes entgegenzusetzen, sind Ausdruck dieser Diskrepanz (vgl. Zoller 1969, Claussen/Dermitzel 1968). Hinzu kommt, daß die Studentenschaft als gesellschaftliche Minderheit keinen Zugang zum System der Massenkommunikation hat. Rudi Dutschke (1980 b: 103) dazu: „Es ist wahr, der SDS hat keine Zeitung, keine Gegenmanipulationsmaschine." Die protestierenden Studenten stehen zwar, mit wechselnder Intensität, im Mittelpunkt des medialen Interesses, ein direkter unmittelbarer Zugang zu dieser Öffentlichkeit ist ihnen aber verwehrt, denn sie verfügen über keine Massenmedien, läßt man die beiden überregionalen Zeitschriften »Konkret« und »Pardon«[3] außer acht. Auch »Der Spiegel«, der vermittels vereinzelter redaktioneller Beiträge den politischen Protest der Bewegung unterstützt, kann wohl kaum als Medium der Revolte angesehen werden.[4] Die »kleine radikale Minderheit« ist somit auf die vorherrschenden Formen der Publizität, auf die bürgerliche Öffentlichkeit als ihren »Resonanzboden« angewiesen. Der Kampf um Öffentlichkeit ist insofern nicht allein ein Kampf um ein demokratisches Prinzip, er zielt darauf, einen Zugang zu den etablierten Medien des Systems der Massenkommunikation zu erlangen. Ein kommunikativer Raum, ein Kommunikationsnetz soll etabliert werden, in dem die Studenten über die eigenen Belange, über Politik und Wissenschaft diskutieren können.

Mit ihren öffentlichkeitswirksamen Aktionen wollen die Studenten das Meinungsmonopol aufbrechen, das im Zuge einer wachsenden Pressekonzentration sich durchgesetzt hat. Der Verlust regionaler Pressevielfalt auf der einen Seite und die Dominanz eines besonderen Typus von Massenpresse haben die Meinungsvielfalt des Nachkriegsdeutschland nivelliert und die Pluralität stark eingeengt. Die sinnliche Wahrnehmung der manipulativen Berichterstattung, insbesondere der »Springer-Zeitungen«, lassen die nur intellektuell gewonnenen Einsichten über die »Macht der Bewußtseinsindustrie« praktisch werden. Die Auseinandersetzungen mit dem Verlagshaus Springer kulminieren in der Kampagne zur Enteignung Springers, dessen Pressekonzern einer demokratischen Kontrolle unterworfen werden soll.

Nicht zuletzt aber ist es die Beschäftigung eines Teils der Studenten mit den kulturkritischen Positionen der »Frankfurter Schule«, wie sie von Horkheimer/Adorno vertreten werden — ihre Ausführungen zur Kulturindustrie und Massenkultur —, die die Revoltierenden für Fragen öffentlicher Meinungsbildung und deren Manipulation sensibilisiert. Aber auch die Manipulationsthese, wie sie von Herbert Marcuse (1967)in seinem Buch »Der eindimensionale Mensch« vertreten wird, liefert das Instrumentarium für die Auseinandersetzung mit den Meinungsbildnern. Neben der »Dialektik der Aufklärung« (Horkheimer/Adorno 1969), ist es aber das 1962 erschienene Buch von Jürgen Habermas »Strukturwandel der Öffentlichkeit«, das für die Protestbewegung von entscheidender Bedeutung wird, „es markiert theoretisch wie praktisch einen Wendepunkt der Linken in der Auseinandersetzung mit den Massenmedien: in dem es die mit Kulturkritik aufs engste verflochtenen medientheoretischen Ansätze der Frankfurter Schule in den kategorialen Zusammenhang einer empirischen Gesellschaftsanalyse einbezog, wurde es zum praktisch politischen Impuls für die später von den Protestbewegungen formulierte Strategie der *Herstellung von Öffentlichkeit.*" (Negt 1973, S. VIII)

Alle diese Faktoren zusammen markieren den historischen Zeitkern einer Bewegung, für die nicht nur das Herstellen von Öffentlichkeit, sondern auch die ideologiekritische Auseinandersetzung mit den Massenmedien im Mittelpunkt ihres praktischen Handelns als auch theoretischen Denkens gestanden hat. Insofern sie den besonderen Stellenwert der Öffentlichkeit in komplexen Gesellschaftsformationen begriffen hat, ist sie, verglichen mit anderen sozialen Bewegungen der jüngsten Zeit, einzigartig.

4. Die Widerstandsformen des Protestes: Aktion und Aufklärung

Der Vertrauensschwund in die Funktionsweise bürgerlich-parlamentarischer Demokratien und ihrer Institutionen (Mediensystem, Parteiensystem, Systemn der Wirtschaft etc.) sowie die Infragestellung des vorherrschenden Politikverständnisses bilden die Folie, auf der die Bewegung ihre spezifischen Widerstandsformen, die Strategie der »begrenzten Regelverletzung« entwickelt. Um Zugang zu einer weitestgehend entpolitisierten Öffentlichkeit zu erlangen, und um die appellative Funktion dieser Instanz zu destruieren, entwickelt die Protestbewegung ein umfangreiches Instrumentarium phantasiereicher Aktionsformen. Bereits die Gruppe »Subversive Aktion« hatte in den Jahren 1962-1965 in München, Stuttgart, Frankfurt und Berlin ähnliche Aktionen praktiziert, die bewußt ihre Vermarktung und Organisierung in »Massenparteien« unmöglich machen sollten. Neben die konventionellen Mittel (Demonstration, Versammlung etc.) treten aus Amerika importierte Techniken des gewaltlosen Widerstandes, go-in und teach-in, love-in und happening, die darauf zielen, das legitimationsbedürftige Herrschaftssystem an seiner einzig schwachen Stelle zu treffen: der entpolitisiert gehaltenen Öffentlichkeit.[6] „Diese Techniken gewinnen gegenüber einem bürokratisierten Herrschaftsapparat und angesichts eines publizistischen Bereichs kommerzieller Massenbeeinflussung einen neuen Stellenwert: sie dringen in die Nischen eines frontal unangreifbaren Systems ein. Sie erzielen mit relativ geringem Aufwand überproportionale Wirkungen, weil sie auf Störstellen komplexer und darum anfälliger Kommunikationsnetze gerichtet sind." (Habermas 1968: 7) Provokation und Protest, das sind die Mittel, die sich vorzüglich dazu eignen, die Publizitätsbarrieren zu beseitigen und Aufklärungsprozesse in Gang zu setzen.

Die Strategie der »begrenzten Regelverletzung« zielt aber nicht nur darauf, vermittels eines initiierten Diskussionsprozesses aufklärend zu wirken, sondern darüberhinaus auf eine Erschütterung des Systems. „Das Durchbrechen der Bannmeile, das Einschlagen der Rektoratstüren, die Eier aufs Amerika-Haus, die Steine in die Schaufenster waren nicht einfach spontane Widerstandsakte" (Hartung 1977: 28), sie sind darauf gerichtet, den im Nachkriegsdeutschland verschleierten Klassenantagonismus ans Tageslicht zu zerren und die latent gehaltenen faschistoiden Strukturen der Gesellschaft offenzulegen. Deshalb sind die Aktionen so konzipiert, daß sie nicht vereinnahmt werden können. Denn nur wenn die herrschenden Spielregeln durchbrochen werden — „die nicht die unseren sind" — gelingt die »Entlarvung des Systems«. Durch Provokation sollen Normen, Regularien, Attitüden, Tabus und Stereotypen des etablierten Denkens und Handelns in Frage gestellt, die Selbstsicherheit des Systems — seine Apparaturen und Mechanismen — gelockert und damit strukturelle Veränderungen in Gang gesetzt werden (vgl. Glaser: 56).

Die provokanten Aktionsformen, die die Decke der verdinglichten Verhältnisse aufbrechen sollen, sind aber nicht nur »nach außen«, gegen die verhärteten Gesellschaftsstrukturen gerichtet, der »egalitäre Duktus« der Bewegung zielt gleichermaßen auf eine Entgrenzung der inneren Natur des Menschen, auf Emanzipation und Autonomie des Einzelnen. Soll den Protestformen doch auch immer ein Stück Utopie, ein Stück des Gegenentwurfes einer anderen freiheitlichen Gesellschaft kenntlich gemacht werden. Egalitäre Kommunikation und solidarisches Verhalten sind Bestandteil der Aktionen, während der sie eingeübt und praktiziert werden. „Informelle Kader, Vollversammlungen, Klubs waren Formen der spontanen Selbstorganisation einer Bewegung, in der es vor allem auch um die Emanzipation des Einzelnen, um die Bewußtwerdung seiner Interessen und Bedürfnisse, um das Zerbrechen der verinnerlichten und äußerlichen Gewalt des Systems ging." (Negt 1976: 305) Die antiautoritär-plebiszitären Organisationsprinzipien zielen mithin auf *kollektive Lernprozesse,* die die Anonymität der Massenuniversität überwinden und indirekte Kontakte durch solidarische Aneignungsprozesse ersetzen sollen.

In dem Maße aber, wie diese Utopien nach kollektiver Selbstverwirklichung nicht realisiert werden können, tragen diese Ansprüche am Ende der Revolte zum Niedergang der Bewegung bei. Haben sich doch, entgegen dem Egalitätsprinzip, in der Realität Ungleichzeitigkeiten herausgebildet, ist das Verhältnis der Gruppenmitglieder zu- und miteinander doch mittlerweile durch Abhängigkeiten gekennzeichnet; Wortführer auf der einen und Zuhörer, Bewunderer auf der anderen Seite bestimmen das Bild. Vor allem sind es die studentischen Massenveranstaltungen, in denen aufgrund vorhandener Wissens- und Artikulationsvorsprünge der Agitatoren Führer- und Massenstrukturen entstehen, die von einem bloß antiautoritären Verhalten nicht rational aufgearbeitet werden können.

Grundlegendes Prinzip aller Aktions- und Protestformen ist die Einheit von Aktion und Aufklärung. Denn, so hat es Rudi Dutschke (1980 a: 89) auf einem Kongreß des SDS auf den Begriff gebracht, Aufklärung ohne Aktion wird zu schnell zum Konsum, wie umgekehrt „Aktion ohne rationale Bewältigung der

Problematik in Irrationalität umschlägt." Brückner/Krovoza (1972: 35) haben die Notwendigkeit, eine Handlungsdimension (Aktionsprinzip) in das Konzept der Aufklärung einzubeziehen, folgendermaßen begründet: „um *im* »Raume des denkenden Aufstands« zu bleiben, war es — anders als die Aufklärung im 18. Jahrhundert es sich erhoffte — unerläßlich, das Medium jener Vernunft und Rationalität, die *Sprache* (als Literatur, als Zeitung, als Rede oder Denkschrift), um Handlungs-Dimensionen zu erweitern." Denn die Kritik am Bestehenden kann sich nicht „auf eine bloß theoretische Analyse der Widerstände beschränken, die ihre Aufnahme und Aneignung bei den Empfängern der Nachricht (den »Massen«) verhindern; sie muß, wenn sie aufklären will, Widerstände *aufzusprengen* suchen: Nicht weil sie lieber kämpfte als aufklärte, sondern weil die Monopolisierung der Kommunikationsmittel und die Defensivsysteme des durchschnittlichen Bewußtseins sie *als* aufklärende zu verschiedenen Formen von Militanz nötigten."

Da die Appelle an eine »abstrakte Öffentlichkeit« weitestgehend unbeachtet bleiben und die Bewegung sich in zunehmendem Maße radikalisiert, bricht auch die Dialektik von Aktion und Aufklärung auseinander. Nicht mehr die Aufklärung breiter Bevölkerungsschichten steht von nun an im Mittelpunkt, sondern die Aktion und damit verbunden, wie es Dutschke formuliert, die »Politisierung der Beteiligten«. „Wir sagen ja zu den Aktionen der Antiautoritären, weil sie einen permanenten Lernprozeß der an der Aktion Beteiligten herstellen." (Dutschke 1980 a: 103) Die Radikalisierung der Bewegung zeigt sich aber auch daran, daß das Ensemble der Protestformen sich verändert: „Frühere, ästhetisch reizvolle Spielelemente des *Happenings* machten einem plebejischen, härteren Stil Platz, der sich weit schwerer entschärfen oder von kritischer Liberalität akzeptieren läßt. Während das provokante Happening die Irrationalität bestehender Verhältnisse visualisierte (W. Lefèvre) und Kommunikationsschranken durchbrechen, »massenhaft aufklären« wollte, richtet die plebejische Form von Provokation ihren Angriff auf Personen und Einrichtungen, deren Interesse am Bestehen irrationaler Zustände sie zu nicht selten brutalen Gegenaktionen motivierte." (Brückner 1970: 15)

In dem Maße aber, in dem die militanten Aktionsformen die Spontaneität verdrängen, tritt auch der Aufklärungsanspruch in den Hintergrund, es kommt zu einer Vorherrschaft des reinen Formprinzips. Dadurch aber gerinnt der Protest zur »elitären Pose«, die Bewegung verliert das, was sie unbewußt errungen hatte, ihre Authentizität.

5. Das Scheitern der Aufklärung

Geht man davon aus, daß Aufklärungsprozesse langwierige Prozesse in einem unbegrenzten Zeithorizont sind, die sich nicht auf ein stimulus-response-Prinzip reduzieren lassen (vgl. Michel 1971: 1), dann wird klar, weshalb die intendierte Strategie der Aufklärung der Massen scheitern mußte. Denn ein Spezifikum der Studenten- und Schülerrevolte war gerade, daß sich deren Verhältnis zur Zeit verändert hatte. „Ihre Idee der »Umwälzung von Alltäglichkeit und Subjekt« hatte eine ganz andere Zeitperspektive, als die Politik der Parteien: Die Achse, um die sich dieses veränderte Paradigma von Umwälzung drehte, war zunächst die Zeitstruktur des »Sofort ...«, des »Do-it-now«. Aufbrechen, umbrechen, fallen lassen, weggehen, Sprung — so etwa stellte diese Zeitperspektive sich dar." (Brückner 1981: 201ff.) Dem entsprach auch das neue Politikverständnis: »Authentische Politik« war auf eine Veränderung im Hier und Jetzt ausgerichtet. Und so ging die Strategie der »linearen Aufklärung« tendenziell an denjenigen vorbei, an die sie eigentlich gerichtet war, die lohnabhängigen Massen.

Hans-Jürgen Krahl (1971: 313ff.) hat auf die Notwendigkeit hingewiesen, eine Öffentlichkeit zu organisieren, in die die Erfahrungen der Massen eingehen: „Die Bewegung muß lernen", so Krahl in einer Rede auf einem teach-in, „ein Agitations- und Publikationswesen zu entfalten, etwa in der Form von Zeitungen für Betriebe, Zeitungen für bestimmte Schichten, produktive Angestellte, Zeitungen etwa in den Stadtteilen, in denen versucht wird, eine Argumentation zu entfalten, die wirklich es versteht, theoretische Kategorien (...) den Massen verständlich zu machen; und das bedeutet, es mit ihren konkreten bestehenden Erfahrungsgehalten zu vermitteln. Wenn wir solche Versuche von Aufklärung (...) nicht übernehmen, dann werden wir in die Situation kommen, daß die wissenschaftliche Intelligenz (...) eine leninistische Ersatzpartei wird, die niemals auch irgendwie nur einen einzigen Proletarier im Sinne von Befreiung und glücklichem Leben mobilisieren wird." Was dann doch eingetreten ist.

Zum einen hat Krahl hier die strukturellen Elemente einer Presselandschaft vorweggenommen und skizziert, wie sie sich Mitte der 70er Jahre neben und unterhalb der offiziellen Presselandschaft etabliert hat: die Alternativpresse. Diese hat allerdings, trotz zunehmender Funktionsdifferenzierung, nicht den von Krahl weitsichtig anvisierten Stand erreicht, sie blieb primär der Alternativkultur verhaftet. Zum anderen werden, gleichsam programmatisch, die inhaltlichen Organisationsprinzipien eines Typus von Öffentlichkeit angedeutet wie sie in dieser Arbeit als kritisches Paradigma »Gegenöffentlichkeit«

herausgearbeitet werden sollen: Gegenöffentlichkeit als Medium, in dem die Dialektik von wissenschaftlich-theoretischer Analyse und praktisch-alltäglicher Erfahrung sich entfalten kann.

6. Die Kommunikations- und Organisationsprinzipien der Revolte

Nicht nur das für die Protestbewegung konstitutive Prinzip der Öffentlichkeit geht auf das bürgerliche Aufklärungsdenken der Französischen Revolution zurück, auch ihr Organisationsprinzip, die Diskussion, hat dort ihre Wurzeln. „Auf dem Schild der Studenten stand eine Forderung, die einst die bürgerliche Wissenschaft gegen den Feudalismus formuliert hatte: Öffentlichkeit und Diskussion. Diesem Prinzip von Öffentlichkeit ist die Studentenbewegung verpflichtet geblieben: ihr Organisationsprinzip ist das der *großen Diskussion* mit anschließender *plebiszitärer Abstimmung*." (Claussen 1969) Der permanente politische Diskurs im Medium einer rational geführten Auseinandersetzung wird eine »subversiv wirksame Kraft« der Revolte. Die große Debatte im Audi-Max der Universität, die flammenden Reden, ihre rhetorische Inszenierung: das ist eine zentrale Erfahrung der Bewegung. „Denn nur die Diskussion gilt der Protestbewegung als ideologiefrei, die einen in möglichst rationaler Argumentation erzielten Konsens als Entscheidungsgrundlage für die praktische Herstellung der Bedingungen herrschaftsfreier Verhältnisse anerkennt." (Negt 1968: 189) Die Entfaltung von Argumenten in einer grundsätzlich öffentlichen Versammlung soll allen Teilnehmern Gründe, Absichten und Methoden politischer Aktionen vermitteln; theoretische Reflexion und Diskussion sind konstitutive Elemente politischer Praxis. Vollversammlungen, Räte, Komitees — nach historischem Vorbild organisiert — sind Organe der Meinungs- und Willensbildung und Träger kollektiver Entscheidungen.

Das Prinzip der »öffentlichen Massendiskussion« dient aber nicht nur der Kollektivierung theoretischer und praktischer Erfahrung, zielt auf Entgrenzung, der herrschaftsfreie Diskurs, personale Kommunikation ist auch gerichtet *gegen* die vorherrschenden Kommunikationsformen. Gegen ein Mediensystem, das selbst dort, so der Manipulationsvorwurf an die Massenmedien, wo es vorgibt zu informieren, eine besonders sublime Form der Manipulation ausübt. „Der den Status quo stabilisierenden Wirkung der Massenmedien glaubt man durch den Übergang zu direkter, nicht medial vermittelter Kommunikation entgehen zu können." (Lepenies 1968: 178)

Der Campus ist der geistige Brennpunkt der Revolte, von hier ziehen die

Demonstrationszüge in die Stadt, flankiert von Flugblattverteilern und Diskussionsgruppen, die die Aktionsproblematik »vermassen«, d.h. die anstehenden Sachverhalte auf eine außeruniversitäre Öffentlichkeit zu transformieren suchen. »Öffentlichkeit schaffen«, diese zentrale Parole der Revolte bezieht sich folglich nicht nur auf einen riesigen Output von Flugblättern, Flugschriften, Aufklärungsbroschüren, Sonderdrucken etc., sondern auch auf das Hinaustragen der Diskussion auf die öffentlichen Plätze und Straßen. Mit politischen Reden, Agit-prop-Theater, Kabarett-Szenen, politisch-literarischen Texten, politischen Liedern, Musik, Filmen, Wandzeitungen, visuellen Objekten und gedruckten Informationen soll eine Straßenöffentlichkeit hergestellt werden, die mit einem revueartig gemischten Programm das Durchschnittspublikum zu mobilisieren sucht. Im direkten Gespräch mit Passanten in der City, in den Hauptgeschäftsstraßen sollen die einseitigen und entstellenden Berichte der Medien korrigiert und um Verständnis für die eigenen politischen Aktionen und Ziele geworben werden. Der im Anschluß an den Tod von Benno Ohnesorg initiierte studentische Ausschuß für Öffentlichkeitsarbeit, der täglich ein Flugblatt mit den neuesten Ergebnissen eines studentischen Untersuchungsausschusses herausgibt, entwickelt z.B. eigens für die Diskutanten einen Leitfaden für die Diskussion mit der Öffentlichkeit (vgl. Miermeister/ Staadt 1980: 99). Ist die Demonstration beendet, kehrt man zur Uniiversität zurück, trifft sich zu einem teach-in, wo die Strategie diskutiert und die Erfahrungen verarbeitet und kollektiviert werden. Noch Jahre später ist deshalb der Campus der Ausgangspunkt zahlreicher Demonstrationszüge, obwohl schon längst die Universität nicht mehr das geistige Zentrum der politischen Auseinandersetzung ist.

Zentral für die Außerparlamentarische Opposition aber ist die *Massendemonstration,* die auf die Versammlungsformen der Arbeiterbewegung zurückgeht. Die Demonstrationszüge sind mit ihrer visuellen Symbolik darauf angelegt, den normierten Alltagszusammenhang zu provozieren und zu affizieren.[6] Mit roten und schwarzen Fahnen, Transparenten, Plaketten und Plakaten soll die Gesellschaft »geschockt« und die Aufmerksamkeit der Öffentlichkeit eingefangen werden. Das Auftreten der Demonstranten, ihre Kleidung und ihr Habitus, die langen Haare, Jeans und Parka tun ihr übriges. Durch akustische Signale (das skandierende Rufen der politischen Parolen: Ho-ho-hotschi-min, dabei hockt man sich untergehakt auf die Straße, springt plötzlich auf, um dann loszurennen, Reihe um Reihe, wogenförmig sich ergießend, dazu der Einsatz des Megaphons etc.) werden diese Eindrücke noch verstärkt. Während der Demonstrationszug durch die Straßen zieht, werden Flugblätter verteilt, Parolen und Aufrufe an die Häuserwände gepinselt und gesprüht, Diskussionsgruppen gebildet. Die Straßen und Plätze werden damit nicht nur zu einem Ort diskursiver Auseinandersetzung, sondern auch zum Tableau einer Kultur der Wandschriften, Parolen und Grafitti. Sie werden, wie es Peter Weiss formuliert, zum »legitimen Massenkommunikationsmittel« der linken Opposition. Alle diese Momente zusammen haben die neue Qualität dieser Manifestationen der Revolte ausgemacht, so daß der Berliner Happening-Künstler Wolf Vostell (1970) euphorisch bemerken kann: „In den Demonstrationsformen der Berliner Studentenbewegung, in Berkeley-, im Pariser Mai, gab es zum ersten Mal keinen Unterschied mehr zwischen Leben und Kunst." Das Pendant zur Massenversammlung und Massendemonstration ist das Flugblatt, es wird zum wichtigsten Kommunikationsinstrument der Revolte (vgl. Brunotte 1973, Miermeister/Staadt 1980). Schnell gedruckt und in großer Zahl verbreitet, kann mit der Flugschrift in kürzester Zeit eine breite Öffentlichkeit angesprochen werden. Pamphlete, Aufrufe, Sonderdrucke der Studentenzeitschriften, Zeitungsprospekte, Papers etc. werden an der Universität produziert und von dort aus massenhaft verteilt. Nach dem Kongreß in Hannover, verteilt der SDS beispielsweise ein Flugblatt in einer bundesweiten Auflage von 100.000 Exemplaren.[7]

Typisch für die Studentenrevolte ist aber zweifellos eine andere Kommunikations- und Demonstrationsform: die Technik des »Umfunktionierens«. Senatssitzungen an den Universitäten, öffentliche Veranstaltungen von Parteien und Verbänden, Kongresse, Versammlungen, Tagungen werden durch ein go-in zu einem Forum öffentlicher politischer Auseinandersetzung umfunktioniert. Horst Mahler schlägt beispielsweise vor, aus dem Kreis des Berliner Republikanischen Clubs eine Reihe von Individuen zu »rekrutieren« und diese in sogenannten Agitationsteams zusammenzufassen. Diese haben dann die Aufgabe, die mit großem Aufwand organisierten Öffentlichkeitskampagnen der SPD politisch umzufunktionieren. Die Strategie zielt zunächst auf die Okkupation der Diskussionsleitung, hat man die in der Hand, d.h. durch einen »Genossen« besetzt, so ist der erste Schritt des »Umfunktionierens« schon gelungen.

In dieser Zeit der Massenveranstaltungen und großen Debatten, der Demonstrationen und öffentlichen Versammlungen wird auch der Mythos von der »Souveränität der Straße« und sein Pendant, die Vorstellung von einer direkten, unmittelbaren Demokratie reaktiviert. Es wird ein Politikverständnis konstituiert, das in der Vorstellung von Basisdemokratie und dezentraler Macht sein Zentrum hat. Dieser Mythos hat seit der Revolte die politische Entwicklung und geistige Orientierung der neuen Linken in der Bundesrepublik grundlegend beeinflußt, und es brauchte ca. 15 Jahre bis zu den ersten zaghaften Versuchen eines Teils der parlamentarisierten »Grünen«, diesen Mythos in Frage zu stellen.

In all diesen, während der Revolte entfalteten Organisations- und Kommunikationsformen, ob teach-in, sit-in, go-in, Vollversammlung, Massendemonstration, happening etc. ist ein Strukturmerkmal enthalten, auf das Peter Brückner (1983: 86ff.)[8] ganz besonders hingewiesen hat: das der *Aneignung*. Man ist der Meinung, man hat das Gefühl, diese Straße, dieser Platz, die Wände und Treppen, die Säle und Bauten (insbesondere die Universität und die Schule) gehören uns. Diese kollektiven Aneignungsprozesse »von unten«, die auch gleichermaßen konstitutiv für die Bildung politischer Identität sind (vgl. Kap. 1, Abschnitt 10), haben Lebensräume und Lebensgelände eröffnet und erobert, das tendenziell auch nach dem Zerfall der Bewegung im Besitz der Opponierenden geblieben ist. Wenn abschließend die Revolte als Bewegung im wörtlichen Sinne, »als dynamische Konstellation mit starkem Homogenisierungs-Effekt« begriffen wird, dann können, gestützt auf Brückner, folgende, die Protestbewegung charakterisierende und strukturierende Momente zusammengefaßt werden:

„a) Kollektive, nach Kommunikation drängende Aktions- wie Diskussionsformen. (...)

b) Veränderungen in der Erfahrung von Raum und Zeit (...)

c) Die Entdeckung (oder Wiederentdeckung) spezifischer Organe der Willens- und Entscheidungsbildung (...)

d) 1. Mehr Interaktion »auf der Ebene der underdogs (assoziativer Strategieaspekt)« und

2. »weniger Interaktion zwischen underdogs und topdogs (dissozialer Aspekt)«.

e) Der egalitäre Duktus der Bewegung: herrschaftsfreie Kommunikation, Enthierarchisierung (...)

f) Aneignungsprozesse." (Brückner 1981: 100)

Vermittels dieser Methoden sind die handlungsleitenden Ideen der Revolte, Emanzipation und Antizipation des Utopischen, über die Universität hinaus vermaßt worden. Die Organisationsformen der Revolte drängen gleichsam nach Verbreiterung der kommunikativen Basis, und sie durchbrechen den Zustand der Anonymität, des indirekten Kontakts. Alle Kommunikations- und Organisationsformen der antiautoritären Revolte haben diese »Homogenisierungs- und Verschmelzungseffekte«, und nur so ist auch die ungeheuerliche Dynamik der Bewegung, der »Politisierungs- und Selbstaufklärungsprozeß« (B. Blanke) der Beteiligten zu verstehen.

Wenn die Ausführungen über die Kommunikations-, Organisations- und Demonstrationstechniken einen solch breiten Raum einnehmen, dann nur deshalb, weil die von der Studenten- und Schülerrevolte entwickelten Techniken geradezu exemplarischen Charakter haben. Mit einem Überschuß an Euphorie und Phantasie hat die Studentenbewegung neue Aktionsformen entwickelt, die hinsichtlich ihrer Formenvielfalt und ihrer Wirkungsweise einmalig sind.

7. Studentischer Protest und bürgerliche Öffentlichkeit

Das Verhältnis der protestierenden Studenten zur bürgerlichen Öffentlichkeit ist von Anfang an ambivalent. Es entwickelt sich zwischen rigider Ablehnung der »Manipulationsinstanzen« und ihrer Nutzung als Informationsquelle sowie als Forum für die Publizierung der eigenen Aktionsziele.

Entgegen ihren eigenen Erwartungen gelingt es den Studenten zumindest in der ersten Phase der Protestbewegung ansatzweise, den Manipulationszusammenhang der bürgerlichen Presse zu erschüttern und einem Teil der liberalen und linksliberalen Presse den auf Herstellung von Akklamation gerichteten Charakter teilweise zu nehmen. Mit ihren provokanten Protest- und Aktionsformen erschüttern sie die »hergestellte Öffentlichkeit« und schaffen für die Ziele eines zunächst radikalen Reformismus einen unvorhergesehenen politischen Spielraum. Dabei war man noch 1966, gestützt auf Habermasens Untersuchung zum »Strukturwandel der Öffentlichkeit«, davon ausgegangen, „daß ein solcher »ideologischer Einbruch« in den von Oligopolen beherrschten und Akklamations- und Legitimationsbedürfnissen der Großunternehmen, Verbände und Parteien sowie Verwaltungen angepaßten »Meinungsmarkt« nicht möglich sein würde." (Brücken/Groth 1973, Bd. 2: 669) Um so größer ist die Überraschung, als über die etablierten Tages- und Wochenzeitungen, über Illustrierten und Monatshefte, aber auch über Funk und Fernsehen eine derartige Publizität entfaltet werden kann. Das ist auch deshalb verwunderlich, da gerade die Massenmedien von den Protagonisten des Protestes für die Entpolitisierung der Öffentlichkeit verantwortlich gemacht werden. „Versucht man, die bisherigen Aktionen der studentischen Opposition in ihren Erfolgen und Mißerfolgen mit der jeweils benutzten Kommunikationstechnik zu vergleichen, so zeigt sich, daß die bisher größte Resonanz dort erreicht wurde, wo der Manipulationsverdacht sich herleitete: in den Massenmedien." (Lepenies 1968: 180)

Damit sind die bürgerlichen Medien zunächst einmal ihrer Aufgabe gerecht geworden, vermittels Bericht und Nachricht über das politische Zeitgeschehen zu informieren. Gleichwohl findet dies nicht die ungeteilte Zustimmung der öffentlichen Meinung.[9] Insbesondere von traditionell-konservativer Seite wird die Berichterstattung über den studentischen Protest, d.h. die „Überdramatisierung der studentischen Auswüchse" kritisiert, während doch in Wirklichkeit der Lehrbetrieb an den Universitäten in geordneten Bahnen verlaufe. „Die Presse hat mit ihrer einseitigen, schiefen und schwankenden Berichterstattung eine nicht geringe Mitschuld an den pathologischen Fehlentwicklungen. (...) Die unbeherrschte Gier nach Sensation ließ sie die skandalösen Vorfälle breit auskosten und stimulierte die jugendlichen Rabauken selbst dann, wenn in milden, temperierten Untertönen Kritik mitschwingen mochte. Die politische Instinktlosigkeit eines großen Teils unserer Presse ist jedenfalls deprimierend." (Thielicke 1969: 112f.)

Die entsprechende Kritik am Fernsehen fällt noch grundsätzlicher und vernichtender aus: das Fernsehen habe durch seine Berichterstattung den politischen Protest potenziert und so erst zu einem gesellschaftlichen Ereignis gemacht. Es wird gefragt, wie das Fernsehen es mit seinem öffentlich-rechtlichen Auftrag vereinbaren könne, einer gesellschaftlich und zahlenmäßig nicht relevanten Gruppe ein derartiges Interesse zukommen zu lassen. Weiter heißt es dann: „Das optisch Attraktive drückt nicht nur bestimmte Vorgänge bildhaft aus, sondern es läßt die Ausnahme als Regel erscheinen, es gibt diesen Ausnahmen eine aufgeblasene Publizität und versorgt sie dadurch mit Reizstoffen, die sie noch weiter aufputschen. (...) So kommt das Fernsehen dazu, nicht nur Geschichte — verzerrt! — zu *berichten*, sondern auch Geschichte zu *machen*. Es bildet die Verwirrung nicht nur optisch ab, sondern es erzeugt und intensiviert sie." (Thielicke 1969: 96)

Der zentrale Vorwurf ist aber der, das Fernsehen sei Sprachrohr der Bewegung, es berichte zu viel und zu positiv über die von den Studenten provozierten politischen Auseinandersetzungen: „Die radikale Rebellion probt den Umsturz einer Gesellschaft, in der die Revolutionäre nicht im Gefängnis, sondern vor der Kamera sitzen, wohlwollend publiziert, präsentiert, sekundiert und applaudiert." (Aust 1974) So der Kommentar von Matthias Walden zu einzelnen Berichten einer Fernsehsendung über die Studentenunruhen. Heftige Kritik an der »parasitären Publizistik« (Scheuch) kommt auch aus dem Verlagshaus Springer, ist dieses doch den vehementen Angriffen durch die Studenten ausgesetzt. Aber auch andere Blätter wie die »Frankfurter Allgemeine Zeitung« (FAZ) oder der »Münchner Merkur« weisen das Fernsehen und den Rundfunk daraufhin, daß diese ihre Aufgabe, sachlich zu informieren, mit dem Willen unseres Staatswohls stärker verbinden sollten.

Während solchermaßen parteipolitisch eingefärbte Medienkritik die Linkslastigkeit der Fernsehanstalten und die damit verbundene Unausgewogenheit der Berichterstattung anprangert (Vorwurf: »Rotfunk«), geht es den Medienkritikern, die dem studentischen Protest wohlwollend gegenüberstehen, um etwas anderes. Sie weisen auf die Gefahr hin, die der Bewegung durch die überdimensionale Medienberichterstattung droht. „Das Fernsehen kam flugs von weither gereist, sobald drei oder vier Abiturienten mit einer schnodderigen Schmähschrift ihre Kleinstadt aufgestört haben. Lange Haare und kurze Röcke, flinke Beschuldigungen und alles was extrem ist, wird aufgenommen und auf 1 1/2 Minuten zusammengeschnitten in der Tagesschau gezeigt — und das Publikum hat obendrein das Gefühl, mit eigenen Augen gesehen zu haben, wie lächerlich, absurd, übertrieben sich die jungen Leute gebärden. Was wirklich hinter den so herausgestellten Reaktionen steht, bekommt das Publikum nicht zu sehen." (Hentig, 1969) Das hat zur Folge, daß auf die Dauer der den Aktionen zugrunde liegende Ernst, ihr politischer Gehalt, durch die Art und Weise der Berichterstattung ausgeblendet wird.

In der Tat ist die Studentenrevolte ein Medienereignis par excellence, ein »telegenes Spektakel«, bei dem nicht gefragt werden kann, wer wen benutzt. In einem wechselseitigen Prozeß der Instrumentalisierung wird der Protest zu einem Fernsehereignis stilisiert, so daß man sagen kann, daß die Studentenbewegung die erste soziale Bewegung des Nachkriegsdeutschland ist, die das Fernsehen optimal einsetzt und nutzt.

Daß das Fernsehen in einem unerwarteten Ausmaß über die Revolte berichtet, liegt aber nun keineswegs an den Inhalten und den politischen Forderungen der Protestierenden. Im Mittelpunkt des Interesses steht primär das spektakuläre Ereignis, das für eine visuelle Reproduktion geradezu prädisponiert ist. Die Symbolik der Aktionsformen, ihre dramatische Inszenierung, das exotische Outfit der »Revoluzzer« eignen sich vorzüglich für eine Berichterstattung, die aufgrund ihrer medialen Dramaturgie auf das optisch Attraktive angewiesen ist. Das fernsehspezifische Interesse am optisch Umsetzbaren und die Öffentlichkeitswirksamkeit der Protestformen gehen zumindest in der ersten Phase der Studentenrevolte eine geradezu symbiotische Beziehung ein. Hinzu kommt, daß, entgegen dem vorherrschenden basisdemokratisch-egalitär-antiautoritären Prinzip, sich im Laufe der Zeit Wortführer und Führungspersönlichkeiten herausgebildet haben. Diese »Studentenführer« (Dutschke, Krahl, Cohn-Bendit u.a.) entsprechen aufgrund ihres Charismas ganz den Anforderungen eines Mediensystems, das auf Personalisierung ausgerichtet ist. Durch den Starrummel der Öffentlichkeit werden die führenden Köpfe der Revolte dann aber auch zur Zielscheibe der Medien und deren Konsumenten (z.B. das Attentat auf Rudi Dutschke, hier formulieren die Studenten die Parole: »Bild schoß mit«). Es entsteht in zunehmendem Maße eine Kluft zwischen »Opinionleadern« auf der einen und Mitläufern (Masse) auf der anderen Seite. Auf dieses Problem der Hierarchisierung soll hier nicht weiter eingegangen werden. Fest steht allerdings, daß die Medien, insbesondere das Fernsehen, diesen Prozeß der Ausdifferenzierung von Funktionsträgern zweifellos noch potenziert haben. Die von den Medien praktizierte Personifizierung linker Politik hat natürlich Rückwirkungen auf die Politik selbst: Die erzielte Publizität durch Fernsehen, Funk und Presse wird zum Erfolgsmaßstab politischen Handelns, was dazu führt, daß die Bewegung sich über das von den Medien publizierte Bild der Revolte identifiziert. Nicht ungefährlich ist diese Publizität auch aus einem anderen Grund: sie suggeriert bei den Beteiligten den Eindruck, man habe die Öffentlichkeit in der Hand. Bezeichnend für eine solche Einschätzung ist die folgende Formulierung: Die Bewegung, so heißt es bei Bücken/Groth (1973: 669) „funktionierte (...) durch die provokante Erschütterung der herrschenden Ideologie die bürgerliche Öffentlichkeit zum Forum der Bewegung um." Trotz aller publizistischer Erfolge geht diese Einschätzung doch zweifellos an der Realität vorbei, indem sie von den Machtverhältnissen in der Medienlandschaft abstrahiert.

Hier wird eine Überschätzung der eigenen Stärke ersichtlich, die durch die fortwährende Berichterstattung in Zeitung, Funk und Fernsehen zweifellos noch potenziert wird. Man ist der Meinung, die Revolution stehe vor der Tür. „Weil in jedem »Spiegel« etwas über die K-1 (Kommune 1, d. Verf.) stand, und daß machbar, Herr Nachbar, sei, was nur erdenklich." (Hübsch 1980: 43) Das aber hat die „latenten oder auch manifesten *Omnipotenzvorstellungen* und Verschmelzungsphantasien, also Phantasien mit dem Inhalt, die Realität magisch beherrschen und steuern zu können" noch verstärkt (Schülein 1977: 106).

Zwar ist es der Bewegung gelungen, ansatzweise einen eigenen, den von Habermas beschriebenen Konsum- und Akklamationszwängen kaum unterliegenden Kommunikationszusammenhang aufzubauen, Ansätze eines Verlags- und Vertriebssystems, Clubs und Debattierzirkel, Zeitschriften und Zeitungen, gleichwohl haben die etablierten Medien, speziell die Tagespresse für die Akteure eine zentrale Rolle gespielt. Trotz den Ansätzen eines autonomen Kommunikationssystems bleiben auch die Anhänger der Bewegung auf die bestehenden Massenmedien der Gesellschaft angewiesen. Hinzu kommt, daß die außerparlamentarische Opposition gerade auf die »gehobene Öffentlichkeit« fixiert ist. Man liest die »Neue Züricher Zeitung« und die »Frankfurter Allgemeine Zeitung« auch deshalb, weil man die Tendenz der Zeitungen einkalkulieren und damit den Informationsgehalt dieser Nachrichten abschätzen kann. Das »Starren auf die Blätter des gehobenen Niveaus« hat aber, so Bernhard Blanke (1968: 34f.), eine Fehleinschätzung zur Folge gehabt, die Studenten und Mitglieder der APO haben »an der falschen Stelle vor der eigenen Courage kapituliert«. Überhaupt hat eine Debatte über den subversiven Gebrauch der Massenmedien, d.h. über deren strategischen Einsatz während der Revolte *nicht* stattgefunden, erst am Ende der Revolte hat Enzensberger (1970: 167) auf das »ambivalente« Potential der »neuen Medien« hingewiesen.

Jede Beschäftigung mit den Medien der Bewußtseinsindustrie ist von vornherein dem Integrationsverdacht ausgesetzt. Die daraus resultierende Berührungsangst, hat jede Analyse des Mediensektors, so Enzensberger ironisch, auf das Stichwort Manipulation zusammenschrumpfen lassen.

Zum »ambivalenten« Potential der Medien hier nur soviel: Einerseits steht außer Zweifel, daß vermittels medialer Verbreitung jede politische Handlung, jeder demonstrative Akt erheblich verstärkt werden kann. Die politischen Slogans auf den Transparenten werden durch die Publizität des Fernsehens millionenfach reproduziert. Damit können erhebliche Augenblickserfolge erzielt werden. Andererseits aber kann eine auf Emanzipation angelegte politische Praxis, wie sie in der Revolte intendiert ist, nicht in medienzentrierter Politik aufgehen. »Authentische Politik« kann nur um den Preis ihrer Selbstaufgabe sich bedingungslos den Anforderungen der »Bewußtseinsindustrie« aussetzen. Auch das hat sich in der Revolte gezeigt: die umfangreiche Berichterstattung über die Aktionen der Oppositionsbewegung in den Medien der bürgerlichen Öffentlichkeit hat zur Folge, daß in zunehmendem Maße politische Aktionen nur noch nach dem Kalkül der Öffentlichkeitswirkung beurteilt werden. „Man hat gleich ausgerechnet, wie wird speziell die Berliner Presse auf die Aktion reagieren, wie wird sie die Sache auslegen, und danach wurde die Strategie bestimmt." (Baumann 1977: 22)

Aktionen werden durchgeführt, die als politische Aktionen *an sich* erfolglos sind, ihr Haupterfolg besteht vielmehr in der überdimensionalen Berichterstattung der Boulevardpresse. Diese Aktionen „trugen in der Tat Züge von Perspektivlosigkeit und Wiederholungszwang in sich, und schienen nur für den Effekt in der Presse produziert worden zu sein." (SDS-KU-Autorenkollektiv: 120ff.) Damit aber wird der Inhalt dieser Politik beliebig. Hinzu kommt ein gewisser »Abnutzungseffekt«, d.h. die Öffentlichkeit gewöhnt sich an die Provokationen, sie reagiert mit Gleichgültigkeit und Desinteresse. Dies wiederum läßt die Akteure zu immer phantasiereicheren, aber auch militanteren Aktionsformen greifen, um in die Schlagzeilen zu kommen. Eine Eskalation von symbolischen zu manifesten Mitteln des Widerstandes ist die Folge. Deshalb gilt: „Das naive Vertrauen in die Magie der Reproduktion kann organisatorische Arbeit nicht ersetzen; nur aktive und kohärente Gruppen können den Medien das Gesetz des Handelns aufzwingen." (Enzensberger 1970: 174)

Als im Anschluß an das Attentat auf Rudi Dutschke in der ganzen Bundesrepublik gewaltsame Auseinandersetzungen um die Auslieferung der Springerpresse stattfinden, schlägt die öffentliche Meinung um. Das publizistische Interesse desjenigen Teils der Medien, die bislang der Protestbewegung relativ wohlgesonnen begegnet sind, verändert sich. Es wird klar, daß eine Koexistenz zwischen revolutionär formulierten Zielen der Revolte und den real existierenden bürgerlichen Verhältnissen nicht länger möglich ist. In dieser Situation besinnt sich die bürgerliche Öffentlichkeit auf ihre eigentliche Funktion, „Realität derart sichtbar zu machen, daß die kapitalistischen Verwertungsverhältnisse ihr adäquat erscheinen." (Brückner/Groth 1973: 671)

Die Produzenten der veröffentlichten Meinung gehen zu der Bewegung auf Distanz, und Demonstrationen, Aktionen und politische Appelle werden fortan ignoriert bzw. diffamiert; es beginnt die Phase der Ausgrenzung. Damit wird das geeignete Klima für den Beginn massiver staatlicher Repression geschaffen, die dann ja auch vehement einsetzt. In dem Maße aber, wie Diffamierung und Kriminalisierung zunehmen, setzt damit ein Radikalisierungsprozeß ein, der die bereits existierende Kluft zur »Normalgesellschaft« noch verstärkt. Dies hat zur Folge, daß sich die Bewegung in zunehmendem Maße gegen dissonante Erfahrungen abschottet. Wohl mitbedingt auch durch die Ausgrenzung seitens der bürgerlichen Öffentlichkeit, führt dies zu einer, für den Bestand der Revolte verheerenden, Selbstausgrenzung und Selbstghettoisierung, was schließlich 1970 zum endgültigen Zerfall der Bewegung und dem Verlust ihrer Öffentlichkeit führt. Was aber ist mit der anderen, der etablierten Öffentlichkeit, ist die Vielzahl von Aktionen, sind die heftigen Auseinandersetzungen spurlos an dieser vorbeigegangen? Oder hat der Protest gar zu einer Repolitisierung der bürgerlichen Öffentlichkeit geführt? Ist es dem »antiautoritären Aktionszusammenhang« gelungen, die »Thematisierungsfunktion« der Massenmedien zu durchbrechen?

Wir beziehen uns hier auf eine, nicht nur im Bereich der Medienwirkungsforschung formulierte Annahme, die, grob gesprochen, davon ausgeht, daß die Massenmedien in industriestaatlichen Demokratien die Funktion haben, besondere Themen auf die Tagesordnung (agenda) zu setzen, und diese auch hinsichtlich ihrer Dringlich- und Wertigkeit festlegen (Agenda-Setting-Function) (vgl. Weiss/Uekermann 1980). Der Agenda-Setting Approach basiert auf der Tatsache, daß primäre unmittelbare Erfahrung in zunehmendem Maße durch sekundäre, mediale Erfahrung zurückgedrängt und ersetzt wird. In komplex organisierten Industriegesellschaften ist also der faktischen Realität des Ereignisraums und der Wahrnehmung dieser Ereignisse eine Medienrealität zwischengeschaltet. So gesehen konstruieren Massenmedien die politische Realität der Gesellschaft. Vermittels der vorherrschenden »Aufmerksamkeitsregeln« (Luhmann) — die gleichermaßen Ausschlußregeln sind — werden bestimmte Problemkomplexe öffentlich thematisiert und andere, für weniger relevant gehaltene Themen selektiert und dadurch der öffentlichen Meinungsbildung entzogen. Dabei wird keineswegs ein universeller Manipulationszusammenhang unterstellt, eine solche Funktion ist dem Mediensystem inhärent.

Niklas Lumann (1970), der unabhängig von den empirisch ausgerichteten Agenda-Setting Studien diese These in seinen theoretisch-soziologischen Analysen vorweggenommen hat, kommt im Hinblick auf die Protestbewegung zu folgendem Ergebnis: Zwar ist es den Studenten gelungen, daß ihnen eine aufmerksame Presse folgt, „das heißt aber noch nicht, daß ihnen auch die Kreation politischer Themen glückt. Es kann z.B. sein, daß sie das Thema der »Autorität des Ordinarius« in Gang bringen wollen, ihnen aber nur das Thema »Studentenunruhen« gelingt." (Luhmann 1968: 80)

Wir sind dagegen der Meinung, daß es der Bewegung gelungen ist, Thematisierungsleistungen vielfältigster Art zu erbringen: Die Revolte hat Themen etabliert, die zuvor entweder falsch behandelt oder gar gänzlich ausgegrenzt wurden. So ist der Vietnamkrieg in all seiner Grausamkeit durch den Studentenprotest zu einem öffentlich diskutierten Thema geworden, was letztendlich zum Rückzug der amerikanischen Armeen geführt hat. Aber auch der gesellschaftliche Stellenwert von Forschung, Entwicklung und Wissenschaft und der damit verbundene technisch-wissenschaftliche Fortschrittsglaube sind von den Studenten hinterfragt worden. Ein Bereich, über den bislang ein stillschweigender Konsens bestand. Am Beispiel des Springer Konzerns haben sie zu Bewußtsein gebracht, daß die private Ausübung politischer Macht keiner öffentlichen Kontrolle mehr unterworfen ist. Aber auch Strukturfragen einer industriell entfalteten Gesellschaft sind am Zeitungsimperium Springers diskutiert worden. Schließlich ist ein Bereich von Fragen zum Politikum geworden, der normalerweise dem politischen Bewußtsein entzogen bleibt: „ich meine jenen Bereich von rituellen Formen, Sprachgesten, Verhaltensstilen und traditionell eingelebten Regeln der Normalität, also des Umgangs und der Kommunikation, die unreflektiert die Grundlage der Legitimation bestehender Ordnung bilden. Gerade die neuen, provokativen, die mißverständlichsten, aber publizistisch auffälligsten Protesttechniken richten sich gegen die Positivität solcher abgestorbener Legitimitätsansprüche: sie durchstoßen die Kruste falscher Terminologien und rühren den Brei des offiziösen Sprachgebrauchs um, sie erweisen akademischen Ehrensenatoren die Ehre, die ihnen gebührt, sie begehen Sakrilege an Heiligtümern, die handfest profan sind, sie geben falsches Pathos der Lächerlichkeit preis und nennen Mief, was Mief ist." (Habermas 1981a: 241)

Indem die Studentenbewegung den Bereich der öffentlichen Diskussion entgrenzt und entschränkt hat, hat sie einen allgemeinen Politisierungsprozeß eingeleitet, der in den verschiedensten Konfliktfeldern, die in den 70er Jahren aufbrechen, zum Tragen kommt. Sie hat eine Bresche in die verhärteten Strukturen des bürgerlichen Medienbetriebs geschlagen, was u.a. an den heftigen Auseinandersetzungen um »Redaktionsstatuten« sich ablesen läßt. Die

Studenten haben damit, so Joachim Fest, in wenigen Monaten mehr zur Auflockerung der institutionellen Erstarrung getan als in vielen Jahren des gesamten kritischen Journalismus erreicht wurde.

8. Gegenöffentlichkeit in der Protestbewegung

Gegenöffentlichkeit in der Studenten- und Schülerbewegung, das ist vorerst nurmehr ein *Gegenbegriff* gegenüber einer von Massenmedien und politischen Autoritäten manipulierten Öffentlichkeit. Gerichtet gegen die »Manipulationszentren« und die täglichen »Produktions- und Reproduktionsorgane«, die Öffentlichkeit dem Scheine nach herstellen. Insofern ist Gegenöffentlichkeit auch ein *Kampfbegriff*, der sich gegen das, den Herrschaftszusammenhang legitimierende Mediensystem wendet, gegen dessen Struktur und Arbeitsweise.

Nicht nur hat die Bewegung einen emphatischen Begriff von Politik formuliert, sondern gleichermaßen einen ebensolchen *emphatischen Begriff von Gegenöffentlichkeit*. Denn die Euphorie der Revolte hat einen Überschuß an Gesellschaft transzendierendem Denken, einen Überschuß an Utopie freigesetzt, der alle Bereiche affiziert. Davon ist auch die Vorstellung einer Gegenöffentlichkeit berührt.

Gegenöffentlichkeit ist aber nicht nur ein Gegen- oder Kampfbegriff, er zielt gleichermaßen über das Bestehende hinaus, ist Chiffre für das utopisch Andere, Neue. D.h. konkret: Diese Phase von Gegenöffentlichkeit ist dadurch gekennzeichnet, daß hier der Versuch unternommen wird, andere Organisationsformen der Produktion von Öffentlichkeit ansatzweise zu realisieren und dem Status quo repräsentativer Öffentlichkeit entgegenzusetzen. In Berlin z.B. versuchen die Studenten mit Tausenden von Flugblättern für die Bevölkerung eine »populistische Gegenöffentlichkeit« zu schaffen, und in einer »Resolution zum Kampf gegen Manipulation und für die Demokratisierung der Öffentlichkeit« (1967) werden alle antiautoritären Publizisten zur Mitarbeit an »demokratischen Urzeitungen« aufgefordert, was immer auch damit gemeint sein mag.

Die Forderung, eine Gegenöffentlichkeit zu schaffen, basiert auf der Annahme, daß die demokratische Öffentlichkeit überhaupt zerstört sei: „Ich denke", so Rudi Dutschke (1980: 17), „daß Öffentlichkeit nicht existiert, denn zur Öffentlichkeit gehören bewußte Individuen mit kritischer Einsicht, die fähig wären, die Herrschenden zu kritisieren, sie unter Kontrolle zu nehmen und wirklich Öffentlichkeit herzustellen." Die Existenz einer funktionierender Öffentlichkeit ist demnach unmittelbar an bewußt handelnden Individuen geknüpft. Deshalb ist es notwendig, inmitten der kapitalistischen

Gesellschaft eine Art Enklave zu schaffen, in der die Möglichkeit besteht, Freiheit zu antizipieren, ansatzweise zu erfahren. „Wir müssen uns Gegen-Institutionen schaffen und einen Anfang machen mit der freien Selbstorganisation. (...) Wir müssen eine Gegenöffentlichkeit herstellen, um unsere Ziele wirksam zu erläutern und diskutieren zu können, und dazu brauchen wir Gegen-Sender und Gegen-Zeitungen." (Nirumund 1968: 13)

Rolf Schwendter (1977: 289) formuliert es auf dem Höhepunkt der Revolte folgendermaßen: „Irgendwann in den Jahren 1967/68 kam die vorerst folgenlose Rede von der »Gegenöffentlichkeit« auf." Folgenlos in der Tat, weil während der Studentenrevolte eine Gegenpresse, d.h. autonome Strukturen von Gegenöffentlichkeit nur ansatzweise vorhanden sind. Parallel zu ihrem Einbruch in die bürgerliche Öffentlichkeit gelingt der Protestbewegung zwar der Aufbau autonomer Kommunikationsstrukturen — vermittels Bücher, Broschüren und Flugschriften schafft sich die Bewegung eine eigene, große Teile der Schüler, Studenten, Lehrlinge und Jungarbeiter erfassende Öffentlichkeit — aber zum Aufbau einer Gegenpresse, vergleichbar der amerikanischen Underground-Presse, oder der Alternativpresse Mitte der 70er Jahre, kommt es nicht. Nach Negt (1982) besteht in dieser Phase auch noch gar nicht die Notwendigkeit, Gegenöffentlichkeit *positiv* zu formulieren, denn Gegenöffentlichkeit ist mit ihrem aufklärerischen Impuls an relativ intakte oder als intakt unterstellte gesellschaftliche Institutionen gerichtet, deren Manipulation und Verfälschung es anzuprangern gilt. Im Mittelpunkt steht die Korrektur, die Richtigstellung bürgerlicher Berichterstattung.

Thomas Daum (1981: 72) erklärt die Nichtexistenz einer Gegenpresse aus der Tatsache, daß, im Gegensatz zur amerikanischen Revolte, wo die Bewegung von der amerikanischen Presse ausschließlich gehässig denunziert oder gar völlig ignoriert wird, der außerparlamentarische Aktionszusammenhang kurzfristig den Vorteil hat, sich auch über einige der großen Medien vermitteln zu können. Hinzu kommt das Fehlen gegenkultureller Einrichtungen, „zwischen denen eine eigene Presse als kommunikatives Bindeglied und Informationsträger hätte fungieren können."

Zentral für die Revolte ist aber, daß das Herstellen von Öffentlichkeit sich noch nicht von der politischen Alltagspraxis der Protestierenden abgelöst hat: „Demonstrationen und Teach-ins waren *im buchstäblichen Sinne Gegenöffentlichkeit*. Die Springer-Blockaden und die entsprechenden Gegenpublikationen waren gerichtet auf verzerrte und unterdrückte Nachrichten in den etablierten Medien. (...) *Diese Öffentlichkeit war noch nicht ein gesonderter Teil einer politischen Bewegung*. Infos und auch theoretische Texte bezogen sich auf aktuelle politische Ereignisse und waren daher Bestandteil einer *politischen Gebrauchsöffentlichkeit*. Ereignisse wurden dokumentiert und gebraucht." (Negt 1982: 48)

Gegenöffentlichkeit bezieht sich dementsprechend auf alternative Medien, auf Zeitungen, Flugblätter, Buchverlage etc. — Gegenöffentlichkeit also in einem engeren Sinne des Begriffs — sondern gleichermaßen auf eine andere Form praktizierter Öffentlichkeit, d.h. auf alle Aktions- und Kommunikationsformen, die in der Dialektik von Aktion und Aufklärung eingelassen sind: Demonstrationen, Teach-ins, Go-ins, Massenversammlungen, Protestbewegungen, Straßenblockaden, alle diese Aktionsformen sind praktizierte Gegenöffentlichkeit. Gegenöffentlichkeit in diesem weiteren Sinne bezieht sich aber auch auf das politische »Gegenmilieu«, auf die gegenkulturellen Lebensräume, wie sie von der Bewegung produziert worden sind: Clubs und Zentren, kritische, »freie« Universitäten, Kommunen, Basis- und Projektgruppen usw.

9. Die Zeitungen der Bewegung

Bei dem Versuch, die medialen Produkte der Protestbewegung, ihre Zeitungen und Zeitschriften, einzuordnen und zu klassifizieren, bietet sich ein Erklärungsansatz an, der die Medienscene Mitte der 60er Jahre in zwei Genres unterteilt: »... die politischen Zeitschriften einer Gegenpresse: Fizz, Agit 883, Ca ira, Radikalinsky, Extra-Dienst...« und die weniger verbreitete deutsche »Underground-Presse«, »deren Schwerpunkt im ästhetisch kulturellen Bereich lag.«" (Daum, zit. nach Beywl 1982: 22)

Eine solche Einteilung entspricht in etwa dem ambivalenten Gehalt, der nach Schwendter »progressiven Subkulturen« — im Gegensatz zur »emotionalen« — eigen ist. Beide Strömungen kommen gleichermaßen auch auf der Ebene der alternativen Medienproduktion der Revolte zur Geltung; allerdings hier in der Bundesrepublik Deutschland in dem Sinne, daß die Organe der rationalistischen Strömung, im wesentlichen die Untergrundliteratur repräsentieren. D.h. „eine nennenswerte Untergrundliteratur im amerikanischen Sinn ... existiert in Westdeutschland nicht. Was wir haben, sind die politischen Flugschriften sozialistischer Gruppen." (Buselmeier/Schehl 1970: 87)

Dieser Überhang an Medienprodukten der rationalen Subkultur verweist auf den intellektuellen Standard der Revolte, der allein in der Bundesrepublik ein solches hohes theoretisches Niveau erreicht hat. Zwar gibt es im antiautoritären Aktionszusammenhang vielerlei Strömungen und Lager, die größte, geschlossenste Organisation in diesem Zusammenhang ist jedoch der Sozialistische Deutsche Studentenbund (SDS), der, 1961 aus der Mutterpartei SPD ausgeschlossen, zum geistigen Motor der Bewegung wird und auch eine gewisse Avantgarderolle spielt.

Agit 883 Kreuzberg, Adalbertstr. 21

1. Mai

Nr. 53, 1. Mai 70, 50 Pf.

Gerade das Zusammenspiel aller Strömungen läßt eine Atmosphäre entstehen, in der die tradierten Wertvorstellungen und Standards professioneller Publizistik radikal in Frage gestellt werden können. Periodische Erscheinungsweise, Trennung von Nachricht und Kommentar, Spalteneinteilung, die Kriterien der Rechtschreibung, Layout, Druck usw. usf., damit bricht die alternative Publizistik. Auf diese experimentelle Medienpraxis gehen auch die beiden publizistischen Strömungen der Alternativpresse der 70er Jahre zurück, die gleichsam in der Revolte ihre Wurzeln haben. Das sind auf der einen Seite die Medienprodukte, die der »rationalen Subkultur« zuzurechnen sind, ihnen gilt unser Interesse, weil sich daraus die *politisch orientierte Alternativpresse* entwickelt. Und auf der anderen Seite entstehen die ersten Ansätze einer *literarischen Alternativpresse,* die während der Revolte sich nur ansatzweise ausgebildet hat, vergleicht man sie mit den Zeitschriften und Zeitungen des amerikanischen Undergrounds.

Die Publikationsorgane der »rationalistischen Subkultur« lassen sich, entsprechend den politischen Grundströmungen der Bewegung, in mindestens zwei Gruppen einteilen: a) die Medien der anarchistischen Szene, mit einem starken subkulturellen Anteil, und b) die Publikationsorgane der linkssozialistischen Politszene (vgl. Beywl 1982: 22).

ad a.: Der größte Teil der anarchistischen Zeitungen und Blätter kommt aus der subkulturellen Anarchoszene Berlins. »Linkeck« (1967-1969) wird gegründet, weil dieser Szene die ab dem 1. Juni 1967 erscheinenden »Oberbaumblätter« des »Oberbaum-Verlages« zu brav sind. Sie ist das Medium der Berliner Szene und hat nach Hollstein (1969: 119) eine Auflage von 5.000 Exemplaren. P. Mosler (1977: 36) schildert anschaulich die Namensgebung: „In einer Eckkneipe rätselte Bernd (Bernd Kramer, später »Karin Kramer Verlag«, d. Verf.) mit Genossen über den Namen des Blattes, malte spielerisch ein Viereck für den Titelkopf auf einen Bierdeckel und sagte plötzlich: »Wenn es ein Rechteck gibt, muß es auch ein Linkeck geben!«" Später entstehen dann die linksradikale Kneipenzeitung »Charlie Kaputt« und »Agit 883«. Weitere Zeitungen der Subkultur sind »Hundert Blumen«, »Radikalinsky« und die Untergrundzeitschrift »Peng« aus Wuppertal.

Im Gegensatz zu den marxistisch-linkssozialistischen Blättern, steht bei den anarchistisch-subkulturellen Zeitungen nicht primär die Produktion aufklärerischer Nachrichten, sogenannter Gegeninformationen, im Mittelpunkt, sondern der Produktionsprozeß selbst als kommunikative, solidarische Interaktion. „..., ja zum Beispiel bei Linkeck war doch mehr oder weniger die Zeitung Aufhänger, um mit den Leuten, die Zeitung machten, irgendwas anstellen zu können. Also wesentlich war nicht, daß man da Zeitung macht, das Verkaufen ist ja auch sehr anstrengend und unangenehm, sondern wesentlich war doch wohl der Prozeß der Herstellung, was man da so zusammen geschnitzelt hat, gepinselt oder gesprochen oder sowas." (Schröder 1969 und 1984: 225)

ad b.: Die Zeitungen und Zeitschriften der rationalistischen Politszene entsprechen am ehesten einem traditionellen Typus von Aufklärungsöffentlichkeit. Vor allem in der politischen Zielsetzung unterscheiden sie sich von den anarchistisch-subkulturellen Medienprodukten. „Auf der einen Seite ein jeweils neu konzipiertes, häufig unübersichtliches, chaotisches Layout, Wortspielereien und provozierende Comics, auf der anderen Seite Spalten und Ressortaufteilungen, standardisierte Satztypen für die übersichtlichen Kopfzeilen, Inhaltsverzeichnisse, korrekte Rechtschreibung usw." (Beywl 1982: 23) Das Spektrum der Zeitungen, die diesem rationalen Politikverständnis zuzuordnen sind, reicht von sozialdemokratisch-reformistischen oder gewerkschaftlich orientierten Produkten bis zu marxistisch-leninistisch geprägten Organen. Hier sind insbesondere der Berliner »Extra-Dienst«, der am 20. Mai 1967 mit seiner ersten Nummer erscheint, und die »Rote Presse Korrespondenz« (RPK) zu nennen, die sozusagen als Gegengründung ca. ein Jahr später, im Februar 1968, auf den linken Medienmarkt kommt. Aber auch die Zeitschriften des SDS, die »neue Kritik«, die »APO-Press« Hamburg und München sowie die Frankfurter Studentenzeitung »Diskus« fallen in diese Rubrik.

Zur Medienlandschaft der Revolte müssen aber noch die Studentenzeitschriften gezählt werden, die in großer Zahl, sich vom „referierenden Verbandsorgan zur Tribüne politischer Agitation" (Koschwitz 1968: 363) entwickeln. Die Studentenpresse wird so zu einem zentralen Kommunikationsträger der Revolte.

Grundsätzlich kann man sagen, daß es der Bewegung nur in einem geringen Maße gelungen ist, *eigene* Zeitungen und Zeitschriften zu gründen, nimmt man die Alternativpresse der 70er Jahre zum Maßstab. Zwar hat Rudi Dutschke (1980 b: 103) in einem Fernsehinterview mit Rudolf Augstein darauf hingewiesen, es „existieren vielfältige Keime einer demokratischen Gegenpresse, überall schießen Schülerzeitungen aus dem Boden, überregionale Berufsschülerzeitungen erscheinen schon, Betriebs- und Branchenzeitungen werden verbreitet, soziale Gruppen in- und außerhalb der Uni haben ihre Zeitschriften",[121] der Euphemismus dieser Aussage kann aber nicht darüber hinwegtäuschen, daß die Versuche, selbst im Gebiet der Massenkommunikation zu arbeiten, aus verständlichen Gründen dilettantisch wirken.

So ist auch der Versuch gescheitert, ein linkes Boulevardblatt zu etablieren: „»1966 konnte der Spiegel-Herausgeber Augstein für die Unterstützung einer linken Publikation für Berlin« gewonnen werden, »um die von der dominanten Springer-Presse geprägten Meinungsstrukturen innerhalb der Bevölkerung aufzubrechen oder gar zu durchbrechen«. Die projektierte »Heute« wurde vor der 0-Nummer gestoppt. Die beteiligten Redakteure beschlossen daraufhin, in eigener Regie das »Berliner Extra-Blatt« herauszugeben. Zwischen dem 12. Februar und dem 13. Mai 1967 erschienen 14 Nummern dieser Wochenzeitung „Auflage durchschnittlich 40.000˜. In der letzten Nummer wurde als ein Grund für das Scheitern die verfehlte Gesamtkonzeption genannt. Der Versuch mißlang, »... weil die Diskrepanz zwischen Form-, BILD-Stil- und Inhalt — linke Themen, Gesellschaftskritik — zu groß, der Widerspruch offenbar nicht überwindbar war«." (Beywl 1982: 23)

Mag die Zahl der von der Studentenbewegung etablierten Zeitungen auch noch so gering sein, so besteht doch eine ganz besondere Leistung der Revolte darin, daß es ihr gelungen ist, eine Reihe von bereits etablierten Medien, insbesondere die Schüler- und Studentenpresse, zu politisieren und somit zu Medien der Oppositionsbewegung umzufunktionieren. So wird beispielsweise auch die »Junge Presse« Bundesorganisation Jugendeigener Zeitungen, durch politisierte Studenten des SDS, SHB und LSD (»Liberaler Studentenverband Deutschlands«), die sich in den Länderverbänden politisch engagieren, zu einem Stützpunkt der Revolte (vgl. Hübsch 1980: 55).

Obwohl die studentische Protestbewegung und die von ihr formulierten theoretischen und konzeptionellen Überlegungen hinsichtlich einer kritischen Gegenöffentlichkeit geradezu paradigmatischen Charakter haben, setzen sich auf empirischer Ebene der Öffentlichkeitsproduktion auch bereits Mechanismen durch, die dem Idealtypus »Gegenöffentlichkeit« nicht entsprechen. Bereits nach kurzer Zeit lassen sich »Gefahrenquellen« alternativer Öffentlichkeitsproduktion ausmachen, die für die weitere Entwicklung der Alternativpresse typisch sind.

Bei den subkulturellen, künstlerischen Zeitungen und Zeitschriften setzt ein Kommerzialisierungsprozeß ein und es kommt zu einer »Vermarktung linker Kommunikation«, die mit einer Verharmlosung gesellschaftlicher Machtverhältnisse einhergeht. Dies führt dazu, daß „Gruppen, Grüppchen und Individuen begannen, die Öffentlichkeit nicht mehr als politische, sondern vom Standpunkt des einfachen Warenproduzenten her als wirtschaftliche zu begreifen und sich durch die Herausgabe von Zeitungen und Broschüren und Raubdrucken zu finanzieren." (Bücken/Groth 1973: 671)

Dieser Gefahr einer Kommerzialisierung sind die Organe der »rationalistischen Subkultur« nicht ausgesetzt, sie stehen vielmehr vor dem Problem, tendenziell der »Esoterik des Jargons« (Schwendter) zu erliegen. Die Sprache der Politszene droht in zunehmendem Maße zu einem Abschottungsinstrument zu werden, vermittels dessen dissonante Erfahrungen ausgegrenzt werden. Bedingt durch die Fraktionierung der Bewegung und dem Zerfall ihrer Öffentlichkeit führt dies dazu, daß die linken Blätter und Zeitschriften Charakterzüge eines internen Rundbriefsystems annehmen.

10. Öffentlichkeit als konstitutives Element »politischer Identität«

Im Zentrum eines Konzeptes einer »authentischen Öffentlichkeit« steht das Problem der Identitätsbildung. Es geht hierbei um die Frage, wie Öffentlichkeit strukturiert sein muß, damit es den Teilnehmern derselben gelingt, intersubjektive Identitätsstrukturen zu entfalten. Eine solche Konzeption ist insbesondere gegen eine Position gerichtet, die — so einer ihrer exponiertesten Vertreter, Luhmann — davon ausgeht, daß Öffentlichkeit als Medium subjektiver Erfahrungs- und Identitätsbildung sich längst verabschiedet hat. Wir sind hingegen der Meinung, und dabei beziehen wir uns auf ein von Peter Brückner formuliertes Konzept politischer Identitätsbildung, daß reflektierte Identität ursächlich an bestimmte Erfahrungen von *Kommunikation, Öffentlichkeit* und *Umwälzung* geknüpft ist. Genau solche Erfahrungen sind in der Schüler- und Studentenrevolte gemacht worden, sie kann deshalb auch als »Identitätsrevolte« bezeichnet werden. Der Protestbewegung „schwebte eine Ich-Identität vor, die nicht mehr auf Possessiv-Beziehungen, auf exploitierbare Leistung (»abstrakte Arbeit«) und auf soziale Kontrolle gegründet war, sondern auf *Solidarisierung* in der fähigen, politischen Reflexion — im »Kampf«. Darin lag ein Moment von Antizipation, das nicht immer streng an der Realität kontrolliert war." (Brückner/Krovoza 1972: 56)

Auch Brückner knüpft mit seiner Konzeption »politischer Identität« unmittelbar an diese Erfahrungen an, die ein großer Teil an der Revolte und an deren Aktionen Beteiligter gemacht hat. Diese werden retrospektiv, als »Glückserinnerung« und »hoffnungsvolle Identitätserfahrung« erinnert, und bei Oskar Negt heißt es: „Der Traum von einem anderen Leben nahm Gestalt an." (Negt 1976: 14) Die »Glückserfahrungen«, das »public hapiness« der Revolte, entspricht in etwa dem, was wir oben die Euphorie und den Elan der Revolte genannt haben. Nach Brückner stellt sich eine solche Glückserfahrung nur in einer kollektiven, diskutierenden Öffentlichkeit her. „Damals waren Gefühle, Bewußtseinslagen, Zuständlichkeiten manchmal voller persönlichem Saft, subjektiviert, individuell eingefärbt in annähernd jedem Belang, aber gerade das Possessive trat an ihnen zurück. Mit vollem Recht sagten Viele »ich ...«, aber vor allem, oder wenigstens auch, wegen der »Farbe«, weil das, was der Einzelne fühlte, dachte und sah, eingefärbt war in die Geschichte dieses Ich, *seiner*

Geschichte — in allen austauschbaren und einzigartigen Bestimmungen, die dieses »sein...« der Lebensgeschichte ausmacht. Und nicht, jedenfalls nie so zwanghaft wie in späteren Jahren, sagten sie »ich« wegen der *Meinigkeit*, d.h. der Ichgrenzen und der Possessiv-Verhältnisse.

Daß etwas *persönlich* war, durchtränkt von Subjektivität, wiedererkennbar als das Meine infolge der unverwechselbaren Züge, die ihm mein Leben aufgeprägt hat, daher Moment meiner Identität, und doch wiederum ohne strenge Abgrenzung zu anderen, zu denen mimetische Beziehungen entstehen konnten, das machte das öffentliche Glück mit aus" (Brückner 1983: 188). An diesem Glückszustand — »eine hoffnungsvolle Identitätserfahrung« — der Revolte macht Brückner seine Konzeption politischer Identität fest. „In dieser diskutierenden, kritischen Öffentlichkeit jedenfalls — ein nicht kontemplativer, sondern höchst praktischer Zusammenhang — lernten die ihrer *Aneignungschancen* erstmals versicherten »Iche« das qualitativ Persönliche, ein Unverwechselbares, Einzigartiges (und sei es noch so gering), mit *Gesellschaftlichkeit* zu versöhnen. »Aneignung« hieß: gemeinsam wurde ein Stück Lebensgelände zurückgewonnen, das administrativ entfremdet, staatliches Territorium war; gemeinsam erschlossen, öffentlich wurde Vieles, das in *Privatsphären* gebunden war; ..." (Brückner 1983: 189)

Gegenüber einem Typus »pädagogischer« und »sokratischer« Identität — gegen die Brückner sein Konzept »politischer Identität« absetzt — ist diese der entwickelste Typus von Identitätsbildung. Es soll hier nicht auf einzelne Unterscheidungsmerkmale gegenüber diesen Identitätskonzepten eingegangen werden, zentraler Differenzpunkt ist die Bestimmung theoretischer Reflexion, die Funktion der Theoriebildung: „Pädagogische Identität hat ein pragmatisches und zufälliges Verhältnis zur Theorie. »Da sind Theorien instrumentell und stehen im Plural«; sokratische Identität ist bereits »selbst theoretisch«." (Ottomayer 1981: 194) *Politische Identitätsbildung ist somit an einen bestimmten Umgang mit Theorie gebunden.*

Was aber sind nun für Brückner (1983: 191) die für politische Identitätsbildung konstitutiven Momente? 1. Die Erfahrungen in einer kollektiven, solidarisch interpretierenden Öffentlichkeit. 2. Ein Prozeß der (wieder-) Aneignung und Umwälzung von »Lebensgelände«, d.h. es muß implizit die »Chance von umwälzendem Handeln« gegeben sein, und drittes konstitutives Moment ist die bereits angesprochene theoretische Reflexion: Identitätsbildung hat sich der Reflexion, der diskutierenden Vergegenwärtigung historischer und situativer Bedingungen (Momente, Gegebenheiten...) zu bedienen, „einer Reflexion, die immer Züge des aufdeckenden, freilegenden, ja entlarvenden Vorgehens hat."[133] Eine solche Theoriearbeit ist während der Studentenbewegung geleistet worden. So hat beispielsweise mitten in den Auseinandersetzungen um die Notstandsgesetzgebung, kurz vor der dritten Lesung der SDS ein explizit theoretisches teach-in »Autoritärer Staat und Widerstand« veranstaltet, auf dem ohne agitatorischen Zwang diskutiert werden konnte. „Die theoretische Selbstreflexion wurde als notwendiges Moment von Organisation des Widerstandes begriffen, ohne das die Studentenbewegung kaum den ihr von allen Seiten drohenden Gefahren beschränkten Interessendenkens, Dogmatismus oder Zurückfallens in Apathie angesichts der Machtmittel des autoritären Staates entgehen kann." (Claussen 1968: 10)

Kollektive, diskutierende Öffentlichkeit ist also für Brückner die conditio sine qua non politischer Identitätsbildung. Eine Blockierung dieser Öffentlichkeit blockiert folglich auch die reflektierte Identität, das Selbstbewußtsein. Was damit gemeint ist, zeigt er am Mescalero-Nachruf der Göttinger Studenten: dieser Text ist der Versuch, aus einer bestimmten studentischen subkulturellen Lebenssituation heraus den Prozeß reflektierter Subjektivität anzugehen. Daß er sich einer Sprache bedient, die als Reaktion auf Ausgrenzung und Marginalisierung selbst diese Mechanismen vermittels Selbstausgrenzung reaktiv noch verstärkt, ist klar. „In der Entformung der erlebten Sprachdisziplin wendet sich Mescalero gegen Formen der Begrifflichkeit und Theorieästhetik, die — nicht nur nach seiner Auffassung! — auch (oder gerade) in der universitären Linken »lebendige Subjektivität« abtöten, den Widerspruch zähmen; er wendet sich ab von einem Sprachdenken, das sich unter *Ausschluß* alltäglicher Zustände, Gefühle und Ereignisse zu organisieren scheint. Nicht ohne Grund sagt Mescalero, stringente Argumentation, Dialektik u.a. seien ihm piepegal — er hat sie, wie andere, als *Fesseln* der Erfahrungsbildung und Diskussion kennengelernt." (Brückner, zit. nach Ottomeyer 1981: 175)

Während des Zerfallsprozesses der Revolte verändert sich auch die kritische, öffentliche Kommunikation, sie wird eingegrenzt und von Erfahrungs- und Theorieproduktion abgekoppelt. Die vorherrschenden Diskussions- und Kommunikationsformen der teach-ins werden durch die parteipolitisch vorbereiteten Reden und Statements pervertiert. Intersubjektive Identitätsbildung wird damit aber konkurrenzhaft, abstrakt. „Mit dem partiellen Unpersönlich werden und dem Verlust an diskutierender Öffentlichkeit schwand eine mimetische Dimension aus der Verständigung. Da der einfühlende Nachvollzug, die Verständigung über Einfühlung, »Empathie« mit dem Verlust von »Saft«, der »Farbe«, dem neuen Egoismus zurückging, trat — bei anhaltendem Gruppenleben — eine Nötigung zur *Versprachlichung* auf. Was keine verbale Gestalt annahm, *war* nicht — oder war höchstens eine Leerstelle, von der Beunruhigung ausströmt. Methoden der Identitätsfindung erfuhren mit alledem einen bezeichnenden Wandel. Aus dem in der Tendenz sich »öffnenden« Gesprächs-Zusammenhang, aus Interpretation und erschließender Diskussion wurde unter der Hand ein Mechanismus von Abwehr und Kontrolle, der berüchtigten gemeinsamen Kontrolle *alles* anfallenden seelischen und sozialen Materials, im Slang: »Psychoterror«." (Brückner 1983: 193)

11. Schlußbetrachtung

Als am Ende der Revolte der antiautoritäre Aktionszusammenhang auseinanderbricht und das linke Lager sich fraktioniert, zerfallen auch die Ansätze von Gegenöffentlichkeit in partikulare Teilöffentlichkeiten. Mit dem Öffentlichkeitsverlust verliert die Bewegung aber ihre Fähigkeit, eine auf reale gesellschaftliche Situationen bezugnehmende, praktizierbare Programmatik zu formulieren, denn „der Prozeß der Entfaltung einer Bewegung und der programmatischen Erarbeitung ihrer Ziele ist untrennbar verbunden mit der Möglichkeit öffentlich (d.h. im Rahmen »geöffneter« und selbst errichteter Öffentlichkeit) geführter politischer Diskussionen" (Bücken/Groth 1973: 683).

Eine eigene, diskutierende Öffentlichkeit hatte die Bewegung ansatzweise errichtet. Die von ihr praktizierten Aktions- und Kommunikationsformen, der »egalitäre Duktus« der Revolte, das waren allesamt Elemente, die allein dem Öffentlichkeitsprinzip verpflichtet waren. In den Versammlungen und Debatten wurden Aktionen öffentlich diskutiert, Erfahrungen eingebracht und zu verallgemeinerbaren Interessen und konzeptionellen Strategien verarbeitet. Öffentlichkeit war das Medium von Diskurs und Praxis.

In seiner Arbeit »Die Entstehung des Proletariats als Lernprozeß« hat Michael Vester (1970) bereits die Bedeutung einer solchen proletarischen Öffentlichkeit, die im Hinblick auf den Klassenlernprozeß der englischen Arbeiterklasse von zentraler Bedeutung war, herausgearbeitet. Er zeigt, daß die Herausbildung eines eigenständigen Kommunikationssystems, eines Gegensystems, das von den bürgerlichen Formen der Öffentlichkeit und von staatlicher Reglementierung unabhängig ist, für die Konstitution der englischen Arbeiterklasse von grundlegender Bedeutung war. „Denn erst eine intensive, in eigenen Presse-, Bildungs-, Schutz- und Kampfinstitutionen realisierte kontinuierliche und breite Kommunikation ermöglichte hinreichend die Artikulierung, den Austausch, die Überprüfung und die Weiterentwicklung von Ansichten. Das Recht auf Kommunikation war ein zentraler Gegenstand des Konfliktes zwischen Establishment und Arbeiterbewegung." (Vester 1970: 22) Denn nur vermittels eigenständiger Medien kann die, durch die Anarchie der Warenproduktion bedingte Partikularisierung und Atomisierung der Arbeiter tendenziell überwunden, eine Vereinheitlichung der heterogenen Teile geschaffen werden. Vester hat aber auch die Entstehung des Industrieproletariats, seinen Klassenlernprozeß, im England des 17. und 18. Jahrhunderts erklärt. Er entwirft einen Zyklus von politischen Auseinandersetzungen, die bestimmte sozialstrukturelle (geplante und ungeplante) Folgen haben, welche wiederum die konkrete Lage der Konfliktgruppen berühren, verändern. Diese Veränderungen werden — teilweise theoretisch — konzeptuell verarbeitet und in neue Strategien umgeformt. Diese haben wiederum Konsequenzen usf. Diese Überlegungen zum Lernzyklenmodell sind deshalb so interessant, weil am Verlauf der Revolte sich ebensolche Momente eines »rückgekoppelten Lernprozesses« aufzeigen lassen. Zum einen kann die dynamische Entwicklung der Bewegung, ihre Radikalisierung, der Ablösungsprozeß von radikaldemokratisch-aufklärerischen zu sozialistischen Positionen als kollektive Lernerfahrung gedeutet werden. Zum anderen aber auch als Kampfphase, an deren Ende die Erkenntnis deutlich wird, daß die aus dem Erfahrungsschatz der bürgerlichen Aufklärung stammenden Instrumente gegenüber dem machtvollen Block bürgerlicher Öffentlichkeit stumpf geblieben sind.[10] „Alle Versuche freilich, die ohnmächtigen und teilweise ausgezehrten Freiheitsrechte einzuklagen und gegen die realitätshaltigen, machtvollen Produktionsöffentlichkeiten auszuspielen, mußten notwendigerweise scheitern" (Negt 1973: XI). Die Bewegung hat sich zwar in einem ungeheuerlichen Tempo radikalisiert, letztendlich aber das Bewußtsein einer »innerinstitutionell-appallativen Opposition« nie restlos überwunden.

Wenn wir uns die Entwicklung der bundesrepublikanischen Linken seit '68 anschauen, dann wird klar, daß das Lernzyklenmodell auch über die Revolte hinaus heuristische Erklärungskraft besitzt (vgl. Buro 1982: 138ff.). Dies kann in den folgenden Kapiteln nur angedeutet werden; es muß einer gesonderten Analyse vorbehalten bleiben, einen solchen Nachweis zu erbringen.

Am Ende der Revolte steht die Einsicht, daß die Ansätze einer »lebendigen Gegenöffentlichkeit«, „in welcher sich das vitale Bedürfnis nach Gesellschaftlichkeit, nach »Gesamtwahrnehmung« (Negt/Kluge)" (Buslmeier 1974: 173) manifestiert, nur dann erfolgreich sind, wenn die handwerkliche Produktionsweise überwunden und die »inneren Widersprüche der *bestehenden* Massenkommunikationsmittel« ausgenutzt werden. Die Bewegung hat zwar Perspektiven und Programme entwickelt, Medien-Kampagnen initiiert, „schuf Ansätze einer neuen Produktionsweise, in der die wichtigsten Schulungstexte, Bücher, Zeitungen und Broschüren entstehen, gründete eigene Verlage und Vertriebssysteme — alles Hinweise auf eine autonome, *proletarische Öffentlichkeit*, die allerdings die Massen nicht erreichte, weil diese vorwiegend von Intellektuellen geprägte Produktionsweise die Medien der Massen von vornherein ausschloß" (Negt 1973: IX). Negt/Kluge haben diesen zentralen Erfahrungsgehalt der Revolte gleichsam programmatisch auf den Begriff gebracht, indem sie die Strategie zur Etablierung einer kommunikativen Gegenmacht benennen: „Eine Gegenöffentlichkeit, die sich auf Ideen und Diskurse mit aufklärerischem Inhalt stützt, vermag keine wirksamen Waffen gegen den Zusammenhang von Schein, Öffentlichkeit und öffentlicher Gewalt zu entwickeln. In dieser Situation werden die Kompensationen, die die klassische bürgerliche Öffentlichkeit gegenüber den öffentlichen Gewaltverhältnissen besaß, zunehmend unwirksam. Gegen Produktion der Scheinöffentlichkeit helfen nur Gegenprodukte einer proletarischen Öffentlichkeit: Idee gegen Idee, Produkt gegen Produkt, Produktionszusammenhang gegen Produktionszusammenhang." (Negt/Kluge 1974: 143)

Obgleich sich am Ende der Protestbewegung der antiautoritäre Aktionszusammenhang auflöst, hat die Revolte einen wesentlichen Beitrag zur Rekonstruktion der bundesrepublikanischen Linken nach 1945 geleistet (vgl. Brückner 1978: 132). Zwar kommt es zu einer Segmentierung und Atomisierung der Bewegung, das hat aber langfristig den Vorteil, daß die Politik des linken Lagers vielfältiger und weniger zentriert wird. Nehmen mit dem Prozeß der Dezentralisierung doch auch die Orte der Erfahrungsproduktion zu. Auf ideengeschichtlicher Ebene hat die Revolte durch ihren Elan und ihre Euphorie einen Überhang an Phantasien und Utopien freigesetzt, der alle Bereiche linker Politik (Theorieproduktion, Wertvorstellungen, moralische Standards, Lebensentwürfe und -inhalte etc.) affiziert. Diese Ideen und Vorstellungen von einer anderen Gesellschaft sind ansatzweise während der 70er Jahre und bis zum gegenwärtigen Zeitpunkt auf den unterschiedlichsten Ebenen (Politik, Kultur, Familie, Ökonomie etc.) ausdifferenziert und konkretisiert worden. Das zeigt sich daran, daß die der Revolte nachfolgenden Protest- und Widerstandspotentiale am Gedankengut und an den Erfahrungsgehalt der Oppositionsbewegung mehr oder weniger bewußt anknüpfen. Das soll anhand zweier politischer Strömungen kurz skizziert werden:

a) Die Alternativbewegung bezieht sich auf das »authentische Politikverständnis« der Revolte, indem sie die Emanzipation des Subjektes, das »Einbringen von Eigeninteressen« zum zentralen Bezugspunkt eines dezentral orientierten, basisdemokratischen Politikverständnisses macht. Dabei verabsolutiert sie unzulässigerweise den subjektiven Faktor, der in der ursprünglichen Konzeption unmittelbar an die Veränderung gesamtgesellschaftlicher Zusammenhänge gebunden war.

b) Auch die Grüne Bewegung hat die Studenten- und Schülerbewegung beerbt: das außerparlamentarische Standbein der Grünen steht ganz in der Tradition des Antiparlamentarismus der Revolte. Das parlamentarische Spielbein hingegen, knüpft an die negativen Erfahrungen des außerparlamentarischen

Widerstandes an, indem versucht wird, diese Erfahrungen auf institutioneller Ebene einzubringen. Und es lassen sich auch Verbindungslinien dieses gewachsenen Organisationsbewußtseins zu den K-Gruppen ziehen.
Die von der Alternativbewegung in den Vordergrund gestellte Veränderung der Subjektivität wird durch den von den Grünen formulierten »Primat der Politik« gleichsam aufgehoben, siedelt man diese beiden Strömungen als gleichberechtigt im linken Lager an. Inwieweit die Entwicklung der neuen sozialen Bewegungen zuguterletzt in einem linken Block oder in einer »Hegemonie der Linken« (Glotz) kulminiert, dies muß die Geschichte zeigen. Daß mit dem Prozeß der Ausdifferenzierung des Gedankengutes der Studentenrevolte auch tendenziell der utopische Gehalt der Ideen und Gegenentwürfe verloren gegangen ist, sich ihr revolutionärer Elan verflüchtigt hat, liegt auf der Hand. Andererseits aber, werden die utopischen Entwürfe durch ihre Realisierung konkreter und materieller, sie bekommen durch ihre Konkretion und institutionelle Verankerung eine andere politische Dimension und Kraft.

Auf dieser Ebene — die Revolte als Produktionsprozeß gesellschaftstranszendierender Vorstellungen — ist auch unser Interesse an den Öffentlichkeitsformen der Protestbewegung angesiedelt. Und in diesem Sinne haben wir die Öffentlichkeit der Studentenrevolte als „Paradigma einer positiv besetzten Gegenöffentlichkeit" begriffen. Denn, so Peter Brückner (1983: 98), „insofern es eine Aufgabe revolutionärer Bewegungen ist, die Latenz (oder Zersplitterung) historisch emanzipativer Kräfte in der Herstellung einer politischen Gegenöffentlichkeit aufzuheben, die ein »Maximum an Kommunikation und kollektivem Leben gewährleistet«, hat dies die »antiautoritäre Bewegung« in der Tat geleistet."

Analog zu Habermas, der die literarische Öffentlichkeit der französischen Aufklärung als Vorform bürgerlicher Öffentlichkeit bezeichnet, kann die Phase des studentischen Protestes als eine *Konstitutionsphase von Gegenöffentlichkeit* begriffen werden, deren Gehalt nicht so sehr in der Ausprägung materialisierter Gegenöffentlichkeit gelegen hat, als in der Formulierung einer utopischen Idee von authentischer Gegenöffentlichkeit.

Diese Vorstellung eines anderen Organisationsprinzips von Öffentlichkeit hat Mitte der 70er Jahre in der politischen Alternativpresse ihren Ausdruck gefunden. Die programmatische Forderung nach einer Öffentlichkeit, die Gebrauchswert für die an ihr Beteiligten hat, weil ihre eigenen Erfahrungen in dieser zum Ausdruck kommen, ist dort ansatzweise realisiert worden. Diesem Entwicklungsprozeß soll in den folgenden Kapiteln nachgegangen werden.

Kapitel 2
Zerfallsprozesse der linken Öffentlichkeit — Kaderparteien, Basisgruppen, und »bewaffneter Kampf«

1. Die proletarische Wende

Als am 21. März 1970 der Bundesvorstand des SDS die Auflösung des Verbandes beschließt, ist das nicht nur der formale Endpunkt dieser, für den organisatorischen Zusammenhalt der Bewegung so wichtigen, Organisation. Tatsächlich ist auch die Bewegung an ihrem Ende, zeigt sich doch an den Auflösungserscheinungen schon lange vorher, daß die Interessengegensätze zu groß sind. Durch den Zerfall der Bewegung werden nun die verschiedenen Partikel entmischt. „Auf der einen Seite entwickelten sich immer mehr theoretisch-legitimatorische, zum Teil ideologische und doktrinäre Politikverständnisse von sich organisatorisch identifizierenden und miteinander konkurrierenden Kleingruppen, auf der anderen Seite ebenso isolierte Ansätze des Experimentierens mit Sozialisationsprozessen, Lebensformen, psychologischen und religiösen Strategien der Selbstveränderung." (Leineweber/Schibel 1975: 63) Für die einen steht die theoretische Analyse des gesamten Sozialisationsbereiches im Mittelpunkt (Kinderladenbewegung), für die anderen die Klassenanalyse, die Probleme von Klassenbewußtsein und politischer Agitation. An den Hochschulen und Universitäten beherrschen für lange Zeit die maoistischen Zirkel (KSV, KHG, KSB/ML u.a.m.) sowie die links-reformistischen Gruppen (MSB Spartakus, SHB) und die Jusos die politische Szenerie. All diesen Strömungen liegt ein theoretisches Selbstverständnis zugrunde, das Scherer (1980: 111) zutreffend als »Paradigma des antirevisionistisch-ökonomistischen Ableitungsmarxismus« bezeichnet hat.

Diese Phase nach der Revolte ist durch eine Hinwendung zur Basis gekennzeichnet, nach den Randgruppen rücken nun die Arbeiter, das »revolutionäre Subjekt« in den Mittelpunkt des politischen Interesses. An Stelle des aufklärerischen Pathos der Revolte, das an die Adresse der bürgerlichen Öffentlichkeit gerichtet war, tritt jetzt ein *agitatorischer Gestus*, der sich an das Proletariat wendet. Disziplin und Schulung lösen Spontaneität und Selbsterfahrung ab. Diese Orientierung nach »unten« drückt sich a) in einer breiten Basisgruppenbewegung und b) im Aufbau zahlreicher Betriebsgruppen sowie leninistischer Kaderparteien aus; an den Hochschulen führt diese Entwicklung zur Bildung sog. revolutionärer Zellen. Beiden Formen des *»Interventionismus«* ist gemeinsam, daß sie sich auf einen Betroffenen beziehen, zugunsten dessen die eigenen Emanzipationsinteressen zurückgestellt werden.

Nicht zuletzt spalten sich in dieser Zeit aber auch diejenigen Fraktionen ab, die die Militanz, den »bewaffneten Kampf« auf ihre Fahnen geschrieben haben. Sind diese Gruppen zuvor noch integraler Bestandteil des antiautoritären Aktionszusammenhanges, deren radikalster Teil sozusagen, so manövrieren sie sich nun vollends ins gesellschaftliche Abseits, mehr noch, mit ihrem Rückzug aus der Öffentlichkeit beginnt ein fataler Entwicklungsprozeß hin zum menschenverachtenden Terrorismus. Die alten Ansprüche nach unversehrter Subjektivität und Emanzipation des Individuum werden der Logik der Waffen untergeordnet.

Analog dieser Fraktionierung bilden sich Teilöffentlichkeiten aus: zum einen entstehen Parteiöffentlichkeiten, die sich um die im Entstehen begriffenen Kaderorganisationen ausbilden, zum anderen bilden sich Gegenöffentlichkeiten um diejenigen, die die Universität verlassen und mit ihrer politischen Arbeit im Betrieb oder Stadtteil beginnen.

Versuche, diesen Verfalls- oder besser Entmischungsprozeß der Studenten- und Schülerbewegung zu erklären, sind so zahlreich wie diejenigen, die sich mit der Entstehung beschäftigen. Einleuchtend erscheint ein Erklärungsansatz, der davon ausgeht, daß bestimmte Eigenschaften, die gerade konstitutiv für die Revolte sind, auch gleichermaßen deren Zerfall beschleunigen: „In der studentischen Bewegung zeigten sich in jeder einzelnen Aktion immer zwei Linien: die Mobilisierung über den Mechanismus der politischen Wertabstraktion, und die schwierigere Konstituierung von emanzipatorischen Interessen." (Negt/Kluge 1974: 155) Das ist auf der einen Seite die Politisierung aufgrund abstrakter, d.h. moralischer Imperative, die im Kontext von Wertmaßstäben mit universeller Geltung stehen, und auf der anderen das Problem, diese abstrakten Werte auf konkrete Interessenlagen zu beziehen. Während diese Dialektik zu Anfang der Bewegung noch funktioniert, fallen beide Momente am Ende der Revolte auseinander, sie werden als gegensätzliche verabsolutiert. Wird die Wechselwirkung zwischen abstrakten und konkreten Werthierarchien aber durchbrochen, so führt das einerseits zu einer „*Instrumentalisierung* der Lebensinteressen, die doch das Medium sind, in dem sich jede, auch die weltweite Veränderung abspielt" (Negt/Kluge 1974: 158) (Kennzeichen der Kaderparteien), andererseits zu einer einseitigen *Verabsolutierung* der Lebensinteressen, denen die abstrakten politischen Ziele unterworfen werden (Kennzeichen der späteren Sponti-Bewegung).

Die von den Basisgruppen als auch den Kaderparteien praktizierte Hinwendung zum Proletariat, diese »abstrakte Negation der Gesellschaft«, führt aber darüberhinaus, und das ist zentral, zu einer *Preisgabe des emphatischen Begriffs von Öffentlichkeit* und zu einem Mißtrauen gegenüber den eigenen, zumeist studentischen Interessen, denen die abstrakten des Proletariats gegenüberstehen. Der Verlust der Öffentlichkeit hängt damit zusammen, daß eine von den Massen getrennte Kaderpartei von Berufsrevolutionären ihre Aufgabe, eine möglichst breite Gegenöffentlichkeit zu schaffen, in der die massenhaften Bedürfnisse nach Kommunikation und kollektivem Leben sich politisieren können, gar nicht erfüllen kann. Denn „die bolschewistische Kaderpartei arbeitete gezwungenermaßen getrennt von den Massen, d.h. unter den Bedingungen der Illegalität; allerdings *erst nachdem* die spontane Streikbewegung der russischen Arbeiterklasse bereits eine Art proletarische Gegenöffentlichkeit geschaffen hatte. Solange aber eine solche Gegenöffentlichkeit nicht vorhanden ist, muß jede von den Massen getrennte, konspirativ arbeitende Kaderpartei zur Sekte verkommen." (Schneider 1971: 113) Was ja auch eingetreten ist. Dieser Rückzug in die abgekoppelten Milieus hat aber zur Folge, daß die beiden zentralen Kategorien der Revolte »Herstellen von Öffentlichkeit« und »Einbringen von Eigeninteressen« auf das sträflichste vernachlässigt werden. Erst diese Außerkraftsetzung der Öffentlichkeit hat die Etablierung neuer Herrschaftsverhältnisse und die Existenz neuer sozialer Ungleichheit ermöglicht. „Je höher die Legitimation der eigenen Arbeit angesetzt werden konnte, desto stärker war die Abkehr vom Postulat der Öffentlichkeit, die Rückkehr zur klandestinen Gruppenarbeit und zur Abdichtung." (Negt/Kluge 1974: 160) Das ist auch die Bedingung dafür, daß die Erscheinungsformen des Zerfalls von an diesem Prozeß beteiligten Studentengruppen als Fortschritt begriffen werden können. Mit ihrer Nicht-Öffentlichkeit oder besser Gruppenöffentlichkeit verlieren diese Stadtteilbasis- und Betriebsarbeitsgruppen ihren Bezug zur Realität und damit auch die »Substanz ihrer revolutionären Tätigkeit«.

Hinzu kommt, daß diese Selbstausgrenzung begleitet wird von einem Prozeß der Marginalisierung und Ausgrenzung seitens der bürgerlichen Öffentlichkeit. Denn diese dichtet sich zunehmend gegen die Linke zugunsten des großen »Reformprogramms« der SPD ab. Sind auf dem Höhepunkt der Revolte noch Teile der bürgerlichen Öffentlichkeit für die Belange der Studenten eingetreten, so hat diese sich ebenfalls zurückgezogen. Der inflationäre Gebrauch der öffentlichkeitswirksamen Aktionen hat dazu geführt, daß man gezwungen ist, zu immer stärkeren Stimuli zu greifen, um in die Gazetten von

Presse, Funk und Fernsehen zu gelangen. Dieser Prozeß der Militarisierung der politischen Aktionsformen hat aber seitens der bürgerlichen Medien eine Immunisierungsstrategie zur Folge, die diese gegen Form und Inhalt studentischer Kritik weitestgehend resistent macht. Daneben zeigt das System eine unerwartete Lernfähigkeit, gegenüber den systemkritischen Aktivitäten kann es differenziert und anpassungsfähig reagieren. Einerseits gelingt es, den Protest zu assimilieren, andererseits werden die Restbastionen des Protestes an den Rand der Gesellschaft gedrängt und als Erscheinungsformen einer unbedeutenden Subkultur desavouiert. „Funktionalistisch betrachtet kann deswegen die Studentenrevolte auch als »Mechanismus der Anpassung der Gesellschaft an veränderte historische Umstände« bezeichnet werden." (Schülein 1977: 109)

2. Die »studentische« Kaderpartei

Nach dem Zerfall der Außerparlamentarischen Opposition geht ein Teil der Aktiven in die DKP, ein anderer in die SPD, und die übrigen, die die »Organisationsfrage« stellen, bauen proletarische Parteien nach dem leninistischen Kaderprinzip auf. Dabei spiegeln die einzelnen K-Gruppen oftmals nur die persönlichen Animositäten der SDS-Führung wider. So gehen aus den verschiedensten lokalen SDS-Zirkeln verschiedene ML-Organisationen hervor, die zunächst, „trotz mehr oder weniger hochtrabender Namen, nichts anderes als eben diese örtlichen Zirkel repräsentieren" (Schlögel u.a. 1981: 74). Aus dem Berliner SDS geht die KPD/AO später KPD unter Semmler, Horlemann hervor, in Hamburg entsteht der Kommunistische Bund Westdeutschland (KBW). Aber schon 1973 ist diese Gründungsphase der dogmatischen Gruppen weitestgehend abgeschlossen.

Die Parteiaufbauorganisationen folgen dem leninistischen Konzept vom Aufbau einer kommunistischen Partei, das dieser unter den besonderen Bedingungen einer halbasiatischen Produktionsweise entwickelt hatte (vgl. Dutschke 1974). Die intellektuellen Kader einer solchen Partei haben die Aufgabe, als Avantgarde die revolutionäre Theorie, das revolutionäre Bewußtsein, von außen in das Proletariat hineinzutragen, da dieses nur ein allenfalls ökonomistisches Bewußtsein entwickeln kann. Die unhistorische Übertragung, ja Oktroyierung dieses, im zaristischen Rußland entwickelten, Kaderprinzips auf die Gesellschaftsstrukturen eines hochentwickelten kapitalistischen Systems führt dann aber notwendigerweise zu entscheidenden politischen Fehlern. Ein solcher ist zweifellos die Staatsfixierung der meisten K-Gruppen: „Gegen den bürgerlichen Staat als Unterdrückungsapparat soll die demokratisch organisierte Einheit des Volkes hergestellt werden, um nach der Zerschlagung des bürgerlichen Staates den proletarischen Staat zu schaffen. Abgesehen von der Verwendung des Begriffs »Volk«, (...) bedeutet die Konzentration auf die Eroberung der Staatsmacht eine entscheidende Einengung sozialistischer Politik." (Thesen 1975: 82) Entscheidend für den Niedergang der ML-Gruppen ist aber letztendlich die Negierung eines Emanzipationsbegriffes, der im Mittelpunkt der studentischen Politik gestanden hat und der »aus der Geschichte der deutschen proletarischen Klassenbewegung als Leidensgeschichte konstituiert war« (Mosler). „Die ML-Bewegung machte die von der antiautoritären Bewegung in Anlehnung an Marcuse und den jungen Marx vorgenommene Erweiterung des traditionell verkürzten Revolutionsbegriffs um die persönliche Emanzipation der menschlichen Individuen praktisch wieder rückgängig und beraubte sich damit der politischen Zielsetzung und des Mediums, in dem die angestrebte Mobilisierung der Massen hätte erfolgreich sein können." (Lehnhardt/Volmer 1979: 227)

Die subjektiven Lern- und Emanzipationsprozesse — Medium der Veränderung — sind damit abgespalten, gleichsam privatisiert worden. Dieser Ausgrenzung der Bedürfnissphäre entsprechen Organisationsstrukturen, die durch rigide Hierarchie und Unterordnung gekennzeichnet sind. Die Umgangsformen innerhalb der »Organisation« lassen den Protest der Revolte gegen die leblosen Verkehrsformen nur noch als revolutionäre Posse erscheinen. „An die Stelle der Ethik der Solidarität trat die Ethik der Arbeit." (Mosler 1975: 31) Damit vollzieht sich eine Reproduktion der Eigenschaften des »analen Zwangscharakters«, „eine Erneuerung von, angesichts der fortgeschrittenen spätkapitalistischen Befriedungsmöglichkeiten anachronistischen, der frühkapitalistischen Epoche zugehörigen calvinistischen Tugenden des Fleißes, der verinnerlichten Arbeits- und Leistungsmoral, des Gehorsams, der Pünktlichkeit, der Autoritätszugehörigkeit, der Pedanterie, des Konkurrenzzwanges." (Lehnhardt/Volmer 1979: 221) Damit hat sich, so Mosler, unter den Linken die ganze vorgeschichtliche Verkehrsform des »bellum omnium contra omnes" wieder Platz gemacht. Aus der Sicht von heute ist diese bedingungslose Unterordnung unter die totalitär anmutenden Organisationsstrukturen der marxistisch-leninistischen Kaderparteien kaum verständlich, berücksichtigt man nicht, daß die am Protest Beteiligten angesichts des drohenden Zerfalls der Bewegung nach einer politischen Heimat, nach Organisationsstrukturen suchten, die den langen Haß und die Dauer des politischen Emanzipationskampfes verbürgten. Andererseits ist diese Ausgrenzung spontaneistischer Elemente aber auch Ausdruck der autoritativen Substanz der Rebellion, Ausdruck einer Sehnsucht nach Ordnung und Disziplin. Nur der Marxismus-Leninismus „scheint den auf der Suche nach Identität und einem neuen kollektiven Über-Ich befindlichen

Intellektuellen jenen Halt und jene Sicherheit zu versprechen, die das beschädigte Subjekt benötigt, um überleben zu können." (Eisenberg/Thiel 1975: 151)

Der Halt und die Sicherheit im Mutterschoß der Partei aber wird bezahlt mit dem »Opfer autonomen Denkens« (Adorno). Das zeigt sich auch an der Funktionsveränderung von Wissenschaft und Theoriebildung. War in der Revolte die wissenschaftliche Reflexion noch das Regulativ der wirklichen Kämpfe, der theoretische Diskurs das Medium, in dem Theorie und Praxis miteinander vermittelt wurden, so ist sie in der ML-Phase zur bloßen Scholastik verkommen. „Die MLer begnügen sich damit, ihre »Klassiker« Marx, Engels, Lenin, Stalin und Mao Tse-tung zu zitieren, statt sie zu verändern." (Mosler 1975: 31) Damit aber wird die Orthodoxie zum vorherrschenden Prinzip, der Marxismus verkommt zur Legitimationswissenschaft. „Vor der mächtigen einschüchternden Kanonik der Orthodoxie der Leninisten war Kritik nicht mehr das theoretische Leben der Revolution, und »Abenteuer der Dialektik« konnten die Genossen nicht mehr erleben, weil das rebellische Denken vor der mächtigen Kanonik nicht mehr als Genuß gelten konnte, sondern nur noch als Totenmaske des Entwurfs, der Idee." (Mosler 1975: 32)

Und so führt die Eliminierung des subjektiven Faktors, die Abspaltung des Privaten und die Fetischisierung eines überkommenen Politikkonzeptes, das die Revolutions- und Organisationsprinzipien der Kaderpartei hypostasiert, dazu, daß die ML-Organisationen die gesellschaftliche Wirklichkeit nicht mehr erreichen. Mitgliederschwund und der Rückgang ihrer Auflage der Publikationen sowie der Rückzug aus den studentischen Repräsentationsorganen sind dafür ein untrügliches Zeichen. Als Mitte bis Ende der 70er Jahre die Anti-AKW-Bewegung, die Frauenbewegung, das ganze Spektrum der Grünen und Alternativen sich durchsetzt, wird der von den K-Gruppen propagierte Begriff von Politik außer Kraft gesetzt. „Eine immer auf Totalität abzielende »strategische Debatte«, Ableitungsdiskussionen, enormer Legitimationszwang durch Theorie, ja Kultivierung einer Theoriebildung an sich, die sich nicht mehr an neuen Gegenständen beweisen muß, hatten erst einmal ausgedient." (Schlögel u.a. 1981: 33)

3. Die Öffentlichkeit der Partei

Um die Kaderparteien oder Parteiaufbauorganisationen bilden sich miteinander konkurrierende Öffentlichkeiten, die am ehesten als »Verbandsöffentlichkeiten« bezeichnet werden können. Das hängt mit der Struktur und dem Aufbau dieser Parteien zusammen, die der vereinsrechtlichen Form nachempfunden sind. „Die Herrschaft des Apparats, das gegenseitige Sich-Ausschließen der ZK-Mitglieder, die Fingierung eines Gemeinwillens der Partei, der doch nur vom Zentralkomitee hergestellt wird — alles dies sind charakteristische Merkmale der bürgerlichen Vereinsstruktur." (Negt/Kluge 1974: 424) Solcherart Strukturen bilden sich dann heraus, wenn sich eine Partei über eine Bewegung organisiert, die noch gar nicht existiert. Es sind Ausschließungs- und Abdichtungsmechanismen, die die politische Identität im Inneren, im Mikrokosmos der Organisation, absichern, die aber auch dem Bedürfnis nach einer Synthetisierung der äußeren Umwelt dienen. Durch diese Mechanismen sind auch die primär studentischen Kaderparteien gekennzeichnet. Ein ehemaliges Mitglied der KPD bestätigt dies in seiner Abrechnung mit der Partei: „Ich möchte nicht leugnen, daß auch zu jenem Zeitpunkt (als die Partei 1975 ihre bisherige Parteilinie revidierte, d. Verf.) die Mechanismen selektiver Wahrnehmung, zwanghafter, nicht ausgewiesener strategischer Synthetisierung und z.T. mit Gewalt durchgesetzten Sendungsbewußtseins (...) fortwirkten." (Schlögel u.a. 1981: 33)

Die damit verbundene Abtrennung, ja Abdichtung gegen die gesellschaftliche Realität, gegen den nach wie vor vorherrschenden bürgerlichen Lebenszusammenhang, und die Überidentifizierung mit den Zielen der Partei, führt dazu, daß die Parteimitglieder an ihren eigenen Erfahrungen zweifeln. „In der Parteiorganisation des Lagers glaubt zuletzt kein Einzelner mehr, daß er imstande sei, selbsttätige Erfahrung zu produzieren." (Negt/Kluge 1974: 115) Die Abschottung gegen die äußere soziale Realität ist total: „Viele Genossen lasen kaum etwas außer den eigenen Publikationen, den »Klassikern des ML« und der fürs Studium absolut unentbehrlichen Literatur. Wenn sie sich mal anders bildeten, lasen sie »proletarische Romane« aus der Weimarer Zeit, sahen sich aufbauende Filme aus der VR-China oder ähnliches an. Dieser Mangel an Auseinandersetzung mit der »bürgerlichen Literatur«, mit »unpolitischen« Filmen, die Tatsache, daß die meisten Genossen nie in Popkonzerte gingen (Popmusik war laut KVZ (Kommunistische Volkszeitung, d. Verf.) bloß ein Mittel der Bourgeoisie, die Arbeiterjugendlichen vermittels dekadenter Kultur vom Kampf gegen die Ausbeutung und Staat abzuhalten), dieses ständige Eingeschlossenbleiben im keimfreien Milieu des von der ML-Ideologie desinfizierten Dunstkreises der Organisation, trug wesentlich bei zur Herausbildung eines Sprachcodes, der mit seinen Begriffen, seinen apodiktischen Kategorien, gar nicht mehr zuließ, differenzierte Fragen zu stellen bzw. Erklärungen realer Probleme zu suchen. Eine spontane Neugier und Aufgeschlossenheit anderen Ansichten, neuen gesellschaftswissenschaftlichen Theorien gegenüber mußte damit verkümmern. Die Wirklichkeit war generell durch die

Brille und nach dem Interpretationsmuster der von der KBW-Führung legalisierten ML-Glaubenssätze zu betrachten. Die eigene Erfahrung zählte nichts." (Wir warn... 1977: 56) Damit entkoppelt sich die Kaderpartei von der gesellschaftlichen Realität, von der Lebenswelt, auf die sie sich als Avantgarde gerade bezieht, und die sie verändern will. Und in dem Maße, so Negt/Kluge, wie sie die Fiktion propagiert, sie sei die endgültige Form proletarischer Öffentlichkeit, unterbindet sie die Möglichkeit, neue Formen der Erfahrung und damit eine gehaltvolle proletarische Öffentlichkeit zu entwickeln.

Der im obigen Zitat angesprochene Deformationsprozeß der Sprache potenziert die Abschottung und Selbstgettoisierung noch. Man muß eine bestimmte Sprache sprechen, gewisse Worte, Kürzel und Redewendungen benutzen, um als vollwertiges Parteimitglied ernstgenommen zu werden. Der von der Parteispitze initiierte Sprachcode wird über die Erlasse der zentralen Leitung, die in den Zeitungen und Broschüren publiziert werden, vervielfältigt und dupliziert. Mit der sozialen Umwelt findet dementsprechend nur noch eine gestörte Kommunikation statt, die durch das wiederholt angesprochene »Sendungsbewußtsein« gekennzeichnet ist. Die revolutionäre Phrase ersetzt zunehmend die Artikulation kollektiver gesellschaftlicher Erfahrung. Ziel der Debatten und Auseinandersetzungen ist nicht ein Konsens, der auch die Veränderung der eigenen Position beinhaltet, sondern die Überzeugung und Überredung der anderen. Meinungen und Werthaltungen stehen nicht zur Disposition, sie dienen lediglich der Propagierung des eigenen Standpunktes, und so hat in der Öffentlichkeit der Kader-Parteien, die Distribution ideologischer Standpunkte und Einschätzungen die Produktion und die Verarbeitung realer Erfahrung abgelöst. Dieser Prozeß der Selbstimmunisierung gegen dissonante Erfahrung wird noch dadurch verstärkt, daß ein großer Teil der Parteimitglieder innerhalb der Organisation gewisse Funktionen einnimmt, die die Mitglieder naturgemäß eng an die Organisation anbindet. Der innerhalb der Parteien stattfindende Prozeß einer funktionalen Differenzierung hat eine Professionalisierung von Leitungs- und Kaderfunktionen herausgebildet, die beispielsweise dazu führt, daß ein Drittel der DKP-Mitglieder im Verlauf der 10-jährigen Parteigeschichte zu freigestellten Funktionären avanciert.

Die Summe all dieser Prozesse kulminiert in einer »Lagermentalität«, die einer eigentümlichen Dialektik unterliegt: „obwohl sie beabsichtigt, sich gegen alle Formen des bürgerlichen Lebenszusammenhangs abzudichten, die Individuen gegen sie zu immunisieren, reproduziert sie unbewußt die Mechanismen der bürgerlichen Öffentlichkeit: Ausgrenzung, Scheinöffentlichkeit, Diktatur der Verfahrensregeln." (Negt/Kluge 1974: 115)

4. Die Parteipresse der K-Gruppen

Die Entfaltung eines breiten Spektrums parteieigener Publikationsorgane geht nicht zuletzt auf die Funktionsbestimmung der Presse zurück, wie sie von Lenin (1955: 11) formuliert wird. Das Kernstück der »marxistischen Pressetheorie« lautet: „Die Zeitung ist nicht nur ein kollektiver Propagandist und kollektiver Agitator, sondern auch ein kollektiver Organisator." Und so verwundert es nicht, daß Propaganda und Agitation auch in den marxistisch-leninistischen Kaderparteien der frühen siebziger Jahre einen zentralen Stellenwert hat. Vertrieb und Verbreitung der parteieigenen Publikationsorgane, das ist eine »Kampfaufgabe« für jedes Mitglied, für jeden Sympathisanten. „Der Vertrieb ist das A und O dieser Aufgabe. Der Vertrieb ist kein irgendwie nebenher zu erledigender Kokolores: in der Reibungslosigkeit des Vertriebs materialisiert sich die Einsicht in die Bedeutung des ganzen Projekts. Der Vertrieb ist ein Politikum." (Lang 1974: 58) Beim frühmorgendlichen Zeitungsverkauf vor dem Betrieb oder dem Verkauf am Büchertisch wird nicht nur ein Kontakt zur Arbeiterklasse oder den fortschrittlichen Studenten hergestellt, die es zu rekrutieren gilt, sondern beim Verkauf „schult das Verbandsorgan sozusagen jeden, der es verkauft — vorausgesetzt, er hält es sich nicht eben schweigend vor die Brust." (Lang 1974: 37) Damit wird, so ein ehemaliges Parteimitglied, der Verkauf der Parteizeitung zu einem Hauptinstrument der politischen Arbeit. Das Ziel dieser Arbeit ist, die reformistisch orientierte Arbeiterklasse für den Kommunismus zu gewinnen. Die Studenten, sollen „durch den KVZ-Verkauf in unmittelbaren Kontakt zu den Volksmassen treten und auf diesem Wege in die Volkskämpfe mit einbezogen werden." (Wir warn... 1977: 52) Dementsprechend ist diese Tätigkeit, die bevorzugt an die sog. Sympathisanten delegiert wird, eine Bewährungsprobe für die jungen Parteimitglieder. Das damit verbundene öffentliche Bekenntnis zur Partei stellt demnach einen modernen Initiationsritus dar.

Die Wichtigkeit von Propaganda und Agitation kann auch durch die breite Palette der parteieigenen Publikationsorgane belegt werden. Daß aber auch bereits existierende Zeitungen umfunktioniert und der Parteipresse eingegliedert werden, ist ein weitverbreitetes Phänomen. In einer Chronologie der zehnjährigen Geschichte der KPD heißt es unter dem Datum 1. Mai 1970:

„Erscheinen der ROTEN FAHNE als »Organ der Stadtteilkomitees der KPD-Aufbauorganisation«; rege publizistische Tätigkeit: neben Herausgabe der ROTEN FAHNE Übernahme des Apparates der ROTEN PRESSE KORRESPONDENZ (ehemals Organ der »Studenten-, Schüler- und Arbeiterbewegung«, d.h. der APO Westberlins, in Konkurrenz und als Nachfolge des

SEW-nahen EXTRADIENSTES entstanden). Nach einer Übergangszeit eines vormals aufrecht erhaltenen Pluralismus der Redaktion, Umbenennung in »Zentralorgan des Kommunistischen Studentenverbandes (KSV)«. Herausgabe von Betriebszeitungen (KOMMUNISTISCHE ARBEITERPRESSE), Herausgabe einer Schriftenreihe »Die Bolschewisierung der KPD« mit historischen Texten der Komintern, Organisationstheorie und Kommentaren: Eine Einflußnahme auf das Programm des »Oberbaum-Verlags« mit der Herausgabe von Stalin-Texten und der »Polemik« der KP Chinas." (Schlögel u.a. 1981: 129) Hier wird klar, wie behutsam man vorgeht, um bereits existierende Zeitungen in das immer komplexer werdende Parteigefüge einzubinden und damit die Einflußsphäre zu vergrößern. Das ganze Spektrum der KPD-Presse soll durch folgende Auflistung demonstriert werden:

Die KPD gibt als Zentralorgan die »Rote Fahne« heraus, als Pressedienst die »Rote Presse Korrespondenz (RPK)«, die jedoch in dieser Form erst ab November 1974 erscheint, da die RPK, zeitweilig auch als Zentralorgan des KSV bezeichnet, bis zu diesem Zeitpunkt mehr als theoretische Plattform der KPD fungiert. Das theoretische Organ ist schließlich die Zeitschrift »Wissenschaft im Klassenkampf«.

Ein Überblick über die Unterorganisationen der Partei mit ihren verschiedenen Organen komplettiert das Bild der KPD-Presse:
„— Kommunistischer Jugendverband Deutschlands (KVJD); Zentralorgan: »Kämpfende Jugend« (früher: Kommunistischer Jugendverband [KJV]
— Kommunistischer Studentenverband (KSV); Zentralorgan: »Dem Volke dienen«
— Kommunistischer Oberschülerverband (KOV); Zentralorgan: »Schulkampf«
— revolutionäre Gewerkschaftsopposition (RGO); Zentralorgan: »Revolutionäre Gewerkschaftsopposition«

Hilfsorganisationen:
— Liga gegen den Imperialismus; Zentralorgan: »Internationale Solidarität«
— Nationales Vietnamkomitee; Zentralorgan: »Alles für den Sieg des kämpfenden vietnamesischen Volkes«
— Komitee »Hände weg von der KPD«
— Rote Hilfe e.V.; Zentralorgan: »Rote Hilfe«." (Langguth 1976: 128)
Analog der Vielzahl marxistisch-leninistischer Organisationen und Gruppen existiert eine Fülle von linksradikalen Zeitschriften:

„Insgesamt erschienen 1971 420 linksradikale Blätter mit einer Gesamtauflage von rund zwei Millionen Exemplaren. Dabei sollen die orthodox-kommunistischen Gruppen über ca. 320 Blätter mit einer Gesamtauflage von rund 1.650.000 Exemplaren verfügt haben. Die Erscheinungsweise der einzelnen

Blätter war verschieden. Im Jahr 1970 beispielsweise wurden insgesamt rund 11,2 Millionen Exemplare gedruckt, so daß sich ein Monatsdurchschnitt von knapp einer Million Exemplaren ergab." (Langguth 1976: 50) Diese immense Zahl linksradikaler Zeitungen (noch nicht gerechnet der Ausstoß an Flugblättern und Flugschriften) kann aber nicht über die relative Bedeutungslosigkeit dieser Gruppen, insbesondere was deren Einfluß auf das Proletariat angeht, hinwegtäuschen. „Praktisch haben denn auch die »Parteiblätter« kaum jemanden erreicht: so brachten etwa 500.000 Exemplare der »Roten Fahne«, die die KPD-Aufbauorganisation 1970 in den Berliner Arbeitervierteln Wedding und Kreuzberg verteilte, ganze 14 Abonnenten ein." (Bücken/Groth 1973: 672)

Das verwundert nicht, denn als Sprachrohr der Parteileitung sind die Blätter und Zeitungen der marxistisch-leninistischen Gruppen am widersprüchlichen Lebens- und Alltagszusammenhang ihrer Mitglieder wenig interessiert, Gegenöffentlichkeit können sie deshalb gar nicht herstellen. Das ist auch gar nicht intendiert: Das offizielle Parteiorgan ist Anleitungs- und Impulsgeber der Gruppen und hat eine »Orientierungsfunktion« für die Mitglieder; es ist die Stimme, »die den Organismus charakterisiert und profiliert«. Es macht die Parteimitglieder und die verschiedenen Gruppen der Partei „mit den Beschlüssen des Vorstandes vertraut, leitet sie an, es stellt die Verbindung her zwischen der Basis, dem Bundesvorstand und dem Sekretariat und trägt insofern, als Kommunikations- und Leitungsorgan im weiteren Sinne, zur Vereinheitlichung des Verbandes bei." (Lang 1974: 58) Das Parteiorgan hat aber eine doppelte Funktion, einmal soll die von den Leitungsorganen der Organisation beschlossene Politik für die Mitglieder publizistisch umgesetzt werden, zum anderen soll aber auch die Klientel der Partei, die Arbeiterklasse, mit »ihrer« Organisation vertraut gemacht werden, d.h. die Parteipresse soll die politischen Ziele und Vorstellungen des politisch-revolutionären Kampfes propagieren. Inhaltlich drückt sich das dahingehend aus, daß die innerparteilichen politischen Diskussionen und Reflexionen über Strategie und Taktik, über Bündnispartner und den internationalen Klassenkampf zusammengefaßt in den Zeitungen abgebildet und widergespiegelt werden.

Das Problem dieser Presse ist das Problem der »sozialistischen Parteipresse« schlechthin: „sie muß innerhalb der Partei und der proletarischen Bewegung — entgegen der notwendigen Parteilichkeit, die den Klassengegner libidinös unbesetzt läßt — dennoch das Ganze der Gesellschaft sinnlich gegenwärtig halten." (Negt/Kluge 1974: 438) Sie muß mehr darstellen als die bloße Verdoppelung parteiischer Interessen, mehr als die Widerspiegelung des ohnehin Bekannten, sie darf sich nicht der Parteiräson unterwerfen, sondern muß den Widerspruch provozieren, muß konfrontieren und Grenzen aufzeigen. Diese unbewältigte Dialektik der eigentlichen Aufgabe der Presse hat nach Negt/Kluge (1974: 438) zu einer »sukzessiven Entleerung fast jeder Parteipresse« geführt. Diesem Problem ist auch die Parteipresse der K-Gruppen erlegen. Da die wirklichen Erfahrungen der Parteimitglieder in den Publikationsorganen nicht zum Ausdruck kommen, sind diese zu bloßen Instrumenten der Leitung verkommen. Zwar hat die Zahl der Zeitungen und Blätter analog dem Wachstum der Parteien zugenommen, das breite Spektrum linker Dogmatik täuscht mithin eine publizistische Vielfalt vor, die sich realiter in der ständigen Reproduzierung und Propagierung von ZK-Beschlüssen und Direktiven der zentralen Leitungsgremien erschöpft. Anstatt Forum eines Diskurses von Basis und Leitung ist die Parteipresse Transmissionsriemen der Parteiführung bei der Durchsetzung ihrer Interessen *gegenüber* der Basis.

5. Ritualisierung der Öffentlichkeit

Hatte die Generation der Studentenrevolte noch das erfahren, was das 18. Jahrhundert »public happiness«, das Glück des Öffentlichen genannt hatte, d.h., daß sich dem Menschen, wenn er öffentlich handelt, eine bestimmte Dimension menschlicher Existenz erschließt, die ihm sonst verschlossen bleibt und die zum vollgültigen »Glück« gehört, so kommt es nun zu einer totalen *Rücknahme und Einschränkung von Öffentlichkeit* und zu einer Destruktion der plebiszitären Strukturen. Die von den leninistischen Kaderparteien organisierten Rituale überlagern die egalitären Öffentlichkeitsstrukturen, drängen diese zurück und es kommt zu einer »Ritualisierung der Öffentlichkeit«. Der politische Willensbildungsprozeß nach außen wird hermetisch abgeriegelt und auf der Ebene politischer Außendarstellung wird eine Symbolöffentlichkeit produziert, die in der unkritischen Reproduktion von Insignien der Arbeiterklasse (Hammer, Rote Fahnen etc.) und der Heroisierung des kämpferischen Proletariats (schwere Fäuste, marschierende Demonstranten mit wehenden Fahnen) sich erschöpft. Haarspalterische Disputationen über Kommata, scholastische Rechthaberei, hohe Investitionen an Zeit und Papier zum Zwecke der Abgrenzung und Ketzerjagd, egoistische parteipolitische Sektiererei, strenge Regeln und Riten mit hochbesetzten verbalen und nonverbalen Erkennungszeichen sind die Kennzeichen dieser Parteiöffentlichkeiten.

Den ritualisierten Formen parteilicher Öffentlichkeit entspricht das visuelle Erscheinungsbild der Demonstrationszüge: der Anteil schwarzer und bunter Fahnen geht zurück und es bleibt ein Meer roter Transparente, das noch in der Reduktion des Farbspektrums die politische Gesinnung offeriert, und auch die

Perfektion der Schriftzüge belegt den Rückzug von Improvisation und Spontaneität und demonstriert die Professionalität des Anspruchs. Waren in der Revolte die langen Haare, die verwaschenen Jeans Symbole des gelebten Protestes, so demonstriert der *Proletkult,* zu dem der Kurzhaarschnitt gehört, die fiktive Identität mit einer Klasse, an deren Seite man steht.

Nicht nur sind in dieser Phase der parteipolitischen Orientierung die Zeitungen und Blätter zu Verlautbarungsorganen der Parteileitung verkommen, auch die lebendige Diskussion der teach-ins und Massenversammlungen wird durch vorbereitete Stellungnahmen und Statements pervertiert. Die Nichtöffentlichkeit der Parteigremien, bei denen die unteren Chargen auf den Sitzungen der höheren Funktionäre nichts zu suchen haben, löst das Öffentlichkeitsprinzip der Revolte ab. Die egalitären Diskussionsstrukturen werden durch Parteidekrete ersetzt, die das Parteimitglied darauf festlegen, an den Veranstaltungen der Organisation teilzunehmen und den Referaten und Diskussionen aufmerksam zu folgen. Damit sind die öffentlichen Versammlungen nur noch ein Forum der Selbstdarstellung der studentischen Kader, ein Schauplatz wortstark geführter parteipolitischer Auseinandersetzungen der verschiedenen ML-Fraktionen. Das »Wir« suggeriert dabei die Zugehörigkeit zu einer »höheren Instanz«, zur Arbeiterklasse, vor der der *persönliche* Redebeitrag nur noch als Ausdruck kleinbürgerlichen Individualismus erscheinen kann. Und so nehmen die Institutionen der diskursiven Willensbildung den Charakter von Akklamationsinstanzen an, wo die parteipolitischen Rituale vor dem Fußvolk demonstriert werden. „Nichts ist trauriger, als die verdinglichten Formen öffentlichen Auftretens, der der Geschichte der Arbeiterbewegung entlehnte Heroismus, der von den Emblemen über den Sprachgebrauch bis in die steinernern Gesichter und die Körperhaltung der bürokratischen Zwangscharaktere reicht (...). Sie spielen Theater und beweihräuchern sich selbst als die zukünftigen Herren der Weltgeschichte." (Eisenberg/Thiel 1975: 152)

6. Zur Dialektik von »revolutionärer Gewalt« und Medienöffentlichkeit

War der Aktionsansatz in der Revolte gegen die Rituale der bürgerlichen Öffentlichkeit gerichtet, so erstarrt er nun selbst zum Ritual, der Symbolismus der Waffen und die Ästhetik der Gewalt verselbständigen sich. Vor allem ist es die »Rote Armee Fraktion« (RAF) um Ulrike Meinhof, Andreas Baader und Gudrun Ensslin, für die der Griff zur Waffe zum Mittel der Wahl wird, später kommt die »Bewegung 2. Juni« hinzu, benannt nach dem Todestag des Studenten Benno Ohnesorg. Zwar findet auch bei den K-Gruppen, wie beschrieben, ein Rückzug aus der Realität statt, bedingt aber durch den Schritt in die Illegalität ist dieser Prozeß des Abkoppelns von der sozialen Wirklichkeit bei den bewaffneten Gruppen ungleich größer als bei allen Parteiaufbauorganisationen. Bommi Baumann und Horst Mahler haben in ihren öffentlichen Bekenntnissen deutlich gemacht, wie unter den Bedingungen der Konspiration und unter einem wachsenden Druck der Außenwelt die Erfahrungs- und Kommunikationsgewinne der antiautoritären Revolte wieder zurückgenommen werden. „Die Isolation der Gruppe von der Außenwelt führt dazu, daß sie von den Erfahrungen, Bedürfnissen und Lernprozessen derer abgeschnitten ist, für die stellvertretend zu handeln sie sich entschlossen hat. (...) Der Erfahrungs- und Realitätsverlust nach außen reproduziert sich als Erfahrungs- und Kommunikationsverlust nach innen." (Wellmer 1979: 274) Was wir hier sehen, ist ein *doppelter Öffentlichkeitsverlust*: Zum einen die jahrelange Isolation der zum Umkreis der RAF gehörenden Guppen — sowohl unter den Bedingungen der Illegalität als auch später in den Gefängnissen —, zum anderen die staatlichen Pressionsmaßnahmen, die jegliche Diskussion revolutionärer Politik verunmöglichen. Das aber hat zur Folge, daß die eigenen Positionen gegen eine Korrektur durch Erfahrung vollends immunisiert werden.

Mit dem Rückzug aus der Öfentlichkeit aber sind die im Untergrund lebenden Gruppen umso dringlicher auf Instanzen einer funktionierenden Öffentlichkeit angewiesen, auf Presse, Funk und Fernsehen, die sie andererseits bekämpfen. Gerade auch bei der RAF zeigt sich, daß eine totale, und damit auch verhängnisvolle Überbewertung der Medien vorgenommen wird: „Die RAF hat gesagt, die Revolution wird nicht über politische Arbeit aufgebaut, sondern durch Schlagzeilen, durch ihr Auftreten in der Presse, die immer wieder meldet, hier kämpfen Guerilleros in Deutschland." (Baumann 1977: 129)

Daß die »Propaganda der Tat« anfänglich eine immense Publizität entfalten kann, zeigt sich 1975, als es der »Gruppe 2. Juni« gelingt, fünf politische Gefangene im Austausch mit dem gefangengenommenen CDU-Politiker Peter Lorenz freizupressen. Mit dieser spektakulären Aktion gelingt es, die Ohnmacht staatlicher Instanzen öffentlich zu demonstrieren. Die vom Fernsehen übertragenen Bilder einer Schar leibhaftiger Terroristen auf der Gangway vor ihrem Abflug in die Freiheit, sind aber nicht nur eine Demütigung für den Staat, sondern haben auch einen breiten Solidarisierungseffekt im linken Lager zur Folge. Diese propagandistische Wirkung im doppelten Sinne kann allerdings zwei Jahre später bei der Entführung Hanns Martin Schleyers nicht wiederholt werden. Die Unnachgiebigkeit des Staates gegenüber den Forderungen der Terroristen, wie auch die Nachrichtensperre, stehen dagegen. Schaut man sich die Aktionen der bewaffneten Gruppen an, dann läßt sich eine eigentümliche Dialektik konstatieren: Die Reaktion der Massenmedien wird zum Kalkül der militanten Gruppen, wie umgekehrt sich die Medien begierig auf Opfer und Täter stürzen, um das Ereignis markt- und mediengerecht auszubeuten und zu verwerten. So wird beispielsweise die Jagd auf die »Baader-Meinhof-Bande« Anfang der siebziger Jahre zu einem Medienereignis par excellence und der Krieg der »6 gegen 60 Millionen« (Heinrich Böll) wird zum Medienkrieg, er findet gleichsam *in* den Gazetten statt. Umgekehrt entsteht der Eindruck, die Aktionen seien um der Medienwirksamkeit durchgeführt worden, mehr noch, die Aktionsfomen hätten sich der spezifischen Produktionsweise der Medienindustrie angepaßt. Das Medienspektakel bestimmt zusehends Form und Inhalt revolutionärer Praxis (vgl. Nagel 1987: 46). Eine solche Entsprechung, gleichsam eine dialektische Einheit von sich revolutionär gerierendem Aktionismus und bürgerlicher Öffentlichkeitsproduktion ist auch deshalb möglich, weil die RAF von der Konstruktion eines faschistischen Machtkartells ausgeht, das die Hauptakteure von Wirtschaft und Politik als Personen verantwortlich macht. Der Einsatz nicht-argumentativer, symbolischer Aktionsmittel, wie auch die personale Verantwortlichkeitszuweisung an Funktionsträger der Gesellschaft decken sich mit der stark personalisierenden Arbeitsweise der etablierten Medien. Die an Sensationen und Personen orientierte Nachrichtenproduktion der bürgerlichen Öffentlichkeit und die in der Konzeption Stadtguerilla angelegte (Straf-) Praxis, die auch an Personen statuiert wird (»Politik der Liquidation«), passen somit kongenial zusammen.

Wenn diese Annahme richtig ist, dann ist die Nachrichtensprerre im Anschluß an die »Schleyer-Entführung« nur die konsequente Antwort des Staates, die Intentionen der Kidnapper zu unterlaufen, wird doch mit dem Entzug der Öffentlichkeit ein zentrales Kalkül der RAF gestört. Ganz im Sinne von McLuhan, der empfiehlt, daß man »dem Terrorismus die Stecker herausziehen« müsse, da dieser sich von publicity nähre (zit. nach Schlesinger 1983: 97). Hat die Nachrichtensperre, kurzfristig betrachtet, Erfolg, so kann, langfristig gesehen, nicht außer acht gelassen werden, daß der damit verbundene Öffentlichkeitsverlust kontraproduktiv ist. Nicht nur wird die der Presse verfassungsrechtlich zugesicherte Informations-, Übermittlungs-, Kritik- und Kontrollfunktion eingeschränkt, sondern eine offene und freizügige Auseinandersetzung über den Sinn und Zweck solcherart Aktionen, eine Diskussion über die Politik der RAF, wird verhindert.

7. Fanalöffentlichkeit und Solidarisierungszwang

Abgeschottet von der sozialen Realität der bundesrepublikanischen Gesellschaft und unter Ausschluß der Öffentlichkeit werden die Aktionen der militanten Gruppen geplant und durchgeführt. Aus einer Situation der *Nicht-Öffentlichkeit* wenden sie sich an die *Öffentlichkeit*, setzen ein Zeichen, das, entsprechend dem ideologischen Konzept vom »proletarischen Internationalismus«, die Unterdrückten aufhorchen lassen soll. Die Fanale sollen aber nicht nur einen Ausnahmezustand herbeiführen, eine revolutionäre Situation, in der die Selbstbefreiung des Menschen von seiner staatlich antrainierten Untertanenmentalität möglich ist, sondern auch die Aktionbasis des bewaffneten Kampfes erweitern. Die eingesetzte Gewalt hat eine doppelte Funktion, sie leitet einen Trennungsprozeß ein, der den Zusammenhang sowohl nach innen als auch nach außen zerschneidet. Das ist zum einen die Abspaltung und Blockierung der eigenen Lebensgeschichte — der Griff nach der Waffe ist die endgültige Befreiung von der bürgerlichen Herkunft —, zum anderen die Abschottung und Ausgrenzung von der Außenwelt. Beide Prozesse der Selbstimmunisierung gegen dissonante Erfahrung sind auch deshalb nötig, um die eigene politische Identität in der Illegalität, im Untergrund zu stabilisieren.

Bedeutet der Schritt in die Illegalität den Ausstieg aus dem kollektiven Diskurs, so wird nun, vermittels der exemplarischen Aktion, selbst diese Auseinandersetzung im linken Lager noch gestört, sie soll tendenziell unterbunden werden. Es findet eine »*Komplexitätsreduktion* mit der Waffe statt« (Münkler 1983: 61). Gleichsam um die Aktion bildet sich eine *Fanalöffentlichkeit* in dem Sinne, daß die Tat zu politischen Kristallisationen führt, zu einem Entscheidungsprozeß: wer ist dafür, wer ist dagegen? Anders formuliert: Das öffentlich gesetzte Zeichen hat eine katalysatorische Funktion insofern, als es einen Formierungsprozeß einleitet, in dem die Guten von den Bösen, im extrem die »Fighter« von den »Bullen« unterscheidbar werden. Die Waffe ist sozusagen die Wasserscheide der »Identifizierung« (Baader).

Das Fanal soll zwar Öffentlichkeit herstellen, aber nicht eine solche, die Sinn und Zweck, die Strategie und Taktik des bewaffneten Kampfes diskutiert oder womöglich die politische Identität des Kämpfers aufzubrechen versucht. Eine Öffentlichkeit, die dem Meinungsaustausch dient, die die je unterschiedlichen Erfahrungslagen kollektiviert und zu handlungsanleitenden Strategien verarbeitet, soll gerade verhindert werden. Wird doch mit dem Einsatz von Gewalt, mit dem Einsatz militärischer Waffen, die Waffe der Kommunikation geopfert (vgl. Negt/Kluge 1981: 364) und Denk- und Kritikverbote errichtet.

In dieser, um die Aktion sich bildenden, Fanalöffentlichkeit wird ein verbürgter Anspruch auf Solidarität der gesamten Linken eingeklagt; mit jeder neuen Aktion aber errichten die Terroristen »eine undurchdringliche Mauer zwischen sich und der gesellschaftlichen Erfahrung«. Führt die Mechanik der Solidarisierung, der Solidarisierungszwang bei den Linken doch dazu, daß die eigenen Lebenserfahrungen zugunsten einer Identifikation mit den vermeindlichen Revolutionären abgeschnitten und verdrängt werden. „Ständig im Zugzwang, den Anschluß an die radikalsten Positionen nicht zu verpassen, gewinnen sie (die Sympathisanten, d. Verf.) ihre labile, außengeleitete Identität aus der bloßen Identifizierung mit den Erfahrungen anderer. Selbsternannte Avantgarden (...) spiegeln ihnen gesellschaftliche und geschichtliche Erfahrungen vor, die der einzelne (...) in den eigenen Arbeitszusammenhängen weder nachvollziehen noch auf politische Konsequenzen bringen kann." (Negt 1976: 439)

Zwar ist es den abtrünnigen und ausgestiegenen Kämpfern mittlerweile gelungen, teilweise den Mythos von der Illegalität, vom bewaffneten Kampf zu demontieren, die oben beschriebene Dialektik klandestiner Gruppen, ihre auf Öffentlichkeit angewiesene Nicht-Öffentlichkeit aber haben sie nicht aufbrechen können.

Im Gegenteil, sind die programmatischen Schriften der RAF anfänglich diskursiv gehalten, da sie sich auf den Diskussionszusammenhang der Linken noch beziehen, so hat sich das bei den RAF-Folgegenerationen gänzlich verändert. Ein roher, brutaler Sprachduktus und eine schwer lesbare Diktion, die mit halben Sätzen, Parenthesen und assoziativen Sprüngen arbeitet, signalisiert den endgültigen Bruch mit dem linken Diskurs. Solcherart formulierte Texte dienen nicht mehr der kollektiven Meinungs- und Willensbildung, sondern eher einem internen Prozeß der Selbstverständigung.

So wie sich die »Rote Armee Fraktion« vermittels ihrer Sprache von den linken Sozialzusammenhängen abkoppelt, so fühlt sie sich dieser Öffentlichkeit gegenüber auch nicht mehr rechenschaftspflichtig. Wird anfänglich noch versucht, vermittels Bekennerbriefen und Strategiepapieren den bewaffneten Kampf zu legitimieren, so ist dieser Wille, diese Verpflichtung, sich öffentlich zu erklären, die Aktionen wenigstens teilweise politischen Interpretationen zugänglich zu machen, für die RAF von heute immer weniger eine Verpflichtung. Wenn es aber richtig ist, daß das Umfeld der RAF und alle anderen militanten Gruppen nicht total untergetaucht ist, dann kann und wird ein verstärkter Diskurs über Ziel und Zweck von Militanz nicht vergeblich sein.

Kapitel 3
Die publizistische Umsetzung des radikalen Öffentlichkeitsanspruchs — der Frankfurter »Informations-Dienst zur Verbreitung unterbliebener Nachrichten« (ID)

»Die Nachrichten kommen vom Volk, und kehren zum Volk zurück«

1. Die Konstitutionsphase des ID

Die Idee, ein eigenes, autonomes, überregionales Kommunikationsinstrument der Linken aufzubauen, datiert vom Beginn der Studentenbewegung, realisiert wird sie aber erst sechs Jahre später, als die Bewegung längst zerfallen ist und nur noch Nachhutgefechte das politische Tagesgeschehen bestimmen. Gleichwohl basiert der ID auf den Erfahrungen dieser Protestbewegung, er ist das Produkt zweier Entwicklungslinien, zweier Erfahrungsprozesse: Das ist einmal die Erfahrung, die die Linke seit '68 mit den spezifischen Mechanismen der bürgerlichen Öffentlichkeit gemacht hat. Am Ende der Auseinandersetzungen steht die Einsicht in die Notwendigkeit, eigene, autonome Medien aufzubauen, weil die Erwartungen enttäuscht wurden, die aufklärerische Funktion bürgerlicher Öffentlichkeit ließe sich regenerieren — ein Prozeß der Desillusionierung. Das ist zum anderen der strukturelle Zerfall der Bewegung und der Zusammenbruch der ansatzweise vorhandenen kommunikativen Infrastruktur. Das heißt, der Aufbau eines von der offiziellen Nachrichtenpolitik und dem offiziellen Nachrichtenmarkt unabhängigen Informationsdienstes ist das *Produkt zeitgeschichtlicher Erfahrung der »neuen Linken« seit der Revolte.* Die Ausgrenzung und Marginalisierung der politischen Bewegung seitens der bürgerlichen Medien (Makroebene) und das kommunikative Defizit im Binnenraum (Mikroebene), diese beiden Momente machen den Zeitkern beim Aufbau des ID aus.

Als sich im Frühjahr 1973 zwei bislang voneinander unabhängige Initiativgruppen aus Berlin und Frankfurt zu einer »Initiative Sozialistische Presseagentur« (SPA) vereinigen, schlägt die Geburtsstunde des ID. Vorbilder beim Aufbau des ID sind: in den USA der »Liberation News Service« (LNS), in Frankreich die »Agence de Presse Liberation« (APL) sowie dementsprechende Ansätze in England »People's News Service« (PNS), Belgien und Schweden. Während der Zeit vom 2.5.1973 bis 7.5.1973 unternimmt ein kleiner Kreis dieser Initiativgruppe eine Rundreise durch die Bundesrepublik, um die Bereitschaft für die Mitarbeit und Unterstützung beim Aufbau eines linken Pressedienstes zu erkunden. Man kommt zu dem Ergebnis, daß nach allgemeiner Einschätzung die sozialistische Linke in der Lage sei — wenn auch nicht ohne überbrückbare Schwierigkeiten — einen gemeinsamen Pressedienst aufzubauen und zu tragen. Die Monate Juni/Juli dienen einer intensiven inhaltlichen Vorbereitung und dem Aufbau eines Korrespondentennetzes, und bereits im August 1973 erscheint die erste Probenummer — der noch einige folgen sollen — noch unter dem Namen »Sozialistische Nachrichtenagentur«. Ab Anfang Oktober erscheint der ID regelmäßig wöchentlich, jetzt mit dem endgültigen Namen »Informationsdienst zur Verbreitung unterbliebener Nachrichten« (ID). Für 1,50 DM (Monatsabonnement 5,- DM), später 2,50 DM wird er in einigen linken Buchläden und Kommunikationszentren der Bundesrepublik (Hamburg, Berlin, Frankfurt, Köln, Stuttgart, Hannover) verkauft, hauptsächlich aber wird er im Abonnement vertrieben. Ab 1. Mai 1976 erscheint der Hochschul-Informationsdienst, der von den Asten der Universitäten und Hochschulen getragen wird. Der »Hochschul-ID« ist ein Din A-3 Blatt, auf dem alle Hochschulnachrichten des ID zusammengestellt sind. Und im ID 161 vom 22. Januar 1977 wird der erste Aufruf des ID-Bilderdienstes veröffentlicht, der damit seine Arbeit aufnimmt und sich als Baustein einer linken Foto-Agentur begreift.

Die Startauflage des ID beträgt zunächst 600 Exemplare, und obwohl das allgemeine politische Interesse groß ist, will man zunächst aus inhaltlich-politischen Gründen die Auflage nicht erhöhen, „... weil der ID sich nicht als Zeitung versteht, sondern als Presse- und Nachrichtenagentur, d.h. wir sind an der Weiterverbreitung der Nachrichten interessiert und wollen nicht mit den bestehenden Zeitungen wetteifern."[2] Aber bereits nach 50-fachem wöchentlichen Erscheinen wächst die Einsicht, daß zur weiteren Erhaltung der ökonomischen Unabhängigkeit eine Auflagensteigerung notwendig ist. Bereits nach einem Jahr beträgt die Auflage 1.400, und zu ihrem höchsten Stand kommt sie im Jahr 1977 mit 6.000 Exemplaren. Sie fällt im Jahr 1980 auf 3.000 und stagniert bis zur Einstellung im Februar 1981 zwischen 2.000 und 2.300. Am 20. Februar 1981 nach siebeneinhalbjähriger Existenz, erscheint der vorläufig letzte ID mit der Nummer 370/371.

2. Das ID-Konzept

Wie keine andere Alternativzeitung der Bundesrepublik ist der ID aufgrund seiner konzeptionellen Ausrichtung durch Widersprüche und Gegensätze gekennzeichnet. Während Zeitungen vom Typus Volksblatt oder Szene-Zeitungen einen einigermaßen fixierbaren Adressaten/Leser haben, ist dies beim ID schwierig. Denn der ID will Nachrichtenagentur sein, nicht nur für die eigene linke Öffentlichkeit, sondern auch für die bürgerlichen Medien. Die daraus resultierenden Widersprüche ziehen sich durch das gesamte publizistische »Gegenkonzept« des Blattes, und sie bestimmen in ihrer Ambivalenz auch die Arbeitsweise des Info-Dienstes bis zu seinem Ende.

2.1 Die Entstehung des Konzeptes

Die Zwitterfunktion des ID geht ursächlich auf die beiden Initiativgruppen zurück, die den ID aus der Taufe heben. In den konzeptionellen Überlegungen kommen die je unterschiedlichen Erfahrungswelten der Gruppen zum Ausdruck. Das ist einmal der Erfahrungszusammenhang der Frankfurter und deren affirmatives Verhalten zu den bürgerlichen Medien, und zum anderen die Berliner, die nicht zuletzt aufgrund der Insellage Berlins und der daraus resultierenden Abschottung für eine kommunikative Vernetzung der bundesrepublikanischen Linken plädieren.

Die Frankfurter Gruppe, die sich an der »Agence Presse Liberation« orientiert, will die bürgerliche Öffentlichkeit gezielt durch linke politische Nachrichten informieren. Adressaten sollen die »progressiven« Journalisten im etablierten Medienbetrieb sein, die in ihrer „ohnehin von permanentem Legitimationsdruck und Konkurrenzmechanismen gefährdeten Arbeit" unterstützt werden müssen.

Die andere Position, die die Berliner Gruppe einnimmt, will durch die Arbeit eines linken Informationsdienstes die kommunikative Infrastruktur innerhalb des linken Lagers stärken. Für sie soll die »Sozialistische Presseagentur« die Funktion einer Nachrichtenagentur haben, die Nachrichten und Informationen an Multiplikatoren liefert, an politische Gruppen, Kommunikationszentren, linke Zeitungen, Betriebszeitungen, Jugendzentren, Buchläden usw. Nachrichten von unten, von den Betroffenen, sollen transportiert, Erfahrungen, die in den unterschiedlichsten Bereichen der Gesellschaft gemacht werden, sollen verbreitet werden.

Das sind die beiden Standbeine des ID, die in ihrer Widersprüchlichkeit sein

Selbstverständnis bestimmen. Daß für eine solche Doppelstrategie aber auch ökonomische Überlegungen maßgeblich sind, wird aus folgender Bemerkung ersichtlich: „Da die bürgerlichen Medien aber aufgrund ihrer Stellung im Verwertungsprozeß auch nur *ein* Abnehmer sein können und auf die oben genannten Abnehmer (die Linke, d. Verf.) nicht verzichtet werden kann, dürfen unserer Meinung nach die Zielgruppen nicht alternativ diskutiert werden." (undat. Info, ID-Traumbuch) Damit aber läßt sich der ID auf eine schwierige Gratwanderung ein.

Bereits nach einem halben Jahr kommt es zu einem ersten offenen Konflikt zwischen diesen beiden Positionen, der sich an der Veröffentlichungspraxis des Frankfurter ID-Kollektivs, das den ID in Frankfurt herausgibt, festmacht. Dabei zeigt sich, daß entsprechend der dualistischen Funktionsbestimmung die Frage nach dem redaktionellen Selbstverständnis und der publizistischen Arbeitsweise vollkommen ungeklärt ist. „Der einen Vorstellung nach soll der ID die Widerspiegelung der politischen Bewegung durch die Berichte praktisch arbeitender Genossen leisten, dadurch, daß alles gedruckt wird, was in die Redaktion reinkommt. Der ID würde ein Service sein, der sammelt und verteilt, aber bewußt darauf verzichtet, die Bewegung zu interpretieren. Dagegen steht die andere Position: weil politische Gruppen nicht alles umfassen, was politisch relevante Ereignisse sind, müssen wir auch selbst recherchieren. Und dazu sollte ein Netz von Korrespondenten aufgebaut werden. Indem wir uns bislang so verständigt haben, daß wir das eine tun wollen, ohne das andere zu lassen, liegt bei der Auswahl und/oder Bearbeitung des eingesandten Materials unser Problem bei der Gewichtung." (ID 18, 1977) Die erste Position entspricht in etwa der ID-Agenturkonzeption, unzensierter Abdruck aller eingehenden Nachrichten und Informationen, ohne redaktionellen Auftrag. Der zweite begreift den ID als Instrument, das aufgrund seiner redaktionellen Autonomie in der Lage sein soll, in das politische Alltagsgeschehen einzugreifen, zu intervenieren.

2.2 Der konzeptionelle Dualismus

Im publizistischen »Gegenkonzept« des ID lassen sich zwei unterschiedliche, im gewissen Sinne gegensätzliche inhaltliche Teile herausarbeiten. Das ist zum einen ein *radikaler* Teil, der mit den vorherrschenden Konventionen und Standards bürgerlicher Publizistik bricht, und zum anderen ein eher *traditioneller* Teil, der in der Tradition des bürgerlichen Aufklärungsdenkens steht.

2.2.1 Medienproduktion als konkrete Utopie — der radikale Gehalt des Konzeptes

Ideengeschichtlich knüpft der radikalste Teil des Konzeptes an die Medienkritik der Studentenbewegung an, welche in der »Revolte« zum Ausdruck gekommen ist und sich gegen die Ausformungen und Mechanismen der bürgerlichen Öffentlichkeit richtet. Er knüpft an den Erfahrungsgehalt einer Bewegung an, die in der ML-Phase nur eine schlechte Aufhebung gefunden hat. Deshalb wendet sich das ID-Konzept *auch* gegen die vorherrschende Publizistik der verschiedenen »Kaderparteien« und deren Partei-Öffentlichkeiten, die mit leblosen Resolutionen und Presseerklärungen sich gegen die »herrschenden Unwahrheiten« zur Wehr setzen. Insbesondere kritisiert man beim ID, daß die Öffentlichkeit der K-Gruppen die Aus- und Abgrenzungsmechanismen der bürgerlichen Medienproduktion nur blind reproduziert. So wie die bürgerliche Öffentlichkeit die lebendige Erfahrung zerschneidet, aufspaltet und zerstückelt, so trennt auch der linke Journalismus wieder die Erfahrungen, Träume und Lernprozesse ab. Auch bei linken Nachrichten unterbleibt so der Bezug zur subjektiven und kollektiven Entstehungsgeschichte von Widerstand und zur eigenen Alltäglichkeit.

In beiden Bereichen lassen sich also identische Zersplitterungs- und Ausgrenzungsmechanismen aufzeigen. Der ID knüpft nun an diese Defizite an, indem er das Ausgegrenzte einbezieht. Konkreter: Es geht um die lebendige Erfahrung der Individuen in Alltag, Betrieb und in der Familie. Das Ausgegrenzte, das Authentische soll das Zentrum alternativer Nachrichtenproduktion sein.

Während die bürgerliche und die vorherrschend linke Öffentlichkeit auf die Blockierung von Erfahrung angelegt ist, bezieht sich das publizistische »Gegenkonzept« des ID gerade auf ihr Gegenteil: die *Produktion von Erfahrung*. Den durch die Mechanismen bürgerlicher und linker Parteiöffentlichkeit vorgegebenen Werthierarchien will der ID einen »Gegenpluralismus« entgegensetzen, der das Alltägliche, den lebendigen Menschen zum Bezugspunkt alternativer Nachrichtenproduktionen macht.

— *Betroffenenberichterstattung*

Das Medium, in dem sich diese authentischen Erfahrungen realisieren, ist der Betroffenenbericht, weil nur derjenige, der real betroffen ist (von administrativen Eingriffen z.B.), in der realen Situation Erfahrungen macht, die abgebildet, vermittelt und kollektiviert werden können. „Es sollen die zu Wort kommen, die sich nicht von Parteien und Pressuregroups vertreten lassen und vertreten lassen wollen, sondern die ihre Politik und ihre Bedürfnisse selbst in die Hand nehmen und direkt durchsetzen." (ID 190/191, 1977: 2) (Hier wird u.a. auch deutlich, wie sich die Klientel linker Politik geändert hat: nicht mehr das Proletariat als historisch berufener Träger der Revolution, sondern der Betroffene, wer das auch immer sein mag, eine imaginäre Basis, wird von nun an zum Bezugspunkt linker Politik.)

Mit der Betroffenenberichterstattung sind zwei Momente intendiert:
a) Geht die unmittelbare Erfahrung ein in die Betroffenenberichte derjenigen, die an einem Ereignis beteiligt sind, dann kann der Leser/Rezipient an diese Erfahrung anknüpfen, diese für seine Belange nutzen. Für ihn hat dieser Bericht, diese Information einen Gebrauchswert.
b) Wird das Erlebte bewußt verarbeitet, beispielsweise im Akt des Schreibens, findet also eine Rekonstruktion des Ereignisses statt, ein Aneignungsprozeß, dann ist damit ein Lernprozeß verbunden, der möglicherweise Teil eines umfassenden Politisierungsprozesses ist. Im Gegensatz zum bürgerlichen Journalismus, wo diese Erfahrung dem Produzenten entrissen wird, höhergradig organisiert und verdichtet entgegentritt, geht die Konzeption der Betroffenenberichterstattung davon aus, daß jedes Individuum ein Eigentumsrecht auf seine Erfahrung hat. Deshalb muß das Erfahrene unzensiert und authentisch abgedruckt werden. Damit formuliert der ID einen neuen Begriff von Pressefreiheit: nicht mehr die Freiheit der Redaktion vom Diktat des jeweiligen Besitzers oder Herausgebers, sondern die Freiheit der Leser/Schreiber vom Diktat der Redaktion steht im Vordergrund. Jeglicher redaktioneller Eingriff und sei es nur die Korrektur der Interpunktion oder der Rechtschreibung ist dadurch verpönt, selbst um die Frage, ob es vertretbar sei, einem Betroffenenbericht einen erklärenden Vorspann vorzuschalten, hat es beim ID heftige Auseinandersetzungen gegeben.

Tatsächlich aber, hat es das Unverbildete, Authentische kaum gegeben. Die Basisberichte hatten appellativen Charakter und waren von der sprachlichen Struktur her eine Reproduktion des »Immergleichen«. Das Authentische war, entweder unter einem Berg von Stereotypien und Plattitüden verborgen, oder aber, es trat im Gewande subjektiver Einschätzung daher, so daß es doch durch einen allgemeinverständlichen Artikel ersetzt wurde.

Versucht man ein Resümee zu ziehen, so muß man heute sagen, die Basis- und Betroffenenberichterstattung hat zwar als Medienkritik entscheidend dazu beigetragen, daß die vertrockneten Ausdrucksformen des etablierten Journalismus sich verändert haben. Insofern war dieser Ansatz erfolgreich. Als eigenständige publizistische Form ist sie gescheitert. Nicht so sehr an der Vormachtstellung der bürgerlichen Medien, sondern daran, daß es dem ID und all denjenigen, die die Basis zu Wort kommen lassen wollten, nicht gelungen ist, sie als ein eigenständiges Genre aufzubauen. Dazu wäre ein enger Kontakt zwischen Schreiber und Redakteur/Zeitungsmacher, eine individuelle Betreuung nötig gewesen, ein Interaktionsprozeß in dem in einem wechselseitigen Lernprozeß von Kritik und Gegenkritik das Unverbildete zu Tage gefördert worden wäre.

Ein grundlegendes Manko dieses Ansatzes ist aber auch, daß die eingehenden Informationen und Berichte nur zufälligen Charakter hatten. Verspürte der Betroffene keine Lust und war kein Korrespondent vor Ort, so fand keine Berichterstattung statt. Das zeigt sich am Bereich Betrieb/Gewerkschaft, der trotz erfolgversprechender Versuche des ID, »unterblieben« ist. Kritik macht sich aber auch an der mangelnden Kontinuität und der Inaktualität der Berichte fest. Und so hat, entgegen dem eigenen Anspruch, eine Berichterstattung aus dem Alltag der Betroffenen *nicht* stattgefunden. Das Alltägliche, die Probleme der Wohngemeinschaften, Probleme individueller Sexualität und des Zusammenlebens, Probleme der Homosexualität und der Lesben, Probleme politisch moralischen Handelns etc., allesamt Bereiche die dem neuen Politikverständnis entsprechen und somit in den ID gehört hätten, sie alle haben im ID kein Forum gefunden. Der ID hat sich am klassischen Politikverständnis orientiert, als er primär die Themen aufgegriffen hat, die für die neue Bewegung von zentraler *überregionaler* Bedeutung waren: Repression und Knast, Ökologie und AKW-Bewegung, Jugendhäuser und Internationalismus. Und so hat die Basis- und Betroffenenberichterstattung entweder individuelle Befindlichkeiten propagiert, oder aber, analog zu den politischen Kampagnen, die schon bekannten kollektiven Durchschnittsmeinungen verbreitet. „Wir haben damit", so ein ernüchterter IDler, „an der herrschenden Produktion von Scheinöffentlichkeit mitgearbeitet" (Interview mit dem Ex-IDler Th. Meusert). Gleichwohl kann auf dieser Ebene, als Verneinung der vorherrschenden Öffentlichkeitsformen, der progressive, radikale Gehalt des ID-Konzeptes angesiedelt werden. Einer Konzeption, die voll Mißtrauen ist gegenüber dem vorherrschenden Gebrauch von Information, „gegen ihren Charakter als Macht, gegen ihre Verwaltung durch durchblickende Hirne, gegen die »Codierung der Wahrheit, die durch das gedruckte Wort entstehen kann." (undat. Papier, ID-Traumbuch) Deshalb, so folgert der ID ((190/191, 1977: 7), kann es auch nicht darum gehen, „die bürgerliche Öffentlichkeit zu korrigieren, zu verbessern, sondern der bürgerlichen Öffentlichkeit etwas anderes entgegenzustellen. Es kann sich nicht darum drehen, die »Bildzeitung« vom Standpunkt der »Rundschau« aus zu kritisieren..."

Die Radikalität des ID-Konzeptes macht sich aber nicht nur daran fest, daß die durch die vorherrschenden Öffentlichkeitsformen ausgegrenzte und blokkierte Erfahrung dynamisiert wird. Das journalistische »Gegenkonzept«

bezieht sich auch auf die Form der Nachricht, ihre Sprache und die Art und Weise ihrer Rezeption. Denn die Überwindung der bürgerlichen Nachrichtenproduktion kann nur gelingen, wenn diese auf allen Ebenen radikal in Frage gestellt wird. „Mit dem ID könnte ein Protokoll der Situationen geschaffen werden, in dem die zu Wort kommen können, die nicht interpretieren, sondern verändern und die viel besser fähig sind, eine Situation einzuschätzen, als irgendwelche Journalisten." (ID 190/191, 1977: 15)

Auf der sprachlichen Ebene wendet sich das ID-Konzept deshalb sowohl gegen das abgehobene Räsonnement des bürgerlichen Journalismus, als auch gegen die linken Sprachgettos. Gegenüber dem Sprachgebrauch der Spontis wird beispielsweise angemerkt: „Wir gehen davon aus, daß viele Begriffe aus diesem Sprachgebrauch keine Sprengkraft besitzen und nicht zum Bereich »Unterbliebene Nachrichten« gehören, sondern nur noch als letztlich ohnmächtige Erkenntnissignale und Selbstbestätigung unter Insidern dienen." (ID 114, 1976) Gegen »verbale Kraftmeierei« will der ID neue Sprachformen entwickeln, die in einer adäquaten Form die Vermittlung der Wahrheit möglich machen. Auf dieser Ebene ist auch die vom ID praktizierte Kleinschreibung anzusiedeln, die trotz wiederholter Proteste konsequent bis Mitte '75 durchgehalten wird.

— *Die Gebrauchswerteigenschaft einer Nachricht*

Und schließlich sollen ID-Informationen nicht im herkömmlichen Sinne konsumiert, sondern in wirksames politisches Handeln umgesetzt werden. *Gebrauchswert* hat eine Nachricht, wenn sie den Empfänger in die Lage versetzt, sich zu Ereignissen praktisch zu verhalten. „Ist ein Haus besetzt worden, so ist nicht nur die Tatsache, daß es besetzt wurde, interessant, sondern erst die Kenntnis davon, unter welchen konkreten Bedingungen, mit welcher Zielvorstellung die Aktion abgelaufen ist und welche Erfahrungen die Genossen dabei gesammelt haben." (undat. Positionspapier, ID-Traumbuch) Dabei sollen Verbindungen hergestellt werden zwischen Leuten, die beispielsweise in Hamburg einen Kinderladen aufbauen und bestimmte Probleme haben, zu solchen, die in München vor ganz ähnlichen Problemen stehen. Im Gegensatz zum vorherrschenden »vertikalen Kommunikationsfluß« geht es hier um »horizontale Kommunikation«, eine Kommunikation, die zwischen Betroffenen, Initiativen und Gruppen vermittelt und die direkte persönliche Kontakte herstellt. Das distanzierte »Berichten über« soll ersetzt werden durch das »Kommunizieren mit«. Gelingt dies, d.h. sind die Kontakte geknüpft, kommunizieren die Betroffenen, Gruppen, Initiativen *unmittelbar* miteinander, dann hat sich der ID als Instrument tendenziell überflüssig gemacht. Der Beitrag der ID-Mitarbeiter am Klassenkampf besteht mithin darin, dem Träger der Revolution, dem Betroffenen ein Medium anzubieten, das dieser für die Belange seiner selbst (Emanzipation des Subjektes) und damit der gesamten Gesellschaft, benutzen kann. In einem Positionspapier für eine Selbstverständnisdebatte wird dies einmal angedeutet, dort heißt es: „... »der Sinn der Organisation ist ihr Scheitern«, so möchte ich an sowas auch gerne mitarbeiten. Und eigentlich habe ich dieses »Projekt ID« (Projekt als etwas Begrenztes im Gegensatz zur »Institution« Spiegel oder FR etc.) auch immer begriffen." (ID 190/191, 1977: 3)

Hintergrund dieser Überlegung ist das utopische Konzept einer Gegenöffentlichkeit, die aus einem Netzwerk dezentraler, regionaler und lokaler Öffentlichkeiten besteht und den Erfahrungsgehalt des alltäglichen Handelns zum Ausdruck bringt. Freilich unterschätzt diese Konzeption die Macht bürgerlicher Öffentlichkeit — die von Negt/Kluge benannte »Dialektik von bürgerlicher und proletarischer Öffentlichkeit« — der alle Projekte einer linken Öffentlichkeit ausgesetzt sind, und der der ID selbst tendenziell erlegen ist.

2.2.2 Der traditionelle Teil des Konzeptes

Traditionell ist das ID-Konzept auf der Ebene, wo es den linken Journalismus im etablierten Medienbetrieb mit linken, bislang unterbliebenen Informationen und Nachrichten unterstützen will. Denn damit läßt man sich auf die vorgegebenen Spielregeln des bürgerlichen Journalismus, des etablierten Medienbetriebes ein: „Wir können es uns nicht leisten, die Augen vor der »Gewalt des Faktischen« zu schließen. D.h. in einer Gesellschaft, die mit Maulkörben, gesetzlichen und außergesetzlichen Notständen dichtgemacht wird, bekommt manche schlichte, unbeladene Information: das und das ist dort passiert, oft schon eine brisante Bedeutung." (ID 190/191, 1977: 3) Hier wird die aufklärerische Funktion einer Information unterstellt. Heißt es anderen Ortes noch, wir sind mißtrauisch gegen den vorherrschenden Gebrauch wertfreier Information, wir sind mißtrauisch gegen ihren implizierten Machtgehalt, so wird hier die »gute alte Information« bemüht. „Eine Information, die den Legitimitätszusammenhang der bürgerlichen Presse in Frage stellt, bekommt im konkreten Fall eine wirkungsvolle Qualität, auch wenn die politischen Multiplikatoren, die sie vertreten, lächerlich winzig aussehen." (ID 190/191, 1977: 3)

Produktion von Gegeninformation in diesem Sinne setzt aber redaktionelles Eingreifen, Recherche, redaktionelle Bearbeitung von eingegangenen

Informationen und Nachrichten, kurz professionellen Journalismus voraus. Damit aber wird der zuvor gesteckte Rahmen der Betroffenen- und Basisberichterstattung gesprengt, denn dieses Gegenkonzept basiert ja gerade auf der Kritik an der traditionellen Arbeitsweise. Hier zeigt sich die immanente Grenze der Basis- und Betroffenenberichterstattung. Deshalb knüpft der ID auf dieser Ebene der Konzeption an eine spezielle Form journalistischen Arbeitens an, dem »Investigative Journalism«. Einem angelsächsischen, recherchierenden Enthüllungsjournalismus, der auch Sachverhalte zu Tage bringt, die sich nicht unmittelbar aus der Betroffenenberichterstattung ergeben. Anzumerken sei hier, daß es dem ID entgegen diesem seinem hehren Anspruch nur einige wenige Male gelungen ist, solcherart Journalismus zu praktizieren.

2.3 Die »unterbliebene Nachricht«

Im Zentrum der ID-Konzeption steht die »unterbliebene Nachricht«, nicht zuletzt heißt es ja »Informationsdienst zur Verbreitung unterbliebener Nachrichten«. Was aber ist das, eine unterbliebene Nachricht? Entsprechend dem Dualismus der Konzeption, Nachrichtenagentur und Kommunikationsinstrument, soll folgende Zuordnung vorgenommen werden:
A. »Unterbliebene Nachrichten«, das sind Nachrichten und Informationen, Sachverhalte und Ereignisse, die den Auswahlkriterien der bürgerlichen Nachrichtenproduktion (Aktualität, Wichtigkeit und Bedeutung etc.) *nicht* entsprechen. »Unterblieben« kann sich aber auch auf die Spezifität bürgerlicher Nachrichten beziehen: bei vielen Nachrichten »linker Herkunft« wird der „Bezug zur subjektiven und kollektiven Entstehungsgeschichte von Widerstand und zu unserer eigenen Alltäglichkeit" ((ID 190/191, 1977: 2) ausgegrenzt. Hier wird der Bezug zum *radikalen*, Teil der Konzeption deutlich. »Unterblieben Nachrichten« sind also solche, die aufgrund der spezifischen Mechanismen bürgerlicher Medienproduktion notwendigerweise ausgegrenzt werden.
B. »Unterblieben« können aber auch »ganz normale« Nachrichten sein, „die von der herrschenden Öffentlichkeit aus klaren Interessenlagen ausgeblendet werden, denen man keine Bedeutung schenkt, weil ihre Bedeutung nicht erkannt wird" (ID 190/191, 1977: 2). Hier kommt der *traditionelle* aufklärerische Gehalt der Konzeption zur Geltung. Nachrichten und Informationen über Sachverhalte, die von der offiziellen Publizität ausgegrenzt wurden, sollen das Nachrichtenspektrum korrigieren und ergänzen.

In der alltäglichen Praxis der Zeitungsproduktion des ID aber sollen beide Elemente miteinander verbunden werden. Eine gelungene Berichterstattung ist dann „eine Synthese aus tatsächlichem Geschehensablauf, Darstellung des politischen Zusammenhangs und der emotionalen, subjektiven Verarbeitung. Maßstab kann dabei nicht die von oben verordnete Realität sein, sondern die Aktualität unserer Alltäglichkeit, wie sie der Prozeß von Befreiung und Widerstand von unten bestimmt, in den vielfältigen Ausdrucksformen, Widersprüchlichkeiten und Brechungen." (ID 190/191, 1977: 2)

Fassen wir zusammen: Indem der ID in zweierlei Hinsicht an die Erfahrungen der Linken mit der bürgerlichen- und den Parteiöffentlichkeiten der K-Gruppen anknüpft, entsteht ein publizistisches »Gegenkonzept«, das die spezifischen Mechanismen wie auch Arbeitsweisen dieser Öffentlichkeitsformen negiert. Die von den 68er-Linken formulierte Medienkritik bleibt nicht mehr abstrakt, ideologiekritisch: der radikale Teil des ID-Konzeptes ist die materielle Realisierung dieser Kritik. Das bislang Ausgegrenzte und Blockierte wird zum Mittelpunkt linker Nachrichten- und Informationsproduktion: die Produktion und Verarbeitung von Erfahrung. Das Medium dieser Erfahrungsproduktion ist der Betroffenenbericht. Solchermaßen praktizierte Öffentlichkeit ist Produktionsöffentlichkeit von Erfahrung, sie steht ihrem Erfahrungsgehalt nach auf einer qualitativ anderen Ebene als die bürgerliche Öffentlichkeit.

Wo er die bürgerliche Öffentlichkeit lediglich korrigieren will, zeigt sich der traditionelle Gehalt des ID-Konzeptes. Der Widerspruch zwischen dem radikalen und dem traditionellen Teil zieht sich wie ein roter Faden, auch gleichsam als Konfliktherd, durch die Geschichte dieses alternativen Informationsdienstes.

2.4 Die Fetischisierung des Agenturanspruchs

Zu dem beschriebenen konzeptionellen Widerspruch (Dualismus) kommt ein weiterer hinzu, der ersichtlich wird, wenn man sich Anspruch und Realität der Nachrichten anschaut. Agentur für Multiplikatoren sowohl für die Linke als auch für die bürgerliche Öffentlichkeit, das will der ID sein. Die zu verbreitenden Nachrichten sollen in dieser Konzeption vom Leser, von der Basis kommen. Korrespondenten sollten dementsprechend unmittelbar in politische Basiszusammenhänge eingebunden sein, über die sie berichteten.

Diesem Anspruch steht das praktische Verhalten der Leser, der sog. Produzenten von Gegeninformationen, gegenüber. Dabei zeigt sich bereits nach kurzer Zeit, daß die Qualität der eingegangenen Informationen mehr als dürftig ist. Bereits in der 8. Ausgabe des ID beschwert sich das ID-Kollektiv bei seinen Lesern, seiner Basis, über die eingegangenen »reaktiven Nachrichten«. *Nicht Erfahrungsberichte aus dem Kontext des alltäglichen Widerstandes werden an* den ID geschickt, sondern primär Berichte und Informationen, die von ihren Inhalten her einem traditionellen Politikverständnis verpflichtet sind. *Nicht über die widersprüchlichen Erfahrungen einer Hausbesetzung wird berichtet, sondern die Räumung seitens der Polizei wird zum Anlaß genommen, einen Bericht an den ID zu schreiben.* „Eines der Kriterien, die wir uns gesetzt haben, war, daß unsere Nachrichten Gebrauchsgegenstände werden müßten. Der Großteil der Nachrichten, die uns zugeschickt wurden, besteht aber aus Berichten über Verhaftungen, Erschießungen, Hausdurchsuchungen und Prozeßankündigungen, die meistens auf die *Besonderheiten* der Sache nicht eingehen, so daß man aus ihnen nichts lernen kann." (undat. Papier, ID-Traumbuch) Damit aber wird der Gebrauchswertanspruch zum Fetisch. Die Gebrauchswerteigenschaft einer Nachricht, so ein IDler heute, reduzierte sich darauf, daß unter dem abgedruckten Artikel die Kontaktadresse, aber vor allem die richtige Kontonummer stand. Die Praxis im Alltag sah so aus: Eine Gruppe in XY, die eine politische Aktion durchgeführt hatte, nahm einen Packen Flugblätter und Papiere, packte einige Zeitungsausschnitte von Berichten der Lokalzeitung über diese Aktion dazu und schickte dies an den ID mit der Aufforderung: macht was draus! Tatsächlich war der Abdruck eines Artikels im ID für einige Gruppen und Personen zum Erfolgskriterium ihres politischen Handelns geworden, nach der Devise: »Es hat doch im ID gestanden«. D.h., es wurden oftmals nur persönliche Öffentlichkeitsbedürfnisse von bestimmten Lesern und Mitarbeitern des ID befriedigt.

Einmal mehr wird hier klar, daß der programmatische Anspruch, »von der Basis, für die Basis« zu berichten nicht länger haltbar ist. Gleichwohl bleibt man gespalten zwischen diesem Ideal und der Praxis: einerseits wird wiederholt, gleichsam beschwörend, darauf hingewiesen, daß der ID keine Zeitung für Linke sei, die die Nachrichten nur konsumieren, sondern ein Nachrichtenbulletin für Kommunikatoren, andererseits wird selbstkritisch angemerkt, wir müssen prüfen, „wieweit unser ursprüngliches Konzept, eine Nachrichtenagentur für Multiplikatoren zu sein und zu werden, durch die Entwicklung in Frage gestellt wurde." (ID 64, 1975: 1) Eine Antwort auf diese Frage ist deshalb so schwierig, weil der ID in der Tat, zwar in einem geringen Maße (was noch zu zeigen sein wird), von Teilen der im Wachsen begriffenen sog. Alternativpresse als Agentur, als Nachrichtenlieferant benutzt wird. Für viele Alternativzeitungen hat er de facto die Funktion einer Nachrichtenagentur. Der größte Teil der Leserschaft aber rezipiert den ID zweifellos als Zeitungsersatz, er *konsumiert* die Informationen im traditionellen Sinne. Das Dilemma, der unauflösbare Widerspruch des ID besteht also darin, daß dem Anspruch, für Multiplikatoren zu publizieren, ein reales *konsumistisches* Rezeptionsverhalten seiner Leser gegenübersteht.

NUMMER 4 JUNI 1970

ROTE FAHNE

ORGAN DER STADTTEILKOMITEES DER KPD-AUFBAUORGANISATION

DER WESTBERLINER SENAT SCHMIEDET SICH MIT DEM »Handgranaten Gesetz« EINE POLITISCHE WAFFE GEGEN DIE ARBEITERKLASSE

Kein Senat oder Parlament, sei es von CDU oder SPD beherrscht, wäre auf die Idee gekommen, gegen einige hundert oder tausende rebellierende Studenten und Schüler Notstandsgesetze bzw. ein Handgranatengesetz zu verabschieden. Solange die Herrschaft des Kapitalisten über die Arbeiterklasse nicht ernsthaft in Frage gestellt wird, hat die Bourgeoisie ein großes Interesse daran, den bürgerlichen Staat als neutralen Schlichter über den Klassen darzustellen. Erst in dem Maße, wie die Klassenwidersprüche sich verstärken, gewinnt auch die "öffentliche Gewalt" (Polizei) als militärisches Unterdrückungsinstrument für die herrschende Klasse an Bedeutung. Die Bourgeoisie sind dann gezwungen, den Schein der Rechtsstaatlichkeit fallen zu lassen, und das Wesen der Staatsmacht enthüllt sich als organisierte politisch militärische Gewalt der Bourgeoisie über das von ihr ökonomisch ausgebeutete Proletariat.

Nach der Phase der faschistischen Diktatur konnte die deutsche Kapitalistenklasse ihre politische Herrschaft nur retten:
- um den Preis ihrer Unterwerfung unter die Interessen des deutschen US-Monopolkapitals,
- um den Preis der Spaltung Deutschlands,
- und in der Form der parlamentarischen Republik, was für unseren Zusammenhang entscheidend ist.

Entscheidender Bestandteil dieser Herrschaftsform ist die Ideologie der Rechtsstaatlichkeit, die nach 1945 zwei Funktionen erfüllte:
1. Den vom Faschismus befreiten Massen den Schein einer antifaschistischen Umwälzung vorzugaukeln,

2. und damit zugleich eine ideologische Waffe in der antikommunistischen Propaganda gegenüber der Sowjetunion und den Volksdemokratien in Osteuropa abzugeben.

Selbst die Remilitarisierung, durch die sich die westdeutsche Monopolbourgeoisie mit der Bundeswehr ein entscheidendes Machtinstrument sowohl zur Durchsetzung imperialistischer Interessen nach außen als auch zur Niederschlagung künftiger Klassenkämpfe schuf, zerstörte den Schein der Rechtsstaatlichkeit nicht. Im Gegenteil, mit dem Argument der "Abwehr kommunistisch totalitärer, gegen die freiheitlich demokratische Grundordnung gerichteter Aggression aus dem Osten" und der vorläufigen Einschränkung, daß die Bundeswehr im Innern nicht eingesetzt werden dürfe, verstanden die Kapitalisten, die Wiederaufrüstung geradezu als Ausdruck der Rechtsstaatlichkeit auszugeben.

NUR DIE BEWUSSTESTEN TEILE DER WESTDEUTSCHEN ARBEITERKLASSE LEISTETEN MIT STREIKS UND DEMONSTRATIONEN HEFTIGEN WIDERSTAND GEGEN DIE WIEDERAUFRÜSTUNG. UND DIE KAPITALISTEN ZÖGERTEN SCHON DAMALS, 1952, NICHT, Z.B. IN ESSEN GEGEN EINE DEMONSTRATION VON 30.000 ARBEITERN MIT WAFFENGEWALT VORZUGEHEN UND EINEN JUNGEN KOMMUNISTEN, SCHON ARBEITER, PHILIPP MÜLLER, ZU ERSCHIESSEN.

Das Verbot der KPD im Jahre 1956 zielte direkt auf die ideologische und organisatorische Entwaffnung der westdeutschen Arbeiterklasse. Auch hier gelang es der Kapitalistenklasse, den Schein der Rechtsstaatlichkeit zu wahren, in dem sie das Verbot durch das Bundesverfassungsgericht aussprechen ließ. Zugleich konnte sie aber das Verbot im Rahmen ihrer antikommunistischen Propaganda geradezu als entscheidende Maßnahme zur Festigung der Rechtsstaatlichkeit ausgeben.

Die westdeutsche Kapitalistenklasse trug deshalb in ihrer Aufschwungsphase nach 1949 nicht nur auf politisch ökonomischen Gebiet den Sieg über die Arbeiterklasse davon. Es gelang ihr auch, in der Arbeiterklasse den Glauben an die Kapitalisten zu verbreiten, und diesen Glauben zu einem weiteren Instrument ihrer Herrschaft zu machen. Mit dem sich abzeichnenden Ende der Aufschwungsphase, gewarnt durch die erste Wirtschaftskrise von 1966/67 in Erwartung sich verschärfender Klassenauseinandersetzungen in den folgenden Jahren sah sich die Kapitalistenklasse gezwungen, "vorbeugende Maßnahmen" zur Sicherung der "freiheitlich-demokratischen Grundordnung", d.h. ihrer Herrschaft zu treffen. Sie verabschiedete die Notstandsgesetze und schaffte sich damit die rechtliche Grundlage für den Einsatz der Bundeswehr, auch im Innern. Auch hier versuchten die Kapitalisten, diese Maßnahmen durch Verschleierung der möglichen "Ernstfälle", dem Hinweis auf Naturkatastrophen etc., den Schein der Rechtsstaatlichkeit zu wahren.

Das erste Mal aber sah sie sich einer großen außerparlamentarischen Massenbewegung gegen-

über, die entschiedenen Widerstand gegen die Verabschiedung der NS-Gesetze leistete. Nur unter Aufbietung ihres gesamten Propagandaapparates und nachdem sie des positiven Votums der SPD und Gewerkschaftsbürokratie sicher sein konnte, konnte die Monopolbourgeoisie die Verabschiedung der NS-Gesetze durchsetzen. Im Kampf gegen die NS-Gesetze vereinigten sich die "aufrechten Demokraten" von den DKP/SEW-Revisionisten bis zu den liberalen und linken Gewerkschaftern. Nach der Verabschiedung der Notstandsgesetze stand diese antifaschistisch demokratische Volksfront desorientiert und "frustriert" vor den Scherben der Rechtsstaatlichkeit, die zu verteidigen sie sich auf ihre Fahnen geschrieben hatte. Sie hatte den Klasseninhalt dieser Gesetze niemals voll erkannt.

Das Erfordernis politischer und ökonomischer Krisenbekämpfung" den kapitalistischen Staat hat die SPD an die Macht gebracht. Sie sollte zum einen durch ein System staatlicher Eingriffe einer künftigen Krise vorbeugen. Zum anderen sollte sie die Gewerkschaftsapparate endgültig an sich binden, und damit die Entwicklung der Löhne fest in den Griff bekommen können. Mit den Notstandsgesetzen als Rückendeckung, mit mittelfristiger Finanzplanung, Stabilitätsgesetz und konzertierter Aktion als Instrument zur Beherrschung der Arbeiterklasse konnte die SPD sogar daran gehen, der außerparlamentarischen Opposition eine Amnestie zuzugestehen. Aber schon jetzt zeigt sich die Brüchigkeit ihrer "Lenkungsmaßnahmen". Schon fordern die Presseorgane der Kapitalisten die SPD auf, dass sie den Scheitern der Aufwertung nur mit direkten Maßnahmen gegen die Arbeiterklasse wie Lohnstop und Steuererhöhungen, die Konjunktur zu sichern", in dem Maße, wie sich die SPD in den Widersprüchen ihres Lenkungssystems ver-

KONTERREVOLUTIONÄRE TRUPPEN IM EINSATZ GEGEN DIE KÄMPFENDE ARBEITERKLASSE: IM MÄRZ 1919 GELANG ES DEN NOSKE-STREITKRÄFTEN, EINEN GENERAL-STREIK, DER DIE IN DER NOVEMBERREVOLUTION ERKÄMPFTEN RECHTE VERTEIDIGTE, BRUTAL MIT WAFFENGEWALT ZU ERSTICKEN.

DEMONSTRATION
Do 11. Juni 1970 17³⁰ Uhr
ab S-Bahnhof Humboldthain
MÜLLERSTRASSE

FÜR UMFASSENDE VERSAMMLUNGS- UND DEMONSTRATIONSFREIHEIT FÜR DIE ARBEITERKLASSE im Betrieb und auf der Strasse!

Verhängnisvoll für den ID ist aber, daß mehr oder weniger vehement bis zum bitteren Ende an diesem Agenturanspruch festgehalten wird. Anfänglich ist dies auch kein Problem, Form und Inhalt entsprechen durchaus dieser Konzeption: keine eigenen redaktionellen Beiträge, keine redaktionelle Bearbeitung der Basis- und Betroffenenberichte (erst zu einem späteren Zeitpunkt werden heftige Debatten darüber geführt, wie solche Artikel bearbeitet werden sollen, ist das Redigieren eines Textes beispielsweise schon ein Eingriff in einen Basisbericht?), keine Hierarchisierung der Texte, keine optische Auflockerung vermittels Fotos und Illustrationen, hinzu kommt die bereits erwähnte Kleinschreibung. Von seiner Aufmachung her ist der ID eine Loseblattsammlung, hintereinander abgeheftet wie die Informationsblätter aus einem Nachrichtenticker, der beim ID, das bleibt anzumerken, nicht vorhanden ist. Das optische Erscheinungsbild entspricht ganz dieser unterstellten Funktion: Informationsbulletin. Mit seinem gestalterischen Purismus unterstreicht der ID, daß er als neutrale Vermittlungsinstanz hinsichtlich der eingegangenen Informationen und Nachrichten keine Wertung vornimmt. Diese soll allein dem Rezipienten, dem Kommunikator und Multiplikator vorbehalten sein.

Während an diesem Anspruch festgehalten wird, verändern sich Form und Inhalt im Laufe der Zeit fast völlig. Im Sommer 1975 wird die Kleinschreibung aufgegeben und man kehrt zur Normschrift zurück, was zweifellos ein Zugeständnis an die Lesegewohnheiten des ID-Publikums ist. Die Redaktion beginnt vereinzelt zu recherchieren und in einzelnen Fällen auch zu intervenieren. Im visuellen Bereich wird versucht, vermittels veränderten Schrifttypen eine bessere Lesbarkeit zu erzielen, Karikaturen und Fotos sollen die Bleiwüste auflockern. Das sind allesamt Faktoren, die das unterstellte Agenturkonzept unterminieren. Während sich auf der einen Seite der ID fortwährend verändert, sich dem Rezeptionsverhalten des Publikums anpaßt, leserfreundlicher wird, wird auf der anderen Seite der Agenturanspruch verabsolutiert. Der Anspruch Nachrichtenagentur zu sein wird gleichsam zum Mythos. Selbst in seiner schwierigsten Phase, als, nicht zuletzt durch die Etablierung einer linken Tageszeitung (taz), die Auflage langsam aber stetig nach unten geht und der ID gezwungen ist, konzeptionell zu experimentieren, wird von einigen IDlern völlig anachronistisch gefordert, das Agentur-Konzept zu reaktivieren (vgl. ID 234, 1978: 4).

2.5 Forum oder Interventionsinstrument, redaktionelle Autonomie oder Repräsentanz der »Bewegung«?

Ein Spezifikum linker Medienproduktion, speziell linker Alternativzeitungen ist die Bindung zwischen Medium und Rezipient. Während etablierte Zeitungen und Zeitschriften um eine enge Leser-Blatt Bindung bemüht sind — ihr Nachweis gilt der Werbewirtschaft als notwendiges Kriterium bei der Schaltung von Anzeigen — ist dies für Alternativzeitungen kein Problem. Umgekehrt, diese enge Bindung kann — wie im folgenden gezeigt werden soll — zur Fessel redaktioneller Freiheit und Autonomie werden. Zwar hat der ID nicht in dem Maße eine gleichsam symbiotische Beziehung zu seiner Leserschaft wie die taz, aber auch für ihn stellt sich das Problem: redaktionelle Souveränität oder Repräsentationsorgan der Basis?

Der bereits aufgezeigte Widerspruch zwischen dem ID-Anspruch (Nachrichtenlieferant für Multiplikatoren) und dem realen Rezeptionsverhalten der Leser (individuelle Konsumption) sowie die damit zusammenhängende Fetischisierung der Agenturkonzeption, bildet die Folie, vor der das redaktionelle Selbstverständnis, vielmehr dessen Fehlen, analysiert werden soll.

Anfänglich stellt sich das Problem, einen redaktionellen politischen Standpunkt zu beziehen, nicht, denn es gibt keine Platzprobleme, alle eingegangenen Informationen und Nachrichten können ungekürzt veröffentlicht werden. Eine Auswahl der eingegangenen Nachrichten ist aber dann nötig, als der Informationsfluß immer größer wird. Das hängt damit zusammen, daß die Alternativbewegung — als deren Teil sich der ID begreift — sich in zunehmendem Maße regional ausdifferenziert und damit breiter und umfangreicher wird. Der ID steht vor dem Problem, seinen radikalen Öffentlichkeitsanspruch aufzugeben und nach Maßgabe politischer Kriterien (Repräsentativität, Aktualität usw.) Informationen und Nachrichten auszuwählen.

In der Praxis wird längst schon selektiert, d.h. zufällig anwesende ID-Mitarbeiter wählen einen sog. Basisbericht aus, der anderntags von den anderen IDlern wieder ausgesondert wird. Aus diesen personalen Selektionskriterien allgemein verbindliche zu formulieren, ist deshalb so schwierig, weil das ID-Kollektiv (zur Funktion des ID-Kollektivs vgl. Herding 1983) einen politischen Neutralitätsanspruch vertritt, der es ihm beispielsweise verbietet, als ID exponiert Stellung zu nehmen.

Dieser Anspruch rührt zum einen aus der unterstellten Agenturfunktion — die Nachrichten und Berichte von der Basis sollen unzensiert und ungekürzt an die Kommunikatoren weitervermittelt werden —, zum anderen aus einem Öffentlichkeitsverständnis, das gegen die einschränkenden Parteiöffentlichkeiten der K-Gruppen gerichtet ist. Der *radikale Öffentlichkeits- und Authentizi-*

tätsanspruch des ID soll den Informationsfluß von unten, unzensiert und authentisch, gewährleisten.

Um einem Mißverständnis vorzubeugen, dieses Prinzip der redaktionellen Neutralität verweist nun keineswegs auf die apolitische Haltung des ID. Der ID ist kraft seiner Existenz, von seiner Konzeption her politisch. Die politische Handlung im ID besteht darin, in der Zeitung *nicht* politisch zu handeln, sondern von der eigenen politischen Meinung zu abstrahieren. Dem entspricht auch die Ausgrenzung der persönlichen, individuellen Erfahrung der ID-Mitarbeiter. Redaktionelle Arbeit wird damit auf technisches Handeln reduziert: Post bearbeiten, Layout, Vertrieb und Versand. Damit aber wird das ausgegrenzt, was konzeptionell gerade konstitutiv für den ID und die Politik einer »radikalen Subjektivität« ist.

Es zeigt sich ein Altruismus, der darauf verweist, daß ein Bruch mit der Politik und den Organisationsprinzipien der K-Gruppen noch nicht wirklich vollzogen ist. Und die Intention des ID war ja in der Tat politisch die Veränderung zu unterstützen ohne in den Betrieb zu gehen. Damit aber wird der Handlungsspielraum redaktionellen Arbeitens beschnitten und die Veränderung der eigenen Subjektivität wird der sogenannten Basis, dem Klientel des neuen Politikverständnisses untergeordnet.

3. Der ID als Repressions- und Knastblatt

Die politische Neutralität des ID wird dementsprechend, und das soll im folgenden gezeigt werden, zum Einfallstor unterschiedlicher politischer Ansprüche. Das Interesse der politischen Gruppierungen, die sich um die Beleidigten aus den Knästen", so wird es vom Gefangenenrat Frankfurt formuliert, „haben keine andere Öffentlichkeit als den ID." (undat., ID-Traumbuch) Für diese Gruppen ist der ID keine Zeitung, sondern ein technisches Mittel, »das wir für unsere Interessen einsetzen können«. Insbesondere die »Antifas« (politische Gruppen, deren Hauptaugenmerk dem »antifaschistischen Kampf« gilt, sie stehen der RAF nahe) haben ein rein *instrumentelles* Verhältnis zum ID. Mit dem Vorwurf, der ID übe schon lange nicht mehr die Funktion aus, Öffentlichkeit als Gegenmacht zu organisieren, sondern sei vielmehr zu einem Ordnungsfaktor, der die Basis befriede, verkommen, setzen sie das ID-Kollektiv unter moralischen Druck, die endlosen Hungerstreikerklärungen der »politischen Gefangenen« abzudrucken. Das Thema Knast und Repression rückt so, für lange Zeit, in den Mittelpunkt der Berichterstattung, der ID wird zu einem »Kommunikationsmittel für Knastologen«.

Zum Bruch mit dem militanten Lager kommt es, als der ID sich weigert, eine umfangreiche Materialmappe ungekürzt und unkommentiert abzudrucken. Mit diesem Schritt aber ist der formale Endpunkt einer Auseinandersetzung um eine radikale Veröffentlichungspraxis erreicht. Der Anspruch, die völlige Athentizität aller eingegangenen Informationen und Stellungnahmen auch aus dem Untergrund zu gewährleisten, ist gescheitert.

Von nun an sitzt der ID zwischen den Stühlen, er ist gleichermaßen den Angriffen von staatlicher Seite wie auch denjenigen der Stadtguerilla ausgesetzt. Daß er für die RAF als Kommunikationsorgan abgeschrieben ist, zeigt sich auch am 5. September 1977, als der Arbeitgeberpräsident Hanns Martin Schleyer von einem „Kommando Siegfried Hausner" der RAF entführt und anschließend ermordet wird. Der ID als angebliches Sprachrohr der militanten Scene bleibt in dieser Situation sprachlos. Die Kommuniques und Verlautbarungen der Entführer sind ausschließlich an die Medien der bürgerlichen Öffentlichkeit gerichtet. An diese richtet der Chef des Bundespresse- und Informationsamtes Klaus Bölling am 8. September, also bereits drei Tage nach der Entführung, die Bitte, sich bezüglich der Berichterstattung über die Entführung von Dr. Hanns Martin Schleyer zurückzuhalten.

In dieser Situation der »Nachrichtensperre«, die immerhin bis zum 19. Oktober 1977 dauert, ist der ID hilflos. Der »Informationsdienst zur Verbreitung unterbliebener Nachrichten« ist auch nicht annähernd in der Lage, das staatlich verordnete Schweigen zu durchbrechen. Die an den ID herangetragenen Erwartungen der Leser, „jetzt mal loszulegen", werden enttäuscht. Es zeigt sich auch hier die Begrenztheit des ID-Konzeptes. Dazu heißt es in einer »Hausmitteilung« des ID, „unsere Arbeitsfähigkeit steht und fällt mit dem Zustand einer breiten linken Bewegung. Diese befindet sich aber augenblicklich in einer ihrer schwersten Krisen. In einer solchen Situation können wir nicht glänzen." (ID 196, 1977: 2)

Hinzu kommt, daß der allgemeine öffentliche Meinungsdruck in dieser aufgeladenen Situation auch vor den Aktivisten der Neuen Linken, den sogenannten Kommunikatoren des ID, nicht haltmacht. Das hat zur Folge, daß selbst Berichte über Fahndungsmaßnahmen der Polizei, Hausdurchsuchungen, Straßensperren u.a. ausbleiben. Dabei hatt es auf der ID-Weihnachtsdiskussion noch geheißen: „Gerade in einem Zustand von Isolierung und Desillusionierung ist die Linke auf einen gut funktionierenden Informationskontakt angewiesen, will sie sich nicht atomisieren lassen." (Protokoll, ID-Traumbuch)

Hier aber zeigt sich das ganze Dilemma des ID. In einer Situation, in der die bundesrepublikanische Linke einen, vom staatlichen Nachrichtenmonopol unabhängigen Informationsdienst, ein autonomes publizistisches Instrument benötigt, das gegen die »Gleichschaltung der bürgerlichen Presse« angeht, in dieser Situation zieht sich die ID-Redaktion auf die formale Position zurück, sie sei lediglich ein Sprachrohr der Basis. Dabei hat man dieses Prinzip wiederholt unterlaufen: „Der ursprüngliche Rahmen unserer Arbeit, sich aus Basismeldungen zu beschränken, ist mittlerweile öffentlich durchbrochen worden, indem wir zu bestimmten Entwicklungen selbst recherchieren, z.B. CIA, CARP, Druckerstreik u.a." (ID 138/139, 1976: 5) Zweifellos ist aber auch die Sprachlosigkeit und Agonie der bundesrepublikanischen Linken im »Deutschen Herbst« dafür verantwortlich, daß es solche Versuche seitens der ID-Mannschaft nicht gegeben hat, unabhängig davon, ob diese von Erfolg gekrönt worden wären oder nicht. Eine andere Frage in diesem Zusammenhang ist, ob die sog. Alternativpresse in ihrer Gesamtheit in der Lage gewesen wäre, die »staatlich verordneten Nachrichtensperre« zu durchbrechen. Es erscheint zweifelhaft, zu unprofessionell, handwerklerisch ist deren journalistische Arbeitsweise. Zielstrebige professionelle journalistische Recherche wäre in dieser Situation aber gerade nötig gewesen, um das Schweigen zu durchbrechen. Es zeigt sich auch hier die Grenze des basisorientierten, dezentralistischen Politikkonzeptes; und das Scheitern dieser Politik im »Deutschen Herbst«, das Scheitern des ID in dieser Situation, das hat dann auch zu Überlegungen geführt, ein unabhängiges, überregionales täglich erscheinendes Medium aufzubauen, das in einer ähnlichen Situation in der Lage wäre, sich offensiv zu verhalten. Aus diesem Diskussionszusammenhang ist dann später die überregionale linke Tageszeitung »die tageszeitung« (taz) entstanden.

4. Der ID und die bürgerliche Öffentlichkeit

Wie wir bereits gesehen haben, ist ein Anspruch des ID, die bürgerlichen Medien mit Informationen und Nachrichten zu bedienen, zu konfrontieren, die von diesen entweder aufgrund struktureller oder aber aus inhaltlich politischen Gründen ausgegrenzt werden. Der ID will Korrektiv sein, gegenüber einer im Zerfall befindlichen bürgerlichen Öffentlichkeit. Das ist ein hoch gestecktes Ziel, was aber ist daraus geworden?

Obwohl der ID hinsichtlich seines Selbstverständnisses sich wiederholt darauf beruft, eine linke Nachrichtenagentur zu sein („Der ID ist keine Zeitschrift, keine Zeitung, sondern ein Nachrichtenbulletin..."), gelingt ihm der Einbruch in das Lager der etablierten Medien nicht. Das Informationsblatt wird zwar von einigen etablierten Zeitungen und Rundfunkanstalten bezogen (manchmal, so berichtet ein ID-Mitarbeiter, geht das ID-Abonnement heimlich an die Privatadresse des Redakteurs), einen realen Einfluß als meinungsbildende Instanz, hat er nicht. Was nicht heißt, daß bestimmte Themen nicht doch durch den ID in die etablierten Medien gekommen sind. Daß der ID als Informationsquelle benannt wird, wie beispielsweise in der FAZ vom 10.12.1976, in der es um die Einführung von Jugendpolizisten geht, ist eher die Ausnahme als die Regel. Es kann also nicht von einer nachweisbaren Thematisierungsfunktion des ID gesprochen werden. Der Einfluß des ID liegt wohl eher auf der Ebene, wo er den Kommunikationsfluß innerhalb des linken Lagers stabilisiert hat. Dabei ist immer wieder versucht worden, das »zweite konzeptionelle Standbein«, das »Einwirken auf die bürgerliche Presse«, zu reaktivieren. Bei Ereignissen von außerordentlicher Bedeutung, z.B. die Auseinandersetzung um den Bau eines AKW's in Whyl, die Enttarnungsaktion von CIA-Agenten in der Bundesrepublik Deutschland etc., hat der ID eigens für ausgewählte Medien der links-liberalen Öffentlichkeit formulierte Presseerklärungen verfaßt. Es war sogar daran gedacht, besondere »Rosinen« aus der laufenden ID-Produktion als Mitteilungen an die Presse zum Vorabdruck freizugeben. Das Ergebnis all dieser Bemühungen war gleich null. Folglich wird bereits im März 1976 selbstkritisch durch das ID-Kollektiv (Protokoll, ID-Traumbuch) angemerkt: „Ursprünglich war bei Multiplikatoren wohl auch an die bürgerlichen Medien gedacht. Diese Vorstellung erwies sich jedoch immer mehr als politische Utopie."

Tatsache ist, daß die bürgerliche Öffentlichkeit den ID weitestgehend ignoriert. Die mangelnde Seriosität des ID spielt dabei zweifellos eine Rolle. Daß dieser Vorwurf zu Recht besteht, kann nicht geleugnet werden, denn in der Tat, zumindest auf der programmatischen Ebene, hat man sich um Seriosität und Objektivität nicht gekümmert. Ist man doch der Meinung, daß unter dem Deckmantel der Objektivität nur die realen Machtverhältnisse verschleiert werden.

Demgegenüber hat man einen »Nicht-Journalismus« propagiert, der die Betroffenen, die Basis, zu Wort kommen lassen will. „Baut keinen linken Journalismus auf, wenn irgend möglich, laßt die Betroffenen sprechen! Gebt den Aktivisten das Wort, ..." (undat. Info, ID-Traumbuch) Gegen den Objektivitätsanspruch setzt der ID das Konzept einer radikalen Subjektivität, gegen Ausgewogenheit und freischwebendes Räsonnement setzt er radikale Parteilichkeit. Damit will man einen besseren, engagierten, moralisch vertretbaren Journalismus praktizieren, der die Bedürfnisse der Leser ernst nimmt und deren Erfahrung nicht zum Rohmaterial professionellen Schreibens macht. Die Propagierung eines parteilichen Journalismus ist aber zusätzlich, wohl mitbedingt durch die Ablehnung von seiten der Profis, gepaart mit einem pädagogisch anmutenden Sendungsbewußtsein, das sich gegen den praktizierten »Lumpenjournalismus« im Recht sieht. Daß all dies zu einer »Lagermentalität« geführt hat, die nicht mehr in der Lage ist, die graduellen Veränderungen auf der

»Gegenseite« zu registrieren, soll nicht verschwiegen werden. Und auch nicht, daß sich unter der Hand, das wird in allen Interviews bestätigt, die wir mit IDlern geführt haben, doch wieder die journalistischen Standards von guter Schreibe, Sorgfältigkeit und Strukturiertheit durchgesetzt haben.

Die Ablehnung seitens des etablierten Journalismus gegenüber diesem Konzept der bewußten Parteilichkeit erscheint nur dann verständlich, wenn man berücksichtigt, daß der vom ID anvisierte Journalismus gerade an Fragestellungen und Diskussionsprozesse anknüpft, die, ausgelöst durch die Studentenrevolte, in den Redaktionen von Presse, Rundfunk und Fernsehen stattgefunden hatten, aber weitestgehend im Sande verlaufen waren. Vielleicht auch deshalb, weil der ID mit seinem »Gegenkonzept« an die damals formulierten Ansprüche anknüpfte, ist die selbsternannte »Avantgarde des Journalismus« von denjenigen ignoriert worden, die man u.a. politisch erreichen wollte.

5. Die Funktion des ID für die »Bewegung«

5.1 ID und Tageszeitung: eine verpaßte Chance?

Warum der wöchentlich erscheinende ID mit seinem Erfahrungsschatz im Bereich der Gegeninformation nicht aufgegangen ist in dem »Projekt Tageszeitung«, sondern umgekehrt, zu einem der schärfsten Gegner dieses Projektes wurde, darauf soll im folgenden eingegangen werden. Vorausgeschickt werden muß, daß die »Agence de Press Libération« (APL) in Frankreich, ein Vorbild beim Aufbau des ID, nach zweijährigem wöchentlichen Erscheinen, in die Tageszeitung »Libération« umgewandelt wurde — eine ähnliche Entwicklung lag für den ID durchaus im Bereich des Möglichen. Mehr noch, sie war intendiert. Bereits in der ersten Nummer, die noch als »überregionales Informationsbulletin für Deutschland« erscheint, heißt es: „Wir meinen, daß — (...) — aus dem Informationsdienst früher oder später eine Wochenzeitung, längerfristig eine überregionale linke Tageszeitung werden müßte." Und auch in späteren Positionspapieren wird wiederholt auf diese Möglichkeit hingewiesen.

Mit dem Wachsen der alternativen Bewegung und der Zunahme ihrer Projekte und Initiativen nimmt auch die Informationsflut zu, der der ID ausgesetzt ist. Zwar ist der Heftumfang mittlerweile auf 32 Seiten angewachsen, gleichwohl herrscht ein ständiger Platzmangel, die Berichte werden »geschoben« und verschwinden dann gänzlich. Die Diskussion über ein zweimal wöchentliches oder gar tägliches Erscheinen ist von daher immer aktuell. Als an einem Diskussionswochenende ein Mitarbeiter der französischen Zeitung »Libération« über die Probleme von »Libé« als Tageszeitung referiert, fällt die Entscheidung: Im Gegensatz zu Frankreich, so die Argumentation, das hinsichtlich seiner politischen Struktur zentralistisch organisiert ist, ist der Protest in der Bundesrepublik dezentral. Das Problem einer täglichen Zeitung muß demzufolge regional diskutiert werden, d.h. die Volksblätter müssen diese Diskussion führen und der ID muß zum Agenturkonzept zurückkehren.

Die Diskussion um ein tägliches Erscheinen flammt erneut auf, als ein halbes Jahr später, während der Frankfurter Buchmesse, eine Gruppe von Leuten aus den verschiedensten Städten des Bundesgebietes über die Notwendigkeit einer linken Tageszeitung diskutiert. Äußerer Anlaß ist die »Nachrichtensperre« und die »Gleichschaltung der bundesrepublikanischen Presse«. Zunächst ist der ID an dieser Diskussion aktiv beteiligt. Er stellt seine Produktionsmittel und Räumlichkeiten zur Verfügung, als aus diesem Diskussionszusammenhang im Februar 1978 die Broschüre »Prospekt: Tageszeitung« hergestellt wird. Mit diesem Prospekt tritt das Tageszeitungsprojekt an die Öffentlichkeit, und es hat eine unvorhergesehene Resonanz. Nicht so bei Teilen des ID, hier ist eine umgekehrte Reaktion erkennbar: je konkreter die Pläne, desto vehementer wird die Skepsis. Man ist nach wie vor der Meinung, daß ein solches »Mammutprojekt« mit den entsprechenden zentralistischen Strukturen der dezentralen, autonomen Bewegung (Beispiel: Ökologie- und Anti-AKW-Bewegung) nicht angemessen ist.

Als einen Monat nach Erscheinen des Tageszeitungs-Prospektes der ID anläßlich des 3. Internationalen Russell-Tribunals in Frankfurt/Harheim (vom 27. März bis 6. April 1978) *täglich* erscheint, sind viele Außenstehende der Meinung, es handele sich hier um eine Generalprobe für das tägliche Erscheinen. Tatsächlich ist der Tages-ID zum Tribunal aber nur eine Reaktion auf die Diskussion um eine Tageszeitung. Man will zeigen, daß man in einer politisch wichtigen Situation durchaus reagieren kann, ohne sich fortwährend den, durch das tägliche Erscheinen bedingten, Zwängen auszusetzen. Nach der Devise: wenn es die politische Situation erforderlich macht, erscheint man täglich. Trotz der unterschiedlichsten Erfahrungen, die während der täglichen Produktion gemacht werden, kommt es im Hinblick auf die Frage einer möglichen Kooperation mit dem Tageszeitungsprojekt zu keiner grundsätzlichen Diskussion mehr, man will abwarten. Das hat zur Folge, daß die Befürworter eines täglichen Erscheinens nun gänzlich sich dem Aufbau einer Tageszeitung widmen, während die Skeptiker, die sich in ihrer Kritik an dem Projekt festbeißen, zurückbleiben.

Im Mai 1978 tritt der ID die »Flucht nach vorne« an, er eröffnet eine Grundsatzdebatte über Gegenöffentlichkeit, die Alternativpresse und die Funktion einer täglich erscheinenden Zeitung. Damit wird er, in dieser ersten Aufbauphase der späteren »taz«, zum wichtigsten Diskussionsforum der Linken über dieses Projekt. Vor allem die Enttäuschung über die mangelnde Qualität der produzierten 0-Nummern schlägt sich in den folgenden ID's nieder.

Die Heftigkeit dieser Auseinandersetzung ist aber nur zu verstehen, wenn man berücksichtigt, daß hier eine neue politische Orientierung auf ein altes politisches »Paradigma« trifft. Und so rankt sich die Kontroverse um die Gegensatzpaare Zentralismus/Dezentralismus, Professionalisierung/Deprofessionalisierung, Basisbericht/Profi-Journalismus und Großtechnologie versus handhabbare Technik. Ihren Höhepunkt findet die Auseinandersetzung in dem vom ID veröffentlichten Aufruf: „Boykottiert die Tageszeitung!" (ID 265, 1979: 16)

Grundsätzlich aber ignoriert der ID die Gefahr, die ganz augenfällig durch die Existenz eines täglich erscheinenden Mediums auf ihn zukommt. Noch in Nr. 249/250 heißt es selbstbewußt: „Wir haben nicht vor, unser Erscheinen einzustellen, auch wenn »die tageszeitung« und »die Neue« herauskommt." Und vier Wochen später schreibt er mit halbfetten Lettern: „Ihr werdet lachen: Der ID sieht noch eine große Zukunft vor sich." (ID 255, 1979: 1) Doch als am 17. April 1979 die erste Nummer der »tageszeitung« (taz) erscheint, wird klar, daß sich der ID verändern muß, denn ein guter Teil der Informationen, die bislang an den ID gegangen sind, gehen jetzt, bedingt durch die größere Publizität, an die »taz«. Hinzu kommt, daß seit ca. einem Jahr die Zahl der Abonnements beim ID langsam aber stetig um 2.000 zurückgegangen ist. Damit beginnt für den ID eine lange Phase des Experimentierens.

5.2 Der langsame Tod des ID — zwischen Magazin und alternativer Presseagentur

Die zwei folgenden Jahre des Niederganges zählen zu den unrühmlichsten Kapiteln der Geschichte des ID. Unrühmlich nicht deshalb, weil man sich in bezug auf eine mögliche Funktion und Neubestimmung nicht genug Gedanken gemacht hat, sondern, weil all diese Versuche nur halbherzig durchgeführt wurden.

Es stehen sich zunächst, kurz gefaßt, zwei Positionen gegenüber: zum einen die »Magazin-Fraktion«, die mit Autorenartikeln aus dem ID ein Wochenmagazin machen will, zum anderen die »Agentur-Fraktion«, die mit unterbliebenen Nachrichten und Betroffenenberichten den ID als Presseagentur regenerieren will. „Diejenigen, die am alten ID festhalten wollten, befürchteten, die Authentizität der Betroffenenberichte wäre in einem

Magazin nicht mehr gegeben. Umgekehrt schwebte der Magazin-Fraktion eine theoretische Ausweitung auf kulturelle Bereiche (Musik, Theater, Film), mehr satirische Kommentare, ein Mehr an bildlicher Gestaltung vor." (ID 342, 1980: 3) Das Fatale ist, daß sich beide Fraktionen mit gegenseitigen Unterstellungen und Verdächtigungen blockieren, so daß letztendlich der Leser entscheiden muß. Die Nr. 303 bringt dann das endgültige »Aus« für die Magazinrichtung, denn dieses Heft wird zum Zankapfel der öffentlichen Kritik. Insbesondere eine gewagte »sexistische« Satire erbringt den Machern den Vorwurf, sie wollten aus dem ID ein »pornographisches Satireblättchen« machen. Die Reaktion der Leser auf diese Nummer ist eindeutig: „Wenn es nach insgesamt 30-ID-Benutzern geht, ... kann ich feststellen, daß so gut wie alle den »alten ID« zurückhaben wollen." (ID 305, 1979: 7)

Daß die Leser so reagieren, verwundert nicht, schließlich hat der ID jahrelang einen Purismus propagiert, der nun gegenüber dem Magazinversuch eingeklagt wird. Und so muß der Versuch notwendigerweise scheitern. Hier wäre es zweifellos sinnvoller gewesen, während einer vierwöchigen Pause, ein von allen Fraktionen getragenes radikales Konzept zu erarbeiten. In einer dreimonatigen Einführungsphase hätte man damit, auch gegen den vereinzelten Widerstand der Leser, experimentieren können. Man war sich ohnehin bewußt, daß der Zeitpunkt für eine Veränderung verstrichen war: „Günstige Bedingungen zur Erneuerung bestanden etwa vor einem Jahr. Während abgewanderte ID-Mitarbeiter dabei waren, dem Projekt »taz« Gestalt zu geben, vergab die zurückgebliebene, der »taz« gegenüber skeptische bis leider auch ignorante Fraktion manche Chance, vorausblickender zu handeln." (ID 302/303, 1979: 7) Zu sehr hat man sich besserwisserisch in der Kritik an der »taz« festgebissen, und damit versäumt ein eigenes Profil zu entwickeln. Zwar gelingt es dem ID, Probleme zu thematisieren, die erst viel später Eingang in die bürgerliche aber auch linke Öffentlichkeit finden (Alltag am Beispiel eines LKW-Fahrers, Asylanten, »Jobber« etc.), aber der Durchbruch gelingt nicht.

Am 19. Juli 1980 wird eine »Neubegründung des ID« angekündigt: „Die ID-Redaktion hat die Krise überwunden und ist dabei, ein gutes neues Konzept zu entwickeln", schreibt man euphorisch.[58] Wie aber sieht das neue Konzept aus? Zunächst einmal soll die Funktion der Redaktion verändert werden, nicht mehr nur passiv soll sie reagieren, sondern aktiv auf Gruppen und Initiativen zugehen, so daß eine längerfristige Planung der Themen möglich ist. Ansonsten ist das neue Konzept ein Aufguß dessen, was man seit sieben Jahren praktiziert, mit dem Unterschied, daß man nur explizit formuliert, was man längst schon ist: eine überregionale Wochenzeitung. In dieser soll, das ist allzu bekannt, anders berichtet werden, „als in den bürgerlichen und in den meisten linken Zeitungen." Und weiter heißt es, „der ID ist ein Korrektiv zur TAZ, in der viel verschlampt, verändert oder für national unbedeutend erklärt wird." (ID 342, 1980: 2) Einzig die Ausführungen über Betroffenenberichterstattung gehen ein wenig über das Bekannte hinaus, indem auf die Schwierigkeiten der Realisierung dieses Konzeptes eingegangen wird. „Daß in den Köpfen vieler Schreiber von Betroffenen-Berichten, Public Relation-Agenturen oder Presseämter hausen, ist uns so wenig entgangen wie den Kritikern des Betroffenen-Konzeptes. Wir wollen daraus nicht den Schluß ziehen, daß journalistische Berichte (im Sinne von Stellvertreter-Berichten) besser wären (...). Der mühsame, aber richtige Weg ist für uns, daß wir solchen Betroffenen, die taktisch-glatte Pressekommuniques oder »Kommandomeldungen« voller Propagandalügen und Selbstzensur formulieren, solange kritisieren — (...) — bis sie zu einer Berichterstattung übergehen, in dem die Lebens- und Gruppengeschichte der Betroffenen, die Widersprüche ihrer Diskussion deutlich wird." (ID 342, 1980: 4)

Seine politische Unschuld verliert der ID endgültig, als er in Heft 352 (1980) drei Anzeigen bringt. Er schreibt dazu folgendes: wir haben es satt, „als letzte moralische Instanz inmitten einer sich prostituierenden Umwelt keusch zu bleiben; zumal fast alle anderen Alternativzeitungen sich mit Werbung über Wasser halten. Sollen wir ersaufen?" Aber da ist das Ende schon absehbar. Zwar ist die Zahl der Abonnenten seit Juni 1980 nicht weiter bergab gegangen, im Dezember steigt die Abo-Kurve sogar ein wenig an, jedoch ist der ID auf dem Stande von 2.300 verkauften Exemplaren nicht länger finanzierbar, und so kommt, ca. zwei Jahre nach Erscheinen der ersten Nummer der taz, am 20. Februar 1981 das endgültige »Aus«.

5.3 Der ID und die Alternativpresse

Hat der ID für die etablierten Medien faktisch keine Bedeutung, so ist er für die sog. »politische Alternativpresse«, die ab Mitte der siebziger Jahre einen ungeheuren Aufschwung erlebt, um so wichtiger. Für diese Gegenpresse hat der ID zweifellos eine »gewisse Leitfunktion«. Der ID als »Protomutter der Alternativpresse« (Cohn-Bendit 1983) ist die Keimzelle vieler kleiner, regionaler Blätter und Zeitungen, die den »Weg der Dezentralität der Information« gehen.

Mit dem »Aachener Klenkes« und dem »Kölner Volksblatt« ist der ID 1976 der Initiator des ersten überregionalen Zeitungstreffens der Alternativpresse in Aachen (vom 10./11.Juli). Die auf dem sog. »Pfingstkongreß« des Sozialistischen Büros (SB) entstandene Idee basiert auf der Einsicht, daß, trotz des autonomistischen Ansatzes der Zeitungsbewegung, eine überregionale Zusammenarbeit, gerade auch bei wachsender staatlicher Bedrohung, nötig sei. Als aktuellstes und überregionales Medium der versammelten Gegenpresse wird der ID zum Sprachrohr der alternativen Presse. Er druckt die Adressenliste der an den Treffen teilnehmenden Projekte ab, lädt ein, organisiert später selbst ein solches Treffen und verwaltet den gemeinsam geführten Solidaritätsfonds.Zusammen mit dem »Münchner Blatt« und dem »Kölner Volksblatt« befruchtet er die medienpolitische Debatte der gesamten Alternativpresse.

Zwischen dem zentralistischen ID und der dezentralen Zeitungsbewegung gibt es deshalb keinen Widerspruch, weil für den ID, wie für kein anderes Medium der Alternativpresse, die Vernetzung der dezentralen Öffentlichkeiten zu einer Gegenöffentlichkeit von allerhöchster Wichtigkeit ist. „Wir verfügen nicht über die enormen Geldmengen, die die bürgerlichen Medien haben. Unsere Stärke ist, daß wir in gewissem Sinne konkurrenzlos über gemeinsame Interessen verfügen und die auch bündeln können zu einer Wirkung, die eben größer ist, als wenn jede Zeitung für sich alleine arbeitet," heißt es in einer Selbstverständnisnummer des ID (190/191, 1977: 7).

Gleichwohl besteht ansatzweise die Gefahr, daß der ID zum informellen Zentrum der Alternativpresse wird. Als im Anschluß an das 3. Zeitungstreffen in Kassel der ID umgehend das angekündigte Protokoll anmahnt, antwortet Rolf von der Stadtzeitung Kassel erbost: „Wir haben Verständnis dafür, daß euch nach den Erfahrungen mit dem Aachener Protokoll die Geduld fehlt, haben aber keine Lust, dies auf unserem Rücken austragen zu lassen. Meines Erachtens ist der ID *nicht* das ZK der Alternativpresse." (ID-Traumbuch)

Dieser Gefahr ist der ID nicht erlegen, umgekehrt, sein Altruismus, was die Zentralisationsfunktion betrifft, hat ihn daran gehindert, in einer Situation, die durch den Dualismus von »Volksblättern« auf der einen, und »Szeneblättern« auf der anderen Seite gekennzeichnet ist, vermittelnd einzugreifen. Dazu wäre er, aufgrund seiner intellektuellen Potenz, was die Einsicht in die Notwendigkeit der Organisation von Gegenöffentlichkeit angeht, in der Lage gewesen. Mit seiner Zurückhaltung hat der ID aber zweifellos eine historische Chance verpaßt, für die gesamte Alternativpresse mehr zu sein, als ein bloßes »Mitteilungsblatt«. Die 1979 anläßlich einer konzeptionellen Neubestimmung gemachte, selbstkritische Aussage, „die Alternativzeitungen müssen vom ID mehr als nur die Herausgabe der Alternativzeitungsliste erwarten können," (ID 291, 1979: 11) diese Einsicht kommt zu spät.

6. Schlußbemerkung

Während die Intention des ID, Einfluß zu nehmen auf die bürgerliche Öffentlichkeit, mehr oder weniger gescheitert ist, kann seine Funktion innerhalb des eigenen Lagers nicht positiv genug bewertet werden. Diese seine Funktion ist freilich an eine spezifische historische Situation geknüpft, die hier kurz verdeutlicht werden soll.

Gegenüber den zahlreichen Versuchen in der Bundesrepublik, Parteien nach marxistisch-leninistischem Muster aufzubauen, gibt es Mitte der 70er Jahre eine, zunächst zaghafte, dann immer größer werdende Absatzbewegung, die sich gegen Zentralismus und Kaderpolitik wendet. Eine politische Bewegung, die a) das Subjekt und b) die Region, den lokalen Bereich in den Mittelpunkt eines anders gearteten Politikverständnisses rückt. In den unterschiedlichsten Bereichen der Gesellschaft — auch in solchen, die von der traditionellen Politik nicht affiziert werden — formieren sich die Betroffenen zu Initiativen und Gruppen, erste Ansätze von Bürgerinitiativen entstehen. Alle diese Ansätze sind aber mehr oder weniger isoliert voneinander, da ein zentraler Diskussionszusammenhang nicht besteht. Die existierenden Publikationsorgane der K-Gruppen sind voll mit papiernen Verlautbarungen der Kader und der Parteileitung, so daß, ähnlich wie bei den Medien der etablierten Presse, diese alltäglichen Erfahrungen des sich verändernden politischen Kampfes nicht zum Ausdruck kommen. In dieser Situation entsteht der ID, als kommunikative Instanz, als Forum einer Bewegung voneinander isolierter Initiativen und Gruppen. Er bietet sich als Instrument der kommunikativen Vernetzung an, und er wird angenommen. Er wird angenommen als Forum, um die regionale und individuelle Isolation zu überwinden und die bislang ausgegrenzte Erfahrung zu kollektivieren. Wenn der ID von der Gebrauchswerteigenschaft einer Nachricht spricht, dann ist damit auch immer die Überwindung der Isolation und damit die Sozialisierung von Erfahrung gemeint. Als geistiger Motor beim Aufbau einer kommunikativen Gegenmacht (Zentralisierung und Strukturierung von Gegenöffentlichkeit) war der ID unmittelbar an der Konstituierung und Konsolidierung der Alternativbewegung beteiligt. Der Heterogenität dieser Bewegung entsprach er, als ein Medium, das eine zentralisierende Funktion hatte, ohne zentrale Instanz zu sein (Zentralisierung des Pluralismus).

Darüberhinaus aber ist der ID auch Identifikationsobjekt der Linken, hat er sinnstiftende Funktion, d.h. der ID auf dem Küchentisch der Wohngemeinschaft, das ist ein Symbol der Zugehörigkeit zu einer Szene, die bislang noch keine eigenen Identifikationsobjekte hat. Der ID-Leser ist als Rezipient Teil

INFORMATIONSDIENST (ID)

6ooo FRANKFURT
Homburger Str. 36
Tel.o611/774696
Postscheckkto. Walter Spruck
6 Ffm.6o 525228-6o2

Das Büro ist während der Sommer-
monate Montags,Mittwochs,Freitags
von 1o-13 Uhr besetzt.

INHALT

SEITE			
0		:	Erklärung des Kollektivs
1	BERLIN	:	Bericht über Militärprozeß gegen Larry Johnson
1	BERLIN	:	Buchladenkollektiv Savignyplatz
2	BERLIN	:	Presseerklärung der RAF Verteidiger
5	KÖLN	:	Volksküche in Köln-Niel?
5	KÖLN	:	Kill:Kölner Info Linker Leute
5	MÜNCHEN	:	Laster raus,weg mit dem Gestank,BMW macht die Leute krank
7	FRANKFURT	:	Bleichstraße(Stadtkampf)
9	BONN	:	Presserklärung des dt.Komittees für Angola, Guinea-Bissau und Moczambique
1o	MÜNCHEN	:	Strafantrag gegen Trikont-Verlag wegen Platte
11	FRANKFURT	:	Hintergründe der Auslieferung della Savias
13	FRANKFURT	:	Offener Brief an den Bundesminister für Justiz und an den Bundesminister für Inneres
	AUSLAND		
15	LONDON	:	Stoke Newington Five Komittee
15	LONDON	:	Multinationales Emigrantenzentrum
16	NOTTINGHAM	:	Gefeuerte Drucker u.Journalisten geben eigne Zeitung raus
17	BESANCON	:	Lip Arbeiter kontrollieren Journalisten
	SPAN/SORIA	:	Erklärung pol.Gefangener zu ihrem Hungerstreik
	DOKUMENTE		
19	I	:	Bericht zur Situation um die besetzten Häuser
22	II	:	Bericht des Mietstreik-Kollektivs Bergerstr.252

eines im Aufbruch befindlichen Strebens nach gesellschaftlicher Veränderung. Über den ID ist er an diesem Versuch, einen Gegenentwurf zu formulieren und zu praktizieren, beteiligt. Über den ID ist er beteiligt an den alltäglichen Kämpfen in Stadt und Land, er ist angebunden aber auch an den Diskussionszusammenhang der Metropolenlinken — was den treuen Leserstamm in der Provinz erklärt. Er beteiligt am Leid der Welt, an der Unterdrückung durch die »Machthaber«, aber auch an den Befreiungskämpfen der Underdogs, an deren Revolten und Aufständen. „Wer den ID ganz durchgebiestert hat, der hat wahrlich auf der Höhe der Zeit gelitten." (ID 218, 1978: 1)

Dem ID wird schließlich das zum Verhängnis, was seine Stärke ausgemacht hat, er wird als überregionales Kommunikationsinstrument der verstreuten Initiativen und Gruppen in der Provinz und der Stadt überflüssig. Das hängt damit zusammen, daß im Zuge der Regionalisierung und Konsolidierung der Alternativbewegung auf breiter Front *neue* Zeitschriften und Blätter entstehen, die nun selbst die Erfahrungsberichte veröffentlichen und die natürlich den jeweiligen Bedürfnissen der Region in Art und Form der Berichterstattung viel eher entsprechen, als der ID das jemals konnte. Ein breites alternatives Zeitungsnetz ist entstanden, das den ID in seiner alten Form funktionslos macht. Hinzu kommt, daß die sich bildenden »neuen sozialen Bewegungen« mit ihren Inhalten und Auseinandersetzungen am ID vorbeigehen, u.a. auch deshalb, weil sie sich ebenfalls eigene Medien schaffen. Und so ist es nur konsequent, wenn der ID schreibt: „Der ID als Punk-Zeitung oder Hausbesetzerblatt: das mag eine amüsante Vorstellung sein, liegt aber daneben. Wir können uns nicht ein Punk-Layout zulegen, als wäre das nur ein oberflächlich formales Problem der äußeren Gestaltung. Darin drückt sich auch ein bestimmtes Lebensgefühl aus (»no future«); so was kann man sich nicht »zulegen«. Und wir wollen auch nicht so tun, als seien wir die Hausbesetzer aus dem Jahr '81. Wir stecken in deren Bewegung nicht drin, und wieso sollten wir in jemand anderes Haut schlüpfen?" (undat. Protokoll, ID-Traumbuch) Ist das nun schade? Wir meinen nein, denn wenn es richtig ist, daß, angeregt und angeleitet durch den ID, die neuen Zeitungen und Blätter der Bewegung auf einer qualitativ anderen Ebene die Erfahrungen der politischen Auseinandersetzungen verbreiten, dann hat der ID das erreicht, was er immer wieder propagiert hat, er hat sich überflüssig gemacht.

Kapitel 4
Erfahrungsproduktion und Öffentlichkeit — die Gegenöffentlichkeit der Alternativbewegung

1. Die Alternativbewegung

1.1 Definitorische Eingrenzung

Im Mittelpunkt dieses Abschnittes steht die Beschäftigung mit einer Bewegung, die ab Mitte der 70er Jahre, neben der Bürgerinitiativ- und Ökologiebewegung, die wir gesondert behandeln, das Erscheinungsbild des außerparlamentarischen Protestes entscheidend beeinflußt hat: die Alternativbewegung. Bereits diese Abgrenzung von Bürgerinitiativbewegung auf der einen und Alternativbewegung auf der anderen Seite ist erklärungsbedürftig, wird doch die Bürgerinitiativbewegung der Alternativbewegung oft untergeordnet. Mehr noch, Dritte-Welt-Initiativen, Bürgerrechts- und Friedensbewegung, Altenbewegung usw., werden ebenfalls unter diesen Begriff subsumiert. Wir halten demgegenüber eine »schärfere Formulierung«, wie sie Peter Glotz (1981: 22) vorgeschlagen hat, also eine Begrenzung des Begriffs, für sinnvoll und das aus zwei Gründen:
1. Faßt man diesen Begriff so weit, wie es wiederholt getan wird, dann verliert man das Typische dieser Bewegung aus dem Auge, ihr *antiinstitutionelles Politikverständnis*. Das will heißen, die Strömungen und Gruppen der Alternativbewegung sind dadurch gekennzeichnet, daß sie sich von einem traditionellen Politikbegriff, von großer Politik, wie sie von den etablierten Parteien repräsentiert wird, freimachen und den unmittelbaren, überschaubaren und veränderbaren Lebensbereich zuwenden. Die alltäglichen Erfahrungen im Arbeits-, Familien-, Wohn- und Freizeitbereich werden zum Bezugspunkt eines radikal subjektbezogenen Politikverständnisses. „Diese Gruppen von Jungen ist nicht unpolitisch", attestiert Glotz (1981: 22), „sondern sie hat lediglich ein anderes Verständnis von Politik: weg von der Delegierung gesellschaftlicher und auch persönlicher Problemlösungen auf große Organisationen, deren Strukturen in ihren Augen zu erstarrt sind und

eine Beteiligung eher verhindern — hin zur Selbstverantwortung und Eigeninitiative."

2. Aus diesem antietatistischen Bewußtsein und einem subjektbezogenen Politikverständnis resultiert eine Form von Öffentlichkeitsproduktion, die mit derjenigen beispielsweise der Bürgerinitiativbewegung nur wenig gemein hat. Die Alternativbewegung in dieser enger gefaßten Bedeutung des Begriffs ist unserer Meinung nach Kristallisationspunkt einer Öffentlichkeit, die wir idealiter als »Produktionsöffentlichkeit von Erfahrung« bezeichnen wollen.

Aus beiden Gründen und zum Zwecke der theoretischen Zuspitzung scheint eine Ausgrenzung oben genannter Teilströmungen bei der folgenden Darstellung legitim. Denn, „bei allen Unterschieden zu einzelnen Politikthemen und in bezug auf Organisationsformen haben diese Gruppen kein alternatives, sondern eher ein traditionelles Verständnis von Politik; sie engagieren sich für Themen der »großen Politik« und glauben, durch Druck von außen die politischen Institutionen zu einer Änderung ihrer Politik bewegen zu können." (Glotz 1981: 22) Die Trennung von Bürgerinitiativ- und Alternativbewegung ist aber nicht nur dieser unserer, auf Öffentlichkeitsproduktion zentrierten Sichtweise geschuldet, denn realiter haben beide Bewegungen sich zunächst unabhängig voneinander und parallel zueinander entwickelt. Erst nach dem »Deutschen Herbst« vermischen sich diese beiden Strömungen zur Alternativ- und Ökologiebewegung, werden aber dann ab Anfang der 80er Jahre allgemein unter dem Oberbegriff »neue soziale Bewegungen« subsumiert.

Aber selbst eine eingeschränkte Bestimmung dieser Bewegung charakterisiert nur sehr unzureichend die realen sozialen, höchst heterogenen Strömungen der 70er Jahre, vor allem deshalb, weil der Begriff Alternativbewegung eine innere Konsistenz, einen Block suggeriert, der real nicht vorhanden ist. Im Gegenteil, die einzelnen alternativen Bewegungen unterscheiden sich oftmals voneinander nicht weniger als von der Gesamtgesellschaft. Die Alternativbewegung ist aus einzelnen Bewegungen zusammengesetzt, diese haben sich wiederum fraktioniert und gespalten, mit anderen Teilbewegungen überlappt und vermischt, so daß der Begriff des Rhizom (Wurzelgeflecht) am ehesten in der Lage ist, dieses »Flickwerk von Minderheiten« (Schwendter) zu charakterisieren. Hinzu kommt, daß auch wiederholt die Betroffenen selbst sich gegen eine solche vereinheitlichende Etikettierung gewandt haben (vgl. Hirsch 1980: 125). Gleichwohl verwenden wir den Begriff »Alternativbewegung« in der oben eingegrenzten Weise, weil er sich, auch als Bezugspunkt für eine besondere Öffentlichkeitsform und deren Produkte, die Alternativpresse, allgemein durchgesetzt hat.

Wenn wir im folgenden versuchen, die wesentlichen Merkmale und Etappen der Bewegung zu charakterisieren, dann steht die Sponti-Bewegung nicht nur deshalb im Vordergrund, weil der Autor durch diese Bewegung politisch sozialisiert worden ist, sondern auch, weil sie in bezug auf Politikverständnis, Intention, Gesellschaftsbild, Utopie und Ideologie sowie in bezug auf Organisations- und Kommunikationsformen, Verhaltensweisen und Aktionsrituale ihre Vorstellungen am radikalsten formuliert hat, die in die angrenzenden Strömungen in teilweise modifizierter oder abgeschwächter Form Eingang gefunden haben.

1.2 Politischer Hintergrund

Hintergrund der Entstehung der Alternativbewegung ist eine politische Tendenzwende, die sich Anfang der 70er Jahre abzeichnete, als der reformistische Elan der Brandt-Ära zu Ende geht. Ist, ausgelöst durch die APO und die Programmatik der SPD des »Mehr Demokratie wagen«, die Bereitschaft zum Dissens, zur Austragung von Interessengegensätzen und Konflikten vermittels Diskussion sowie die Toleranz gegenüber Randgruppen und gesellschaftlichen Minderheiten gewachsen, so ändert sich das ab Mitte der 70er Jahre erheblich. Die Zeit des Aufbruchs geht zu Ende, und die erkämpften Freiräume werden zugunsten administrativer Regularien zurückgeschnitten. Die Selbstverantwortlichkeit der Bürger wird durch staatliche Maßnahmen eingeengt und in der Gesellschaft kommt es zu einer Polarisierung in konservative und progressive Lager. Stand beispielsweise eine Zeitlang die Chancengleichheit, das Ausschöpfen der Bildungsreserven auf dem Lande im Vordergrund, so treten nun am Ende der zweiten »Restaurationsphase« die alten Leistungsprinzipien wieder auf den Plan. Es kommt zu einer politischen Umorientierung, die sich auch am Führungswechsel Brandt-Schmidt festmachen läßt: der Macher und Technokrat Schmidt löst den Reformer und Generalisten Brandt ab. Das »Modell Deutschland« entsteht, das nach außen, gegenüber seinen Nachbarstaaten die ökonomische und politische Stabilität signalisiert, und nach innen mit einem Bündel repressiver Maßnahmen (Radikalenerlaß, Zensurmaßnahmen, Einschränkungen verfassungsrechtlich verbriefter Freiheitsrechte, Terrorismusjagd etc.), die Legitimationsbasis absichern soll. Dies ist deshalb wichtig, weil seit der weltweiten Rezession (1973/74) auch in der Bundesrepublik Deutschland das Heer der nicht mehr auf dem Arbeitsmarkt integrierbaren Arbeitslosen immens gewachsen ist. „Mit dem Ende der hohen Profit- und Lohnzuwächse und mit dem Auftreten der hohen Arbeitslosigkeit sind in den 70er Jahren die verfügbaren Integrationsressourcen zunehmend geschrumpft. Und zwar in finanzieller als auch in politischer Hinsicht. (...) Damit verengte sich der Spielraum für eine politische Integration mittels Liberalisierung." (Gerstenberger 1978: 79) Hinzu kommt die Erdölkrise Ende 1975, die das Vertrauen in die Wachstumsdynamik der Industriegesellschaft schwinden läßt. Eine an ökologischen Fragen orientierte Wachstums- und Industrialisierungskritik ist die Folge.

1.3 Entstehung und Entwicklungsverlauf

Unabhängig von den historischen Vorläufern, den frühsozialistisch-gemeinschaftlich organisierten Produktions- und Lebensgemeinschaften, den religiös geprägten Modellen kommunitären Lebens, der Lebensreformbewegung sowie der Bohéme der 20er Jahre, entsteht die Alternativbewegung als ein Produkt des bereits beschriebenen Zerfalls- und Entmischungsprozesses der Studentenrevolte. Nicht nur knüpft sie an den Antiautoritarismus, an anarchistisch-libertäre Vorstellungen (Kommune-Idee etc.) an, auch eine andere Fraktion der Revolte, die sich mit Spiritualität beschäftigt, die Hasch- und Drogenszene, geht zu einem späteren Zeitpunkt der Entwicklung, in der Alternativbewegung auf. Zentral für die Konstitution aber ist der Ablösungsprozeß von einer politischen Szene, die in den ersten Jahren der Siebziger die linke politische Kultur beherrscht: die orthodoxen, neoleninistischen Gruppen.

Geographischer Ausgangspunkt dieses Prozesses sind die beiden ehemaligen Hochburgen der studentischen Bewegung: Berlin und Frankfurt. Hier bildet sich, als Reaktion auf die bereits beschriebene Phase der »einfachen Kaderproduktion« eine Art Sammelbewegung all derjenigen, die mit den Organisationsstrukturen und dem Politikverständnis der sog. K-Gruppen unzufrieden sind. Die Zusammenschlüsse dieser Zeit sind aber auch gerichtet gegen den wiedererstarkten Reformismus, der in den SPD- und DKP-orientierten linken Organisationen zum Ausdruck kommt. Aus diesen Abgrenzungs- und Ablösungsprozessen entstehen die Undogmatischen, die von den Organisierten als Spontaneisten (»Spontis«) verunglimpft werden. „Als »Fraktion der Phantasie und der unmittelbaren Bedürfnisse« knüpfen sie an den subjektiven »hedonistischen« Implikationen der Revolte an, die mit dem Ausklingen der antiautoritären Phase und der Herausbildung zentralistischer Parteiorganisation verloren gegangen und verdrängt worden waren, oder als kleinbürgerlich illusionistisch, subkulturell-borniert, »eskapistisch«, etc. denunziert, neutralisiert werden sollten." (Daum 1981: 53) Der Spontaneismus ist aber nicht nur eine Antwort auf die K-Gruppenbewegung, sondern auch die Reaktion auf die Stagnation der Basis- und Stadtteilgruppenarbeit. Die Radikalisierung des *eigenen* Lebens ist also gleichsam die Antwort auf das Scheitern des »Interventionismus«. Die Anfänge der Alternativ-, respektive der Spontibewegung, reichen folglich bis in die Phase der Intervention, ohne daß für diese Zeit eine Trennung von organisierten auf der einen Seite und unorganisiert-spontaneistischen Kreisen auf der anderen, vorgenommen werden kann. Grundsätzlich sind alle Zusammenschlüsse dieser Zeit primär als politische und psychische *Reaktionen* sowohl auf die autoritär-dogmatischen K-Gruppen als auch (weniger stark) auf die SPD und DKP-orientierten linksreformistischen Organisationen zu verstehen.

Von einer alternativen Bewegung kann man aber erst ab 1975/76 sprechen, als in den Universitäten sich undogmatische Gruppen zur Wahl stellen und prompt mit großem Erfolg in die Studentenparlamente gewählt werden. Gruppen mit Namen wie »Was lange gärt, wird endlich Wut« (Bremen), oder »Gruppe unabhängiger Individual-Chaoten« (Freiburg) oder die Liste »Spontifex Marxismus« (Marburg) lösen die immer dogmatischer werdenden K-Gruppen ab. Die Hochschule, respektive die Massenuniversität wird zu einem Kristallisationspunkt des Spontaneismus, die »Lern- und Ausbildungsfabrik« Universität wird gleichsam zu einer politischen Sozialisationsinstanz für eine ganze Studentengeneration, die die Universitätsstrukturen nur noch als Entfremdungszusammenhang begreift. Die Spontis an den Universitäten sind aber nur ein Teil der breiten Alternativbewegung, ein „anderer Teil der alternativen Szene rekrutiert sich aus den Anfang der siebziger Jahre sich breit entfaltenden, vom unmittelbaren politischen Kontext abkoppelnden Strömungen der »Spiritualität« und der »Neuen Sinnlichkeit«; religiös-spirituelle Gemeinschaften, Ashrams und Meditationshöfe, Drogenexperimente, makrobiotische Läden und Restaurants, Teestuben, ganzheitlich orientierte Landkommunen und Handwerkskollektive, eine in immer neuen Wellen von den USA importierte Fülle an Therapie- und Selbsterfahrungsformen, Antipsychiatrie, die Bildung von Schwulen- und Lesbengruppen usw. gehören dazu." (Brand u.a. 1983: 173)

Hinzu kommen die Versuche, jenseits der Universität eigenständige gegenkulturelle Reproduktionsformen im Zusammenleben, in der Kindererziehung (Kinderläden), im schulischen Bereich (Freie Schulen), in der Lebensmittelversorgung (Kooperativen), in Landkommunen und im Handwerks- und Dienstleistungsbereich aufzubauen. All diese verschiedenen Ansätze zeichnen sich in dieser ersten Konstitutionsphase der alternativen Bewegung noch dadurch aus, daß die vielen verstreuten lokalen Gruppen und Ansätze, die das Erscheinungsbild beherrschen, keinerlei Bezug zueinander haben. „Bis Mitte der siebziger Jahre entwickelt sich so eine auf dem Land und in den Kleinstädten sehr dünne, in den Großstädten wesentlich breiter ausgefächerte Szene an gegenkulturellen Lebensformen, Einzelbewegungen und Projekte, die sich zwar teilweise überlappen, sich jedoch weitgehend im eigenen subkulturellen Milieu voneinander abgrenzen." (Brand u.a. 1983: 173)

Die undogmatische Linke, am Rande das SB, die Emanzipationsbewegung, die Selbsterfahrungs- und Selbsthilfegruppen und die an den Universitäten angesiedelten Spontis, erste Alternativprojekte auf dem Lande, die Psychoszene etc., all diese Strömungen sind zunächst noch unverbunden. Und erst allmählich, auch infolge des äußeren Druckes (Berufsverbot, staatliche Repressionspolitik), wird das soziale Netz enger, und es entsteht ein Bewußtsein von der Notwendigkeit, sich zusammenzuschließen, miteinander zu kooperieren. Es bildet sich ein Bewußtsein heraus, Teil einer gegengesellschaftlich gerichteten »alternativen Bewegung« zu sein.

Die zweite Phase wird durch den vom »Sozialistischen Büro« (SB) initiierten »Antirepressionskongreß« (1976) in Frankfurt eingeleitet, der, nicht nur für die dem SB nahestehenden Gruppen, zu einem nationalen Ereignis wird. Der »Pfingst-Kongreß« gegen politische und ökonomische Unterdrückung ist das erste nationale Zusammentreffen dieser jungen, höchst heterogenen und zersplitterten Szene; dementsprechend ist es ein Erfolg dieses Treffens, daß die voneinander abgeschotteten Initiativen und Gruppen beginnen, miteinander zu kommunizieren und zu interagieren.

Der zentrale Höhepunkt der Alternativbewegung ist aber zweifellos das TUNIX-Treffen in Berlin, bei dem mehr als 20.000 Teilnehmer verschiedener nicht-traditionalistischer politischer Ansätze zusammenkommen. Die »Reise nach TUNIX« symbolisiert zwar einerseits den Höhepunkt der Bewegung, andererseits aber auch einen Wendepunkt, der vor allem dadurch gekennzeichnet ist, daß die, die Alternativbewegung bislang politisch-ideologisch majorisierende, Spontibewegung von an ökologischen Fragen orientierten Projekten und Gruppen überlagert wird. Es kommt zur Herausbildung einer ökologisch orientierten Subkultur. War TUNIX die Demonstration der »Ausreise aus dem Modell Deutschland«, so setzt danach ein Prozeß ein, in dem sich die mannigfaltigen Neuansätze alternativer ökologischer Projekte nun primär außerhalb der Universität verstärkt mit der gesellschaftlichen Realität auseinandersetzen. Das von der Arbeiterselbsthilfe Frankfurt (ASH) propagierte »TUWAT« löst »TUNIX« ab.

Die »Projektgesellschaft« entsteht, die entgegen dem eigenen Mythos nur zu einem sehr geringen Anteil im Produktionsbereich angesiedelt ist. Nach Huber (1980: 29f.) gehören 90% aller Projekte zum sog. tertiären Sektor, während nur jedes zehnte Projekt sich mit landwirtschaftlicher oder verarbeitender Produktion beschäftigt. Die alternativen Projekte haben zwar einerseits den Mangel, daß ihre Organisationsfähigkeit weitestgehend gering ist, und auch die Transformierbarkeit der auf Selbstausbeutung und Unterkapitalisierung basierenden »alternativen Ökonomie« ist mehr als fraglich, andererseits aber kommt es durch die Vielfalt der Projekte, durch das breite Spektrum der unterschiedlichen Ansätze zu einer »Verfilzung mit der Klassenrealität«, wie es Thomas Schmid (1975) formuliert, die dieser Bewegung, im Gegensatz zu der Revolte, eine ganz andere Qualität gibt.

Ende der 70er Jahre kristallisieren sich alle wichtigen Projekte der Alternativgesellschaft heraus, die die weitere Entwicklung dieser Bewegung zentral beeinflussen sollen: im medialen Bereich werden die überregionale Tageszeitung (taz), aber auch »die Neue« gegründet, auf der Ebene der Politik die parteiischen Strömungen der grün-bunten Listen und nicht zuletzt die »Netzwerk Selbsthilfe e.V.«. Aber bereits zu Anfang der 80er Jahre ist dieser Projektgründungsboom abgeschlossen und das aus zwei Gründen: zum einen ist man in den alternativen Projekten und Kollektiven an die innere Grenze der Utopie vom »alternativen Leben« im Hier und Jetzt gestoßen, ein schmerzlicher Prozeß der Desillusionierung, zum anderen wird die Alternativbewegung durch neue »Bewegungskonjunkturen« überlagert (Friedensbewegung, neue Jugendbewegung mit den Hausbesetzern, Punks usw.). Und angesichts der zunehmenden Arbeitslosigkeit, von der vor allem die Jugendlichen betroffen sind sowie der allgemeinen wirtschaftlichen Depression wirkt nun auch die Utopie einer gesellschaftlichen Umwälzung durch eine quasi automatische grenzenlose Ausdehnung alternativer Projekte geradezu naiv.

Trotz aller verbaler Radikalität hat diese Bewegung im Grunde versucht, mit den idealisierten und humanistischen Ideen der bürgerlichen Aufbruchsperiode gegen die alltägliche Gewalt des Staates und der Ökonomie zu kämpfen. Im Aufbau einer Schattenwirtschaft sind dann wohl auch die größten Erfolge der Bewegung zu verbuchen. Diese »Nischenkultur« ist mittlerweile zwar weitestgehend entpolitisiert, ein »Ökonomismus« und eine »neue Normalität« haben sich durchgesetzt, gleichwohl läßt sich am Wandel der Werte, der heute bereits in demoskopischen Analysen sich niederschlägt, das Vordringen einzelner Ideen und Utopien bis weit in die Normalgesellschaft hinein ablesen.

1.4 Zum Politikverständnis der Alternativbewegung

Versucht man, die in der Alternativbewegung vorherrschende Auffassung von Politik zu umschreiben, dann kann es nur darum gehen, einige zentrale Momente dieses veränderten Politikverständnisses zu skizzieren. Wir wollen es an seinen exponiertesten Positionen festmachen: dem Spontaneismus. Diesem ist der traditionelle Politikbegriff der K-Gruppen genauso verwerflich, wie die entfremdeten Arbeits- und Lebenszusammenhänge der Gesellschaft, wie sie sich für den »Sponti« in der »Lernfabrik« Universität manifestieren. Im

Mittelpunkt des spontaneistischen Weltbildes steht das Subjekt: »Politik in erster Person«, d.h. die persönliche Betroffenheit wird zum Ausgangspunkt einer Veränderung, die nicht nur auf das Individuum, sondern auch auf sein Umfeld zielt. Die Entfaltung des Subjektes soll auf den Horizont des gesellschaftlich Möglichen bezogen werden. Nach dem Scheitern des »Interventionismus«, der die persönliche Erfahrung ausgrenzt und als unpolitische dequalifiziert, kommt nun das Private, das »kleinbürgerlich« Alltägliche zum Tragen. Mit der Hinwendung zum Subjekt ist gleichsam eine Richtungsveränderung verbunden: War der Protest der revoltierenden Studenten gegen das bestehende System nach oben gerichtet, so geht die Perspektive nun nach unten, zum Alltag der Betroffenen, zur Basis.

Zwar hatte auch die Studentenbewegung die Befreiung des Individuums propagiert (»sexuelle Befreiung«, Befreiung von psychisch bedingten Zwängen etc.), und es war ein Bewußtsein von der Notwendigkeit vorhanden, das individuelle Erleben gesellschaftlicher Zwänge öffentlich zu diskutieren und zu verarbeiten (»Diskutiert eure Ängste!«), jedoch werden diese Ansprüche erst in der Alternativbewegung auf breiter Ebene in den Wohngemeinschaften und Alternativprojekten ansatzweise realisiert und praktiziert. Die Aneignung »des objektiven Faktors Subjektivität« (Rudolf zur Lippe) und die Aneignung der kollektiven Erfahrung werden zum programmatischen Bezugspunkt eines voluntaristischen Politikverständnisses: Um die Fähigkeit zur Selbstbestimmung und Selbstorganisation wiederzugewinnen, müssen wir uns „gegenseitig helfen, unser subjektives Vermögen, Kontrolle über unser Handeln auszuüben, mit unserem subjektiven Vermögen, zu denken und zu urteilen, wieder rational vereinigen. Selbstorganisation und Politisierung sind die praktischen Wege, auf denen wir beginnen, uns unsere Subjektivität anzueignen." (Lippe 1974: 5) Selbstbefreiung ist also nicht passiv-mediativ herstellbar, sondern nur als *aktiver Prozeß* der Veränderung der inneren und äußeren Bedingungen des Menschen. Dieser genuinen Definition des subjektzentrierten Politikverständnisses ist die *Veränderung gesellschaftlicher Zusammenhänge* noch inhärent, »Politik in erster Person« wird noch nicht auf das »Einbringen von Eigeninteressen« reduziert: „In der reflektierten veränderten Praxis werden durch jede Tätigkeit neue Beziehungen und Beziehungsmöglichkeiten produziert — als Bedürfnisse, als Intention, als Kommunikation, überhaupt als Subjektivität in der Abarbeitung an äußerer und innerer Natur." (Lippe 1974: 32)

Diese Verknüpfung interner und externer Faktoren der individuellen Lebenswelt versucht der Begriff der »Selbstorganisation« in der Alternativbewegung auszudrücken. Ein solches Politikkonzept hat den Vorteil, daß keine Bereiche, keine Personen oder was auch immer als politisch unwichtig ausgegrenzt werden, denn nicht mehr abstrakt klassenanalytisch gewonnene Zu- und Einordnungen sind Bezugspunkt politischen Handelns, sondern ein kollektiver Diskurs, der die unmittelbaren Erfahrungen reflektiert und aneignet.

Gegenüber einer Gesellschaft, die durch Anonymität, Vereinzelung, Zentralisierung gekennzeichnet ist, setzt der Spontaneismus eine ganzheitliche Sichtweise des Individuums. Die Überwindung der Trennungsprozesse, die aufgrund der wachsenden gesellschaftlichen Arbeitsteilung noch zunehmen, die Trennung von Arbeit und Leben, von Arbeit und Freizeit, schlechthin die Trennung von Privat und Öffentlichkeit, hatte schon die Studentenbewegung im Auge als sie die Politisierung des Privaten propagierte. Aber in der Praxis der Revolte ist das Bemühen diese Trennung zu überwinden, mehr oder weniger gescheitert, denn beide Momente sind realiter immer wieder auseinandergebrochen. Die Alternativbewegung knüpft nun unmittelbar an dieses Postulat, am »authentischen Politikverständnis« an, allerdings in dem Sinne, daß der Emanzipationsgehalt *einseitig* verabsolutiert wird. Das Private wird gleichsam zum alleinigen Bezugspunkt des Politischen. „Anstelle eines gezielten Angriffs auf die Strukturen des kapitalistischen Systems tritt nun mit dem Aufbau eines alternativen ökonomischen Systems die Entfaltung der Subjekte, die schon heute qualitativ anders möglich sein sollen, in den Mittelpunkt der Auseinandersetzungen. Erfolgskriterium ist nicht mehr die soziale Wirksamkeit eines Klassenkampfkonzeptes, sondern der Entwicklungsgrad positiver Lebensentwürfe und der darin eingeschriebenen Möglichkeiten zur Selbstbefreiung." (Kraushaar 1978: 12)

Zwar hatte auch die Studentenbewegung die Befreiung des Individuums propagiert, (»sexuelle Befreiung«, Befreiung von psychisch bedingten Zwängen etc.), jedoch nicht in dieser radikalen Subjektivität des »Wir wollen alles«, die die eigene, individuelle Emanzipation weitaus stärker in den Vordergrund stellt als die Emanzipation der Gesellschaft.

»Politik in erster Person« heißt dann aber: was über den gesellschaftlichen Befreiungsweg nicht möglich ist, soll nun, vielfach kurzgeschlossen, in der Form der psychischen Selbstveränderung möglich sein. Der Körper, die Psyche, das Befinden, das Gefühl, die Bedürfnisse, schlichtweg »das Selbst« rücken in den Mittelpunkt dieser Politik; verbunden mit dem Glauben, „daß nur die Riten der Desintegration vor einer Anpassung an die Normen des Systems dauerhaft bewahren könnten" (Kraushaar 1978: 36). Diese Entwicklung führt schließlich zur Welt des »linken Psychodrooms« (J. Bopp), das die hohe Schule der psychischen Selbstdarstellung probt: Gestalt-, Urschrei- bzw. Primärtherapie, Encounter-Konzepte, Aktionsanalyse, Co-Councelling haben Konjunktur. Hier ist eine »intime Sichtweise der Gesellschaft« (Sennett) vorherrschend, die den Blick auf die Notwendigkeit der Veränderung gesellschaftlicher Zusammenhänge total verstellt. Ist noch im ursprünglichen Konzept die Veränderung des Selbst unmittelbar auf die Veränderung des gesellschaftlich Möglichen bezogen, so ist dies fatalerweise umgekippt, der Emanzipationsgehalt ist einseitig verabsolutiert worden. Das hängt auch damit zusammen, daß in dem Maße, indem das Private immer mehr geöffnet wird, gleichsam aufgeschlossen wird für das Politische, dies folgenschwere Konsequenzen für das Individuum, für das Subjekt hat: „Je mehr das Privatleben untergründig politisiert wird, desto weniger kann es die Aufgabe der Entschädigung für politische Frustrationen wahrnehmen, was dazu führt, daß die Politik als noch entfremdeter erfahren und folglich das Privatleben noch mehr politisiert wird." (Bopp 1979: 77) Diese *Überlastung* des Privaten führt schließlich zu einer folgenschweren »Doppelmoral«: »die politische Arbeit ist entfremdet und das Privatleben auch«. Das ist wohl auch ein Grund dafür, daß zahlreiche Alternativprojekte politisch total paralysiert sind, sie befinden sich gleichsam in einer doppelten Beziehungsfalle, in einer double-bind Situation. Der ständige politische Aktionsdruck, die Dauerbelastung der politischen Subjekte, die nun auch ihrer Privatsphäre beraubt sind und kein Rückzugsareal mehr haben, da auch dieses politisch okkupiert ist, führt notwendigerweise zu einem Rückzug aus den politischen Zusammenhängen. Ein Reprivatisierungsprozeß ist die Folge. Organisationsstrukturen müssen deshalb »eine Distanz zur Privatheit sichern als Form der Entlastung« (Roth/Negt 1980: 15). Das ist bereits an der Ökologiebewegung gezeigt worden, die die Beteiligten in ihrem privaten Alltag unberührt läßt. Auf dieser Trennung von punktueller Einbindung in Kollektivität und fortexistierender Privatheit basiert der Erfolg dieser Bewegung: „Sie läßt die Leute in ihrem privaten Alltag unberührt. Es hält dort niemand eine Rede und klagt sie an, daß sie zu wenig machen, daß sie ihr Leben verändern und politischer werden sollen, wie das in der Protestbewegung noch der Fall war." (Roth/Negt 1980: 15)

Es geht also darum, daß die Dialektik von Belastung und Entlastung ausgehalten und ausgeglichen werden muß.

In der Alternativbewegung aber wird dieses Spannungsverhältnis von der Veränderbarkeit des Selbst und derjenigen der Gesellschaft von den Beteiligten nur für eine kurze Zeit produktiv gewendet. Das Postulat von der Politisierung des Privaten wird zum Einfallstor eines »neuen Egoismus« (Brückner), der das eigene Bedürfnis kurzgeschlossen zum alleinigen Kriterium von Veränderung macht. „Reklamierte man früher den mangelnden Bezug von dem, was man tat, zur gesellschaftlichen Wirklichkeit — sogar im globalen Zusammenhang —, so beklagt man nun die fehlende Beziehung der Realität zum eigenen Ich." (Kraushaar 1978: 34) Die Dialektik von der Veränderung des Selbst und der Veränderung der Gesellschaft bricht auseinander, und der spontaneistische

Politikansatz mündet geradewegs in die Welt des »linken Psychodrooms«, oder in eine Beschäftigung mit dem »Irrationalismus«, dem der rationale Diskurs als Form von Herrschaft erscheint und deshalb besonders gefährlich ist. Die schon klassisch anmutende Frage des »Spontis«: »Was hat das mit mir zu tun?« markiert den Ausgangspunkt eines Weges in die »neue Innerlichkeit«. Hat die Bewegung mit einer »Politik in erster Person« begonnen, die auch den gesellschaftlichen Totalitätszusammenhang nicht außer acht ließ, so endet sie schließlich bei einer »neuen Unmittelbarkeit«. Diese findet ihre Entsprechung in der Auseinandersetzung der Szene mit dem »Irrationalismus« (vgl. Schütte 1980: 41ff.): Das ist zum einen die Beschäftigung mit der französischen »nouveau Philosophie« (Foucault, Guatterie, Deleuze etc.), in deren Mittelpunkt die Auseinandersetzung mit der Wunschökonomie und dem Wahnsinn steht — die Antipsychiatrie wendet sich beispielsweise gegen die vorherrschende Konstruktion von Normalität und Krankheit — und zum anderen die Auseinandersetzung mit der Rebellion der italienischen »Stadtindianer«, die nach einem neuen, befriedigenderen Leben in archaischen Gesellschaftsformationen fahnden.

Mit der Suche nach dem Mythos verläßt die Alternativbewegung aber endgültig den Weg einer systemtranszendierenden Politik, ein Traditionalismus kündigt sich an, der sich am Ende der Bewegung in Naturphilosophie und Naturbetrachtung erschöpft. Hatte im Mittelpunkt der studentischen Auseinandersetzungen Ende der 60er Jahre die Rezeption einer kritischen Theorie der Gesellschaft gestanden, die die theoretische Verbindung des bürgerlichen Subjektivismus mit der Revolutionstheorie leisten sollte, so wird jetzt eine Theorie des Subjektivismus ohne Revolutionstheorie rezipiert.

Die wiederholt formulierte Kritik an diesem Ansatz (vgl. Gerstenberger 1978: 90) läßt aber außer acht, daß die Beschäftigung mit den »neuen Philosophen« erst die Sicht freigemacht hat auf den »Faschismus in uns«, auf die inneren Machtstrukturen. Denn mit der Abwendung von den alten Kategorien »Macht — Gegenmacht« rücken nun die eigenen, innersten Machtstrategien, der eigene Imperialismus in den Mittelpunkt der politischen Debatte. Ohne diesen »Paradigmenwechsel« sind die Auseinandersetzungen um den »soldatischen Mann« (Theweleit), die Beschäftigung mit Themen der inneren und äußeren Natur des Menschen (geschlechtsspezifisches Verhalten, Gewaltphantasien, psychologische- und ökologische Problemstellungen) nicht vorstellbar. Und in der Thematisierung solcherart Fragen liegt auch ein zentraler Verdienst der Alternativkultur, so daß Einschätzungen, die diese Bewegungen allein am Maßstab eines traditionellen Politikverständnisses messen, notwendigerweise das Spezifische dieser Ansätze überhaupt nicht erfassen.

2. Die erfahrungsgeleitete Öffentlichkeitsproduktion der Bewegung

Zentral für das von der Alternativbewegung, insbesondere von den Alternativzeitungen propagierte Konzept einer Gegenöffentlichkeit ist die Erfahrung. Denn die »primäre Erfahrung«, das Authentische, ist nicht nur Mittelpunkt des »subjektzentrierten Politikverständnisses«, sondern gleichermaßen auch das Zentrum eines alternativen Öffentlichkeitsparadigmas, wie es hier formuliert werden soll. Unsere These ist, daß die von der Studentenbewegung entwickelten Vorstellungen einer kritischen Gegenöffentlichkeit in dieser Phase des politischen Protestes sich ansatzweise realisieren: die mehr oder weniger abstrakt formulierte *Medienkritik der Revolte wird praktisch*. So sind die zahlreichen Alternativzeitungen mit ihrem Konzept, die Betroffenen zu Wort kommen zu lassen, praktische Kritik an den etablierten Medien. Es wird von diesen Zeitungen der Versuch unternommen, transzendente Fragen der Organisation und Produktion von Öffentlichkeit ansatzweise zu realisieren, und dem Status quo repräsentativer Öffentlichkeit entgegenzusetzen. Insofern ist die Alternativpresse eine Abweichung von der »Normalität«, aus deren Perspektive sie als irrational erscheint.

Das Spezifische dieser Produktionsphase von Gegenöffentlichkeit besteht nun darin, daß das bislang als unpolitisch Ausgegrenzte, die individuelle, privat gemachte Erfahrung, nunmehr zum zentralen Bezugspunkt linker Politik und damit auch der Produktion von Gegenöffentlichkeit wird. Gegenöffentlichkeit ist deshalb mehr, als die Veröffentlichung linker Informationen und Nachrichten, mehr als die Produktion von Gegeninformation, sie ist das gelebte Experiment, das alles Gesellschaftliche entgrenzt und den Entwurf eines alternativen Lebens im Hier und Heute realisiert.

In diesem Totalitätszusammenhang des »alternativen Lebens« ist »authentische Öffentlichkeit« die reflexive Instanz, der Bezugspunkt einer heterogenen Erfahrungsproduktion, die auf den nichtentfremdeten Produktions- und Lebenszusammenhängen der »Phantasieproduzenten« basiert. Insofern ist dieser Typus von Öffentlichkeit — als Idealtypus begriffen — das Medium eines erfahrungsgeleiteten Subjektivismus, ist *Produktionsöffentlichkeit von Erfahrung*.

In dieser Produktionsöffentlichkeit werden die individuellen Erfahrungen eingebracht, kollektiviert und zu verallgemeinerbaren politischen Strategien verarbeitet. „Gegenöffentlichkeit heißt zu veröffentlichen, was nicht »öffentlich« ist. Heißt unsere Probleme und Konflikte selbst veröffentlichen, selbst miteinander austauschen, selbst feststellen, was uns voranbringt, unseren

Kopf zu gebrauchen, unsere Fähigkeiten zu entwickeln, unsere Phantasie zu beflügeln, unsere Kampfmoral zu stärken, zu lernen menschlich zu werden und miteinander umzugehen, uns zu wehren und durchsetzen." (Hin zu einer... 1982: 11) In dieser Gegenöffentlichkeit hat »authentische Öffentlichkeit« als selbstreflexive Instanz an der sich unmittelbare Erfahrung bricht, eine doppelte Funktion: einerseits sollen die privat gemachten Erfahrungen öffentlich abgebildet und verarbeitet werden, andererseits sollen sie kritisch fortentwickelt und reflexiv verarbeitet werden. Sie werden dann umgesetzt in politische Strategien einerseits und in intersubjektive Identitätsstrukturen andererseits.

Diese Form der Öffentlichkeit grenzt sich nicht nur ab von den vorherrschenden Formen repräsentativer Öffentlichkeit, sondern gleichermaßen auch von einer Öffentlichkeit, wie sie von der K-Gruppenbewegung praktiziert wurde. Auch diese hatte die alltäglichen Erfahrungen als bürgerlich oder kleinbürgerlich ausgeblendet und die Nicht-Öffentlichkeit der Entscheidungen zum Prinzip erhoben. Gegenüber der dort praktizierten Instrumentalisierung der Lebensinteressen setzt die Alternativbewegung auf die Unmittelbarkeit der Eigeninteressen: die traditionelle Trennung zwischen dem, was als politisches Problem gilt, und den Erfahrungen der Alltagswelt werden aufgehoben. Aber auch die, in der »bürgerlichen« als auch »proletarischen« Öffentlichkeit vorherrschende Trennung des Öffentlichen vom Privaten soll in der Form konkreter sozialer Experimente *praktisch* transformiert werden. Die auf Unmittelbarkeit bestehende Radikalität an Lebensäußerungen — Ausdruck eines Subjektivismus, der nicht nach objektiven Schranken fragt — ist gemeinsames Merkmal dieser Produktionsöffentlichkeiten.

Der Idealtypus einer erfahrungsgeleiteten Öffentlichkeit kann am ehesten in der ersten Phase der Alternativbewegung ausgemacht werden, in einer Zeit, als in der ganzen Bundesrepublik Deutschland eine Vielzahl unterschiedlicher politischer Initiativen und Projekte entsteht. Alle diese Gruppen und Projekte, Ansätze einer anderen Politik, sind zunächst unverbunden, oftmals fehlt das Bewußtsein von der Existenz gleicher oder ähnlicher Gruppen. Um diese dezentralen Gruppen bildet sich eine lokale Öffentlichkeit aus, die unmittelbar auf die Interessen der an ihr Beteiligten bezogen ist. Es entstehen lokale Gegenöffentlichkeiten, die oftmals über die Zahl der an diesen Projekten Beteiligten und deren Sympathisanten nicht hinausgehen. Alle diese verschiedenen Milieus konstituieren eigene, autonome Kommunikationszentren und Informationsmedien, die sich auf die gewachsenen oder im Wachsen begriffenen alternativen Zusammenhänge beziehen. Umgekehrt können sich aber auch um existierende Medien (Zeitungen, Verlage etc.) soziale Milieus und kommunikative Zusammenhänge kristallisieren, deren Bezug einzig das Medium ist. Der Diskurs, wie er in diesen Sozialzusammenhängen geführt wird, ist uneingeschränkt durch ideologische und parteitaktische Vorgaben, da diese Phase des Protestes, ja gerade durch den Ablösungsprozeß von den Kaderparteien und deren Diskurs gekennzeichnet ist.

Die in dieser Konstitutionsphase sich bildende Öffentlichkeit entspricht am ehesten dem von der Studentenbewegung formulierten Öffentlichkeitsparadigma, als die personalen Erfahrungen, wie sie in den Ansätzen der Alternativkultur gemacht werden, in dieser Öffentlichkeit zur Geltung kommen. Nicht nur die Erfahrungen die die Bewegung in den traditionellen Politikfeldern macht, sondern gerade auch, was noch wichtiger ist und was die neue Qualität »authentischer Öffentlichkeit« ausmacht, diejenige, die in der alternativen Alltags- und Arbeitswelt gemacht wird, wird öffentlich. Ein Spezifikum »authentischer Öffentlichkeit« ist, im Gegensatz zu den Formen »bürgerlicher« und »proletarischer Öffentlichkeit«, daß nunmehr das Private, bislang Ausgegrenzte, nun aufgeschlossen wird für politische Auseinandersetzungen, für einen öffentlichen Diskurs.

So zeigt sich an den Mitte der 70er Jahre verstärkt aufbrechenden Auseinandersetzungen und Debatten um Männer- und Frauenverhalten, männlicher und weiblicher Sexualität, Rollenfixierung usw., wie die Erfahrungen der sich in diesem Prozeß radikalisierenden Frauen in den Liebesbeziehungen, Wohn- und Arbeitszusammenhängen zum Gegenstand eines öffentlichen Diskurses wird. Als Folge dieser kontrovers geführten Debatte kommt es zu einer »Spaltung« der jungen Bewegung: Auf der einen Seite reaktiviert sich die Frauenbewegung (zur Verlaufsform und Entwicklungsdynamik vgl. Brand u.a. 1983: 126ff.), sie konstituiert ein breites Spektrum feministischer Projekte und eine *Frauenöffentlichkeit* (Frauenseminare, Sommeruniversitäten, Selbsterfahrungsgruppen, feministische Frauengesundheitsläden, Notruf für vergewaltigte Frauen, Frauenhäuser, Frauenzeitungen und -zeitschriften, Frauenkalender, Frauenverlage, ein Frauenbuchvertrieb, Frauenbuchläden, Frauencafés, Frauenkneipen, Frauendiskotheken, Frauenbands, Frauentheater, Frauenvolkshochschule, Kabarett für Frauen, usw., usw.); auf der anderen Seite formieren sich die Ansätze einer »Männerbewegung«, die eine ebensolche Öffentlichkeit, eine *»Männeröffentlichkeit«* herausbildet.

In beiden Lagern geht es um die Emanzipation der Geschlechter, von in Jahrhunderten tradierten Verhaltensweisen und Normen. So ist es die Intention der »Männergruppen«, die zumeist privat gemachten Erfahrungen in diesen Gruppen zu diskutieren und zu Strategien individueller und kollektiver Veränderung voranzutreiben. All diese Prozesse der Selbstfindung und Selbsterfahrung finden nahezu öffentlich statt, d.h. in sog. »Zwischeninstitutionen«, die weder öffentlich noch ganz privat sind.

Diese Auseinandersetzungen finden nicht nur im Medium personaler, dialogischer Kommunikation statt, sondern sie schlagen sich auch auf medialer Ebene nieder. So ist Peter Schneiders »Lenz« der erste Meilenstein auf dem Weg zur neuen Subjektivität. Verena Stephans Buch »Häutungen« ist Ausdruck des gleichen Prozesses in der wiedererstarkten Frauenbewegung; hier wird der Versuch gemacht, die höchst subjektiven, authentischen Erfahrungen einer beschädigten weiblichen Identität literarisch zu verarbeiten und damit einer breiten Diskussionsöffentlichkeit zugänglich zu machen. Diese literarische Verarbeitung einer sich radikalisierenden Subjektivität verweist auf einen Sachverhalt, der im Hinblick auf identitätsstiftende Strukturen von Protestbewegungen von zentraler Wichtigkeit ist. Was hier sich zeigt ist, daß der subjektbezogene Erfahrungsbericht, ein Genre des sich etablierenden Bürgertums, zu einem zentralen Stilelement der literarischen Produktionsweise der Alternativbewegung wird. Mag zwar die Verarbeitungsform höchst unterschiedlich sein (Lyrik, Prosa etc.), so ist der Gegenstand, der Inhalt meist identisch, er bezieht sich auf die Biographie des Schreibers, auf dessen Suche nach Identität. Eine biographische Mode macht sich breit, die in individueller Nabelschau oft endet. Insbesondere die Frauenbewegung hat die subjektzentrierte Sichtweise, diesen Gestus des Biographischen, besonders kultiviert.

Dieser Überschwang individueller Subjektivität zeigt sich aber nicht nur an der Literatur, sondern auch die alternativen Zeitungen und Blätter sind voll von subjekttriefenden Erlebnis- und Erfahrungsberichten, die unter dem Deckmantel der Basis- und Betroffenenberichterstattung Eingang in die Medien finden. Bezeichnend ist aber auch, daß der Brief, ein weiteres zentrales Stilelement des Bürgertums, eine Renaissance erfährt. An Stelle einer, auf Objektivität zielenden Knast-Reportage, veröffentlichen die Medien der Alternativbewegung die Briefe der einsitzenden »Knackis«, die vom Alltag in den Strafanstalten berichten. Aber auch anhand der Klein- und Kontaktanzeigen der Szene läßt sich indirekt ein Moment »publizitätsbezogener Subjektivität« festmachen. So hat erst jüngst Ulrich Greiner in der »Zeit« (15.2.1985) den subjektiven Gehalt und das Leid einer Kontaktanzeige mit den Leiden des jungen Werther verglichen. Was hier offensichtlich wird, das sind gewisse Parallelen zur literarischen Öffentlichkeitsproduktion des aufkommenden Bürgertums, in der vermittels der literarischen Produktionsweise, speziell im Brief oder in den Tagebuchaufzeichnungen, die bürgerliche Subjektivität sich mit sich über sich selbst verständigt (vgl. Habermas 1962: 69). In der Öffentlichkeit der Alternativbewegung sind ebensolche Elemente eines literarischen Selbstverständigungsprozesses ausmachbar. Damit wird die Annahme gestützt, daß auch in den Öffentlichkeiten neuer sozialer Bewegungen, in »authentischen Öffentlichkeiten«, Strukturelemente zur Bildung von Identität, hier »politischer Identität«, angelegt sind.

Zurück aber zur Öffentlichkeit der Alternativbewegung. Diese erste Phase der alternativen Öffentlichkeitsproduktion ist auch gerade gegenüber dem bis weit in die 70er Jahre vorherrschenden Parteidogmatismus äußerst produktiv, weil Probleme und Sachverhalte, die bislang als unpolitisch ausgegrenzt wurden, nun zum Gegenstand öffentlicher und damit politischer Auseinandersetzung werden. Man ist grundsätzlich offen für alle Fragen und Probleme, die sich einer theoretischen Erörterung und Einschätzung entziehen. Ab- und Eingrenzungen werden vermieden. Dieser, von der Alternativbewegung produzierte Typus von Öffentlichkeit entspricht in dieser ersten Phase ganz dem Idealtypus einer *prozeßhaften Öffentlichkeit* — im Gegensatz zu einer festgestellten, institutionell gesicherten, *hergestellten* Öffentlichkeit — wie sie von Oskar Negt (1976: 337) für einen Typus proletarischer Öffentlichkeit folgendermaßen charakterisiert worden ist: Ein Merkmal prozeßhafter, proletarischer Öffentlichkeit besteht darin, „den Menschen zu einer autonomen Artikulation ihrer Interessen und Bedürfnisse zu verhelfen, ohne auf eine von außen, durch Theorien und Weltanschauungen vorgegebene Hierarchie von wichtigen und unwichtigen Gegenständen, von für ihr Klassenbewußtsein bedeutsamen und bedeutungslosen Erscheinungen zurückzugreifen; diese Formen von Öffentlichkeit definieren sich nicht durch Ausgrenzungen, sondern ziehen jede Erscheinung in ihren Prozeß hinein." Setzt man an Stelle des Substantivs »Klassenbewußtsein« den Begriff »politische Identität«, dann kann diese Definition durchaus auf die Alternativbewegung bezogen werden.

Ein weiteres charakteristisches Merkmal der Öffentlichkeit, wie sie die Alternativbewegung in dieser ersten Phase hervorgebracht hat, ist die Abwesenheit zentralistischer Kommunikationsinstanzen als auch zentralistischer Medien. Die dezentralen lokalen Öffentlichkeiten sind unmittelbar auf ihre Basis, auf ihre sozialen Träger bezogen, und es existiert kein überregionaler Kommunikationszusammenhang. Einzig der ID, der eigentlich Nachrichtenagentur für die Basis-Medien sein will, wird als überregionales Kommunikationsinstrument genutzt. Nicht zuletzt die Arbeit des ID läßt die lokalen Gegenöffentlichkeiten zusammenwachsen und das Bewußtsein einer identischen Perspektive herausbilden. Erst allmählich kommt es zu einer Aggregation der dezentralen Basisöffentlichkeiten, von denen wir in ihrer Gesamtheit als *Bewegungsöffentlichkeit* sprechen können.

Aber bereits für die zweite Phase der Alternativbewegung, die im »Deutschen Herbst« einsetzt, kann von einem Idealtypus einer Produktionsöffentlichkeit nicht mehr gesprochen werden. Das liegt u.a. daran, daß das bereits konstatierte Theoriedefizit dieser Bewegung, das ist die Unfähigkeit, die Erfahrungen zu reflektieren und zu verallgemeinerbaren Interessen und Strategien zu verarbeiten, zunimmt. D.h. ein Reflexionsprozeß, der die diskutierende

Vergegenwärtigung historischer und situativer Bedingungen berücksichtigt, ein zentrales Element des in dieser Arbeit zu formulierenden Paradigmas einer »authentischen Öffentlichkeit«, wird von der alternativen Bewegung von nun an weitestgehend ausgespart. Zum anderen setzt ein Prozeß der Institutionalisierung und Ökonomisierung ein, in dem sich die alternativen Projekte professionalisieren und kommerzialisieren. Dieser Etablierungsprozeß schlägt sich auch in den Strukturen der alternativen Öffentlichkeit nieder. Das Herstellen von Öffentlichkeit löst sich von der öffentlichen Alltagspraxis der Bewegung ab und verselbständigt sich. Die alternativen Medien bilden eine zweite, mediale Öffentlichkeitsebene, in der die — dem Anspruch nach — nicht-private Produktion der Arbeits- und Lebensformen reflektiert werden. Die Alternativzeitungen sind selbst Teil dieser Formen, produzieren zugleich aber eine gesonderte Ebene von Öffentlichkeit. Diese Spaltung schafft altbekannt Widersprüche: die zwischen den Interpreten in den Zeitungen und den Subjekten in den alternativen Lebenszusammenhängen. Eine Distanz entsteht, deren Auflösung die Alternativpresse gerade gefordert hat. Damit wird ein Form- und Strukturwandel der alternativen Öffentlichkeit eingeleitet, der weiter unten analysiert wird.

3. Der Rückzug ins Getto oder Theorieverlust und Lagermentalität

Noch auf dem Höhepunkt der studentischen Revolte, also in den Zeiten aktueller politischer Auseinandersetzung, war bei den Aktivisten ein Bewußtsein von der Notwendigkeit theoretischer Auseinandersetzung und Reflexion vorherrschend. Dieses Bewußtsein, die Erfahrungen des politischen Kampfes auf einer abstrakten Ebene reflexiv zu verarbeiten, ist in der Alternativbewegung nahezu verlorengegangen. U.a. hängt das mit dem bereits beschriebenen Dissoziationsprozeß der verschiedenen Protestelemente zusammen: Auf der einen Seite wird die Erfahrungsproduktion verabsolutiert, dabei gerät die Theoriebildung ins Abseits, auf der anderen wird die Theoriebildung immer mehr kanonisiert und von der Erfahrungsproduktion abgekoppelt. Letzteres hat eine Marxorthodoxie zur Folge und einen »neuen Dogmatismus«, während umgekehrt in der Alternativbewegung eine Beschwörung der Erfahrungsproduktion sich breit macht. Der »Sponti« beispielsweise erfährt akkumulierte Theorie nur mehr als entfremdeter Herrschafts- und Zwangszusammenhang, dem gegenüber er in die Unmittelbarkeit der alltäglichen Erfahrung flüchtet. Umgekehrt wird Theorie, Theoriebildung, dort wo sie noch betrieben wird, zu einem beliebig konstruierbaren Diskurs, der bestenfalls noch ästhetisch sich genießen läßt, „oder sie gerät den Intellektuellen zu einem abgrenzbaren Arbeitsbereich »harter« Wissenschaft, die mit seiner alltäglichen Verarbeitung und Realität nichts mehr zu tun hat." (Berman/Knödler-Bunte 1981: 96)

Welche Konsequenzen dieser Spaltungsprozeß für die außerparlamentarischen Oppositionsgruppen hat, ist von P. Brückner (1983: 213) folgendermaßen beschrieben worden: „Mit dem Schwinden von »Theorie«, d.h. dem einstmals verbreiteten Bedürfnis nach verallgemeinernder, gleichwohl realitätshaltiger Interpretation, und mit dem Riß der innerhalb der Linken zwischen marxistischer Theoriebildung einerseits, den alltäglichen Erfahrungen vieler (studentischer) Linker andererseits eintrat, wuchs die Bedeutung, die die *Zugehörigkeit zu einer Gruppe bzw. Gruppen-Identität* für die einzelnen gewann. *»Zugehörigkeit« wird zur Bedingung des Verstehens* — bis in den Bereich kognitiver Prozesse: Dies *muß* — in einigen alternativen Ansätzen, wie z. B. in Fraktionen der Frauenbewegung — zu einer Form von Abgrenzung und (Gruppen-) Identität führen, die erneut den Integrationsdruck auf Subjekte erhöht, die ja in *keiner* denkbaren Gruppierung jemals ganz aufgehen. Nicht integrierte Aspekte von Subjektivität werden verdrängt; es bildet sich ein rigides Klima in den Gruppierungen aus, das aus der emanzipatorisch begründeten Alternative einen Ort der Nach- und Neuproduktion von Herrschaft macht."[30]

Die vormals egalitären Diskussions- und Organisationsstrukturen der alternativen Gruppen und Projekte verhärten sich in dem Maße, wie diese Gruppen familialen Charakter annehmen. Die Wohngemeinschaften, einstmals Orte der Entgrenzung und Neuorganisation nicht nur der äußeren, sondern auch der inneren Natur, reproduzieren diejenigen familialen Herrschafts- und Autoritätsstrukturen, von denen sie gerade befreien wollen. Dabei ist der Rückzug aus der Gesellschaft, bedingt auch durch den äußeren Druck, nur allzu verständlich, denn die Bewegung benötigt eine gewisse Autonomie, will sie die Dialektik von bürgerlicher und alternativer Öffentlichkeit aushalten. Gleichwohl ist die Entfaltung eines eigenen gegenkulturellen Sozialgefüges der Szene als ambivalent zu bezeichnen: „Zwar kann sie zunächst einmal das Auseinanderbrechen der im politischen Kampf entstandenen Strukturen verhindern und bis zu einem gewissen Grad Spielräume zur Erprobung alternativer Lebensformen ermöglichen, diese müssen jedoch im revolutionären, gesellschaftsumwälzenden Sinne wirkungslos bleiben, solange sie ihre eigene soziale Wirklichkeit nicht in ein bestimmtes Verhältnis zum gesellschaftlichen Kontext und dessen Widersprüchen setzen." (Kraushaar 1978: 21)

Folglich setzen sich auch in der Alternativgesellschaft der Gegenkultur

Mechanismen durch, die typisch für solcherart Lager sind, denn einerseits ist mit dem Rückzug aus der Normalgesellschaft ein bestimmter Grad an politischer Identität verbunden, andererseits führt die Überidentifikation zu einer Abschottung, zu einer Abgrenzung von der äußeren Realität. Der Zusammenschluß innerhalb des Lagers wird mit der Abtrennung von der gesellschaftlichen Wirklichkeit erkauft (vgl. Negt/Kluge 1974: 341f. und 384f.). Der Tendenz zur Totalisierung des eigenen Lebensbezugs, entspricht die Neigung, alle anderen Bezüge fernzuhalten, sei es in der Form von Feindbildern (Patriarchat, Konsumgesellschaft, Atomstaat, faschistisches System), sei es in Form von Gleichgültigkeit und Desinteresse. Zu einem Prozeß der äußeren Ausgrenzung tritt ein Prozeß der *inneren* Abgrenzung hinzu, der die Bewegung tendenziell ins Abseits führt. „Die Ausgrenzung von der herrschenden Realität, die zu einer neuen Identität gemacht wird, setzt sich nach innen fort als Zersplitterung und Isolation. Sie verhindert, als selbstgenügsame Tugend verstanden, die Ausbildung von Öffentlichkeit und gruppenübergreifenden Kooperationsformen, an denen gemeinsame Erfahrungen überhaupt erst zu gewinnen wären." (Berman/Knödler-Bunte 1981: 93) Der Prozeß der Abgrenzung als auch die Unterwerfung unter einen *fetischisierten Erfahrungsbegriff* führt schließlich zu einem *Öffentlichkeitsverlust* alternativer, spontaneistischer Gruppen. An Stelle einer ursprünglichen Tendenz zur »Politisierung des Privaten« tritt eine Tendenz zur »Intimisierung von Öffentlichkeit« (Brückner). Denn in dem Maße, wie die nichtformalisierten Gruppen- und Diskussionsstrukturen umschlagen, werden sie zu Fesseln emanzipativen Verhaltens. Abweichungen sind nicht mehr zugelassen und es bilden sich Zensur- und Ausschlußmechanismen heraus, die weitaus diffiziler sind, als diejenigen, von denen man sich befreien will. Wer sich nicht unterwirft, wie subkulturelle Konvention und Ethik es vorsehen, wird verstoßen und verliert seine identitätsstiftende Zugehörigkeit zur Szene.

Dieser Rückzug ins Getto des eigenen Lagers, hat dann aber schließlich zu einer »Traditionalisierung« der Bewegung geführt: „Wo sich also die Subkultur von der Rationalität des Kapitalismus und der marxistischen Denkweise entfernt hat, wurden — unter dem Druck der staatlichen Repression — Überlieferungen wirksam, die in Deutschland immer bereit liegen: die der Stillen im Lande, der Bewohner des »heiligen Bergs« bei Ascona (Tessin), der Theosophen, der Naturbeflissenen und Lebensreformer. Überlieferungen, deren antitechnizistische Gesinnung und großstadtfremde Ästhetik gewiß heutzutage an einer historischen Objektivität teilnehmen, die sonst ihre Sache nicht war, die aber gleichwohl Ausdruck einer *Fluchtbewegung* sind." (Brückner 1978: 154) In diesem Zusammenhang hat Peter Glotz (1978: 112) die von C.P. Snow eingeführte Metapher von den zwei Kulturen reaktiviert, die das Ausscheren der Protestkultur aus dem herrschenden Konsens auf den Begriff zu bringen scheint. „Heute haben wir zwei ganz verschiedene Kommunikationssysteme. Die Unterschiede sind so groß, daß ich von zwei Kulturen spreche. Es ist so, als ob sich Chinesen mit Japanern verständigen sollten. Sie lesen die Flugblätter, die »Infos«, sie lesen die eine oder die andere linke Zeitschrift, vielleicht auch noch die »Frankfurter Rundschau« oder mal einen Artikel im »Spiegel« oder im »Stern«. Im Fernsehen interessiert sie allenfalls »Panorama«. Und dann gibt es die ganz andere Kultur der vielen Leute, die ihre stinknormale Tageszeitung lesen, ganz gleich ob sie von Springer oder von jemand anderem kommt, die im Fernsehen Rosenthals »Dalli-Dalli«, Zimmermanns »Aktenzeichen XY« und Löwenthals »ZDF-Magazin« einschalten. Wer drei Jahre lang in der Info-Kultur gelebt hat, der spricht eine ganze andere Sprache als die Leute der anderen Kulturen, und auch die gemeinsamen Selbstverständlichkeiten werden zerstört." Trotz dieser wechselseitigen Abschottung von erster und zweiter Kultur fällt auf, wie in jüngster Zeit sich dieser Dualismus in ein ungewöhnliches Verhältnis zwischen »Normalität« und »Opposition« eingependelt hat. Das ist verständlich, hat doch die Alternativkultur im Prozeß der Modernisierung ein wesentliches Reflexions- und Selbsthilfepotential mobilisiert, das dazu dienlich ist, die Folgeprobleme des Modernisierungsprozesses aufzufangen. „So gesehen sind die Entwicklungen wie die »Alternativbewegung« alles andere als ein Luxus (...); sie sind in gewisser Hinsicht gesellschaftliches Überlebenspotential." (Schülein 1983: 273)

4. Strategien der Entgrenzung: die Aufhebung der Trennung öffentlich-privat

Das Konzept einer erfahrungsgeleiteten Öffentlichkeit ist gerichtet gegen hergestellte Öffentlichkeit, die, wie es Negt/Kluge formulieren, dadurch gekennzeichnet ist, daß sie wesentliche Bereiche des Lebens, den Produktionsprozeß beispielsweise, ausgrenzt und ausspart. Dieses Konzept richtet sich dementsprechend auch gegen einen diesen Öffentlichkeiten zugrundeliegenden Sachverhalt, den der Trennung von öffentlich und privat.

Wir wollen im folgenden anhand der, ab dem Jahre 1973 einsetzenden, »Wohngemeinschaftsbewegung« aufzeigen, wie versucht wird, diese Aufhebung der Trennung lebenspraktisch zu realisieren. Dabei zeigt sich, daß dieser Anspruch rasch an einen Punkt gelangt, an dem er zu einer Überlastung des Privatbereiches führt. Dies wiederum initiiert einen erneuten Rückzug, also einen Prozeß der Reprivatisierung.

Lag noch in der antiautoritären Revolte dem Kommunegedanken eine Idee von der Revolutionierung des »bürgerlichen Individuums« zugrunde, so tritt nun in der Alternativbewegung an Stelle dieses utopischen Anspruchs, ein pragmatisches Streben/Denken nach Veränderung der zwischenmenschlichen Verkehrs- und Vergesellschaftungsformen. Man sucht einen Freiraum zur Entfaltung der eigenen Individualität, der durch kein theoretisches Programm oder ideologisches Paradigma eingeschränkt ist. Neben den alternativen Projekten sind es die Wohngemeinschaften, in denen die tradierten Wohn- und Lebensformen transzendiert und die durch die Konkurrenzgesellschaft bedingte Vereinzelung und Isolation zugunsten eines gemeinschaftlichen, kollektiven Lebens und Handelns aufgehoben werden sollen. Gemeinsame Kindererziehung, Abbau irrationaler Fixierung auf Zweier-Beziehungen, Destruktion der Besitzansprüche sind nur einige der Intentionen.

Innerhalb der Wohngemeinschaften finden folglich Prozesse statt, die darauf zielen, diese abgegrenzten und ausgegrenzten Bereiche, die u.a. durch die erstarrten ritualisierten Formen des familialen Zusammenlebens geradezu sakrosant sind, wieder anzueignen und einzuverleiben. In der Aneignung der Fußböden beispielsweise zeigt sich ein antihierarchisches Moment, das einen Ablösungsprozeß von der Isolation durch abgrenzende pompöse Sitzelemente und Sitzordnungen darstellt. Die Eröffnung einer unvermittelten, sinnlichen Interaktion und Kommunikation, egalitäre Beziehungs- und Verhaltensstrukturen sind das Ziel. „Nach unten, so wie die Betten jetzt tiefer stehen, wie man sich auf den Boden setzt, bei sit-ins und im Gespräch beim Tee, wie Wünsche unterhalb des Kopfes bearbeitet werden: das ist ein egalitärer Wille, eine Sehnsucht, keine Kontroll- und Herrschaftsfunktionen ausüben zu müssen." (Fuchs 1977) Auch in der Eroberung und »Bewohnbarmachung« von Nutzräumen wie Küche, Bad und Flur — das gemeinsame Frühstück in der Badewanne, das Bücherregal im Klo, der zum Gemeinschaftsraum umfunktionierte Flur — zeigt sich dieser Prozeß der »Wiederaneignung« von Lebensgelände. In den Wohnkollektiven versucht man, die vorherrschenden Raumstrukturen an die eigenen sich verändernden und entfaltenden Bedürfnisse anzupassen.

Nicht nur nach außen will das kollektive Wohnen die Schranken einreißen — man verzichtet auf das Verhängen der Fenster, denn man hat nichts zu verbergen — sondern auch innerhalb der Wohngemeinschaft werden die Barrieren und Grenzen abgebaut. So demonstrieren die ausgehängten Türen zu den Privatzimmern den ungehemmten Zugang zu allen Räumen und damit die erfolgreiche Aufhebung der Trennung des privaten vom öffentlichen Bereich.

Dieser Prozeß der Dissegregation — man entgrenzt bis zur Karikatur (Brückner) — bezieht sich aber nicht nur auf die Restrukturierung des

Wohnraums, denn die Wohnung und ihre Einrichtung ist nur *ein* »Medium der Selbstdarstellung«, sondern gleichermaßen auf die Veränderung personaler Normen, Werte und Strukturen. „Der Abbau geschlechtsspezifischer Rollenzuweisungen, die Entwicklung eines entspannten, weniger von Berührungsängsten und Konkurrenzgedanken geprägten Verhältnisses zur Sexualität, die Infragestellung der eigenen Sauberkeitsstandards, der eigenen Peinlichkeits- und Schamschwellen, repressionsfreie Kindererziehung, nicht zuletzt der Versuch, kollektive Besitz- und Nutzformen zu entwickeln, setzen die Bereitschaft zu einem permanenten Lernprozeß voraus." (Brand u.a. 1983: 158)

Durch die zahllosen Verluste des kommunitären Zusammenlebens entsteht eine neue Form der Öffentlichkeit, die der Wohngemeinschaft, „die quasi zwischen der exklusiven Intimbeziehung und der formalen politischen Öffentlichkeit steht — und dadurch nicht nur den Vorteil, sondern auch die Nachteile von beiden kombiniert." (Schülein 1980: 99) Das zeigt sich an den Problemen, denen Wohngemeinschaften ausgesetzt sind. So führt die Politisierung und Veröffentlichung des Privaten zu einer Be- und Überlastung der Individuen, denen keine privaten Rückzugsmöglichkeiten zur Verfügung stehen. Mit dem Ende der Privatheit aber werden die Normen des politischen Engagements zum Maßstab, sie werden zur moralischen Kontrollinstanz, die den Einzelnen terrorisieren. Die intendierte Aufhebung der Trennung produziert damit gerade ihr Gegenteil, eine erneute Flucht ins Private.

Was folgt, ist die Notwendigkeit erneuter Grenzziehungen, machen es die Bedürfnisse nach intensiver Kommunikation und gemeinschaftlichem Leben, aber auch nach individuellen Freiräumen und Rückzugsmöglichkeiten doch erforderlich, das Verhältnis von Privatheit und Öffentlichkeit neu zu balancieren. Das Auspendeln der Grenzlinien und deren Festlegung aber, das macht die kommunikative Anstrengung von Wohngemeinschaften aus, die diesen Anforderungen tendenziell erlegen sind. Was sich hier zeigt, ist folgendes: Zum einen hat der Anspruch, die Trennung von Privat und Öffentlich aufzuheben, zu einer totalen Überlastung der Privatsphäre geführt, die Flucht in die Therapie, der Psycho-Boom ist die Folge. Hier werden die privaten Probleme, Depressionen, Ängste, »Konkurrenzkisten« etc. therapeutisch behandelt und damit von den, ihnen zugrundeliegenden gesellschaftlichen und damit öffentlichen Strukturen abgetrennt.

Zum anderen zeigt sich aber auch, daß die Entgrenzungsstrategien erneut an eine Grenze gestoßen sind, die unterhalb der Trennungslinie Öffentlich-Privat liegt. Es ist der Alternativbewegung zwar gelungen, die Grenz- oder besser Trennungslinie von Privat und Öffentlich zu verschieben, d.h. ein Stück dessen, was bislang als Privat galt, zu *ver*öffentlichen, dahinter, oder besser darunter, hat sich ein neuer Grenzbereich aufgetan, ein öffentlichkeitsresistenter Bereich, der nur schlecht durch den Begriff Intimität gekennzeichnet ist.[12]

Ein zentraler politischer Anspruch der Bewegung, den Lebensbereich zu politisieren, das Private zu veröffentlichen, durch das Private hindurch Bezug zu nehmen auf das Allgemeine, operiert also folglich auf der Folie eines unhinterfragbaren privaten Reservats.

Die Debatte der alternativen Bewegung um »neue« Werte und Normen zeigen wie diese Auseinandersetzungen um neue Grenzlinien oszillieren; d.h. die Alternativbewegung hat Diskurse geführt, in denen neue Grenzen ausgelotet werden und das in zweierlei Hinsicht: Der von der Männerbewegung geführte Diskurs um Macht- und Onaniephantasien ist nahezu uneingeschränkt öffentlich geführt worden, und auch das von Peter Schult aufgeworfene Problem der Päderastie hat keine öffentliche Einschränkung erfahren. Anders ein über die Grenzen Frankfurts bekannt gewordener Pflasterstrand-Artikel, der die Vergewaltigungsphantasien eines linken Mannes thematisiert: ein wütender Sturm der Entrüstung aus der Frankfurter Frauenbewegung grenzt das enttabuisierte Thema schnell aus und damit ein. Ähnlich auch die öffentlichen Reaktionen auf Gernot Gailers Peep-show-Artikel in der »taz« (12.9.1980).

Diese beiden inkriminierten Artikel haben die Grenzlinie überschritten, das Konzept einer Entgrenzung, nicht nur der Raum- und Zeitstrukturen, sondern auch der normativen Orientierungen ist an eine »neue« Grenze gestoßen. Unabhängig davon, ob sich in diesen beiden Reaktionen ein bestimmter puristischer Zug der Frauenbewegung festmachen läßt, zeigt sich an den Beispielen eine Dialektik von Ent- und Begrenzung, die auch, spätestens in der dritten Phase der Bewegung, endgültig zum Erliegen gekommen ist. Die intendierte »Politisierung des Normensystems« ist umgeschlagen und hat überkommene Wertvorstellungen und moralische Codices einseitig und blind reproduziert. „Statt eines freieren und reflektierteren Normen- und Interaktionssystems ist an vielen Stellen ein viel repressiveres entstanden. Überforderung, moralischer Druck und Instrumentalisierung von Kritik für undurchschaute Zwecke münden in eine Situation, in der der Leistungsterror, von dessen Kritik die neue Linke ausging, lediglich verdoppelt wird." (Schülein 1980: 102) In Gemeinschaften ohne Privatsphäre, so hat es A. Gorz formuliert, ist ein »Minitotalitarismus« vorherrschend, der für die Beteiligten unerträglich ist.

Damit, daß die Alternativbewegung Raumstrukturen entgrenzt und Prozesse der Neu- und Wiederaneignung ermöglicht, hat sie ein wesentliches Kriterium »proletarischer Öffentlichkeit« erfüllt. Aber noch ein weiteres Moment hat sie realisiert, ohne proletarische Öffentlichkeit zu sein: das ist die Praktizierung veränderter Zeitstrukturen. Die Alternativbewegung hat dem vorherrschenden kapitalistischen Zeitrhythmus eine qualitative Zeit, einen Zeitrhythmus kultureller und organischer Produktion entgegengesetzt.

Wir sind der Meinung, daß diese beiden Konstitutionselemente einer proletarischen Öffentlichkeit, Wiederaneignung von veränderten Raum- und Zeitstrukturen, *auch* gleichermaßen zentral für das Konzept einer »authentischen Öffentlichkeit« sind. Zumindest zeigt sich am Beispiel der Alternativ- als auch der Studentenbewegung, daß eine veränderte Zeitperspektive realisiert worden ist, die an einer Umwälzung im Hier und Jetzt, an einer Realisierung des Utopischen im Alltäglichen interessiert ist. Die in der Alternativbewegung so emphatisch gebrauchte Formel von der »Einheit von Politik und Leben«, von Leben und Widerstand, bringt diesen veränderten Zeitduktus auf den Begriff. Diese Zeitstruktur des »Sofort«, wie es Brückner formuliert, richtet sich ja auch gerade gegen die linken Kader-Parteien, die ihre rebellischen Mitglieder auf die »Gesetzmäßigkeit des historischen Ablaufs«, also auf Morgen verweisen.

Beide Elemente, die Wiederaneignung kapitalistisch nicht verwertbarer Zeit als auch die Veränderung von Raumstrukturen, sind auch deshalb wichtig, weil sie konstitutiv für kollektive Lernprozesse sind. Mithin sind sie auch grundlegend für die Herausbildung »politischer Identitätsstrukturen«, die, so die These, in »authentischen Öffentlichkeiten« sich nachweisen lassen.

5. Die Pervertierung des Erfahrungsansatzes

Eine Beschäftigung mit den Öffentlichkeitsformen der Alternativbewegung, deren Zentrum die Erfahrungsproduktion ist, kann sich nicht um die Frage herummogeln, ob denn Erfahrungen wirklich gemacht worden sind? Oder war, wie es Wolfgang Kraushaar formuliert, Erfahrungsproduktion nurmehr als autistische möglich? War die alternative Öffentlichkeit real empirisch eine Produktionsöffentlichkeit von Erfahrung, wie wir es angenommen haben, oder sind wir hier einem von der Bewegung formulierten Anspruch aufgesessen? Und, so muß man weiter fragen, sind diese Erfahrungen, wenn sie gemacht wurden, in die Medien der Alternativbewegung eingegangen?

Vergegenwärtigen wir uns noch einmal den Anspruch: Die Veränderung des alltäglichen Lebenszusammenhanges und die veränderte Organisation individueller Erfahrung, das ist das zentrale Postulat der Bewegung. Real aber ist die praktische Umsetzung dieses »neuen politischen Prinzips« mehr oder weniger gescheitert. U.a. hängt das mit der Überlastung und Überforderung der an diesem Projekt »Gegengesellschaft« beteiligten Subjekte zusammen, die die unterstellte »Einheit von Politik und Leben« lebenspraktisch nicht ausgehalten haben. Statt dessen ist in der Szene eine Unmittelbarkeit vorgetäuscht worden, die allemal fiktiv bleiben muß. Es ist der Bewegung nicht gelungen, diesen Widerspruch produktiv zu machen, denn bereits nach kürzester Zeit ist das Bewußtsein von der »*kollektiven Subjektivität*« (Cohn-Bendit) verloren gegangen. Probleme werden nicht mehr als kollektive, sondern als individuelle rezipiert. Eine Entwicklung vom Kollektiv- zum Individualsubjekt hat sich durchgesetzt.

Die Fetischisierung der Unmittelbarkeit hat aber zur Folge, daß Erfahrung, das Medium politischer Veränderung und Emanzipation, total pervertiert wird. „Der Sponti findet immer alles beschissen und verklemmt, denn er ist dauernd mit sich selbst und der Erfahrung beschäftigt." (Semmelroth 1979: 98) Gegenüber der Kaputtheit der Gesellschaft zelebriert er das »Hochamt der persönlichen Erfahrung« hinter der die wirkliche, reale Wahrnehmung und deren Verarbeitung nur noch als minderwertig, zweitklassig erscheinen kann. „Im subjektivistischen Habitus der Spontis setzt sich der Erfolgs- und Profilierungsdruck der Konkurrenzgesellschaft auf besonders brutale Weise durch. Die Verkrüppelung wird nun als Trophäe auf dem silbernen Tablett der Erfahrung ausgestellt." (Semmelroth 1979: 99) Diese Vortäuschung von Unmittelbarkeit führt schließlich zu einer »Intimisierung der Öffentlichkeit«, was auch damit zusammenhängt, daß den an dieser Öffentlichkeit Beteiligten keine Instanz zur Verarbeitung zur Verfügung steht. Denn mit dem sich durchsetzenden Schwund an theoretischer Reflexion, geht der Bewegung auch die Fähigkeit verloren, ihre Erfahrungen zu reflektieren und zu verallgemeinerbaren Interessen und Strategien zu verarbeiten. Zwar ist eine solche Funktion von den Alternativzeitungen zu fordern, wie wir es in der idealtypischen Funktionsbestimmung einer erfahrungsgeleiteten Produktionsöffentlichkeit getan haben, real aber haben die Zeitungen die Funktion, Reflexionsinstanz zu sein, nur begrenzt wahrgenommen. Die Zeitungen und Medien der Alternativbewegung haben oftmals die unmittelbaren Erfahrungen nur abgebildet und verdoppelt. Vor allem die Szene- und Sponti-Zeitungen neigen dazu, „die eigenen ästhetischen Bedürfnisse, politischen Vorstellungen und Artikulationsgewohnheiten unreflektiert zu verabsolutieren" (Beywl/Brombach 1982: 561)

So hat also die Ausgrenzung eines theoretischen Diskurses, die Flucht aus der Theorie — noch in der Revolte kritischer Bezugspunkt jeglichen praktischen Handelns —, den begriffslosen Erfahrungsfetischismus noch potenziert. „Erfahrung, die keiner theoretischen Analyse mehr zugänglich ist und jedes irritierende Reflexionsmoment abwehrt, hat sich auf das durchschnittliche Quantum von Gefühlserregungen reduziert. Damit hat sie ihre Widerspenstigkeit verloren und ist weitestgehend integrabel geworden.

Erfahrung derart verabsolutiert, hat sich von einem Medium der Autonomie in ein Medium der Integration verwandelt." (Kraushaar 1978: 45) Der Unmittelbarkeitsanspruch der Bewegung hat in eine Sackgasse geführt, zu einem »neuen Egoismus«, der die Erfahrung auf bloße *Befindlichkeit* reduziert. „Man findet sich vor, man erlebt, ohne noch aus der Summe der Erlebnisse verallgemeinerbare Erfahrungen gewinnen zu können." (Narr 1979 Bd.2: 499)

Diese Reduzierung auf Befindlichkeit läßt sich auch an den Sprachformen der Bewegung, insbesondere der Sponti-Sprache, festmachen. In der Szene ist ein »Jargon der Unmittelbarkeit« (Kraushaar) vorherrschend, der nichts Neues mehr erfaßt und somit kein wirkliches Erfahrungsmaterial verarbeitet. Diese Restriktion des Sprachcodes zeigt sich auch im unspezifischen Gebrauch von Schlagwörtern wie »Basisdemokratie«, »Bedürfnis«, »Autonomie« etc., die die Zugehörigkeit zu einer speziellen politischen Szene demonstrieren, wobei ihr Gehalt gleich null ist. Jörg Bopp (1979: 88) hat gezeigt, wie die Sprache ihre emotionale und sinnliche Qualität verliert und mit technisch-diagnostischen Etiketten, die aus der Psycho-Kiste stammen, aufgeladen wird. Auch das hat eine Einengung der Erfahrung zur Folge: „Die Übernahme von technischen Begriffen und methodischen Regeln aus den Therapiekonzepten bildet einen Zirkel der Verengung und Entstrukturierung von Erfahrung aus: durch die Verkümmerung der Sprache wird die Erfahrung reduziert, und die Reduktion der Erfahrung führt zu neuer Verödung der Sprache. Es entstehen Mechanismen einer strengen psychischen Selbstkontrolle. Die Sprache schafft durch die Art, wie sie beschreibt, eine verengte Realität, die wiederum eingeschränkte Erfahrungen und deren sprachliche Darstellung aufnötigt. Das Verhältnis zu sich selbst, den anderen und der Welt wird immer mehr eingeengt und gleichzeitig immer gestaltloser." So hat also ein »kurzgeschlossener Öffentlichkeitsbegriff« der meint, es müßte auch gleich alles öffentlich sein, was öffentlich werden soll, die Produktion *wirklicher* Erfahrung geradezu verhindert.

Ist damit aber die oben vorgenommene Charakterisierung alternativer Öffentlichkeit als einer erfahrungsgeleiteten Produktionsöffentlichkeit hinfällig? Denn klar ist, mit der Produktion authentischer Erfahrung oder deren Reduzierung auf Gefühligkeit steht und fällt dieser Öffentlichkeitsbegriff. Es scheint notwendig, unsere Position etwas zu präzisieren: Die These, daß die Alternativbewegung eine *prozeßhafte, authentische Produktionsöffentlichkeit* konstituiert hat, die die Erfahrung der an ihr Beteiligten reflektiert, läßt sich allenfalls auf die erste Phase, auf deren Konstitutionsphase beziehen. Für die nachfolgende zweite Phase, in der sich diese Bewegung etabliert und konsolidiert, hat diese Annahme nur noch in sehr eingeschränkter Weise Geltung. Die öffentlichen Auseinandersetzungen und Debatten setzen zwar noch an den authentischen Erfahrungen der Subjekte an, werden aber bereits überlagert durch Diskurse, die allein dem Formprinzip verpflichtet sind. Das hängt damit zusammen, daß die kritische Realitätserfahrung pervertiert und zurückgedrängt wird zugunsten einer Politik der Form, die die Versatzstücke dieser authentischen Politik verabsolutiert und ästhetisiert, um sie strategisch einzusetzen. „Eine diskursive Vereinheitlichung der Bewegung auf ihre Ziele findet dann, trotz ständiger selbstbespiegelnder Dauerkommunikation, nicht mehr statt. Statt dessen lebt die Bewegung von der immer neuen Herstellung situationaler (meist gewalttätiger) Arrangements, die nicht beliebig wiederholbar sind; sie bestätigt sich nur noch in ihrer eigenen Militanz. Das heißt: auch sie fängt an, sich selbst zu inszenieren.

Parallel dazu entwickelt sich bei den Individuen die Neigung, »die Bewegung« zu einem eigenständigen, von ihnen unabhängigen Subjekt zu stilisieren und sich selbst, entlastet von Entscheidungsdruck und individueller Verantwortung, bewegungsbewegt in ihr treiben zu lassen." (Paris 1982) An Stelle kritischer Realitätserfahrung tritt die Reproduktion von Pseudo-Wirklichkeit, die auf Authentizität sich nicht mehr stützen kann. Erfahrungsproduktion wird zum ideologischen Versatzstück.

Beispielsweise hat der ID wie keine andere Alternativzeitung die Betroffenenberichterstattung, und damit die Erfahrungsproduktion, auf sein Papier geschrieben. Tatsächlich aber ist die alltägliche Realität nur in einem sehr geringen Maße eingegangen in die Berichte des ID. Stattdessen hat eine Realitätsverarbeitung stattgefunden, die nur dem Scheine nach mit Alltagserfahrungen aufgeladen ist. Die Bezugnahme auf Erfahrung hat nicht nur hier, sondern auch bei vielen anderen Zeitungen und Zeitschriften der Alternativpresse, einzig der ideologischen Absicherung gedient. Was sich hier nur andeutet, daß die Produktion authentischer Öffentlichkeit in die Distribution von Meinungen und Ideen umschlägt, setzt sich endgültig zu Anfang der 80er Jahre durch, als die Ansätze einer Produktionsöffentlichkeit vollends auseinanderbrechen und die Erfahrungsverarbeitung durch eine stete Reproduktion individueller Befindlichkeit abgelöst wird.

Warum, so muß man fragen, ist dieses Konzept der Erfahrungsproduktion und -verarbeitung letztendlich gescheitert? Zum einen ist der Anspruch, Erfahrungen zu produzieren, sehr schnell umgekippt, d.h. es hat ein Prozeß der Fetischisierung von Unmittelbarkeit stattgefunden. Nicht unwesentlich beteiligt an diesem Prozeß des Umschlagens ist das Fehlen eines theoretischen Diskurses und einer verallgemeinernden Instanz. Das Sozialistische Büro hat primär den Reflexionsprozeß vorangetrieben ohne wesentlichen Praxisbezug, wie umgekehrt die Alternativbewegung mehr oder weniger theorielos vor sich hin praktiziert hat. Und letztlich haben auch die Alternativzeitungen es nicht vermocht, ihre Funktion als kritische Instanz wahrzunehmen, sie haben die

Einschätzungen und subjektiven Meinungen der am Projekt »Gegengesellschaft« Beteiligten kommentarlos reproduziert.

6. Das alternative Symbolmilieu als Teil der Gegenöffentlichkeit

Wie bereits beschrieben, hat die Studenten- und Schülerbewegung ein breites Arsenal an Aktionsformen ausgebildet, das unmittelbar darauf gerichtet war, das herrschende Symbolspektrum, die etablierten Symbole der Macht, die verkommenen demokratischen Rituale etc., nicht nur der Universität (Universitätsfeiern, Protokollarien, Roben, Talare, etc.), sondern das demokratische System schlechthin zu desavouieren und zu destruieren. Vor allem ästhetische Elemente des Widerstandes hat sie in eine gefrorene Arena der reglementierten Welt eingeführt. Parka, lange Haare und andere Insignien des Protestes demonstrieren nicht nur die Kritik gegen die Gesellschaft, sie sind gleichermaßen interne Identifikationssymbole. Bereits die »Ostermarschierer« hatten mit der umgekehrten Todesrune ein Symbol des Kampfes gegen die Wiederbewaffnung gefunden, das weltweit Verbreitung fand; und auch der Slogan »make love not war« wurde zu einem internationalen Erkennungsmerkmal der oppositionellen Jugendbewegung der 50er und 60er Jahre. Die ML-Bewegung hatte schließlich die Insignien der revolutionären Arbeiterbewegung (Schraubenschlüssel, Hammer, Schornsteine, Fabrikfassaden, Wälder von roten Fahnen und solidarisch marschierende Menschenmassen) zu Identifikationssymbolen ihres angeblich proletarischen Kampfes gegen Staat und Gesellschaft gemacht.

Im Unterschied aber zu diesen Symbolwelten hat die Symbolbildung der Alternativbewegung einen anderen Stellenwert: Während die Studentenbewegung noch primär daran interessiert ist, sich an der vorherrschenden Repräsentationssymbolik staatlicher Macht *abzuarbeiten*, diese der Lächerlichkeit preiszugeben, ist es die Intention der Alternativen, dieser Symbolwelt der »Normalgesellschaft« eine *eigene, andere Symbolik* entgegenzusetzen. Diese Symbolwelt (Sonnenblumen, Wind- und Fahrräder, die Farben des Regenbogens usw.), hat die Funktion „eine wünschenswerte Welt symbolisch vorwegzunehmen, anstatt Relikte der Vergangenheit wiederherzustellen" (Huber 1980: 31).

Der Stellenwert einer alternativen Symbolik kann indirekt an den juristischen Pressionen gegen die Träger solcher Widerstandssymbole aufgezeigt werden. Denn die Unterdrückung einer kritischen Symbolwelt, Sprach- und Symbolverbote, zielen auf eine „fundamentale *Enteignung* der Menschen von den ihnen als gesellschaftliche Wesen eigentümlichen »Produktionsmitteln«: der Orientierungs- und Erfahrungsfähigkeit, die durch Sprache und Symbole vermittelt ist" (Negt 1979: 32).

Insbesondere die Alternativkultur hat ein Sprach- und Symbolspektrum entbunden, eine symbolische Gegenwelt etabliert, die in ihrer Qualität und Quantität die symbolische Repräsentanz der bürgerlichen Öffentlichkeit partiell in den Schatten stellt. War man sich während des »autoritären Protestes« noch der eigenen, zahlenmäßigen Begrenztheit bewußt — eine kleine, radikale Minderheit, die gegenüber der Masse der Bevölkerung eine Avantgarde-Funktion hat — so hat sich das nun verändert. Das von der Bürgerinitiativ- und Alternativbewegung etablierte Symbolspektrum (ein Arsenal an Buttons, Aufklebern, die auf den Straßen und Plätzen, in den Cafés und Kneipen, vermittels Auto, Fahrrad und Kinderwagen den Widerstand gegen die Gesellschaft demonstrieren), suggeriert nicht nur, man bewege sich auf befreitem Gebiet, sondern auch, man sei in der Überzahl. Ihren Höhepunkt findet diese Entwicklung in der Verbreitung der roten Sonne auf gelbem Grund, die von der AKW-Bewegung ihren Ausgang nimmt und bis in weite Kreise der Mehrheitsgesellschaft vordringt. Denn das Symbol »Atomkraft — Nein Danke«, das massenhaft und weltweit Verbreitung findet, demonstriert nicht nur die Zugehörigkeit zu einer Widerstandsbewegung, die sich gegen die vorherrschende Wachstumsgesellschaft wendet, sondern auch den Zweifel an einem Gesellschaftssystem, dessen Wertebasis in zunehmendem Maße brüchig geworden ist.

Auf dem Höhepunkt der öffentlichen Repräsentation der Widerstandssymbolik, als die herrschende Symbolik zurückweicht — vergleicht man diese entfaltete Symbolwelt mit derjenigen, wie sie in den 50er und 60er Jahren produziert wurde, so mutet diese Entwicklung geradezu revolutionär an — schlägt dieser Prozeß um. Es setzt, wie in vielen anderen alternativen Bereichen, ein *interner* Prozeß der Kommerzialisierung ein, der auch das Symbolspektrum erfaßt, der die Zeichen des Aufbegehrens und Widerstandes entleert und sie als Markenzeichen eines kommerzialisierten Anspruchs zurückläßt. Hinzu kommt, daß auch die Werbeindustrie die alternative Symbolwelt begierig aufgreift und als Innovationspotential kommerziell ausbeutet. Die Befreiungs- und Widerstandssymbole werden zur Stimulanz im Rahmen verkaufsfördernder Maßnahmen.

Damit ist aber gleichermaßen auch ein Prozeß der Inflationierung der symbolischen Demonstration von Meinung verbunden, der ein breites Spektrum inhaltsleerer Konsumzeichen zurückläßt, die sich widerspruchsfrei in die breite Phalanx eines wiedererstarkten Konsumismus einreiht.

Auch an der Mode der Alternativkultur kann dieser Prozeß der Kommerzialisierung aufgezeigt werden: Die teils exotisch bunten Kleider der Szene, die gegen die von der Kleiderindustrie seriell erstellten Massenprodukte Individualität demonstrieren sollen, werden vom Markt aufgesogen und ausgebeutet. Die Insignien der Abgrenzung, Jeans und Parka, Latzhose und Turnschuhe finden so ihren Weg in die Absatzwirtschaft. Und insofern hat das subkulturelle Symbolmilieu auch eine gewisse Pilotfunktion für das Trendsetting der Gesellschaft. Dieser Kommerzialisierungsprozeß kann also auch als Prozeß der Auflösung, der Diffusion radikaler Protestelemente in die Alltagswelt der Gesellschaft begriffen werden.

7. Organisations- und Kommunikationsstrukturen

Wenn es im folgenden um die Organisations- und Kommunikationsstrukturen geht, dann interessieren diese nicht nur deshalb, weil die Alternativbewegung, wie keine andere soziale Bewegung einen Absolutheitsanspruch an die Realisierung egalitärer Diskussions- und Kommunikationsstrukturen gestellt hat — gegen charismatische Führer und Opinionleader formuliert sie einen *fundamentalen Anti-Elitismus* — sondern auch, weil die Realisierung dieser Ansprüche, d.h. die praktizierten Vergesellschaftungs- und Interaktionsformen, ein Indiz für den realen Emanzipationsgehalt dieser Bewegung sind.

Gegenüber den hierarchischen Strukturen der leninistischen Kaderparteien, deren Entscheidungen nicht-öffentlich gefällt werden, setzen die Alternativen die gleichberechtigte Teilnahme aller an den anstehenden Willensbildungs- und Entscheidungsprozessen. Nicht formalisierte Aufnahmeregeln und Initiationsriten, nicht Mitgliedschaftsrollen sind es, die über die Teilnahme bestimmen, sondern entsprechend einem *absoluten Öffentlichkeitsanspruch* hat jedefrau/jedermann (wie es im Sprachjargon heißt) Zugang zu den Auseinandersetzungen und Diskursen. Selbst in der Studentenrevolte hatte der SDS einen Führungsanspruch innerhalb des »antiautoritären Aktionszusammenhanges«, waren die gewählten Studentenvertreter des Sozialistischen Deutschen Studentenverbandes doch die Avantgarde der Bewegung und deren Wort- und Meinungsführer. Dagegen ist in der Alternativbewegung der Anspruch absoluter Egalität vorherrschend, dem alle Ungleichheit als moralisch zutiefst verwerflich erscheint.

Auch in bezug auf formale Strukturen, unterscheidet sich die Alternativbewegung von derjenigen der Studenten und Schüler der ausgehenden 70er Jahre. Besitzt diese Bewegung mit den zentralistisch formalisierten Strukturen des SDS eine überregionale Organisationsform, so macht die Abwesenheit solcherart Strukturen gerade das Spezifische der alternativen Bewegung aus. Das bunte Spektrum regionaler und lokaler Projekte, Kleingruppen, z.T. problemorientierter Milieus, die sich in der städtischen Alternativszene wiederum in eine Sponti-, Knastgruppen-, Psycho-, Schwulen-, Müsli-etc.-Szene aufgespalten hat, ist *informell* vernetzt. Auf überregionaler Ebene findet diese Verknüpfung über Informations- und Kommunikationskanäle statt. D.h., die Medien der Bewegung (Alternativzeitungen, überregionale Zeitschriften, Literaturprodukte, Film, Video etc.), sind *kommunikative Medien der Vernetzung*. Es ist zwar eine zentrale, identitätsstiftende Gemeinsamkeit der alternativen Zeitungen, daß sie jegliche partei- und verbandsmäßige Organisierung radikal ablehnen, gleichwohl haben sie eine, für die Bewegung zentrale, organisatorische Funktion insofern, als sie die einzig mögliche Organisationsform einer undogmatisch-außerparlamentarischen Bewegung realisieren: die der *Organisation durch Kommunikation*. Und dieser ihrer Funktion sind sie sich sehr wohl bewußt. Am 10./11. Juli 1976, drei Jahre vor Gründung des Netzwerkes kommen die alternativen Zeitungen der Bewegung zu einem ersten überregionalen Treffen in Aachen zusammen, um dort über die Möglichkeit einer kommunikativen Vernetzung zu diskutieren (vgl. Weichler 1983: 42f.). Die Idee einer überregionalen Zusammenarbeit der alternativen Basismedien war auf dem »Pfingstkongreß« des »Sozialistischen Büros« im gleichen Jahr entstanden. Bereits auf dem ersten Alternativzeitungstreffen wird konkret über die Möglichkeit eines linken Medienverbundes diskutiert, aber über die gelegentliche Erstellung einer »überregionalen Seite« zu bestimmten Themen von nationaler Bedeutung (»Werkschutz«, »Neonazis«, »Widerstand gegen Atomenergie«) und deren Abdruck und die Errichtung eines »Solidaritätsfonds«, aus dem von der Justiz inkriminierte Projekte finanziell unterstützt werden sollen, geht die Zusammenarbeit nicht hinaus. Denn bereits auf dem ersten Zeitungstreffen kommt es zu einer Auseinandersetzung zwischen den »Traditionalisten« auf der einen und den »Spontis« auf der anderen Seite, die sich u.a. an der Frage festmacht: Wie hältst du es mit den politischen Gruppen, die den bewaffneten Kampf befürworten?

Bereits zum dritten Treffen, Januar 1977 in Hamburg, erscheinen die »Volksblätter« nicht mehr, gegen die man den Vorwurf erhebt, sie würden sich den bürgerlichen Volksmassen anbiedern und ihre eigenen politischen Vorstellungen opportunistisch zurückhalten. Daß die Forderung nach einem linken Medienverbund selbst zehn Jahre später nichts an seiner Gültigkeit verloren hat, darauf hat erst jüngst wieder Oskar Negt hingewiesen, der einen solchen Verbund für nötig hält, wenn die von der bürgerlichen Medienindustrie praktizierte »Spezialisierung der eigenen, arbeitsteilig *gegeneinander* abgedichteten Sinne« überwunden werden soll. „Die Aufhebung dieser kulturell sehr tiefsitzenden Spezialisierung ist selbstverständlich nicht mit einem direkten Zugriff zu bewerkstelligen, aber ein Programm zu dieser *Entspezialisierung* der Sinne, die einem linken Medienverbund erst eine substanzielle Qualität geben würde, wäre innerhalb der Linken etwas absolut Neuartiges und äußerst Attraktives." (Negt 1983 a)

Neben dieser Organisation durch Kommunikation findet ein überregionaler Kooperations- und Erfahrungsaustausch auf gelegentlich organisierten Treffen statt, die zu bestimmten Themen anberaumt werden (alternative Ökonomie, Hochschulpolitik, Schwulentreffen, sozialpädagogische Tagungen etc.). Hier entwickelt die Szene eine rege Reisetätigkeit, bei der die bekannten ortsansässigen Wohngemeinschaften zu Anlaufstellen eines Polittourismus werden. Der Erfahrungsaustausch dabei ist nur ein Abfallprodukt. Aber auch über »Ad-hoc-Mobilisierungen« zu bestimmten Ereignissen oder Anlässen, die so viel Emotionen mobilisieren, daß sie zum gesellschaftlich wirksamen Symbol des Widerstandes werden, entwickelt die Bewegung ihre informellen Kommunikations- und praktischen Erfahrungszusammenhänge.

Grundsätzlich aber gibt es keine formalisierten Zugehörigkeitskriterien, zugehörig ist, wer sich zugehörig fühlt. Diese Diffusität ist ein wesentliches Element dieser Bewegung, „sie unterscheidet sich von der Normalität der Industriegesellschaft gerade durch ihren geringen Strukturierungsgrad und den damit verbundenen Rückgriff auf wenig abstrakte, stärker personengebundene Formen der Integration, wobei die Integration vage bleibt" (Schülein 1980: 267).

Nicht abstrakte Normen sind es, die die Mitglieder dieser Bewegung integrieren, sondern personale Formen der Interaktion. In dem Maße aber, wie die Bewegung größer wird, sich differenziert und spezialisiert, bilden sich dann auch abstraktere Formen der Integration heraus und es kommt tendenziell zu einer *Formalisierung des Unorganisierten.* Hierarchien und informelle Strukturen entstehen, die schließlich ab 1980 zur Herausbildung funktionaler Eliten führen. „Gerade die Naturwüchsigkeit der Mobilisierungs- und Aktionsformen hat komplementäre Hierarchien und Autoritätsformen herausgebildet, die im eklatanten Widerspruch zur postulierten Revolutionierung der Verkehrsformen steht." (Kraushaar 1978: 25) Es bildet sich, wie es Wolfgang Kraushaar formuliert hat, ein neuer, »positiver« Sozialcharakter heraus, der des Subkulturellen. Informelle Eliten und »linksradikale Stars« entstehen, die auf den teach-ins und Versammlungen das zuvor »exclusiv Beschlossene« vermassen. Die auf Egalität zielenden Verhaltens- und Kommunikationsstrukturen halten nur noch den Schein aufrecht, als ob jeder an den Debatten und Diskussionen teilnehmen könne. Tatsächlich aber haben sich, hinter dem Rücken der Beteiligten differenzierte Ausschließungs- und Ausgrenzungsmechanismen sowie Rituale der Gruppenzugehörigkeit entwickelt. „Aus dem in der Tendenz sich »öffnenden« Gesprächs-Zusammenhang, aus Interpretation und erschließender Diskussion wurde unter der Hand ein Mechanismus von Abwehr und Kontrolle, der berüchtigten gemeinsamen Kontrolle *alles* anfallenden, seelischen und sozialen Materials, im Slang: »Psychoterror«." (Brückner 1983: 193) Diese Abwehr- und Kontrollmechanismen, die informellen Strukturen sind vom Einzelnen nur unter Aufbringung größter Anstrengung dechiffrierbar, ihnen gegenüber erscheint die Hierarchie marxistisch-leninistischer Gruppen nur mehr als vordergründig und deshalb durchaus transparent. „Die Anzahl der Vorinformierten, die »Entscheidungsbefugnisse« innehaben, steht dabei in einem umgekehrt reziproken Verhältnis zu denen, die die Entscheidungen praktisch umsetzen sollen. Die Träger von Informationskanälen sind in derart unorganisierten Gruppen zugleich nicht nur im potentiellen, sondern auch im faktischen Sinne identisch mit politischen Machtinhabern, da diejenigen, die von den zentralen Informationskanälen ausgeschlossen sind, entweder keine oder zuwenig Informationen besitzen, um damit an Entscheidungsprozessen partizipieren zu können, und deshalb schon von vornherein auf den Status politischer Objekte reduziert sind." (Kraushaar 1978: 25) Die informellen Strukturen gleichen einer „subkulturell verbrämten Kleinstadtmafia", die den Exklusivcharakter eines alteingeschworenen Clans annimmt, „der alternativ residiert und dessen Strukturen unangreifbarer zu sein scheinen, als die Erbfolge der Monarchie" (Kraushaar 1978: 29).

Die Charakterisierung der informellen Strukturen, durch Kraushaar, die dieser anhand der Frankfurter Sponti-Szene vorgenommen hat, mag vielleicht etwas überzogen sein, wir sind allerdings der Meinung, daß sie gleichermaßen zutreffend ist für alle anderen Gruppierungen, die, gegenüber der Überorganisierung der Parteiaufbauer, sich weigern, formelle Strukturen zu akzeptieren.

Auch hinsichtlich ihrer Kommunikationsvorstellungen ist die Alternativbewegung einem genuinen Verständnis unvermittelter, partizipatorischer face-to-face Kommunikation verpflichtet, wie es nach Rammstedt kennzeichnend für soziale Bewegungen ist, die im Entstehen begriffen sind. Gegenüber der Zunahme massenmedialer Kommunikation, gegen indirekte medienvermittelte Kommunikation setzt sie personale Kommunikation und Interaktion, weil nur so der wachsenden Beeinflussung und Manipulation durch die Medienindustrie Einhalt geboten werden kann. „Die Aufhebung der »Unilinearität massenmedialer Kompromisse«, die Transformation des Distributionsapparates in einen Kommunikationsapparat stellen die Grundideen dieses Bemühens dar." (Beywl/Brombach 1982: 559)

In den Wohngemeinschaften und Projekten der alternativen Subkultur, wo man miteinander lebt und arbeitet, also unmittelbar miteinander kommuniziert und interagiert, sollen die bislang blockierten Erfahrungen freigesetzt, ausgetauscht und angeeignet werden. Die Wohngemeinschaft ist gleichsam die kleinste Zelle, der kleinste Baustein einer solch dialogisch-partizipatorischen Kommunikationskultur. In ihr ist der rationale Diskurs das Medium einer Auseinandersetzung über Arbeits- und Beziehungsstrukturen, über Gewaltphantasien und Besitzansprüche. Die Alltagsprobleme des »alternativen Lebens« werden hier gleichsam kommunikativ verflüssigt. Diese Formulierung deutet aber bereits an, wie dieses Kommunikationsideal in sein Gegenteil umschlägt, denn der rationale Diskurs wird von seiner Handlungsdimension abgekoppelt, die Kommunikation verselbständigt sich und wird zum Selbstzweck. Die Versprachlichung alltäglicher Erfahrungen wird nicht mehr auf die Dimension der gesellschaftlichen Veränderung bezogen. Der damit einhergehende »neue Subjektivismus« der Bewegung (Brückner), tut sein übriges, daß die vernünftige Diskussion durch andere Kommunikations- und Interaktionsformen abgelöst wird: Formen der Assoziation, Gefühl und Körpersprache etc.. Das hat zur Folge, daß nur mehr ein Bruchteil alternativer Kommunikation über das Wort abgewickelt wird: „Viel wichtiger ist das »feeling«, sind die »vibrations«, ist das spontane Empfinden von Sympathie und Antipathie, ist das unbewußte oder aufmerksame Reagieren auf Accessoires alternativer Öffentlichkeit, wie sie sich in Meinungsknöpfen, Pluder- oder Latzhosen, Haartracht, Burnus, PLO-Tuch oder Parka bemerkbar machen." (Hübsch 1980: 20) Und mit der Hinwendung zum »Irrationalismus« wird der rationale Diskurs endgültig verabschiedet.

Auch das dezentrale Netz der Alternativzeitungen ist von seinem utopischen Ideal her, diesem partizipatorischen Kommunikationsmodell einer populistischen Massenkommunikation verpflichtet. Die Individuen sollen, angeregt durch die Medien, wieder unmittelbar und direkt miteinander kommunizieren, so daß schließlich die Initiatoren dieser Kommunikation, die Medien, überflüssig werden. Es besteht also einerseits der Anspruch nach dialogischer, *medienunvermittelter* Kommunikation — von den bürgerlichen Medien weiß man ohnehin was man zu halten hat, und auch das Fernsehen gilt der Szene eher als Verdummungs- denn als Aufklärungsinstrument — andererseits bedient man sich exzessiv der Medien, der eigenen Alternativzeitungen, z.B. um miteinander zu kommunizieren. Die Kleinanzeige beispielsweise wird zu einem der beliebtesten und unterhaltsamsten Kommunikationsmodus der Szene. Über die Klein- oder Kontaktanzeige kommuniziert die Szene miteinander, finden regelrechte öffentliche Auseinandersetzungen statt, so daß die »Kleinanzeigen-Szene« eine ungeahnte Blüte erreicht. Und es ist bestimmt nicht übertrieben zu behaupten, daß ein großer Teil der alternativen Zeitungen und Blätter nur wegen dieser Anzeigen gekauft wird.

Entscheidend ist aber, daß im Gegensatz zum eben postulierten Kommunikationsideal ein großer Teil der Auseinandersetzungen und politischen Debatten gerade auf medialer Ebene geführt wird. So findet z.B. eine Auseinandersetzung um die »Geschäftsführer der Alternativbewegung« im Pflasterstrand statt, und nicht, wie vielleicht einige Jahre zuvor, auf einer öffentlichen Veranstaltung (vgl. K.-H. Roth 1980). Damit aber werden, entgegen der eigenen Intention, die Medien im wachsenden Maße zu Foren politischer Auseinandersetzung, während die personale Kommunikation immer mehr zurückgedrängt wird. Es deutet sich eine Entwicklung an, die erst in den 80er Jahren sich voll durchsetzen soll, das ist die Mediatisierung linker Politik, d.h., die Inhalte linker politischer Auseinandersetzung werden allein nur noch am Maßstab ihrer medialen Verwertbarkeit gemessen.

Das Anwachsen medienvermittelter Kommunikation einerseits und die Dezentralität der Bewegung andererseits führen nun aber zum Zerfall einer Diskussionskultur wie sie von der Studenten- und Schülerbewegung geschaffen worden war. War in dieser eine öffentliche Auseinandersetzung vor großen Forum und mit zentralen Themen vorherrschend, so wird die »große Debatte« nun tendenziell durch kleine, dezentrale Diskurse abgelöst. Teach-in und Vollversammlung — die Medien der Revolte par excellence — verlieren ihre Funktion. Zwar finden noch Diskussionen und öffentliche Veranstaltungen statt, diese beziehen sich aber nicht mehr auf globale politische Problemkomplexe (Fragen des Internationalismus oder des Klassenkampfes), sondern auf die realen Erfahrungen im Alltag der politisch Handelnden. (Das hängt mit dem veränderten Politikkonzept zusammen, das gemäß dem Postulat der Dezentralität den Aufbau lokaler Projekte, Gruppen und Lebenszusammenhänge favorisiert.) Nebenbei bemerkt, wird mit dem Aufbau alternativer Projekte auf dem Lande und in der Region auch die intellektuelle Vormachtstellung der Metropolen-Linken eingeschränkt. Die Universität als geistiges Zentrum der politischen Auseinandersetzung verliert ihre Funktion. Vom Campus, der in der Revolte der geistige Brennpunkt eines öffentlichen Diskurses war und weit über seine Grenzen hinausging, verlagert sich die Diskussion nun in die dezentralen lokalen Diskussionsforen und Kommunikationszentren, in die Stadtteile, in die Projekte und Kollektive, in die zahllosen Wohngemeinschaften. Durch diesen Prozeß der Entgrenzung gerät die Universität, als Bezugspunkt eines rationalen Diskurses und einer theoretischen Reflexion, ins Abseits.

Dem entspricht, daß die Auseinandersetzungen der studentischen Gruppierungen an der Universität in zunehmendem Maße durch ständische, hochschulpolitische Themen beherrscht werden: Regelstudium, HRG-Novellierung und Diskussionen um Bafög-Streichungen sorgen dafür, daß der einst massenhafte Zulauf zu diesen Auseinandersetzungen immer kümmerlicher wird. Und so spiegeln die Vollversammlungen nur noch den traurigen Gruppen Hick-Hack der studentischen Kaderorganisationen und die begriffslosen Aktionsrituale der Spontis wider. Den unsinnigen und haarspalterischen Exegesen, die die Dogmatiker pflegen, entsprechen die berüchtigten »Nullpunktdiskussionen« der Spontis. Die Versammlungen geraten zu Foren der Selbstdarstellung und Selbstbeweihräucherung, an deren Ende sich die Aktivisten zerfleischen, während sich der Saal allmählich leert.

Und nicht zuletzt der inflationäre Einsatz von Straßendemonstrationen führt dazu, daß die »Straße«, die potentiell Betroffenen, nicht mehr aktiviert werden kann, denn die traurigen Demonstrationsankündigungen mobilisieren sowieso nur noch die bereits Interessierten, einzig die Massendemonstration der Bürgerinitiativ- und Ökologiebewegung machen hier eine Ausnahme.

Aber auch die Form des kollektiven Diskurses hat sich geändert. Wurde er in der Revolte durch eine Abstimmung beendet, so ist jetzt das Ideal eines kollektiven zwanglosen Konsensus vorherrschend, dem das Plebiszit schon als Repressions- und Machtinstrument erscheint. Im Diskussionsprozeß sollen alle Beteiligten *überzeugt*, und nicht überstimmt werden. Das Prinzip einer »Palaverdemokratie« setzt sich durch, das auch den zufällig Anwesenden berechtigt, über komplexe Sachprobleme unkompetent zu entscheiden. Die rigide Ablehnung formalisierter Entscheidungsstrukturen (Abstimmung der Mehrheitsverhältnisse) führt nun aber dazu, daß die Orte konsensueller Willensbildung gerade das reproduzieren, wovon sie gerade befreien wollen: von Macht und Herrschaft. „Was hier unter dem Titel »Diskussion« meist stattfindet, hat mit dem, was das Wort meint, nichts zu tun. Es wird proklamiert statt argumentiert, nicht auf das gehört, was der Andere (oder die Andere) sagt, sondern bösartig mißinterpretiert usw. usw." (Schülein 1980: 100) Damit aber kehrt in verschärfter Form das wieder, was gerade abgeschafft werden soll.

8. »Gegenöffentlichkeit« in der Alternativbewegung

Wenn wir uns den von der alternativen Bewegung wegen seines inflationären Gebrauchs gleichsam sinnentleerten Begriff »Gegenöffentlichkeit« anschauen, sieht man, daß er von seinem Wortsinn her irreführend und falsch gebraucht wird. Denn der semantische Gehalt des Begriffs Gegenöffentlichkeit ist eigentlich, daß diese *gegen* Öffentlichkeit gerichtet ist, der Begriff wird jedoch gebraucht im Sinne von: gegen die hier und heute praktizierten Formen von Öffentlichkeit, gegen die vermittels, privatkapitalistisch und/oder öffentlichrechtlich organisierter Medien, hergestellte Öffentlichkeit. „»Gegenöffentlichkeit ist eine Öffentlichkeit gegen eine ganz bestimmte Art von Öffentlichkeit«. Und zwar gegen die »Öffentlichkeit«, die allgemein so heißt, die aber eigentlich — (...) — gar keine ist." (Gegenöffentlichkeit 1982: 15)

Als Negativbegriff bezieht er sich auf die nicht zur Geltung gekommenen Interessen und Erfahrungen unorganisierter Gruppen und Individuen, er bezieht sich auf alle Formen *nichtinstitutionalisierter* Kommunikation und Interaktion. »Gegenöffentlichkeit« ist also *kein* institutionelles Gerüst, auf das man sich verläßlich stützen kann, „es sind Ansätze, Prozesse, um die herum sich Gegenöffentlichkeit organisiert, brennpunktartige Konzentrationen der Aufmerksamkeit auf Probleme der »unterschlagenen Wirklichkeit«, wie Günther Wallraff das genannt hat" (Negt 1983 b: 20).

Der Partizipations- und Ergänzungsaspekt von Gegenöffentlichkeit wird in folgender Begriffsdefinition unterstrichen: „Unter Gegenöffentlichkeit sind entweder unabhängige, gegebenenfalls spontane Vereinigungen von Individuen oder staatsrechtlich verankerte Institutionen zu verstehen, deren erklärtes Ziel darin besteht, diejenigen Interessen und Bedürfnisse einer Gesellschaft, welche herkömmlicherweise als nicht oder tendenziell nur wenig organisations- und konfliktfähig gelten, durch zielgerichtete Aktionen oder systeminterne Einflußnahme im pluralistischen Meinungsprozeß »wettbewerbsfähig« und damit im staatlichen bzw. administrativen Handlungsvollzug verwertbar bzw. bedingt berücksichtigungsfähig zu machen." (Oeckl 1977: 73) In diesem Sinne hat auch die Bürgerinitiativbewegung den Begriff »Gegenöffentlichkeit« gebraucht und praktiziert. Anders die Alternativbewegung: Die Forderung, Gegenöffentlichkeit zu schaffen, sind nicht nur darauf gerichtet, die existierenden Formen bürgerlicher Publizistik für die Bewegung zu nutzen, etwa die bürgerliche Öffentlichkeit zu reaktivieren, sondern darauf der eigenen Lebenswelt überhaupt erst eine Öffentlichkeit zu schaffen. Die Entfaltung einer »autonomen« Öffentlichkeit wird damit zum politischen Programm, in dem der Aufbau alternativer, autonomer Gegenmedien im Mittelpunkt steht.

In dem Maße wie sich die Alternativbewegung von der »Normalgesellschaft«, von den Formen bürgerlicher Öffentlichkeit absetzt und zurückzieht, in dem Maße wie sie mit dem Aufbau alternativer Projekte eine »zweite Kultur« etabliert, bildet sich eine Öffentlichkeit heraus, die um die Projekte, Läden, Kneipen, Kooperativen, Wohngemeinschaften und Landkommunen sich gruppiert. Um diese »Institutionen« des alternativen Lebens kristallisiert sich diese »alternative Öffentlichkeit« wie sie von H. Hübsch (1980) in seinem gleichnamigen Buch kenntnisreich beschrieben worden ist.

Das subkulturelle Gegenmilieu ist also gleichsam der Träger eines »anderen Typus von Öffentlichkeit«: „Im Grunde ist alternative Öffentlichkeit, von ihrem sinnlich erfahrbaren und utopisch formulierten Konzept her, eben keine »Gegengesellschaft« oder »Anti-Öffentlichkeit«, (...), sie ist vielmehr eine »*andere* Öffentlichkeit«, die abseits und aus den überwindbargeglaubten Wirklichkeiten einer heuchlerischen Gesellschaft und deren integrierbar zurechtgeplanten und vorausgedachten, vereinnahmten und kommerzialisierten Alternativgesellschaften heraus entstehen will." (Hübsch 1980: 31) Diese Öffentlichkeit ist demnach nur insofern Gegenöffentlichkeit, als hier andere Lebens- und Arbeitsformen, andere Aktions- und Kommunikationsformen, eigene Werte und Normen der Moral, Liebe und Solidarität formuliert und praktiziert werden, die sich von der Normalgesellschaft absetzen, gegen diese gerichtet sind.

Die Alternativbewegung hat mithin einen Typus von Öffentlichkeit konstituiert, der nicht die Aufklärung einer vom Verfall bedrohten bürgerlichen Öffentlichkeit zum Ziel hat, sondern die *Selbstaufklärung der Beteiligten*. „Diese Öffentlichkeit war weniger auf das bestehende System gerichtet. Eher sollten die Beteiligten ein Medium der Verallgemeinerung, des Wiedererkennens, der Artikulation bekommen." (Negt 1982: 48)

Mit dem Aufbau autonomer Strukturen von Gegenöffentlichkeit, mit der Etablierung einer Gegenpresse, die sich jenseits tradierter Werte und Normen bürgerlicher Publizistik etabliert, hat sie sich damit unabhängig gemacht von dem integrativen Sog bürgerlicher Öffentlichkeit. Von daher ist auch der Einfluß bürgerlicher Öffentlichkeit auf diese Form »authentischer Öffentlichkeit« relativ gering. Die Dialektik von etablierter und alternativer Öffentlichkeit scheint in dieser Phase des politischen Protestes nahezu zum Erliegen gekommen zu sein.

War in der Studentenbewegung ein emphatischer Begriff von Gegenöffentlichkeit vorherrschend, der aufgrund seiner mangelnden realen, materiellen Fundierung oftmals nicht mehr als ein abstraktes Postulat geblieben ist, so hat sich das in der Alternativbewegung verändert. »Gegenöffentlichkeit« ist jetzt unmittelbar bezogen auf die von der Bewegung konstituierten Projekte und Zentren, auf die Landkommunen und Produktionskollektive, die das Projekt »alternatives Leben« realisieren wollen, ist bezogen auf die real existierenden, nicht entfremdeten Arbeits- und Lebenszusammenhänge der politischen Subjekte. Gegenöffentlichkeit in diesem Sinne bezieht sich also nicht *nur* auf die medialen Ausdrucksformen der Gegenkultur, wie das in der Publizistikwissenschaft wiederholt dargestellt wird (vgl. Eurich 1980), dieser universalistische Begriff wird zum Synonym für das »alternative Leben« selbst. Die Alternativkultur mit ihren Projekten, Wohngemeinschaften, Landkommunen, Kneipen, Initiativen, mit ihren Musik und Diskussionsveranstaltungen, den Theater- und Zirkusgruppen, den Diskussionen und Auseinandersetzungen in den

Seminaren und Workshops, den alternativen Werkstätten und Kinos, den Läden mit Büchern, Schallplatten und Zeitungen, den Festen und Aktionen, den Demonstrationen und Straßenfesten sind praktizierte Gegenöffentlichkeit.

Da ist einmal die Öffentlichkeit der Caf'es, Kneipen, Läden und Kommunikationszentren, in denen man sich trifft, um miteinander zu kommunizieren und zu interagieren. Die in der Szene kursierenden Themen werden hier diskursiv verarbeitet und eingegrenzt, und es differenzieren sich diejenigen aus, die von wirklich öffentlichem Interesse sind, so daß sie von den Medien aufgegriffen und reproduziert werden. Das Kneipengespräch ist quasi eine diskursive Instanz, in der die Selektion des Themenspektrums vorgenommen wird.

Insbesondere sind es die »Institutionen« der alternativen Öffentlichkeit, die im Gegensatz zur Oppositionsbewegung der 60er Jahre, explosionsartig zugenommen haben. Das zeigt sich auch daran, daß allein ein Fünftel aller alternativen Projekte im Bereich Verlag, Buchladen, Zeitschrift und Druckerei angesiedelt sind. Schaut man sich die Gesamtheit der medialen Ausdrucksformen dieser Öffentlichkeit an, dann ist der Buchladen als erster zu nennen, weil er als beliebter Treffpunkt der Alternativen, als »*Knotenpunkt linker Öffentlichkeit*« gelten kann. Der linke Buchladen ist nicht nur »ideologischer Stützpfeiler« der Bewegung, sondern er hat auch als Umschlagplatz gegenidentitärer Erfahrungs- und Informationsproduktion eine herausragende Stellung in der politischen Infrastruktur der alternativen Szene. „Produkte der Szenen-Kultur werden hier an Mann und Frau gebracht, an den schwarzen Brettern hängen weiße Zettel, auf denen ein Platz an der Sonne einer WG gesucht wird, und in den Schaufenstern liegen die Innereien und Äußerungen der Schreiber der Szene, auf das ein Einkauf oder Ausverkauf sich neuen Taten entgegenführe." (Hübsch 1980: 13) Der ortsansässige linke Buchladen ist somit Kommunikationszentrum und Anlaufstelle für die Trendsetter der Szene, ist Drehscheibe der Szenefiguren, die mit Klatsch und Tratsch diese auf dem laufenden halten.

Zwar hatte bereits die Studentenbewegung eine ganze Reihe von politischen Buchläden konstituiert, die die Funktion hatten, die von dem etablierten Buchhandel tendenziell ausgegrenzten Autoren kritischer Literatur und Wissenschaft zu vertreiben (Beispiele sind das »Libresso« Frankfurt, »Das politische Buch« Berlin, usw.), aber erst die Alternativbewegung hat eine breite Palette linker Buchläden ausgebildet, die mit dem Differenzierungs- und Etablierungsprozeß der Bewegung sich auch hinsichtlich ihres Angebots spezifizieren: Kinder- und Jugendbuchläden, Frauenbuchläden, Buchläden der Männer- und Schwulenbewegung usw.. Diese Entwicklung findet ihren Höhepunkt in der Herausbildung themenspezifisch konzentrierter Buchhandlungen: Buchläden der makro-biologischen Lebensweise entstehen neben solchen, die ihr Sortiment speziell auf psychologische, astrologische und metaphysische Themen ausgerichtet haben (Medienbuchläden etc.). Allerdings ist in jüngster Zeit ein verschärfter Prozeß der Entdifferenzierung zu beobachten, der bis zur Schließung alteingesessener Buchläden geht.

Neben alternativen Vertriebs- und Auslieferungsinstitutionen haben sich aber auch eine Vielzahl von Druck-, Satz- und Herstellungsbetrieben herausgebildet, die den medialen Bereich der Gegenöffentlichkeit komplettieren. Auch die Zahl der linken Verlage ist in der Alternativbewegung eminent gestiegen, das Berliner »StattBuch 2« führt für das Jahr 1980 allein 31 Verlage der Berliner alternativen Szene auf. Nicht nur die Buchläden, sondern auch die Verlage, Vertriebsinstitutionen und Druckereien sind im »Verband linker Buchhandlungen« (VlB) überregional zusammengefaßt. Dieser repräsentiert im Jahre 1978 250 solcher Läden und Verlage.

Ein zweiter Bereich alternativer Medienproduktion läßt sich im Bereich Film, Kino, Funk und Fernsehen ausmachen. Hier sind vor allem die zahlreichen Video-Gruppen zu nennen, die insbesondere in der zweiten Hälfte der 70er Jahre einen Aufschwung erfahren (vgl. Faenza 1975, Lechenauer 1979). Mit dem »Bürgermedium Video« versuchen sie der politischen Basisarbeit eine Öffentlichkeit zu geben, die diese durch die öffentlich-rechtlichen Medien nicht erlangt. In kleinen, unhierarchisch organisierten und überschaubaren Gruppen wird produziert, jeder ist Kameramann, Regisseur, bestimmt die Inhalte und Formen der Darstellung, so daß eine Korrektur und Kritik jedes Einzelnen am Entstehungsprozeß möglich ist. Diesem »operativen Ansatz« ist der eigene Lernprozeß, d.h. die Veränderung und Emanzipation der am Produktionsprozeß Beteiligten wichtiger als eine mögliche Wirksamkeit des Produktes wie sie in Wirkungsanalysen gemessen werden kann.

Auch die zahlreichen Versuche, jenseits des Anbietermonopols der öffentlich-rechtlichen Rundfunkanstalten eine Bewegung »freier Radios« zu konstituieren, sind hier zu nennen. Diese Bewegung der »Frequenzbesetzer«, deren größte Hürde bislang die Illegalität war, setzt aber verstärkt erst in den 80er Jahren ein (vgl. Busch 1981).

Aber auch die zahlreichen alternativen Kinos, die dem Kinosterben Einhalt gebieten wollen, sind Teil dieser gegenkulturellen Öffentlichkeit. Hier ist insbesondere Berlin zu nennen, das mit einer ganzen Palette von Programm- oder Studio-Kinos wohl zur »kinointensivsten« Stadt der Bundesrepublik geworden ist.

Ein zentraler Bereich der Alternativkultur ist die Kunst, hier soll aber weniger alternative Kunst, sondern eher Antikunst produziert werden: »das Ästhetische wird politisiert und das Politische ästhetisiert« lautet die Parole. In diesem Bereich ist das breite Spektrum der alternativen Musik- und Theatergruppen angesiedelt, die, in dem Maße wie sich diese Bewegung entpolitisiert, in den Mittelpunkt rückt.

Im Bereich der Musik wäre hier die »Initiative Rock gegen Rechts« zu nennen, die 1979 in Frankfurt anläßlich eines Deutschland-Treffens der NPD zu einem Open-Air-Konzert 70.000 Menschen mobilisieren konnte. Desweiteren hat diese Szene mit dem Plattenvertrieb »Schneeball« einen Verlag gegründet, der sie unabhängig macht von den großen Plattenproduzenten und deren Willkür gegen politisch unliebsame Gruppen.

9. Die Alternativpresse

Die zentrale Rolle der alternativen Zeitungen für die Alternativbewegung rührt daher, daß diese Bewegung, wie keine andere vergleichbare, durch ein Minimum an formalen Organisationsstrukturen gekennzeichnet ist. Im Gegensatz zur Bürgerinitiativbewegung, die die etablierten Medien für ihre Zwecke weitestgehend instrumentalisieren kann, ist die Alternativbewegung auf eigene Medien angewiesen. Das hängt damit zusammen, daß die bürgerliche Öffentlichkeit dieser Bewegung zunächst kein Interesse entgegenbringt, sondern diese mit Nichtbeachtung »straft«. Erst »TUNIX« signalisiert ein erwachendes öffentliches Interesse an den bereits seit einiger Zeit existierenden alternativen Projekten und an den alternativen Lebensformen.

Das geringe Medienecho der Alternativen basiert aber nicht nur auf dem mangelnden Interesse der Medienindustrie, sondern auch daher, daß in der Bewegung selbst eine Nutzung der professionellen Medien als äußerst kompromittierend gilt. In der Alternativbewegung ist, zumindest anfänglich, eine Berührungsangst in bezug auf die Massenkommunikations-Medien vorherrschend, die dazu führt, daß deren Benutzung als unmoralische Billigung des Bestehenden begriffen wird. Vor diesem moralischen Diktum erscheint der Aufbau eigener Medien als einziger Ausweg.

Diese Abschottung von der bürgerlichen Öffentlichkeit hat dann aber zu geradezu grotesken Situationen geführt: In einer *öffentlichen* Diskussionsveranstaltung spricht sich die Mehrheit des Auditoriums gegen Fernsehaufnahmen aus, so daß die bereits laufenden Kameras ab-, und die bereits brennenden Scheinwerfer abgeschaltet werden müssen.

Die Alternativbewegung kann allerdings, das ist ein Vorteil, auf denjenigen Teil der seit der Revolte existierenden Medien zurückgreifen, der nicht von den kommunistischen Kaderorganisationen okkupiert ist. „Die sozialistischen

Kleinverlage und die politischen Blätter der Alternativpresse ebenso wie die Publikationen, Verlage und Vertriebsorgane der literarischen Alternativpresse verhalfen der Alternativbewegung zu der notwendigen Öffentlichkeit, lange bevor auch die etablierten Medien sich ihrer annahmen." (Daum 1981: 116) Gleichwohl sind alle diese Ansätze nicht ausreichend, denn in dem Maße, in dem sich die Bewegung als dezentrale durchsetzt, wird die Notwendigkeit zusätzlicher Kommunikationsmedien immer dringlicher. Berücksichtigt man, daß mit dem anders gearteten Politikverständnis eine breite Palette bislang nicht problematisierter Sachkomplexe ins Visier der politischen Auseinandersetzung rückt, ausgegrenzte Lebensbereiche einer öffentlichen Erörterung zugänglich gemacht werden, dann wird die explosionsartige Zunahme alternativer Medien evident.

Alternativzeitungen haben, ganz allgemein formuliert, die Funktion, die Kommunikation zwischen den Gruppen, Projekten und Zentren zu gewährleisten, es sind Medien der kommunikativen Vernetzung. Von daher, als sie sich auf die heterogenen dezentralen Basisprojekte und -Gruppen beziehen, ist ihre Struktur ebenfalls dezentral. Sie sind ein wesentliches Bindeglied der alternativen Öffentlichkeit, von der sie nur ein Teil sind.

Alternativzeitungen sind Medien der Artikulation, der Verallgemeinerung und des Wiedererkennens, sie sind Sprachrohr der Bewegung und Foren politischer Auseinandersetzung. In dieser ihrer Funktion als »Bewegungsmedien« gehen sie aber nicht auf, denn sie sind nicht nur das Ergebnis eines lokalen Kommunikationsdefizits, sondern umgekehrt sind alternative Lebens- und Arbeitszusammenhänge auch die Funktion alternativer Medien. Einerseits kompensieren die alternativen Zeitungen, als sie sich unmittelbar auf den lokalen Raum, auf die Region und die dort existierenden sozialen und kulturellen Gruppen beziehen, das dort vorherrschende Kommunikationsbedürfnis, andererseits sind lokale Alternativzeitungen aber auch Ausgangspunkt einer lokalen Gegenöffentlichkeit. Sie sind Kristallisationspunkte, um die sich soziale Arbeits- und Lebenszusammenhänge strukturieren. Martin Stankowski hat dies den »Aktionsansatz« der Alternativzeitungen genannt.

Dementsprechend sind lokale Alternativzeitungen und -blätter nicht nur auf ihre Nachrichten- und Informationsvermittlungsfunktion reduzierbar, denn für die sie tragenden Personen und Gruppen haben sie eine identitätsstiftende Funktion, u.a. auch deshalb, weil sie den lokalen Konsens gewährleisten und aufrechterhalten. Dieser stellt sich gleichsam über die Ablehnung bestimmter Normalitätsmerkmale her, man liest nicht FAZ, sondern taz. Die um die Medien angesiedelten Sozialzusammenhänge partizipieren unmittelbar an den eingehenden Informationsströmen, die in den Medien-Zentren zusammenlaufen, denn gerade in unstrukturierten Gruppen ist Informationszugang ein wesentlicher Machtfaktor. Das Selbstverständnis der alternativen Medienmacher speist sich nicht so sehr, wie etwa in der Studentenrevolte, aus einer theoretischen Einsicht in die Unzulänglichkeit der bürgerlichen Medien, sondern eher aus einer identischen Erfahrung der praktischen Arbeit in Stadtteil- oder Basisgruppen mit der Arbeitsweise der bürgerlichen Presse und dem öffentlich-rechtlichen Funk und Fernsehen. „Aus den Selbstdarstellungen war das Wesentliche gestrichen, über die Aktion kam überhaupt nichts und der Schreiber, der von unserer Demonstration berichtete, muß auf einer anderen Veranstaltung gewesen sein — kurzum: wenn sich die Presse schon mal kümmerte, stimmte der Artikel hinten und vorne nicht." (ID 190/191, 1977) Aus diesem Erfahrungsgehalt, aus dieser »Nichtöffentlichkeit« erwächst die Vorstellung, eigene, eigenständige, autonome Medien aufzubauen.

In einer ersten, sog. Inkubationsphase (Schwendter) 1973-1976 lassen sich drei Typen von Zeitungen voneinander unterscheiden: die »Volksblätter«, die »Szene-Blätter« und die »Stadtzeitungen«.

Aus dem Kontext der Bürgerinitiativ- und Ökologiebewegung, die wir in einem gesonderten Abschnitt behandeln, entstehen die »Volksblätter«, die sich als Sprachrohr und Forum der Bürgerinitiativen begreifen. Dementsprechend sind sie einem eher traditionalistischen Politikverständnis zuzuordnen. Im Gegensatz zu den »Szene-Zeitungen« oder auch »Szene-Magazinen«, sind sie einem anderen Klientel verpflichtet, dem sog. Durchschnittsleser, dem Bürger. Die »Szene-Blätter« hingegen beziehen sich unmittelbar auf die Binnenkommunikation der Szene, sie beziehen ihre politische Identität aus diesem »Getto«, das mit dem vorherrschenden Politikverständnis gebrochen hat und ein Forum zur Diskussion der eigenen, privaten, nunmehr öffentlichen Belange benötigt. Nicht die »reine« Nachricht, die Information, wie etwa bei den »Volksblättern«, steht im Mittelpunkt der Berichterstattung, sondern der subjektiv gehaltene Meinungsbeitrag, die politische Einschätzung, die die Diskussion anregt. Und so finden die öffentlichen Auseinandersetzungen und Debatten über Eigentums- und Geschlechtsverhältnisse, über Lebens- und Produktionsformen usw. in den »Szene-Zeitungen« statt. Mit dem Ablösungsprozeß der Szene von der »hohen« Politik, rücken dann auch die traditionellen Themen wie Polizei, Staat, Repression usw. zugunsten einer verstärkten Auseinandersetzung mit Kultur und Kunst in den Hintergrund der Berichterstattung.

Beispielhaft für das Genre »Sponti- bzw. Szene-Blatt« ist das Berliner »Info-BuG«, das mit seiner Veröffentlichungspraxis den Anspruch einer unzensierten Öffentlichkeit am radikalsten vertritt, während für die Hamburger »Große Freiheit« wie auch für das, nach Zwerenz, besonders intelligente Metropolenmagazin »Pflasterstrand«, der Magazin-Charakter vorherrschend ist. Das Münchner »Blatt« (Stadtzeitung für München), die älteste Alternativzeitung der Bundesrepublik Deutschland (erste 0-Nummer im Mai 1973, erstes reguläres Erscheinen 1. Juli 1973), die dem Londoner Stadtmagazin »time out« nachempfunden ist, ist im Vergleich dazu einer speziellen Sponti-Kultur nicht zuzuordnen, allerdings hat das »Blatt« mit letzteren Zeitungen den umfangreichen Programm-, Adressen- und Anzeigenteil, der den Gebrauchswert dieser Zeitungen erhöht, gemeinsam.

Schließlich die »Stadtzeitungen«, sie knüpfen an das durch das »Kölner Volksblatt« entwickelte Volksblatt-Konzept an, ohne sich von den existierenden Bürgerinitiativen abhängig zu machen. Sie beanspruchen eine gewisse redaktionelle Autonomie, was in den redaktionell erarbeiteten Berichten und Recherchen zum Ausdruck kommt. Eine der ersten Stadtmagazine ist »s blättle«, Stadtzeitung für Stuttgart und Umgebung, das seit 1975 erscheint.

In dem Maße wie sich die alternativen Projekte und Initiativen über die einstmaligen Zentren des Protestes hinaus auf das Land und in der Provinz verbreiten, wächst auch die Zahl der alternativen Zeitungen und Blätter, so daß die Klassifizierung in »Volks- und Szeneblätter«, dazwischen die »Stadtzeitungen«, nicht länger Gültigkeit hat. Zwar sind die Anfänge einer »alternativen Zeitungsbewegung« bereits im Jahre 1973 auszumachen (Blatt, ID), zu einem wahren »Rauschen des Blätterwaldes« kommt es aber erst ab dem Jahr 1975. Die vom Frankfurter »Informations-Dienst zur Verbreitung unterbliebener Nachrichten« nach den Zeitungstreffen veröffentlichte Liste der Alternativzeitungen führt im August 1976 56 Titel auf sowie 13 Zeitungsinitiativen, die eine ebensolche Zeitung aufbauen wollen. In diesem »Jahr der alternativen Presse« (Schwendter) setzt ein Alternativzeitungsboom ein, der die unterschiedlichen Genres und Zeitungstypen hervorbringt. *Landzeitungen* zum Beispiel, in der Anti-AKW-Bewegung verankert, bringen das Milieu des Ortes und der Region zum Ausdruck. Die Darstellung des ökologischen Widerstandes als Verteidigung gewachsener Lebensinteressen ist der Mittelpunkt ihrer Berichterstattung. Neben den *Szene-Zeitungen* entstehen aber auch erste konsumistische Stadtzeitungen, die *Stadtmagazine*, die die Themen der alternativen Kultur zum Aufhänger einer massenkonsumgerechten Berichterstattung machen. Im Gegensatz zu den Szene-Zeitungen ist deren Anbindung an die politische Subkultur weniger stark, was auch darin zum Ausdruck kommt, das der Politik-Teil zugunsten von Kultur und Programm immer mehr in den Hintergrund tritt. Diese Programm-Illustrierten sind Zwitter zwischen Kommerz und alternativem Anspruch, die sich mit dem Feigenblatt linker Politik schmücken, deren Hauptzweck aber darin besteht, Anzeigen zu aquirieren. Aber bereits das »Riesengroße Verzeichnis aller Alternativzeitungen«, nennt für das Jahr 1980 391 alternative Zeitungen und Blätter, ein Jahr später sind es schon 439 Titel, die vom Herausgeber in zwanzig inhaltliche kategoriale

SOLIDARITÄT MIT DER KPD?

Nr. 4

Mai 1973   1,00 DM

Inhaltsverzeichnis

Hamburg: Das erste Haus ist besetzt	2
Die Gegner der Besetzung	3
1. Mai in München	4
Was für eine Alternative, was für ein Sozialismus?	5
Studentenrevolte in Griechenland	7
Rocker	8
Rocker, Schläger und Verschwörer	9
Folter im Knast	10
Bullen im Weißbecker-Haus	12
Frankfurt: Häuserkampfflugblätter	13
Offenbach: Jugendzentrum	14
VW im Streik	16
Renault: Weniger Arbeit, mehr Lohn	17
Solidarität mit der KPD	18

Kontaktadressen mitarbeitender Gruppen:

München: Arbeitersache c/o Basis 8 München 13, Franz-Josefstr. 26
Frankfurt: Revolutionärer Kampf 6 Ffm 1, Postfach 4202
Köln: Arbeiterkampf c/o Das Politische Buch 5 Köln 41, Zülpicher Straße 197
Hamburg: Proletarische Front c/o Renate Schmitt 2 Hamburg 20, Haynstraße 3
Bremen: Proletarische Front c/o Gerd Staljes 28 Bremen, Kirchbachstr. 144
Nürnberg/Erlangen: Friederike Pfannenmüller 852 Erlangen, Werner von Siemens-Straße 8

WIR WOLLEN ALLES

DER HÄUSERKAMPF GEHT WEITER!

Gruppen eingeteilt sind (vgl. Arbeitsgruppe Alternativpresse 1980 und 1981).

Wie nun aber schlägt sich das Politik-Konzept der Alternativbewegung in der Arbeitsweise, im konzeptionellen Selbstverständnis der Zeitung nieder? Anhand folgender Spezifika soll das Besondere alternativer Zeitungsproduktion festgemacht werden (vgl. Beywl/Brombach 1982: 54).

9.1 Ziel und Zweck der Produkterstellung

Im Gegensatz zur etablierten bürgerlichen Presse, die primär an der Gewinnmaximierung der Kapitalgeber orientiert ist, sein muß, ist die Alternativpresse diesem Verhältnis von Ökonomie und Zweck bzw. Zielsetzung nicht ausgesetzt. Alternativzeitungen sind ökonomisch unabhängig, sowohl von einem Kapitalgeber als auch von Anzeigenkunden (mit Ausnahme der Stadtmagazine, die jedoch auf Anzeigen sexistischer und menschenverachtender Natur verzichten). Alternativzeitungen operieren damit gleichsam außerhalb der kapitalistischen Marktlogik. So ist man beispielsweise bei Gründung der »taz« bewußt davon ausgegangen, dem Käufer einen politischen Preis abzuverlangen. Auf die daraus resultierenden Probleme wie Unterkapitalisierung, Selbstausbeutung, ständige Mobilisierung der Leser und Sympathisanten usw. soll hier nicht eingegangen werden.

9.2 Organisation des Arbeitsprozesses

Nicht nur kommt der alternative Anspruch in der inhaltlichen Berichterstattung, in der Themenwahl zum Ausdruck, sondern auch in der Art und Weise wie die Zeitung produziert wird, denn alternative Zeitungsproduktion ist gelebter Widerstand. So heißt es im Münchner Blatt: „Die Medien der Gegenöffentlichkeit transportieren nicht nur die Abbilder der politischen Veränderung, sie setzen sie auch in ihrer inneren Struktur, in den eigenen Arbeitsbeziehungen und Verkaufsformen durch." (Weichler 1983: 45) Konkret heißt das, daß im Gegensatz zu den etablierten Medien, deren Produktionsprozeß hochgradig arbeitsteilig organisiert ist, die alternative Medienproduktion daran interessiert ist, diese Trennungsprozesse aufzuheben. Die Trennung von Kopf- (redaktionelle Tätigkeiten wie Schreiben, Redigieren, Lay-out etc.) und Handarbeit (Tippen, Setzen, Drucken, Vertrieb und Versand) soll aufgehoben werden. Analog dazu sind auch die innerinstitutionellen Entscheidungsstrukturen nach dem Egalitätsprinzip organisiert: der vorherrschenden Hierarchie vom Chefredakteur, Redakteur über den Schreiber zum Setzer, Drucker setzt man demokratische Strukturen gegenüber. Das Kollektiv ist die oberste und letzte Entscheidungsinstanz. Zusammenfassend kann man deshalb den anvisierten Arbeitsprozeß in Alternativzeitungen als gleichberechtigt, selbstbestimmt, bedürfnisorientiert, offen und spontan charakterisieren.

9.3 Das Kommunikationsmodell der Alternativzeitungen

Im Gegensatz zur massenmedialen Kommunikation, die auf Trennungsprozessen basiert, insbesondere auf demjenigen von Kommunikator und Rezipient, ist alternative Medienproduktion darauf gerichtet, diese »Einwegkommunikation« zu überwinden und den unterbrochenen Dialog wiederherzustellen. Der vorherrschende vertikale Kommunikationsfluß soll durch einen horizontalen ersetzt werden. Der Leser soll nicht länger zum Objekt publizistischen Bemühens degradiert, sondern als gleichberechtigter Partner in den dialogischen Kommunikationsprozeß einbezogen werden. „Im Ideal: Betroffene sprechen, schreiben, fotografieren, malen, singen und spielen für Betroffene; anstelle der üblichen Sender-Empfänger-Entfremdung treten die Rezipienten mittels des Mediums miteinander in Kontakt." (Röder 1978: 165) Dementsprechend verstehen sich die Alternativzeitungen auch als Leserzeitungen, als Zeitungen, die von den Lesern, für die Leser gemacht werden. »Von der Basis für die Basis« lautet die Devise.

Auch hinsichtlich ihrer Organisationsweise sind alternative Zeitungen dem Egalitäts- und Öffentlichkeitsprinzip verpflichtet, d.h., der Zugang zu den Zeitungen ist nicht reglementiert; im Gegenteil, die Öffentlichkeit der Redaktionssitzungen ist oberstes Prinzip. Unter anderem hängt das damit zusammen, daß mit dem veränderten Politik-Verständnis auch die tradierten Normen des professionellen Journalismus, die professionelle journalistische Arbeitsweise bzw. deren Wertstandards und Normen, obsolet werden, da auch diese sich durch eine Distanz zum Objekt, zum Betroffenen auszeichnen. Die Arbeitsweise des alternativen Journalismus orientiert sich geradezu ex negativo an derjenigen des Professionellen. Dementsprechend wird von den alternativen Zeitungsproduzenten gegen den vorherrschenden Objektivitätsanspruch ein radikaler Subjektivismus gesetzt, der durch die Basis- und Betroffenenberichterstattung realisiert werden soll. Der Betroffenenbericht ist der Idealtypus alternativer Berichterstattung. An ihn ist die Idee geknüpft, daß im Akt des Schreibens der Betroffene sich seiner eigenen Erfahrung bewußt wird, diese reflektiert und im und während des Schreibaktes reorganisiert. Damit ist gleichsam ein Prozeß der Aneignung der eigenen Erfahrung intendiert, der wiederum konstitutiv für Politisierungsprozesse ist. Es sollen in diesem Prozeß die von der Kulturindustrie noch nicht verbildeten, ureigensten, authentischen Bedürfnisse, Interessen und Wünsche zum Vorschein kommen. Dementsprechend überwiegen in diesen Berichten auch die unreflektierten Schilderungen, die Ausführungen von Trauer, Wut und Enttäuschung, aber auch von Euphorie und Überschwang. Mit der Propagierung der Betroffenenberichterstattung ist aber eine Fetischisierung der Unmittelbarkeit verbunden, die in einer inflationär anmutenden Flut von Betroffenen- und Erlebnisberichten zum Ausdruck kommt. Im Bemühen, *keine* gegenüber den alltäglichen Lebenszusammenhang abgehobene Berichterstattung zu praktizieren, werden die meisten Blätter zum Spiegelbild dessen, was jeder ohnehin schon weiß. Grundsätzlich ist die Basis- und Betroffenenberichterstattung aber auch deshalb zum Scheitern verurteilt, weil die »Knotenpunkte der Erfahrungsveränderung« von den Beteiligten nicht selbst begriffen werden können (vgl. Negt 1982: 49).

9.4 Inhaltliche Zielvorstellung

Gegenüber einer von den bürgerlichen Medien praktizierten Berichterstattung, die unliebsame Themen ausgrenzt oder lediglich verkürzt oder entstellt darstellt, will die Berichterstattung in alternativen Zeitungen das Ausgegrenzte, die »unterbliebene Nachricht« zum Bezugspunkt ihrer Arbeit machen. Vor allem aber soll der Bezug der Themen zum Alltag, zum Alltagshandeln aufgezeigt werden, d.h. „*der politische oder der sich politisierende Alltag in den jeweiligen Aktionsbereichen (wird) das Thema der Medienartikulation*" (Negt 1982: 48). Ein zentrales Postulat des subjektbezogenen Politikkonzeptes besagt, daß das Alltägliche auf das Allgemeine und umgekehrt, das Allgemeine, das politisch Abstrakte auf das konkrete Besondere zu beziehen ist. Übersetzt auf die Ebene lokaler Zeitungsproduktion heißt das: lokale politische Vorgänge sollen auf ihre gesamtgesellschaftlichen Funktionen hin durchleuchtet werden wie umgekehrt die allgemeine, abstrakte Politik auf das Lokale, Individuelle zurückgeführt werden soll. Diesem Konzept, das einem Totalitätsdenken verpflichtet ist, ist auch eine Berichterstattung suspekt, die das Universum analog zu den redaktionellen Sparten in Wirtschaft, Ausland, nationale- und lokale Politik einteilt.

10. »Authentische Öffentlichkeit« als Konstitutionsbedingung »politischer Identität«

Die Frage, die sich hier stellt, ist, hat die Alternativbewegung eine Öffentlichkeit geschaffen, in der die an dieser Bewegung Beteiligten »politische Identität« entwickeln können? Diesen Identitätstypus, wie auch die für seine Konstitution notwendigen strukturellen Bedingungen haben wir bereits im Abschnitt über die Studentenrevolte entwickelt. Die von Brückner formulierten Konstitutionselemente, wie sie zur Bildung »politischer Identität« notwendig sind, kollektive Erfahrungsproduktion, Wiederaneignung von Lebensgelände sowie theoretische Reflexion, sind zumindest in der ersten Phase der alternativen Bewegung allesamt vorhanden.

In der »authentischen Öffentlichkeit« der Alternativbewegung finden Prozesse der Dekolonialisierung statt, die auf eine Rekonstruktion von Sinnstrukturen gerichtet sind. Basis dieser Suche nach alternativen Formen der Subjektivität ist die Bereitschaft, im Rahmen einer auf Aufhebung von Entfremdung und Abschaffung jeder Art von Herrschaft gerichteten Sphäre mit sozialen und kulturellen Verhältnissen zu experimentieren.

Zeichnen sich Industriegesellschaften dadurch aus, daß die Ausbildung subjektiver Identität immer schwieriger wird, es bestehen »strukturelle Identitätsprobleme« (vgl. Schülein 1980: 259f.), so gehen wir davon aus, daß in alternativen Sozialzusammenhängen, in der Sphäre »authentischer Öffentlichkeit«, die die Chance »umwälzenden Handelns« bietet, die Herausbildung stabiler Identitätsstrukturen eher möglich ist. U.a. auch deshalb, weil in diesen Gruppen und Projekten Beziehungen und gegenständliche Prozesse herstellbar sind, über die man sich noch als Subjekt erfahren kann. Brückner (1983: 211) hat diesen Sachverhalt fast euphorisch folgendermaßen beschrieben: „Die Umwälzung bestehender Verhältnisse erscheint als partiell antizipierbar. Die Idee der Revolution einigt sich mit der fast »natürlichen« Geduld des Lebens, das, indem es *heute schon* sich angemessener ausdrücken will, aktives Warten aushält. Angesichts solcher beherrschender Konzepte wie *Alltäglichkeit* (»Lebenszusammenhang«), der veränderten Organisierung individueller Erfahrungen und der Zentrierung auf lokale (subregionale) Knotenpunkte des unerträglichen Alltags verliert der Streit über das Verhältnis der »objektiven Bedingungen« zum »subjektiven Faktor« an Bedeutung und Sinn."

Was in der Alternativkultur der »Gegengesellschaft« sich vollzieht ist ein Ablösungsprozeß von der »kulturellen Hegemonie der bürgerlichen Klasse« (Brückner) und eine rekonstruktive Wiederaneignung von Zeit und Raum. Im Akt der Selbstbefreiung soll das Auseinandergefallene wieder neu zusammengefügt und angeeignet werden. Basis all dieser Entgrenzungs- und Aneignungsprozesse ist die »Politik in erster Person«, die in der Vorstellung eines anderen, »alternativen Lebens« kulminiert. In der Alternativ-Gesellschaft soll der breite Kanon überkommender formaler Tugenden (Ordnung, Sauberkeit, Pünktlichkeit, Gehorsam, Fleiß etc.) destruiert werden, der die Herausbildung einer befreiten Subjektivität blockiert. Gegenüber einem Gesellschaftssystem, das der individuellen Lebensentfaltung unüberwindbare Normen und Schranken entgegensetzt, gegenüber einer Gesellschaft, die zu sinnentleertem Handeln anstiftet, versucht die »Gegengesellschaft« ein Recht auf Selbstbestimmung im Hier und Heute zu praktizieren. Gegen Fremdbestimmung setzt die Alternativszene das Recht auf Autonomie und autonome Selbstverwirklichung. In einer Art »Probehandeln« (zur Lippe), vollzieht sich dieser Ablösungsprozeß von den konsumistischen Werten einer entfremdeten Industriegesellschaft, und es beginnt ein Experiment mit anderen, neuen Umgangs- und Verhaltensweisen. „Das Gegenmilieu übt die wichtigen Funktionen des Aktions- und Kommunikationszentrums für Angehörige der Subkulturen, der Einübung in neue Normen, der praxisbezogenen Informationen, der Organisierung und Erotisierung des Alltags, der Verknüpfung politischer und persönlicher Bindungen (...) aus." (Schwendter 1981: 279) Es entsteht so ein zwar diffuser, aber alternativer Werthorizont, der für die Bewegung von allerhöchster Wichtigkeit ist, denn in Abwesenheit formalisierter Organisationsstrukturen wird der gemeinsame Lebensstil, werden die identitätsstiftenden Normen zu einem Bindeglied und Identifikationsobjekt der Bewegung.

Die Verschiebung und Verbreiterung des gesellschaftlichen Werthorizontes geht also nicht unwesentlich auf die Alternativbewegung zurück. Denn mit dem Aufbau autonomer Arbeits- und Lebenszusammenhänge, in denen die am Projekt »Gegengesellschaft« Beteiligten anders leben und arbeiten, hat die Szene auch eigene Sprach- und Kommunikationsformen, Ausdrucks- und Umgangsformen entwickelt. „Dieser gegenkulturelle Wert- und Bedürfnishorizont hebt sich kritisch von der Erfahrung der zunehmenden Kälte und Anonymität sozialer Beziehungen ab, von ihrer fortschreitenden Funktionalisierung, Technisierung und Kommerzialisierung — von einer Erfahrung, die den Wunsch nach verstümmelter und unzensierter Ganzheit hervorruft, nach einer Lebensweise, die der Emotionalität, den Träumen und Wünschen, der Kreativität, dem »Leben« schlechthin, Raum gibt." (Brand u.a. 1983: 154) Von der Alternativbewegung ausgehend setzt ein »Wertewandel« ein, der die materialistischen Werte des Wohlstandes und der Sicherheit ablöst, und an deren Stelle postmaterialistische Orientierungsmuster und Normen (»postacquisitive values«) setzt. Dieser Prozeß hat nicht nur weite Kreise der Jugendlichen affiziert (vgl. »Jugend'81«), sondern er geht auch bis weit in die Kreise einer neuen Mittelschicht hinein. In diesem Sinne ist die alternative Subkultur der Ort, wo die Selbstzerstörung bürgerlicher Traditionen und Werte positiv gewendet wird.

Im Gegensatz zu den studentischen Kaderorganisationen der ML-Phase, denen »Gegenidentität« als Abweichung, als Dissidenz vom richtigen Klassenstandpunkt erscheint, ist nun die Artikulation und Vertretung von Bedürfnissen das Maß des Widerstandes: „auch gegen die Zwangsmittel, mit denen in der Phase der Desintegration *sekundäre* Homogenität in den Industriestaaten erzwungen werden soll. Dieser Widerstand muß seine psychische Organisierung finden: in der Gestalt einer nur kollektiv zu entwickelnden Gegenidentität des Einzelnen. Dazu bedarf es gerade des »alternativen« Gegenmilieus: hier liegen die organisatorischen Leistungen der Subkultur (Jugendzentren, Wohnkollektiv, Landkommunen, alternative Medien, »Kinderläden«)." (Brückner 1978: 141)

Die von der Alternativbewegung produzierten Strukturen einer »authentischen Öffentlichkeit« — eine Öffentlichkeit, die die Erfahrungen kollektiv und öffentlich diskutiert, diese zu verallgemeinerbaren Perspektiven, also theoretisch, verarbeitet und dabei die Dimension des praktischen Handelns nicht ausschließt — ist damit das Medium kollektiver Gegenidentitätsbildung, das Medium alternativer Sinnproduktion, die in »politischen Identitätsstrukturen« sich vergegenständlicht.

Doch schon in der zweiten Phase des alternativen Protestes, zerbricht dieser identitätsstiftende Öffentlichkeitszusammenhang, denn in den Diskussionen und Gesprächen machen sich Mechanismen der Abwehr und Kontrolle breit. Brückner (1983: 192) hat auch diese *Rücknahme* des sich öffnenden Gesprächszusammenhangs und die Dominanz eines »neuen Egoismus« beschrieben: „Mit dem partiellen Unpersönlich-werden und dem Verlust an diskutierender Öffentlichkeit schwand eine mimetische Dimension aus der Verständigung. (...) Aus dem in der Tendenz sich »öffnenden« Gesprächs-Zusammenhang, aus Interpretation und erschließender Diskussion wurde unter der Hand ein Mechanismus von Abwehr und Kontrolle *alles* anfallenden seelischen und sozialen Materials, im Slang: »Psychoterror«. Das Verhältnis der Identität war damit nicht mehr theoretisch, sondern wurde *abstrakt*. Der »Gang der Vermittlungen« spaltete sich auf: in einen regressus ad infinitum, den schlechthin unendlichen Kreis von Vergangenheits-Forschungen und Rationalisierungen einerseits, in die Zuwendung zu »gruppendynamischen« Prozessen andererseits. Das praktische Moment der »politischen«, wie der sokratischen Identität kehrte sich um in *Verfestigung* des status Quo, oder löste sich ganz von den Identitätsfindungsprozessen ab."

Das aber hat bei vielen eine Identitätssuche ausgelöst, die dadurch kompensiert wird, daß die von Identitätskrisen Betroffenen ihr Lebensgelände in Bereiche außerhalb der Gesellschaftlichkeit verlagern. An Stelle der mißglückten Suche nach Idenität wird die Natur, nicht mehr die »Seele« entbunden. Körperliche Arbeit, Hand- und Landarbeit schiebt sich unter die Identitätsproblematik und entlastet die Individuen vorübergehend vom politischen Leistungsdruck. „Das Kompensatorische dieser Verrückung ganzer Lebensschauplätze wird noch einmal deutlich, wenn wir an *Methoden* der Identitätsfindung denken. Es gab da einen Drang, jener zwanghaften Sprachlichkeit zu entfliehen, die mit dem Schwinden von Öffentlichkeit und von mimetischen Beziehungen entstanden war. Die Verschiebung des Diskurses auf den neuen (Natur-)Schauplatz ist dabei nur *eine* Gestalt der Kompensation." Nicht mehr Theorie als Bezugspunkt alles Sprachlichen, sondern „das Bestehen auf Unmittelbarkeit — daß die einzelnen einander nur noch mitteilen, was ihnen zustieß, worunter sie leiden, unter Abwendung von jedem analytischem Ansatz" (Brückner 1983: 194), tritt in den Mittelpunkt. Kommunikation wird auf den Austausch von Deskriptivem, von Erfahrung beschränkt. Das aber hat eine »Reprivatisierung der Diskussions-Öffentlichkeit« zur Folge, die den Aspekt der Aneignung aus dem Auge verliert, ist doch der kollektive Diskurs immer auch auf Wiederaneignung gerichtet. „Zur gleichen Zeit, als sich das private Gespräch abstraktivizierte, und Inneres zu einem Durchschnittlichen, repitiv Allgemeinen zu verblassen begann, wurde das *öffentliche* Gespräch privat und pseudo-konkret." (Brückner 1983: 195)

Bermann/Knödler-Bunte (1981: 95) sehen hinsichtlich der Bewertung des Konstitutionsprozesses neuer Subjektivität zwei Möglichkeiten. Entweder haben die von den neuen sozialen Bewegungen und damit auch der Alternativbewegung geführten Angriffe auf die bürgerlich-patriarchalische Persönlichkeit dazu geführt, daß selbst die Restbestände von Privatheit und damit die Voraussetzungen für ein autonomes, sich selbst bewußtes Subjekt — das einmal Widerstand durchzuhalten in der Lage war — unterminiert wurden. Damit hätte die Bewegung ihren Beitrag geleistet, analog zur Technokratisierung unserer Gesellschaft Persönlichkeiten auszubilden, die systemkonform interagieren. Oder aber, es hat sich ein neues Subjekt entwickelt, das die bürgerlichen Fesseln abgestreift und neue Identitätsinhalte entwickelt hat. Schaut man sich die neuen sozialen Bewegungen in ihrer Gesamtheit an, dann ist letztere Annahme naheliegend, daß nämlich, entlang der Bewegungskonjunkturen und durch die damit verbundene Dialektik von Ent- und Begrenzung hindurch, sich Elemente einer neuen, *politischen Subjektivität* haben entfalten können.

11. Resümee

Während die Studentenbewegung primär daran interessiert war, die Medien der bürgerlichen Öffentlichkeit für ihre Belange zu instrumentalisieren, diese zu reaktivieren, zielt die Alternativbewegung darauf, eigene, alternative Medien zu konstituieren, autonome Strukturen einer Gegenöffentlichkeit aufzubauen. Der von der Studentenbewegung formulierte emphatische Begriff einer Gegenöffentlichkeit, der angesichts einer, nur sehr fragmentarisch ausgebildeten, Gegenkultur mehr oder weniger utopisch geblieben war, materialisiert und konkretisiert sich nun in mannigfaltiger Weise in der »Gegengesellschaft« der Alternativen. Auch eine andere, zentrale Idee des antiautoritären Protestes, der Anspruch, die überkommene Trennung von Öffentlich und Privat aufzuheben, das Private gleichsam aufzuschließen für öffentliche und damit politische Auseinandersetzungen und Diskurse, war ja mehr oder weniger gescheitert. Dieser Aspekt der Entgrenzung des Privaten wird nun zum Mittelpunkt nicht nur eines alternativen Politikverständnisses (»Politik in erster Person«), sondern auch der alternativen Öffentlichkeitsproduktion.

Die Öffentlichkeit der Alternativbewegung steht aber ideengeschichtlich nicht nur in der Tradition des '68er Protestes, sondern auch in der der ihr nachfolgenden Phase des Parteiaufbaues. Sie ist eine Reaktion auf die Nichtöffentlichkeit der Kaderparteien. Ein Erfahrungshunger, ein Bedürfnis nach unvermittelter, alltäglicher Kommunikation und nach solidarischem Verhalten kommt in dieser Öffentlichkeit zur Geltung, das die leninistischen Studentenkader als bürgerlich denunziert hatten.

Wir haben gezeigt, wie sich um die Institutionen der Subkultur, um die alternativen Projekte und Gruppen lokale Öffentlichkeiten konstituieren, die für die an ihr Beteiligten Gebrauchswert haben. Diese Öffentlichkeiten sind nun aber, und auch das ist ein zentraler Differenzpunkt zur Revolte, weitestgehend abgekoppelt von der bürgerlichen Öffentlichkeit, vom System selbst.

Diese Abkoppelung einer anderen Realität hat dann aber zur Folge, daß die Thematisierungsleistung der Bewegung für die Gesellschaft in dieser Protestphase relativ gering ist. D.h. die Alternativbewegung hat zwar einen relativ geringen Beitrag zur Thematisierung politischer Fragen geleistet, die auf der Ebene einer traditionellen Politik angesiedelt sind, dafür aber hat sie Fragen einer *anderen Lebensweise*, eines anderen qualitativen Lebens und Arbeitens thematisiert. Die Verarbeitung von Alltagserfahrungen, das Alltagshandeln der in die Projekte eingebundenen Subjekte hat im Mittelpunkt der öffentlichen Debatten und Diskurse gestanden. Die Thematisierung von Sinnfragen ist demnach die reale Leistung dieser Bewegung. Die Alternativbewegung hat damit die Ansätze einer Öffentlichkeit ausgebildet, die wir als prozeßhaften Typus erfahrungsgeleiteter Öffentlichkeit gekennzeichnet haben. Denn die Produktion und Verarbeitung authentischer Erfahrung ist das wesentliche Element dieser Öffentlichkeit. Insofern hat diese Öffentlichkeit die Funktion einer selbstreflexiven Instanz, die sich auf die Verarbeitungsformen des Privaten, des bislang Ausgegrenzten und Blockierten bezieht. Zwar ist diese Öffentlichkeit um ein Stück Privatheit erweitert worden, gleichwohl bleibt ein Bodensatz, ein Reservoir unhinterfragbarer Privatheit zurück. Die öffentliche Verarbeitungsweise des Privaten kommt zum einen in den dezentralen kollektiven Diskursen der Alternativ-Gesellschaft, zum anderen in der Basis- und Betroffenenberichterstattung der alternativen Zeitungen und Blätter zur Geltung.

Ein weiteres zentrales Element dieser Öffentlichkeit ist, daß sie die »Denaturalisierung der Zeiterfahrung« (Kosellek) tendenziell rückgängig macht und damit Prozesse der Neu- und Wiederaneignung von Raum und Zeit ermöglicht. Die Entgrenzung kapitalistisch strukturierter Raum- und Zeitstrukturen ist die Basis, auf der die überkommenen Blockierungen überwunden, die Isolation der Teilnehmer aufgehoben und prozeßhaft die Entfaltung authentischer Interessen und Bedürfnisse ermöglicht wird. Eine Dialektik von Ent- und Begrenzung ist das Medium einer Selbstbefreiung, die die Wiederaneignung der eigenen Subjektivität ermöglicht. Diese autonome Artikulation der Interessen und Bedürfnisse ist schließlich eine notwendige Bedingung zur Herausbildung »politischer Identitätsstrukturen«, die als Grundlage politisch-emanzipativen Verhaltens und Handelns dienen.

Dieser Typus von Öffentlichkeit — wir haben ihn »authentische Öffentlichkeit« genannt — geht ideengeschichtlich, das ist unsere These, auf die in der Revolte formulierte Vorstellung eines Paradigmas einer »positiv besetzten Gegenöffentlichkeit« zurück; jetzt, in der Bewegung der Alternativen, wird dieses Paradigma ansatzweise realisiert. Speziell die Veröffentlichung der Lebensinteressen wird zum Inhalt der Medienartikulation, die sich auf die Verarbeitungsformen des Privaten bezieht.

Der Idealtypus einer »authentischen Öffentlichkeit« ist freilich nur für sehr kurze Zeit ausmachbar, denn schon bald hat die Bewegung aufgrund ihrer Entwicklungsdynamik ein wesentliches Element dieser Öffentlichkeit nahezu ausgespart: das der Verallgemeinerung. Indem es der Alternativbewegung nicht mehr gelingt, die Öffentlichkeit als kritische Reflexionsinstanz zu nutzen, hat sie ihr Scheitern besiegelt. Denn bereits in der zweiten Phase hat die Bewegung ein, für die Bildung »authentischer Öffentlichkeit« wesentliches Element, das der kollektiven, d.h. abstrakten Erfahrungsverarbeitung, Theoriebildung, sträflich vernachlässigt. Die authentischen Erfahrungen werden nurmehr verdoppelt, reproduziert, nicht kritisch gebrochen, reflektiert. Die Zeitungen und Medien der Bewegung haben diese ihre Funktion einer kritischen Reflexionsinstanz nur partiell wahrgenommen, zu sehr sind sie dem Fetisch der Basis- und Betroffenenberichterstattung verhaftet. Eine wahre Inflation von Basis- und Betroffenenberichten erschöpft sich in der unreflektierten Reproduktion des Bekannten und rückt die Propagierung von Gefühligkeit, das Befinden, in den Mittelpunkt alternativer Öffentlichkeitsproduktion. Die dadurch bedingte »Intimisierung der Öffentlichkeit« ist nun aber die Grundlage dafür, daß die Ansätze einer Produktionsöffentlichkeit überlagert und zurückgedrängt werden zugunsten einer Öffentlichkeit, die nurmehr das Formprinzip verabsolutiert und Meinungen und Ideen verteilt, ohne daß diese noch auf ihre Träger rückbezogen sind. In einer solch *»hergestellten«* Öffentlichkeit werden die Bereiche des Öffentlichen und des Privaten erneut entkoppelt und es setzt ein Reprivatisierungsprozeß ein, der wiederum die Basis ist für eine Politik, die an den Lebensinteressen allenfalls noch ein instrumentelles Interesse hat.

Kapitel 5
Die Partizipationsöffentlichkeit der Bürgerinitiativ- und Ökologiebewegung

Die Bürgerinitiativen sind, »um es geradeheraus zu sagen, zu einer Landplage geworden«. (FAZ vom 7.9.1976)

1. Vorbemerkung

Das begrenzte Interesse, das wir der Bürgerinitiativbewegung entgegenbringen, rührt nicht etwa daher, daß wir sie als politisch unbedeutsam erachten, wie das von Teilen der »neuen Linken« anfänglich getan wurde. Das begrenzte Interesse, um es vorweg zu sagen, basiert vielmehr auf der Tatsache, daß die Intention von Bürgerinitiativen nicht so sehr darauf gerichtet ist, Gegenöffentlichkeit herzustellen, wie das die Alternativbewegung tut, sondern darauf, die existierenden Formen der bürgerlichen Öffentlichkeit zu reaktivieren. (Hier ergeben sich durchaus ideengeschichtliche Parallelen zu den Anfängen der studentischen Protestbewegung.) Über das existierende System der Massenmedien soll ein Gegendruck geschaffen und so das Entscheidungshandeln beeinflußt werden. Erst wenn dies nicht gelingt, werden alternative Medien eingesetzt, um eine selbstbestimmte Öffentlichkeit herzustellen, so daß im Ergebnis von einem Nebeneinander von Ansätzen einer spontanen Gegenöffentlichkeit und einer Präsenz in der klassischen Öffentlichkeit gesprochen werden kann.

Gleichwohl ist die Bürgerinitiativbewegung bedeutsam, und zwar deshalb, weil in ihrem Wirkungskreis ein besonderer Zeitungstypus sich herausgebildet hat, der für die Bewegung der Alternativzeitungen von besonderer Bedeutung ist. Das sind die »Volksblätter«, die ihre Legitimation aus der Existenz sogenannter Basisinitiativen ziehen und von ihrem Anspruch her Sprachrohr der Bürgerinitiativen sein wollen. Die Bürgerinitiativbewegung interessiert aber auch, weil die Thematisierung der ökologischen Frage einen zentralen Stellenwert bei der Formierung der außerparlementarischen Protestpotentiale hat.

2. Vom Bürgerprotest zur Ökologiebewegung

Zwar hat die Bürgerinitiativbewegung nicht unmittelbar die studentische Oppositionsbewegung beerbt, außer Zweifel steht aber, daß der studentische Protest ein geistiges Klima geschaffen hatte, das den »staatsbürgerlichen Privatismus« der Nachkriegsära unterminierte. Diese Auflösung des konsumorientierten Privatismus führte zu einer politischen Sensibilisierung breiter Bevölkerungsschichten, die in der Bürgerinitiativbewegung ihren unmittelbaren Ausdruck fand. Die Studentenbewegung hatte, und das wird erst aus der Perspektive von heute ersichtlich, neue Werte und auch einige neue Themen vorbereitet, die auch heute noch von erheblicher Relevanz für das öffentliche Bewußtsein sind. „Sie hat mit ihrer schneidenden Zivilisationskritik, ihrem kulturpessimistischen Modernitätsverdikt und ihrer radikalen Weltflüchtigkeit ganz sicher dem Mißtrauen wider den vielberufenen »technischen Sachzwang«, wider Wissenschaftsgläubigkeit und Planungsoptimismus den Weg bereitet, welches die Bürgerinitiative heute vielfach zum neuen (Überlebens-) Prinzip erheben." (Guggenberger 1980: 32) Aber auch in der Übernahme kritischer Reflexion und konkreter Aktionsformen bleibt die Kontinuität zur außerparlamentarischen Opposition gewahrt.

Während die APO 1965-1969 Fragen von primär nationaler oder internationaler Relevanz in den Mittelpunkt rückte, konzentriert sich das Gros der nachfolgenden Bürgerinitiativen (zunächst) auf Probleme regionaler und kommunaler und nur mittelbar nationaler und internationaler Bedeutung. Diese Verschiebung der Aktionsthematik hängt auch damit zusammen, daß, bedingt durch die von der sozialliberalen Koalition propagierte Programmatik der »inneren Reformen«, die traditionelle Grenzlinie zwischen privaten und öffentlich politischen Belangen, verschoben worden ist. Bislang privat gehaltene Problemkomplexe werden durch das wachsende »Sozialstaatsbewußtsein« und einen gestiegenen Anspruch an staatliche Daseinsfürsoge entprivatisiert. Durch das Scheitern der *staatlichen Reformstrategien* entzündet sich gerade an diesen problematischen Bereichen das Eigeninteresse der Bürger: »Mut zur Selbsthilfe« heißt die Parole.

Zunächst aber ist das Verhältnis derjenigen, die für sich in Anspruch nehmen, unmittelbar am Erfahrungsgehalt der Revolte anzuknüpfen, zu den aufmüpfigen Bürgern eher gestört. „Als »kleinbürgerlich« und »mittelständisch« geprägte Initiativen im Reproduktionsbereich, fernab vom revolutionären Zentrum im Betrieb, erscheinen Bürgerinitiativen nun als privilegierte »Bourgeois-Initiativen«, deren soziale Träger und gesellschaftlicher Ort allenfalls illusionäre Vorstellungen von einer demokratischen Teilhabe und

»reformistische« Programme zulassen, ohne Impulse für einen tiefgreifenden gesellschaftlichen Wandel freizusetzen." (R. Roth 1980: 81) Diese Einschätzung kommt auch in Offes Arbeit „Bürgerinitiativen und Reproduktion der Arbeitskraft im Spätkapitalismus" aus dem Jahre 1972 zum Ausdruck. Insbesondere weist Offe hier auf die Gefahr der reformistischen Integration und Einbindung durch das System hin. Die Meßlatte, an der Offe (1972: 162) die Bürgerinitiativen mißt, ist ihr Beitrag zu einer sozialistischen Transformation des spätkapitalistischen Systems. Entsprechend diesem Kriterium müssen notwendigerweise diejenigen Initiativen »ausgegrenzt« werden, die den politischen Gehalt der Bürgerinitiativen nur pervertieren, indem sie sich auf »kollektive Selbsthilfe« beschränken und damit nur einen Beitrag zur Systemstabilisierung leisten. „Von politisch folgenreichen Bürgerinitiativen können wir deshalb nur in den Fällen sprechen, wo die *Gefahr vermieden wird, daß solche Aktionen auf das Niveau spontaner Selbsthilfe-Einrichtungen* zurückfallen, die nur den spezifischen Bedürfnissen einer bestimmten Schicht zugute kommen."

Offe (1972: 163) zeigt die Gefahr für Bürgerinitiativen, die im Prozeß der »Modernisierung« des Kapitals „sogar als willkommene Partner der Verwaltung eine Rolle spielen, insofern sie als politische »Frühwarnsysteme« mögliche Konflikte und sich abzeichnende Entwicklungsengpässe rechtzeitig signalisieren und damit Hinweise geben, an welchen Stellen die Administration aktiv werden soll."

Mag sein genereller Einwand, Bürgerinitiativen seien im Reproduktionsbereich angesiedelt (worüber eine heftige Debatte entbrennt), auch durch die Entwicklung der Bürgerinitiativbewegung überholt sein (ab Mitte der 70er Jahre wendet diese sich direkt dem Produktionsbereich zu), so hat er doch frühzeitig auf ein Phänomen aufmerksam gemacht, das sich durch die Geschichte der Bürgerinitiativbewegung zieht: Das ist die Existenz progressiver und konservativer Initiativen. In Frankfurt, so berichtet Roland Roth (1980: 74), trifft die »Initiative gegen das einheitliche Polizeigesetz«, die sich gegen den drohenden Polizeistaat wendet, auf die Bürgerinitiative »Mehr Sicherheit«, die ihn im Namen von Law and Order fordert. „Eine millionenschwere »Aktionsgemeinschaft Opernhaus« bemüht sich recht erfolgreich und mit breiter Unterstützung der Kommunalparteien um den Wiederaufbau eines elitären Kulturtempels, während die »Initiative Bockenheimer Depot« — wahrscheinlich erfolglos — ein ausgedientes Straßenbahndepot zu einem Bürger- und Kulturzentrum für die sozial schwache und gebeutelte Bevölkerung eines Sanierungsviertels gestalten möchte und ohne Unterstützung der Stadtregion bleibt."

Entsprechend der umfangreichen Literatur zur Bürgerinitiativbewegung (vor allem aus dem Bereich der Politikwissenschaft), differieren auch die Versuche, das sozio-politische Phänomen Bürgerinitiative definitorisch zu bestimmen. Für unsere Zwecke ist die folgende durchaus ausreichend, allerdings mit der Einschränkung, daß sie für die dritte Phase der Bewegung, die sich durch eine organisatorische Verdichtung auszeichnet, nicht mehr geeignet erscheint: „Bürgerinitiativen können als Formen *spontaner, unmittelbar, kollektiver politischer Beteiligung* verstanden werden, die das Ziel verfolgen, das *auf konkrete Probleme bezogene Entscheidungshandeln* der zuständigen Organisationen mit den Präferenzen der Betroffenen in Einklang zu bringen." (Gabriel 1978: 261)

Daß die Bürgerinitiativbewegung und die Alternativbewegung zunächst getrennte Wege gehen und sich erst Ende der 70er Jahre zur Ökologie- und Alternativbewegung verdichten, liegt u.a. daran, daß die aktiven Bürger, im Gegensatz zu den sozialen Trägern der alternativen Projekte, das politische System im Grundsatz bejahen und lediglich um einen Ausgleich partieller Struktur- und Funktionsschwierigkeiten bemüht sind. „Bürgerinitiativen sind Reaktionen auf Mißstände, die beseitigt werden »sollen«, *ohne* daß der Lebenszusammenhang zerstört wird", heißt es bezeichnenderweise in einem studentischen Diskussionspapier zur Einschätzung der Bürgerinitiativen aus dem Jahre 1972.

Die ersten Bürgerinitiativen, die im Jahre 1966/67 entstehen, sind dadurch gekennzeichnet, daß sie sich um konkrete Fragen des lokalen Raumes kümmern, sie arbeiten weitestgehend unabhängig voneinander und operieren in einer begrenzten lokalen Öffentlichkeit. Typisch für diese erste Phase des Bürgerprotestes ist ein Nebeneinander von »Ein-Punkt-Aktionen«. Hier ist vor allem die »Rote-Punkt-Aktion« gegen Fahrpreiserhöhung in Hannover zu nennen, die in der ganzen Bundesrepublik, aber vor allem in den Städten Heidelberg, Dortmund und Bonn Nachahmung findet. Zu einer sozialen Bewegung, also zur Bürgerinitiativbewegung entfalten sich diese Ansätze erst ab dem Jahre 1972/73. „Indem sich die Bürgerinitiativen zur »sozialen Bewegung« zusammenfinden, werden Handlungen einer einzelnen Bürgerinitiative als Teil einer jederzeit einsetzenden allgemeinen Aktion aller Bürgerinitiativen verstanden. Der Einzelaktion wird somit ein symbolischer Gehalt beigefügt: Seine Handlung als stellvertretende zu interpretieren, korrespondierte mit der Erwartung, daß seitens des Handelspartners und der Öffentlichkeit erwartet wird, daß alle anderen Bürgerinitiativen jederzeit eingreifen können. (...) Die Bürgerinitiativen sehen ihre Aktivitäten und Zielsetzungen als Widerspiegelung einer sozialen Kraft, die gesamtgesellschaftlich orientiert ist und wirksam zu werden verspricht. Damit ist ein gesamtgesellschaftlicher Bezug gegeben." (Rammstedt 1980: 493) Und in dieser zweiten Phase wird die Bürgerinitiativbewegung in der Tat zu einer der bedeutsamsten sozialpolitischen Phänomene der letzten Jahrzehnte (Mayer-Tasch).

In dieser »Formierungsphase«, die nach Rammstedt durch einen »Strukturwandel« der Bürgerinitiativen gekennzeichnet ist, kommt es zu einer Verflechtung und organisatorischen Formierung der dezentralen Initiativen. Diese regionale, nationale und internationale Zusammenarbeit führt u.a. bereits 1972 in Mörfelden bei Frankfurt zum bedeutendsten Zusammenschluß der Bürgerinitiativen, zur Gründung des Bundesverbandes Bürgerinitiativen Umweltschutz (BBU). Es folgt die Bildung zahlreicher Landesverbände sowie weiterer regionaler Zusammenschlüsse. Zum zentralen inhaltlichen Bezugspunkt aller Aktivitäten in dieser zweiten Phase wird der Protest gegen die friedliche Nutzung der Kernenergie. Der Kampf gegen die Atomkraft wird zum Focus, „er bündelt die verschiedenen Initiativen in massenhaften Aktionen; in ihm fand die Kritik an Wachstumsideologie, großtechnischer Vergesellschaftung und Technokratie ihren symbolischen wie praktischen Ansatzpunkt." (Brand u.a. 1983: 93)

Der erste qualitative Umschwung der jungen Bewegung manifestiert sich im Widerstand gegen den NATO-Übungsplatz *Nordhorn-Range* (Juli 1973), wo die betroffenen Anwohner das Gelände zeitweilig besetzten und von der Polizei gewaltsam vertrieben werden. Ein weiterer Schritt der Bürgerinitiativbewegung auf dem Weg zu einer grundlegenden gesellschaftlichen Kraft ist der Kampf der badisch-elsässischen Bürgerinitiativen gegen das geplante Atomkraftwerk in *Wyhl* (1973/74). Wyhl wird in der gesamten Bundesrepublik zu einem Symbol des Bürgerprotestes, vor allem auch deshalb, weil der breite Widerstand von den ortsansässigen Bauern und Winzern getragen wird. „Wyhl war der Kristallisationspunkt für die neue Dimension einer Bürgerbewegung, die aus der Phase der one-purpose movements heraustrat und ein allgemeines Ziel proklamierte, den Kampf für eine lebenswerte Umwelt, der in der Anti-Atomkraft-Bewegung gipfelt. Diese Bewegung definiert ein politisches Ziel, das der allgemeinen Strategie staatlichen Handelns im Kapitalismus, die Universalisierung der Warenform konterkariert. Die blinde Exekution des Wertgesetzes durch die Fremdinstrumentalisierung der Individuen in der Form des Warentausches ist gebrochen zugunsten eines nicht durch die Warenform gefilterten Verhältnisses zur Natur." (Hohmann 1977: 115)

Nicht nur erfährt die Bürgerinitiativbewegung mit Wyhl einen entscheidenden Aufschwung, sondern auch die neue Linke respektive die Alternativbewegung wird durch all diese Aktionen auf den Bürgerprotest aufmerksam. Man sieht zum ersten Mal nach der Studentenbewegung die Chance, eine außerparlamentarische Bewegung mit Massenbasis zu unterstützen.

Ein weiterer Meilenstein auf dem Weg zur Ökologiebewegung ist Brokdorf (1976/77), wo die Schleswig-Holsteinische Landesregierung ein zweites Wyhl verhindern will. Doch die Auseinandersetzungen werden ungleich brisanter.

Am 13. November 1976 kommt es zur »Schlacht um Brokdorf«, über die anderntags von Funk, Fernsehen und Presse in Kategorien des Bürgerkrieges berichtet wird.[13]

Die dritte Phase ist dadurch gekennzeichnet, daß ab 1976/77 die Bürgerinitiativbewegung zu weiten Teilen in einer thematisch und ideologisch kohärenteren Ökologiebewegung aufgeht. Das qualitativ Neue ist, daß die Ökologie für die Träger der neuen sozialen Bewegung zum Ausgangspunkt einer neuen Denkweise, eines gesamtgesellschaftlichen Gestaltungsprinzips und schließlich eines lebenspraktischen Verhaltens wird. Innerhalb der Bürgerinitiativbewegung beginnt eine Phase der internen Suche und Reflexion, der Strategiediskussion und des Experimentierens. Eine Phase der »Artikulation der Ideologie« (Rammstedt), der ökologischen Sinngebung wird eingeleitet, die die in Brokdorf propagierte radikale Ablehnung, das alles oder nichts, das ja in eine Sackgasse geführt hat, revidiert und die Ideologie einer neuen Gesellschaft anvisiert (vgl. Rammstedt 1980: 509).

Es kommt zu einem Prozeß der Ausdifferenzierung des Ökologieansatzes, in dem dieser ausgeweitet, formalisiert aber auch konkretisiert wird. Wir wollen im folgenden vier voneinander unterscheidbare Bereiche skizzieren: da ist auf der einen Seite die parteipolitische Formierung des grün-bunten Protestes, aus der die Bundespartei DIE GRÜNEN hervorgeht, auf der anderen stehen diejenigen, die auf die Kraft außerparlamentarischer Aktionen setzen. Hier sind die »Autonomen«, die Sponti-Szene und verstreute K-Gruppen anzusiedeln. Eine andere Gruppe versucht, die reine Obstruktionspolitik zu verlassen und den ökologischen Widerstand auf technisch-wissenschaftlicher und ökonomischer Ebene voranzutreiben (sanfte Technologie, biologisch-dynamischer Landanbau, alternative Medizin etc.). Auch hier beginnen die Grenzen zwischen Ökologie- und Alternativbewegung zu verschwimmen und schließlich gibt es noch die Tendenz zum »neuen Lebensstil«, zur »asketischen Lebensführung«, die sparsam mit der Energie umgeht und eine sinnvolle Nutzung der Verkehrsmittel propagiert.

Anfang der 80er Jahre verliert die Ökologiebewegung an Kontur, sie wird zunehmend überlagert durch konstruktive Ansätze in den verschiedensten Sektoren, so daß auch der Ökologiebegriff, der die Vielfältigkeit, aber auch das Gemeinsame der Bewegung zutreffend benannt hat, an Bedeutung verliert. In dem Maße wie sich die Bürgerinitiativ- und Ökologiebewegung ausweitet und immer neue Themenfelder erschließt, verliert sie an integrierender Kraft gegenüber dem sich nun profilierenden Teilströmungen ideologischer und thematischer Art. „Die breite Rezeption des Themas, angefangen von Unterorganisationen der Vereinten Nationen über Innen- und Umweltministerien bis hin zu traditionellen Naturschutzvereinen, nimmt der ökologischen Idee ihren kritischen Impuls, leiert sie aus zu einer abgedroschenen Phrase, die nicht mehr deutliche ideologische und politische Grenzziehungen erlaubt." (Brand u.a. 1983: 110)

An ihrem Ende zerfasert die Bewegung in eine bunte Vielfalt von Gruppen unterschiedlicher Zielsetzung. Die ökologische Fragestellung findet nun auch Zugang zu den etablierten Parteien und Verbänden, Kirchen, Jugendorganisationen und zu Teilen der Gewerkschaften. Primär aber, und das ist für uns von besonderem Interesse, hat die Ökologiebewegung mit ihren inhaltlichen Positionen und Fragen die neuen sozialen Bewegungen beerbt: „Ökologische Denkweisen und Programme gingen fast nahtlos in die Frauen-, Alternativ- und Friedensbewegung ein, führten zu gemeinsamen Aktionen zu wechselseitiger Unterstützung und, wie im Falle der Friedensbewegung, zu einer weiteren Überlappung, die mit der saloppen Floskel »Ökopax« halb anerkennend, halb (selbst-)ironisch auf den Begriff gebracht wurde." (Brand u.a. 1980: 113)

3. Aktivierung der Öffentlichkeit

Bürgerinitiativen sind per se darauf angewiesen, geradezu gezwungen, die Öffentlichkeit zu mobilisieren, wenn sie die Legitimität des Verwaltungshandelns in Frage stellen und die anstehenden Entscheidungen in ihrem Sinne beeinflussen wollen. Sie müssen einen politischen Gegendruck erzeugen, um die Verwaltung einem »politischen Konsensustest« (Schenk) zu unterziehen. Ihre Aktion, sofern sie nicht ausschließlich Selbsthilfe ist, muß in der Regel öffentliche Aktion sein. Da Bürgerinitiativen, im Gegensatz zu den etablierten Parteien und Verbänden, *nicht* über eigene Kommunikationsmedien verfügen und auch keinen geregelten Zugang zu Presse, Funk und Fernsehen haben, müssen sie diese durch öffentlich wirksame Aktionen aktivieren. Diese Mobilisierung der Öffentlichkeit ist aber nicht so sehr darauf gerichtet, andere Bürger anzusprechen, dieser Aspekt spielt selbstverständlich auch eine wichtige Rolle (wir gehen später auf die doppelte Funktion der Aktionsformen ein), vielmehr interessiert die Öffentlichkeit *primär* als Medium, um die etablierten Parteien und Verbände, die kommunalen und staatliche Exekutiven zu erreichen. Die Medien fungieren gleichsam als »Umwegadressat« zur Bildung einer »Partizipationsöffentlichkeit«, wobei man von der idealistischen Vorstellung ausgeht, eine »wirkliche« Demokratie unter den Bedingungen des modernen Sozialstaates ließe sich *wieder* herstellen. Strategisches Mittel, um über die Öffentlichkeit das eigene partikulare Interesse zu multiplizieren ist die *Dramatisierung und Skandalisierung der Situation* sowie eine Generalisierung des anstehenden Sachverhalts.

Zwar haben Bürgerinitiativen keinen unmittelbaren, geregelten Zugang zu den Massenmedien, doch aufgrund der Mittelschichtszugehörigkeit ihrer Mitglieder (»neue Mittelschicht«), ist es für sie in der Regel wenig schwierig, Zugang zu den Medien und zu den politischen Entscheidungsinstanzen zu bekommen. „Diejenigen Bürgerinitiativen, welche wie manche Atomkraftgegner durch mehr oder weniger spektakuläre Aktionen Aufmerksamkeit erst auf sich ziehen müssen, bilden soweit eine Ausnahme. Das gilt auch qualitativ." (Ellwein 1978: 246) Diese Aussage über die Zugangsbedingungen zu den Medien ist einigermaßen repräsentativ für die soziologisch-politologische Literatur von Bürgerinitiativen. Sie steht allerdings im Gegensatz zu Einschätzungen wie sie von denjenigen gemacht werden, die sich speziell mit den alternativen Medien beschäftigen. Hier geht man von eingeschränkten Zugangsmöglichkeiten aus: „Die lokalen Tagesblätter Anfang der 70er Jahre (dachten) nicht im entferntesten daran, ihrer potentiell idealen Trägerfunktion für Bürgerproteste nachzukommen. Die staatstragenden Blätter straften die Initiativen mit Nichtbeachtung, vernachlässigten ihre »öffentliche Aufgabe« und übten sich weiter in systemstabilisierender Honoratiorenberichterstattung." (Weichler 1983: 27)

Diese unterschiedliche Beurteilung kommt dadurch zustande, daß die eine Position das sozio-politische Phänomen Bürgerinitiativen aus einer globalen, gesamtgesellschaftlichen Sichtweise zu analysieren sucht, während die andere von einer medienzentrierten Perspektive ausgeht. D.h. von einer Vielzahl von Volkszeitungen, die als Sprachrohr derjenigen Initiativen entstanden sind, deren Zugang zu den Medien beschränkt ist.[14]

Generalisierende Aussagen über die Reaktionen der bürgerlichen Öffentlichkeit, über das Echo, das der Bürgerprotest auslöst, sind u.a. deshalb schwierig, weil die Bürgerinitiativbewegung als heterogenes politisches Phänomen auch uneinheitliche, regional und thematisch bedingte Reaktionen hervorgerufen hat. Ganz allgemein kann man allerdings sagen, daß der Protest der Bürger, vergleicht man ihn mit den spärlichen Versuchen der Alternativbewegung in der Öffentlichkeit Gehör zu finden, durchaus wohlwollend aufgenommen wird. Unter dem Stichwort »Partizipation« versuchen Parteien und Verbände den aufgebrochenen Konsens zu kanalisieren und die aufmüpfigen Bürger zur Mitverantwortlichkeit und verpflichtender Teilhaberschaft anzuregen. Selbst die Reaktionen auf allerhöchster staatlicher Ebene sind zunächst positiv. In der Regierungserklärung des Brandt/Scheel-Kabinetts vom 18. Januar 1973 heißt es: „Der Staat braucht das lebendige Gespräch mit seinen Bürgern. Er kann nicht und er soll nicht alles tun wollen. Deshalb begrüßen wir die Bereitschaft von Bürgerinitiativen — die sich nicht nur zu Wahlzeiten regen — in der sozialen Landschaft der Städte und Dörfer gemeinsame Probleme selbst aufzugreifen, statt nach dem Staat zu rufen." (zit. nach Oeser 1974: 23)

Aber auch in breiten Reihen der Bevölkerung, und nicht nur bei den unmittelbar Betroffenen, findet das Anliegen der Bürgerinitiativen eine ungeteilte Zustimmung. Nach einer vom Wissenschaftszentrum Berlin (1978) durchgeführten Untersuchung erwarten beinahe die Hälfte aller Befragten (48%) von den Bürgerinitiativen den wirksamsten Beitrag zum Umweltschutz, während nur 8% solche Hoffnungen auf die Parteien und ganze 2% auf die Gewerkschaften setzen. In einer Infas-Erhebung aus dem Jahre 1977 rangieren die Bürgerinitiativen in bezug auf Informationsniveau und Glaubwürdigkeit mit 26% zwar hinter den Wissenschaftlern (64%), jedoch noch immer vor »Städtischen Stellen« (15%), Journalisten (11%), Politikern (10%) oder gar Sprechern von Industriebetrieben und Elektrizitätsgesellschaften (je 6%) (vgl. Mayer-Tasch 1981: 25).

Vor diesem Hintergrund öffentlicher Sympathie ist die ausgewogene Berichterstattung in den etablierten Medien allzu verständlich. Nicht nur die linksliberale Presse reagiert positiv, sondern auch die Berichterstattung der konservativen Zeitungen ist zunächst »wohlwollend«. Das »Institut für Zukunftsforschung« kommt zu dem Ergebnis, „daß es die Umweltbürgerinitiativen offensichtlich in den letzten Jahren verstanden haben, sich in umfassender Weise der Massenmedien zu bedienen und sich insgesamt hervorragender Resonanz erfreuen können." (Andritzky/Wahl-Terlinden 1978: 89) Zufrieden sind darüber auch die Betroffenen: 93% der von diesem Institut befragten Initiativen geben an, daß über ihre Ziele und Aktionen berichtet wird, davon zu 82% in Zeitungen und Magazinen, zu 37% im Rundfunk und zu 30% im Fernsehen. Die Bewertung der Medienberichterstattung wird somit zu 34 bzw. 35% als positiv oder neutral empfunden, 20% haben einen Wandel von einer negativen zu einer zunehmend positiven Berichterstattung beobachtet und nur 11% werten die Berichterstattung in den Medien als negativ. Diese positive Resonanz hat aber, das soll en passent angemerkt werden, ein trügerisches Potenzgefühl bei den Mitgliedern ausgelöst, das dem tatsächlichen Umfang und der realen Kraft der Bürgerinitiativbewegung in keinster Weise entspricht. Ist doch die Reaktion der Öffentlichkeit nur so lange positiv, als sich die Bürgerinitiativen um Spielplätze, Kindertagesstätten, Erhaltung von Baudenkmälern, um Ausländer und Alte kümmert und somit vermittels Eigeninitiative staatliche und städtische Kosten minimiert. Dies ändert sich, als der lokale Raum überschritten wird und von nun an auch Fragestellungen von überregionaler Bedeutung (ökonomische, politische und militärische Problemkomplexe) zum Gegenstand der Auseinandersetzung werden: Bürgerinitiativen gegen Großprojekte, gegen Truppenübungsplätze, gegen Autobahnbau, gegen den Ausbau von Flughäfen, gegen die Ansiedlung chemischer Industrie, gegen Atomkraftwerke usw.. „Je mehr sich die bürgerschaftliche Opposition dabei ins Grundsätzliche hinein entwickelte, je entschiedener in Bürgerinitiativen überkommene Wertungsformen und Verfahrensweisen infrage gestellt wurden, desto deutlicher wurden auch die nuancierten Distanzierungen, das mehr oder minder vorsichtig gestuften »Ja, aber«." (Mayer-Tasch 1981: 28)

Zum endgültigen Kristallisationspunkt wird die Frage nach der friedlichen Nutzung der Kernenergie. Als in Wyhl der Bauplatz besetzt wird, aber vor allem als es in Brokdorf zu den massenhaften Auseinandersetzungen kommt, spaltet sich die öffentliche Meinung, sie bricht gleichsam in zwei Lager auseinander. „Die Intensivierung drängt darauf, eine neutrale Einstellung dem Protest gegenüber auszuschließen. Dem »Pro« als Basis der Ausweitung stellt sich nun ein »Contra« in der Öffentlichkeit entgegen." (Rammstedt 1981: 321) In der »binär gespaltenen Öffentlichkeit« (Rammstedt) stehen sich die unversöhnlichen Konfliktbeteiligten gegenüber, so daß Mayer-Tasch in diesem Zusammenhang von Dimensionen eines »ökologischen Bürgerkrieges« spricht. Die paralysierte Öffentlichkeit, die den Protest nicht mehr absorbieren kann, reagiert daraufhin mit öffentlicher Diffamierung und Diskriminierung. Diese äußere Bedrohung führt nun aber im Inneren dazu, daß sich die Bürgerinitiativbewegung konsolidiert und die eigene Ideologie bestätigt wird.

Dieser Umschlag der öffentlichen Meinung kommt naturgemäß auch in der Presseberichterstattung der Medien zum Ausdruck (vgl. Benedict 1978). Das bereits zitierte »Institut für Zukunftsforschung« konstatiert dann auch für den »ausgeprägt kontroversen Charakter der Kernenergiedebatte« eine »wenig ausgewogene Zeitungsberichterstattung«. Auch das Batelle-Institut (1975) kommt zu dem Ergebnis, daß die Presse nun ein ausgesprochen negatives Gesamtbild von den Bürgerinitiativen zeichnet. Die Stellungnahmen der KKW-Gegner finden im Vergleich zu den Mitteilungen der Regierungsvertreter und der Atomindustrie seltener Niederschlag in der Presse, einzelne spektakuläre und gewaltsame Aktionen bei den Auseinandersetzungen um die KKW Brokdorf und Grohnde 1976/77 werden zur Diffamierung, der gesamten Anti-AKW-Bewegung benutzt. Ihren Höhepunkt findet die öffentliche Verleumdungskampagne, als am 19. Februar 1977 in Brokdorf eine Großdemonstration angesagt wird. Am Vorabend dieser Demonstration wird von der Presse eine solche Hysterie geschürt, »als stünde der Einfall der Hunnen bevor«: „Zwischen »Bild« auf der einen Seite, der »Frankfurter Allgemeinen Zeitung« und der »Zeit« auf der anderen gibt es weder im Stil noch im

Inhalt einen erheblichen Unterschied: »Die kapitalistische Wirtschaftsordnung soll gestürzt werden, indem ihr die zukünftige Stromzufuhr gekappt wird. Der Fall Brokdorf macht deutlich, daß vor allem die K-Gruppen die Furcht vor dem Atomtod als Vehikel ihrer antikapitalistischen Träume nutzen« (»FAZ«, 12. November 1976). Und Hans Schueler, der von »einer regelrechten militärischen Aktion« zur Besetzung spricht, weiß auch: »Nicht die Absage an Kernkraftwerke der Zukunft verbindet sie, sondern das Bestreben, der parlamentarischen Demokratie den Garaus zu machen« (»Die Zeit« vom 18. Februar 1977)." (Benedict 1978: 31)

Nach Brokdorf setzt dann aber eine, um den Sachverhalt bemühte, differenzierte und breite Berichterstattung ein. Das rührt zum einen daher, daß auch die Bürgerinitiativ- und Ökologiebewegung erkannt hat, daß die auf der Ebene militanter Konfrontation geführte Auseinandersetzung mit dem Staat nicht zu gewinnen ist. Denn mit der Berufung auf eine höhere Legitimität (»Wo Recht zu Unrecht wird, wird Widerstand zur Pflicht«), hat die Bürgerinitiativbewegung auch die paramilitärischen Auseinandersetzungen legitimiert. Mit der symbolischen Überfrachtung Brokdorfs als Inkarnation eines lebens- und menschenverachtenden Atomstaates, hat die Bewegung hoch gepokert, mit dem »alles oder nichts« hat sie die Machtfrage gestellt, ist aber an ihr gescheitert. (Das ist auch deshalb interessant, weil nur einige Jahre später sich die Friedensbewegung, anläßlich der Auseinandersetzungen um die Stationierung von Marschflugkörpern, in die gleiche Ecke manövriert. Eine Bewegung, die ihre Existenz unmittelbar an die Durchsetzung eines bestimmten Sachverhalts knüpft, muß bei Nichtdurchsetzbarkeit derselben gleichfalls untergehen.) Zum anderen haben nun auch die bürgerlichen Medien erkannt, daß die Frage der Nutzung der Kernenergie ein Hauptproblem unserer Gesellschaft und nicht mehr nur allein das Anliegen einer Minorität ist. Die häufigen Magazinbeiträge in Fernsehen und Rundfunk, die Diskussionssendungen mit Befürwortern und Atomkraftgegnern und die intensive Presseberichterstattung sind dafür ein Beleg.

4. Die Reaktion der lokalen Öffentlichkeit

Die regionale wie lokale Presse spielt bei den Auseinandersetzungen um die Atomenergie eine wichtige Rolle, weil sie als direktes Medium in unmittelbarer Nähe zu dem Konflikt, in direktem Kontakt mit den Kontrahenten steht. Sie hat deshalb ein besonderes Gewicht bei der lokalen Meinungsbildung, zumal der gedruckten Information hinsichtlich der Glaubwürdigkeit ein besonderer

Stellenwert zukommt. Da die Konfliktfelder, an denen sich der Bürgerprotest entzündet, primär auf lokaler und regionaler Ebene angesiedelt sind, zielen die Aktivitäten der Bürgerinitiativen darauf, den lokalen Raum zu besetzen. Sie stoßen dort auf die ortsansässige Lokalzeitung, die auf Grund mangelnder Konkurrenz ein Monopol auf die lokale Meinungsbildung hat. Da die Lokalzeitung durch vielfältige personale und ökonomische Verknüpfungen mit der lokalen »Gesellschaft« verbunden ist, fällt es Bürgerinitiativen, die auf ebensolche Kontakte *nicht* zurückgreifen können, schwer, einen Zugang zur Lokalpresse zu finden. Andererseits aber — u.a. auch deshalb, weil in der Regel in der Region/Stadt nicht allzuviel passiert — hat sie ein Interesse, über die Aktivitäten der Bürgerinitiative zu berichten, weil sie ihr Produkt, die Zeitung, dann besser absetzen kann. Das bestätigt auch eine Untersuchung von Hans-Christoph Buchholtz (1978), der die Lokalberichterstattung der »Badischen Zeitung« anläßlich der Auseinandersetzungen um das geplante Atomkraftwerk in Wyhl empirisch untersucht hat.

Die Bürgerinitiativen ihrerseits sehen das System der Massenkommunikation zunächst unvoreingenommen als ein offenes und öffentliches Medium an. Vorstellungen von der allmächtigen Manipulationsinstanz der Bewußtseinsindustrie, wie sie noch die Studentenrevolte beherrscht haben, haben einer eher nüchternen Beurteilung Platz gemacht. Ein instrumentelles Interesse an den Medien, speziell an der Lokalpresse, ist vorherrschend. In praxisbezogenen Leitlinien zum Umgang mit den Journalisten kommt dieses zum Ausdruck, wenn es heißt, Redaktionschefs dürfen nicht übergangen werden, personale Kontakte sind besser als schriftliche (aber nicht anbiedern), vorformulierte Texte erleichtern die Arbeit der Journalisten (usw.).

Grundsätzlich wird das »Zweckbündnis« zwischen Bürgerinitiative und Lokalzeitung seitens der Bürgerinitiativen überschätzt. Nicht nur haben Industrie und Politik eingeführte Kanäle der Informationsvermittlung, außer acht gelassen wird, daß die Lokalpresse auch andere Bündnisse unterhält und zwar mit der Kommunalverwaltung, mit den Parteien und Verbänden und mit der Wirtschaft. Von diesen aber droht Sanktionsgewalt in Form von Anzeigenentzug. „Im Konflikt um das Atomkraftwerk Wyhl haben denn auch die Industrie durch Anzeigekampagnen und Eigenberichte und die Landesregierung ebenfalls mit Werbekampagnen und häufigen Stellungnahmen in erster Linie die regionale Presse für die Durchsetzung ihrer Politik zu nutzen versucht." (Buchholtz 1978: 65) Umgekehrt haben Bürgerinitiativen mit der Androhung eines Abonnenten-Boykotts versucht, eine gewisse Waffengleichheit wieder herzustellen.

Betrachtet man die Berichterstattung unter dem Aspekt »inhaltlicher Ausgewogenheit«, so muß der positive Eindruck, den die lokale Presseberichterstattung macht, korrigiert werden: „Wenden sich die Bürgerinitiativen über die Presse mit wesentlichen Äußerungen an die Öffentlichkeit, so wird in Erfüllung journalistischer Sorgfaltspflicht in der Regel die Stellungnahme der anderen Konfliktbeteiligten eingeholt und in der Meldung mitverarbeitet. Handelt es sich dagegen um Erklärungen der Politiker oder Betreiber, ist nur in recht seltenen Fällen zu verzeichnen, daß die Atomkraftgegner um eine Kommentierung gebeten werden." (Buchholtz 1978: 75) Dieser, für die Berichterstattung lokaler Zeitungen wohl typische Sachverhalt, wird noch durch das folgende Ergebnis komplettiert, das die unterschiedlichen Zugangsbedingungen der Nachrichtengebung belegt. In 56,7% der untersuchten Fälle gehen die Meldungen von Äußerungen aus, die aus dem Bereich der Parteien kommen. „Die Befürworter des Atomkraftwerks außerhalb der etablierten Parteien sind mit 10,8% an der Nachrichtengebung beteiligt. Sonstige Institutionen und soziale Kräfte wie die Kirchen (1,5%) und die Gewerkschaften (0,4%) sind in bezug auf ihre Stellung in der Gesellschaft der Bundesrepublik als Informationsgeber ausgesprochen unterrepräsentiert. Der Anteil von Meldungen, auf Informationen der Atomkraftwerksgegner zurückgehend, liegt bei insgesamt 30,5%" (Buchholtz 1978: 73)

In bezug auf die Zugangschancen zur Presse bedeutet dies, daß es für diejenigen Kräfte, die eine, gegenüber den Atomkraftwerksgegnern konkurrierende Politik verfolgen, entschieden einfacher ist, die Lokal- und Regionalpresse in Anspruch zu nehmen. „Mit 67,5 gegen 30,5 Prozent zeigt sich überdeutlich, wie stark bevorzugt Informationen von Betreibern und Politikern Eingang in die Presseberichterstattung finden." (Buchholtz 1978: 75) Buchholtz kommt deshalb auch zu dem Ergebnis, daß die Rechte der Bürger hinsichtlich der Möglichkeit, ihre Interessen über die Presse zu artikulieren, stark verletzt werden, gleichwohl empfiehlt er in bezug auf die Nutzung der »bürgerlichen Öffentlichkeit« eine *publizistische Doppelstrategie*: „Die Bürgerinitiativen gegen Atomkraftwerke sollten zukünftig aktiver und differenzierter die Zusammenarbeit mit Rundfunk, Fernsehen und Presse für die Öffentlichkeitsarbeit nutzbar machen. Die dabei zu erkennenden Grenzen werden aber stärker als bisher den Einsatz eigener Mittel erfordern, um mit einer Gegenöffentlichkeit im »Kampf zwischen Ökonomie und Ökologie« bestehen zu können." (Buchholtz 1978: 81)

Auch Michael Schenk (1982) konstatiert in einer Fallstudie über die Kommunikations- und Organisationsstrukturen von Bürgerinitiativen eine durchaus positive Lokalberichterstattung der Presse: Im Prinzip wiederholen die Presseartikel die wichtigsten Informationen der Bürgerinitiativen. Die Berichterstattung konzentriert sich allerdings auf diejenigen Bürgerinitiativ*mitglieder*, die eine fest umrissene soziale Position in der Hierarchie einnehmen, Schriftführer oder Vorsitzender beispielsweise. Diese »Personalisierung« hat dann aber zur Folge, daß die kollektiven Aktionen, über die berichtet wird, als Handlungen von Einzelpersonen angesehen werden. Eine solche Berichterstattung bewegt sich innerhalb des sog. »Honoratiorenjournalismus«, „für den es u.a. kennzeichnend ist, daß er bevorzugt lokale Organe und Institutionen zum Gegenstand der sozialen (Zeit-) Kommunikation macht und dabei besonders die »hierarchische Struktur« der Institutionen (Funktionsträger, Vorstände, Vorsitzende, usw.) herausstellt." (Schenk 1982: 245)

Zur Fernsehberichterstattung kann hier nicht allzu viel gesagt werden, da hierzu keine gesicherten Erkenntnisse vorliegen. Buchholtz kommt zu dem Ergebnis, daß die Berichterstattung von ZDF und ARD im wesentlichen gleich ist, es fällt allerdings auf, daß die Kernkraftwerksgegner und die Bürgerinitiativen erkennbar unterrepräsentiert sind. Zwar ist das Interesse der Bürgerinitiativen an einer Nutzung der bürgerlichen Öffentlichkeit anzuerkennen, so Buchholtz (1978: 63) in seinem Resümee, „die Chancen, über die Medien an der Meinungsbildung handelnd wie lernend teilzunehmen, erscheinen (allerdings) gering, da zum einen die fremd- und selbstbestimmten Zwänge des Medienjournalismus den Bürgerinitiativen zu wenig Raum zur Selbstdarstellung lassen und zum anderen die Positionen und Erklärungen von Regierungen, Parteien und Verbänden vorrangig veröffentlicht werden."

Was in bezug auf die Berichterstattung durch die audiovisuellen Medien insbesondere ins Gewicht fällt, ist, daß diese im besonderen Maße von den Mechanismen bürgerlicher Öffentlichkeitsproduktion bestimmt werden: Aktualität, Dramatisierung und Personalisierung. Ein großer Teil der Aktivitäten von Bürgerinitiativen entzieht sich aber diesen Kriterien: verbale Auseinandersetzungen mit der Verwaltung, mit Fachleuten, Diskussionen mit Betroffenen, Hearings, Anfragen, juristische Eingaben etc. sind wenig fernsehwirksam, denn sie finden nicht auf der Straße statt. Bauplatzbesetzungen, militante Auseinandersetzungen mit der Polizei, der Polizeiknüppel auf dem Kopf der Hausfrau, Massenaufmärsche hingegen, das sind die Bilder, die der Fernsehjournalist benötigt, um seinen Bericht in »Tagesschau« oder »heute« plazieren zu können.

Andernfalls gilt, was ein Fernsehjournalist einmal gesagt hat: »über Gorleben wird erst wieder berichtet, wenn es einen Toten gegeben hat«. Dadurch aber gewinnt ein medienzentriertes Politikverständnis immer mehr an Bedeutung.

Die Einbindung einer sozialen Bewegung in den Darstellungs- und Deutungszusammenhang bürgerlicher Öffentlichkeit, die mit oben genannten Mechanismen wie Personalisierung, Ab- und Ausgrenzung arbeitet, führt schließlich dazu, daß die Imperative solcherart Bewegungen, Spontaneität und

Egalität in zunehmendem Maß untergraben und destruiert wird. D.h., kann eine Bewegung dem etablierten Mediensystem keinen eigenen, unabhängigen Kommunikationszusammenhang entgegensetzen, keine resonanzfähige Eigenöffentlichkeit, die als Medium der reflexiven Aneignung der Aktionserfahrung dient, dann hat das ganz fatale Folgen. Nicht nur wird sie von ihren eigenen Erfahrungen abgeschnitten, sondern sie übernimmt auch die tradierten Normen und Wertstandards, von denen sie sich gerade befreien will. Die Antizipation bürgerlicher Medienrealität führt schließlich zu einer Mediatisierung der Politik und zur einer organisatorischen Verdichtung und hierarchischen Strukturierung dieser Gruppen.

5. Zur Dialogstrategie der Bürgerinitiativen

Entsprechend einem traditionalistischen Politikkonzept, dem die Mitglieder von Bürgerinitiativen anhängig sind, sind Bürgerinitiativen an einem Dialog, einem Gespräch mit der Gesellschaft, insbesondere aber mit denjenigen interessiert, die gemeinhin die Entscheidungen fällen. Man will die Gesellschaft an ihren eigenen Maßstäben messen. „Im Gegensatz zur Provokationspraxis der Studentenbewegung, sollten rationale Diskurse im Medium einer wieder belebten bürgerlichen Öffentlichkeit und ein professionelles Selbstverständnis, das sich in konstruktiven Gegenvorstellungen, Selbsthilfe und alternativen Planungen unter Beteiligung der unmittelbar Betroffenen bewährt, Bürgervereine und -initiativen zu »rationalen *Gegenpolen*« der Protestbewegung werden lassen." (R. Roth 1980: 79)

Die Grundintention der Bürgerinitiativbewegung ist, im Medium eines rational geführten Diskurses, die Auseinandersetzung mit dem System, mit Parteien und Verbänden zu suchen. „Diese Bewegungen glauben an die Rationalität ihrer Forderungen; die Betroffenheit, die sie artikulieren, ist die von Staatsbürgern, ihre Forderungen klagen die Einlösung des Rationalitätsanspruchs des als Handlungszentrum konstituierten *Parlaments* ein." (Ladeur 1977: 129) Die eigene Betroffenheit wird sozusagen verobjektiviert und zum Ausgangspunkt einer »antagonistischen Kooperation« (Mayer-Tasch) mit dem System.

Auf der Basis einer »neoaufklärerischen Fortschrittskritik« (Guggenberger) soll in der Öffentlichkeit eine »Konkurrenzkampagne« (Specht 1973) initiiert werden, die nicht nur das zur Entscheidung anstehende Problem, sondern auch die damit verbundenen überkommenen Deutungs- und Handlungsmuster staatlich-administrativen Handelns in Frage stellt. Es wird nicht nur vermittels alternativer Pläne und konkreter Gegenvorschläge der existierende Handlungsspielraum ausgelotet und ein Maximum an staatlichem Entgegenkommen ausgehandelt, sondern es findet auch immer ein »Kampf ums Recht«, eine Auseinandersetzung um die *verbindliche* Interpretation des Gemeinwohls statt. Das ist u.a. deshalb möglich, weil Bürgerinitiativen für sich beanspruchen »das Volk« zu sein, das die etablierten Parteien bloß repräsentieren.

Vor dem Hintergrund dieser Dialogbereitschaft liegt eine Interpretation nahe, die die Bürgerinitiativbewegung auf ihre systemimmanente Funktion reduziert: „In der Präsentation potentieller Handlungsalternativen unter Zugrundelegung von — nicht einseitig (betriebs) wirtschaftlich akzentuierten Kosten-Nutzen-Analysen wird man den unter Legitimitäts- wie Effektivitätseffekten bedeutsamsten Beitrag der Bürgerinitiativen zur konventionell-konstitutionell vorgezeichneten, Gemeinwohlverwirklichung sehen können." Dieser Einschätzung des Staatsrechtlers Mayer-Tasch (1981: 202) liegt der organisations- bzw. demokratietheoretische Gedanken zugrunde, „daß durch die erhöhte demokratische Beteiligung von Bürgern an öffentlichen Angelegenheiten die Störvariablen in der Umwelt des politischen Systems schneller identifiziert und Konterstrategien entwickelt werden können." (Hohmann 1977: 120) Bürgerinitiativen tragen so zur Systemstabilisierung und zur Steigerung der Verfassungseffizienz bei.

Unabhängig davon, daß diese Interpretation die Radikalität der Bürgerinitiativbewegung unterschätzt, kann hier ein zentraler Differenzpunkt zur Alternativbewegung festgehalten werden. Im Gegensatz zu dieser, deren Aktionen im wesentlichen durch einen Prozeß der *»Aneignung«* gekennzeichnet sind (Lebensgelände, Kultur, Formen des Zusammenlebens und Arbeitens etc. werden angeeignet), läßt sich die Bürgerinitiativbewegung im wesentlichen durch einen Prozeß der *»Durchsetzung«* charakterisieren. „Bürgerinitiativen sind selbstorganisierte Gruppierungen, die sich zur Durchsetzung ihrer Interessen an der Sicherung und Verbesserung von Lebenschancen gegenüber dem politisch-administrativen System zusammengeschlossen haben, weil ihre Interessen von Entscheidungen und Nicht-Entscheidungen des politisch-administrativen Systems bedroht werden." (Rodenstein 1978: 106)

Nicht die Verwirklichung, die Ausbildung autonomer Subjektivität wie bei den Trägern der Alternativbewegung, steht im Mittelpunkt, sondern die *politische Partizipation*; sie ist ein Wesensmerkmal der Bürgerinitiativbewegung. Aber bereits für die dritte Phase des Bürgerprotestes ist diese Unterscheidung nicht mehr trennscharf genug. Bedingt durch die Vermischung der Alternativ- mit der Bürgerinitiativbewegung vermischen sich auch die Aneignungs- und Durchsetzungsstrukturen. Denn durch die Radikalisierung der Bürgerinitiativbewegung wird der bislang ausgesparte Bereich der Lebenswelt nicht mehr länger tabuisiert.

6. Die Aktionsformen des Bürgerprotestes

Von Anfang an ist das Spektrum der von den Bürgerinitiativen praktizierten Protestformen nicht nur auf legale, konventionelle Durchsetzungsstrategien beschränkt. Kooperative und konfligierende Strategien ergänzen einander. Im Vordergrund stehen aber zweifellos die öffentlichkeitsorientierten, demonstrativen Aktionsformen und Praktiken (vgl. Karl 1981: 64). Neben, vor und während den Verhandlungen mit den Entscheidungsträgern, so Offe (1972: 165), benutzen Bürgerinitiativen auch immer „jene Mittel, die die einzige Basis ihrer Sanktionsgewalt (...) sind: Go-in, Besetzung, Blockade, gezielte Sabotage und Boykott." Diese Formen des Protestes knüpfen zum einen an die Aktionen der APO, zum anderen an die Vorbilder in Amerika, Minoritäten und schwarze Organisationen, an. Sie zeichnen sich vor allem dadurch aus, daß sie nicht nur den institutionell vorgegeben Aktionsrahmen (Eingaben, richterliche Verfügungen, Anhörungen etc.) voll ausschöpfen, sondern darüberhinaus, auch Formen der »kollektiven Gewaltanwendung« praktizieren. „Diese *Kombination* sowie die *Radikalität* und *Kurzfristigkeit* der Forderungen sind die einzigen Mittel, mit denen verhindert werden kann, daß Bürgerinitiativen zu Scheingefechten auf dem falschen Terrain verkümmern." (Offe 1972: 166)

Neben die klassischen Instrumente zur Aufklärung der Öffentlichkeit (Plakate, Transparente, Flugblätter, Zeitungsannoncen, Zeitungsartikel, Offene Briefe, Informationsstände, Ausstellungen, Zeitungen, Kundgebungen usw.) treten aktionistische Formen des Protestes, die an die Happenings der APO erinnern. Sie arbeiten zumeist mit der symbolischen Verzerrung der Realität oder parodieren diese: Während der Platzbesetzung in Wyhl steht hinter den symbolischen Barrikaden eine Jauchespritze, die als Vergeltung gegen Wasserwerfer eingesetzt werden soll, was nicht geschieht. Die Vorstellung dabei ist: „Die kriegsmäßig anrückende Polizei, ritterlich gerüstet, sauber geordnet, Darsteller von Macht- und Manneszucht, diese Helden werden einfach mit Jauche angespritzt, daß sie stinken. Mit dem Gestank gehen die Bauern täglich um, der gehört zu ihrer Arbeit, der stört eigentlich nur die Fremden, die hier nichts zu suchen haben." (Moßmann 1977: 9)

Die außerordentliche Vielfalt der Aktionsformen, ihre Intensität, die expressive Symbolik, das sind die signifikanten Charakteristika der Bürgerinitiativbewegung. Im Gegensatz zu den, von den kommunistischen Gruppen noch in den späten 70er Jahren praktizierten Mobilisierungsritualen, zeichnen sich diese unkonventionellen Formen des Protestes durch eine außergewöhnliche Phantasie und Kreativität aus. So karren aufgebrachte Fischer und Umweltschützer den für das Fischesterben (Mit-)Verantwortlichen, ganze Wagenladungen verendeter Fische vor die Tür. Und wenn die Anhänger einer lokalen Initiative gegen Luftverschmutzung sich nur noch mit dem Mundschutz auf die Straße begeben und auch die öffentlichen Denkmäler mit derartigen Schutzvorrichtungen versehen, so ist das schon sehr beeindruckend.

Typisch für einen Teil der von den Bürgerinitiativen praktizierten Manifestationen ist ihr hoher Grad an Medienwirksamkeit. Aktionen sind geradezu darauf angelegt, die Aufmerksamkeitsschwelle der professionellen Kommunikatoren zu überwinden und somit in die Gazetten von Funk, Fernsehen und Presse zu gelangen. Die in der Studentenrevolte sich bereits andeutende Mediatisierung linker Politik, die zu Anfang der 80er Jahre zu einem vorherrschenden Strukturmerkmal der außerparlamentarischen Aktionen wird, hat sich auch bereits in der Bürgerinitiativbewegung in beachtlicher Weise durchgesetzt. So heißt es bezeichnenderweise in einem »Handbuch für Bürgerinitiativen« unter dem Stichwort Fernsehen: „Visuelle Medien wie das Fernsehen brauchen Bilder. Also: Weniger reden — mehr sinnlich — konkret Erfahrbares vorführen (Szenen, Gemaltes, Aktionen, Fotomontagen, Karikaturen, Modelle aus Pappe, Demonstrationen)." (Günter/Hasse 1976: 29)

Als während einer militanten Massenauseinandersetzung im Flörsheimer Wald die Abordnung der Protestierenden gegen die Startbahn West zu einem ad hoc anberaumten Verhandlungsgespräch zum Zeichen ihrer Friedfertigkeit mit unbekleidetem, nacktem Oberkörper die Barrikaden überwinden und zu dem Gespräch mit dem Hessischen Innenminister Gries erscheinen, gehen andertags diese Bilder durch die bundesrepublikanische Presse. Die Beispiele ließen sich wahllos fortsetzen. Hier zeigen sich die Ansätze einer »medienbezogenen Öffentlichkeitsproduktion«, die in den Aktionen von »Robin Wood« und »Greenpeace« ihren Höhepunkt finden.

Grundsätzlich haben die öffentlichkeitswirksamen Aktionen der Bürgerinitiativen eine doppelte Funktion: a) sie dienen zum einen der Aktivierung und Verbreiterung der eigenen personellen Basis, der Rekrutierung neuer Mitglieder, und b) zielen sie darauf, durch die Mobilisierung der öffentlichen Meinung die Willensbildung der Entscheidungsträger zu beeinflussen. Eine Mobilisierung der Öffentlichkeit läßt sich aber zweifellos nur durch den breiten Einsatz aller verfügbaren Aktions- und Pressionsformen erreichen, durch eine »Kette von Aktionen«, die eine stetige Steigerung der Aktionsformen beinhaltet (vgl. Beer 1978: 35f.).

In einigen Handbüchern für Bürgerinitiativen, die das praktische Handeln solcherart Gruppen anleiten wollen, wird auf den logischen Aufbau einer Aktionshierarchie hingewiesen und diese Reihenfolge zur Aktionspraxis empfohlen. Eine bruchlose Übertragung der dort formulierten Intensitätsstufen beinhaltet aber die Gefahr, daß die Auswahl der Mittel nicht mehr dem Aktionsinhalt und -ziel verpflichtet ist, nicht mehr nach ihrem aufklärerischen Wert ausgewählt wird, sondern allein der »Logik der Zuspitzung« folgt. D.h. wenn der Einsatz disruptiver Techniken einzig den Sinn verfolgt, die herrschenden Aufmerksamkeitsbarrieren der öffentlichen Meinung zu durchbrechen, dann ist dies höchst gefährlich. Einen solchen Mechanismus hat Jerry Mander (1979: 36) als »Zuspitzungstheorie« folgendermaßen beschrieben: „Die Dramatik muß von Aktion zu Aktion wachsen, wenn man den Umfang der Berichterstattung auf dem einmal erreichten Level halten will. (...) Mit steigendem Einsatz stieg auch der Gegendruck — und somit kam es zu immer wilderen Aktionen." Einer solchen »Aktionsarithmetik« ist aber auch die Bürgerinitiativbewegung tendenziell erlegen. Allerdings kulminiert deren Aktionslogik nicht so sehr in der Zunahme militanter Aktionsformen — deren Einsatz geht auf die Zunahme von Gruppierungen zurück, die aus dem studentischen Milieu kommen, sie werden vom Gros der Bürgerinitiativen abgelehnt —, sondern in einer zunehmenden *Gigantonomie*, d.h. in der wachsenden Zahl von Demonstrationsteilnehmern. Im Gegensatz zur Studentenbewegung, die sich bis auf Ausnahmen immer ihrer zahlenmäßigen Begrenztheit bewußt war (»wir sind eine kleine radikale Minderheit«), operieren die Bürgerinitiativen mit immer größeren Aufmärschen, um so in der Öffentlichkeit ihre zunehmende Anhängerzahl, und somit ihre gesellschaftliche Macht zu demonstrieren (vgl. Leinen/Vogt 1977). Aber nicht nur die Massendemonstrationen werden immer umfangreicher (Brokdorf 60.000, Grohnde 70.000), sondern auch die von den Bürgerinitiativen verbreiteten Unterschriftenlisten operieren mit immer größeren Zahlen. Letztendlich zeigt sich aber auch hier ein Prozeß der Abnutzung: „Der Druck, der von großen Zahlen ausgeht, nimmt in dem Maße ab, in dem man sich an immer größere Zahlen gewöhnt." (Kodolitsch 1978: 348)

7. Organisatorische Verdichtung und kommunikative Asymmetrie

Sowohl der Sachverhalt, daß Bürgerinitiativen primär im lokalen Raum interagieren, als auch die Tatsache, daß ihre Mitglieder einer »neuen Mittelschicht«

zugehörig sind, führen nun aber dazu, daß zwischen Bürgerinitiativen und ihren Adressaten ein ausgedehntes soziales Beziehungsgefüge entsteht. Über diese engen personalen Kontakte haben die engagierten Bürger Zugang zu den lokalen Macht- und Entscheidungsinstanzen. Diese Beziehungen zu den lokalen politischen Organisationen sind geradezu die Voraussetzung für eine verstärkte Berücksichtigung von Bürgerinteressen im politischen Willensbildungsprozeß.

In dem Maße aber, in dem Bürgerinitiativen mit den Institutionen und Vertretern der etablierten Öffentlichkeit, mit den Entscheidungsträgern kooperieren, hat das für die Organisations- und Kommunikationsstrukturen der Initiativen folgenschwere Konsequenzen, haben die Mechanismen der bürgerlichen Öffentlichkeit doch eine vereinnahmende und integrative Kraft.

Dieses soziale Netzwerk zwischen Bürgerinitiativen und lokalen Macht- und Entscheidungseliten hat Michael Schenk analysiert und dabei festgestellt, daß sich analoge hierarchische Strukturen auch innerhalb von Bürgerinitiativen konstatieren lassen. In den von ihm untersuchten Bürgerinitiativen (wobei die Untersuchungsbasis von zwei Initiativen sehr schmal ist), kommt es deshalb zu erheblichen Systemdifferenzierungen, denen ein verändertes Kommunikationsverhalten der Mitglieder entspricht. Als Folge dieser Binnendifferenzierung bilden sich unterschiedliche soziale Positionen aus, die mit bestimmten Kommunikationsrollen verbunden sind. „Bestimmte Mitglieder fungieren z.B. als sogenannte *Gatekeeper*, indem sie durch ihre multiplexen Beziehungen zum Adressatensystem die Bürgerinitiative mit der weiteren Umwelt verbinden und aufgrund dieser Beziehungen Informationen aus dem Adressatensystem in die Bürgerinitiativen einbringen. Andere Mitglieder dienen als sogenannte *Brücken* (liaison), indem sie Nichtkernmitglieder an den Kern anschließen. Weitere Mitglieder sind auf informellem Weg besonders einflußreich, da sie politische *Meinungsführerschaft* ausüben." (Schenk 1982: 272) Uns interessieren diese Ausführungen nicht so sehr deshalb, weil sie, wie Schenk formuliert, die Bürgerinitiativen in die Nähe »elitär-demokratischer« Perspektiven rücken, und damit die demokratietheoretische Annahme von den Bürgerinitiativen als identitäre, direkte und basisorientierte Demokratievorstellung revidieren, sondern deshalb, weil mit den zunehmenden Oligarchisierungstendenzen eine kommunikative Assysmetrie verbunden ist, die auch einen internen *Öffentlichkeitsverlust* zur Folge hat.

Der spezifische Beitrag des professionellen Mediensystems an dieser internen Hierarchisierung besteht nun genau darin, daß dieses Erwartungshaltungen auslöst und potenziert, die die Formalisierungs- und damit auch Institutionalisierungstendenzen noch forcieren. „Journalisten halten sich bevorzugt an Presseinformationen anerkannter Verbände, interviewen »Persönlichkeiten« und »Funktionsträger« innerhalb der Bewegung. Politiker verhalten sich hilflos, wenn sie sich einer Gruppe ohne klare Strukturen gegenübersehen. Und Administrationen fördern — wenn überhaupt — für sie überschaubare, d.h. institutionalisierte Organisationen." (Brand u.a. 1983: 108) Berücksichtigt man desweiteren unterschiedliches Engagement und Zeitbudget der einzelnen Mitglieder, so wird erklärbar, warum gerade die umfassend Informierten, mit politischem Instinkt und seherischem Charisma ausgestatteten Personen in den Vordergrund treten. Zwar wird von fast allen Bürgerinitiativen der hehre Anspruch nach basisdemokratischen Entscheidungs- und egalitären Diskussionsstrukturen propagiert, in der Praxis aber sind vielmehr zentralistische Strukturen und ein gruppeninternes Kommunikationsgefälle vorherrschend. Selbst wenn die Mitglieder einer Bürgerinitiative sich der »idealen« Vorstellung von basisnaher Demokratie und Kommunikation bewußt sind, so Schenk, finden sich in den untersuchten Initiativen gerade diejenigen Strukturen wieder, die von ihnen vehement kritisiert werden: „*oligarchische Verselbständigung* und *Führungspersonen, Ämterhäufung* und *soziale Verflechtung* mit der lokalen politischen Elite. Oligarchisierung, Zentralisierung und Verflechtung scheinen somit *emergente* Eigenschaften (...) sozialer und kommunikativer Strukturen auch von Bürgerinitiativen darzustellen." (Schenk 1982: 275)

Diese Tendenz zu festeren organisatorischen Strukturen und zur Formalisierung wird noch dadurch verstärkt, daß die Mitgliederzahlen der einzelnen Bürgerinitiativen zunehmen. Hat noch 1972 ein Großteil der Initiativen lediglich bis zu 50 Mitgliedern, so ergibt sich 1977 bei Umweltinitiativen ein Mittelwert von 364 registrierten Mitgliedern, denen jedoch durchschnittlich 54 Aktive gegenüberstehen. Der Zwang zur fachlichen Auseinandersetzung und konstruktiven Kritik, der Versuch ständiger Präsenz und die zunehmende Einbindung in Verhandlungsprozeduren, Anhörungen und Kommissionen tun ihr übriges, die basisdemokratischen Ansprüche zu unterminieren.

Wenn es aber richtig ist, daß u.a. an den innerorganisatorischen Kommunikations- und Entscheidungsstrukturen sich zeigen läßt, ob und in welchem Ausmaße emanzipatorische Ziele bereits praktiziert werden, dann fällt am Ende der Bürgerinitiativ*bewegung* das Urteil über diese eher negativ aus. Die organisatorische Verdichtung der einst dem Spontaneitätsprinzip verpflichteten Initiativen, eine zunehmende Formalisierung der Entscheidungs- und Diskussionsstrukturen — „Mitgliedschaften werden eingeführt, mit dem Erfolg, daß die Zahl der Aktiven relativ klein bleibt, während die Zahl der passiven Mitglieder ansteigt" (R. Roth 1980: 92) — führt dazu, daß sie ihre massenmobilisierende Kraft verlieren, denn mit der Durchsetzung der Mitgliedschaftsrolle ist die *Grenze zwischen Öffentlichkeit und Bewegung* »geschlossen«. (vgl. Rammstedt 1981: 322) Zwar kommt es in Brokdorf (1981) noch einmal zu einer Großdemonstration, gleichwohl erscheint die Bewegung eigentümlich neutralisiert. Ein Entmischungs- und Differenzierungsprozeß setzt ein, der die ökologischen Themen auch in die umliegenden gesellschaftlichen Segmente einsickern läßt. In dem Maße aber, wie die ökologischen Weltbilder globaler werden, sind es nicht mehr ökologische Fragen, an denen sich der Konflikt entzündet, sondern die Stationierung strategischer Atomwaffen wird zum Kristallisationspunkt manifester politischer Auseinandersetzungen. Damit hat die Ökologiebewegung nicht nur ihre politische Identität, sondern auch ihre Kraft verloren über symbolische Aktionen überregionale Öffentlichkeiten herzustellen. Und schließlich führt diese Entwicklung zu einer Institutionalisierung der Bewegung auf Vereins- und Verbandsebene, wodurch sie sich als formale Institution im vorparlamentarischen Raum etabliert. Von nun an werden die Auseinandersetzungen um ökologische Fragen nicht mehr in der Form öffentlicher Gegnerschaft geführt, sondern sie verlaufen in geordneten, geregelten Bahnen ab. Konfrontation wird durch geregeltes Verfahren abgelöst. Dieser Prozeß der Institutionalisierung, der Hand in Hand geht mit der Etablierung der »Grünen« als Partei, hat aber für die außerinstitutionellen Kräfte fatale Folgen: Zum einen besteht die Gefahr, daß der außerparlamentarische Protest frühzeitig absorbiert wird, zum anderen wird dem außerparlamentarischen Handeln potentiell die Legitimationsbasis entzogen.

8. Die Volksblätter

Zwar gelingt es einem großen Teil der Bürgerinitiativen über die Schiene »Aktivierung der bürgerlichen Öffentlichkeit« ihre Interessen öffentlich zu machen, gleichwohl bleibt ein gewisses kommunikatives Defizit. Denn viele lokale Gruppen und Initiativen schaffen es nicht, in der Lokalpresse, in der lokalen Öffentlichkeit Gehör zu finden. Dieser Kommunikationsstau, ein lokales Kommunikationsdefizit also, ist der Hintergrund für die Bildung zahlreicher Alternativzeitungen.

In diesem Zusammenhang ist des öfteren das Stichwort von der Gleichschaltung der Presse und der wachsenden Pressekonzentration gefallen. Beide Sachverhalte dienen dazu, die Entstehung der Alternativpresse aus eben diesem Mangel publizistischer Vielfalt zu erklären. Unbestritten ist, daß das mißachtete Bürgerinteresse nach Kommunikation, nach einem Zugang zur lokalen Meinungsbildung, ein entscheidender Faktor bei der Konstitution gerade auch der Volks- und Initiativzeitungen ist. Die Entstehung des Oberhausener »Ruhr-Volksblatt«, das kurz nach der Übernahme der »Westfälischen Rundschau«

durch den WAZ-Giganten aus der Taufe gehoben wird, ist ein Beispiel für die Richtigkeit dieser Annahme. Und auch der Aachener »Klenkes« ist entstanden, nachdem sich die beiden letzten lokalen Zeitungen unter das Dach eines gemeinsamen Zeitungsverlages geflüchtet hatten. Beim Dortmunder »Klüngelkern« heißt es dazu: „... aus dieser Einsicht heraus, daß erstens die Lokalpresse ungenügend und oft an den wirklichen Interessen ihrer Leser vorbei berichtet und zweitens die Politik der Stadt nicht unsere und wohl meistens auch nicht ihre Politik ist, kamen wir zu dem Ziel, eine Zeitung von Betroffenen für Betroffene zu machen. (...) Für alle diese Gruppen im Dortmunder Raum soll der *Klüngelkern* eine Plattform sein, um an die Öffentlichkeit zu gelangen." (Weichler 1983: 28)

Gleichwohl muß obigem Erklärungsansatz widersprochen werden, der die Entstehung der Alternativpresse kausal als Reaktion auf den Verlust der regionalen Pressevielfalt begreift (Reaktionspresse), wie er in der Publizistikwissenschaft wiederholt vorgetragen wird. „Die Alternativ-Presse, die Gegenpresse ist keine Reaktion auf Ein-Zeitungs-Kreise oder deren Zunahme, sondern ein genereller und grundsätzlicher Kritikansatz auf die Monopolisierung, und zwar im wesentlichen thematisch auf die Produktions-Monopolisierung der lokalen Presse überhaupt." (Stankowski 1983: 64) Freilich greift selbst dieser Erklärungsversuch zu kurz, sind doch die Alternativzeitungen nicht nur praktizierte Medienkritik, sondern auch Ausdruck einer sich abkoppelnden Gegenkultur, einer »anderen« Lebenswelt, die sich in den Alternativzeitungen ein Forum des Erfahrungsaustausches und der kommunikativen Vernetzung schafft.

So ist das »Kölner Volksblatt«, der Prototyp dieses Genres entstanden, obwohl Köln zwei, früher sogar konkurrierende, Lokalzeitungen hat. Als sich 1973 ca. 30 Kölner Gruppen, Initiativen und Verbände zusammentun, um sich kennenzulernen und über ihre Ziele zu diskutieren, erkennen sie wie wichtig es ist, sich der übrigen Bevölkerung bekannt zu machen. Aus diesem Treffen der Initiativen, das Ende 1973 anläßlich eines Informationstages das Sonderblatt »Kölner Bürgerinitiativen berichten« herausgibt, kommt die Idee, eine Kölner Monatszeitung zu planen. Und während Anfang Januar 1975, nach zwei Versuchsnummern, das erste, nun monatlich erscheinende »Kölner Volksblatt« auf den lokalen Zeitungsmarkt tritt, ahnt noch niemand, daß diese Zeitung, dieser Zeitungstyp zum Vorbild zahlreicher ähnlicher sog. »Volksblätter« werden soll, die vor allem im Ruhrgebiet angesiedelt sind: »Hagener Volksblatt«, »Dortmunder Volksblatt«, »Wat löppt« Wuppertal, »Ruhr Volksblatt«, »Hochrhein Volksblatt«, »Bremer Blatt«, »Was lefft« Erlanger Stadtzeitung, »Freiburger Stadtzeitung«, »Stadtzeitung Saarbrücken«, »Stuttgarter Volksblatt« usw. usf.

Kölner VolksBlatt:

Nr. 9 Sept. 1975 — **Bürgerinitiativen informieren** — 50 Pfennig

Das ist die Wahrheit:

Millionengewinne der KVB

Pfusch in der Bilanz – Bus- und Bahnbenutzer sollen Stadthaushalt sanieren

Am 25. August wurden in Köln Busse, Straßenbahn und U-Bahn um die Hälfte teurer. Es gab Proteste, Demonstrationen, viele Flugblätter. Aber die Mehrheit der Kölner hat doch bezahlt. Widerwillig vielleicht aber ohne Widerstand. Die meisten werden wohl den Stadtvätern und dem KVB-Vorstand geglaubt haben, daß die Bahn ein großes Defizit gemacht hat. Aber das ist nicht wahr. Ein Pfusch. Denn nur auf dem Papier gibt's ein Defizit, in Wirklichkeit haben die Fahrgäste im letzten Jahr mehr bezahlt, als ihre Beförderung kostete. Wir haben das an dem Mittelseitig genau vorgerechnet. Und um der Propaganda von Rat und Bahn etwas entgegenzusetzen, haben wir davon ein Sonderblatt gemacht und etwa 30000 Stück allein verteilt.

Unsere Behauptung: Mit dem KVB-Überschuß wird das Loch im Stadtsack ein bißchen verkleinert. Daß es in Wirklichkeit um dieses Loch geht, zeigen auch die angekündigten Gaspreiserhöhungen zum 1. Oktober.

Obwohl die "Gas- Elektrizitäts- und Wasserwerke" 1974 einen zugegebenen Gewinn von 34 Millionen machten und 1975 schon eine "Konzessionsabgabe" von 50 Millionen an die Stadt zahlten. Das hätte wohl gegebenen Gewinn von 34 Millionen machten und 1975 schon eine "Konzessionsabgabe" von 50 Millionen an die Stadt zahlten. Das hätte wohl genügt. Aber schon jetzt steht an neue Erhöhungen der Tür: Wasser, Strom und Müllabfuhr. (Siehe den Artikel "Ein Papier..."). Mal sehen, wieviel sich die Kölner von ihren gewählten Vertretern noch gefallen lassen, bis ihnen der Kragen platzt.

Klaus der Geiger

Nä, nä dat zahle m'r nit mieh...

Fast jeden Samstagmittag singt der Kölner Straßenmusiker Klaus der Geiger seine Lieder an der Hohen Straße. Er singt von dem, was die Kölner bewegt. Er singt auch zu den neuen KVB-Fahrpreisen so, wie viele Kölner (insgeheim) darüber denken:

Melodie: "En d'r Kaijaß Nr. 0"

En d'r Scheidweiler Strooß is de Schien kapott /un dat janze Huus steit Kopp /un jas fehlt dem Prinz dat Jeld, womit er maggle kann, wie't en jefällt /he jitt sich der Prinz: der Fahrpreis muß eropp //
Un dö ham mer hin in her överleat, un han för der Prinz jesaat:
// Nä, nä, dat zahle mer net mih, jans bestemp net mih, denn wo köne mer do hin/Täte mer ewig der Sahle, wat de Prinz für Stadt verlange, nä do is jets nix mih drin. // Dreimol Null is Null is Null, denn dat Säckel vun de Bonze es vol //

En d'r Stadt han jets de Bahne un de Lück don nix mih zahle /jöh, wat is dat einfach schön! // Kütt de Schmier aipmeer, eine Pissel en d'r Hand /un süht: So ham mer hin un her överleat, un han för der Prinz jesaat: // Nä, nä dat zahle mer net mih, jans bestemp net mih, denn mer hän doch net verröckt! / Denn die Stadt steckt unser Jeld nur den Bonzen in der Arsch, un do maache mir net mit! // Dreimol Null is Null bliev Null, un da, Säckel vun d'r Stadt dat is esu voll //

Un jets kütt der Kontrolleur un süht: Fahrschiene her! / un do laache mer ihn us! // Kütt der Prinz dann aigemeet, eine Fahrschring en d'r Hand / joh dann schecke mer em op d'r Mond //
Un do ham mer hin un her överleat, un han för der Prinz jesaat: // Nä, nä, dich bruche mer net mih, jans bestemp net mih, do bes mer ze vill, un do kannste maache all die feese Schweinereiche, du. // Dreimol Null is Null is Null, denn mer fahre met d'r KVB zo Null! //

Nippes

Noch behaupten Rat und Verwaltung, die Umwandlung in ein Einkaufszentrum sei noch nicht beschlossen. Und während sich die Bürger bei öffentlichen Anhörungen noch Hoffnung auf Mitbestimmung machen, zeigt dieses Schild (neben vielen anderen) in der Nehlerstr., daß längst Nägel mit Köpfen gemacht werden.

Ein Papier, das man nicht lesen kann

Wie die SPD- Stadträte sich verarschen lassen

Im neuen Kölner Stadtrat gibt es zwei clevere Politiker. "Jung und dynamisch", wie man so sagt. Herterich heißt der eine, Winkler der andere. 35 Jahre alt der eine, 39 der andere. Fraktionsvorsitzende sind sie beide. Und weil sie sich mögen, und weil sie sich ähnlich sind, und "weil sie Politik machen wollen", haben sie sich kurz nach den Kommunalwahlen an einem Sonntagnachmittag im Mai unter vier Augen getroffen. Als sie sich voneinander verabschiedeten, hatten sie ein Papier in der Tasche. Jeder eins. Ein drittes gibt es nicht und sie haben ausgemacht, daß jeder seins in den Panzerschrank legt und keinem anderen zeigt.

Dieses Papier, das sie in der Öffentlichkeit als eher beiläufiges Ergebnis eines rein privaten Treffs herunterspielen, hat allerdings einige Brisanz. Es ist praktisch ein Art Koalitionspapier zwischen SPD und FDP in Kölner Rat, das allerdings die 44 Personen starke SPD-Fraktion überhaupt nicht inhaltlich beraten hat.

Mehr als ein Dutzend verschiedener Themen und Vereinbarungen sind konkret darin angesprochen:
- Bei der KVB werden die Preise erhöht (schon erledigt)
- Kommunale Preise wie Gas, Strom, Wasser, Müllabfuhr und andere Gebühren werden zwischen 35 und 40% erhöht, das Gas am 1. Oktober um 40%.
- Die Wirtschaftsförderung wird aktiviert,
- Die Gesamtschulversuche werden fortgeführt,
- Das Mittelstück der Stadtautobahn zwischen Herkules- und Vorgebirgstraße wird nicht gebaut, aber die nördlichen und südlichen Anschlüsse. (Damit hat sich die Ratsperte praktisch für die ganze Autobahn entschieden, nachdem auch die CDU sie häufig gefordert hat. Der damit hereingebrachte Verkehr wird die Innere Kanalstraße über kurz oder lang überfluten lassen.)

Neben diesen Vereinbarungen enthält das Papier einige FDP-Forderungen:
- Die Städtische Außenwerbung, die Stadtreinigung und das Leichenfuhrwesen sollen privatisiert werden.
- Das technische Rathaus soll der Chorweiler und nicht nach Deutz
- Das Kongreßzentrum soll nicht in die Innenstadt sondern nach Gurzenich, sondern ans Messegelände
- Die städtische Wohnungsvermittlung soll aufgelöst werden,

"wenn sie die Erwartungen nicht erfüllt."

Weil sich die beiden Fraktionschefs so gut verstanden und das Papier miteinander vereinbart haben, verzichtete SPD-Herterich darauf, eigene Forderungen zu stellen. Möglicherweise waren sie auch in Ermangelung einer eigenen Programme. Um nun die Vereinbarungen von der Kaffeekränzchen-runde herunterzubringen, mußte Herterich das Papier von seinen SPD- Fraktionsgenossen absegnen lassen. Dazu versammelte er sie an einem schönen Nachmittag und trug mündlich, "im Eilzugstempo" (so ein Ratsherr) das Papier vor, ließ ihn keinen hineinblicken und ließ sie auch in Unklaren über den wahren Charakter des Papiers. Denn nach 2-3 Stunden munterer Diskussion meinte er um halb Acht abends nach einem Blick auf die Uhr: So, wir müssen zur Abstimmung kommen, um 8.- Uhr ist die FDP da. Dann wird unterschrieben.

Jetzt erst ging den meisten auf, daß es sich nicht um einen Entwurf handelte. Trotzdem ließ die Mehrheit so mit sich umspringen und stimmte Herterich zu. Nur 5 waren dagegen und 4 enthielten sich der Stimme. Herterich hat freie Bahn.

Ob sich FDP-Winkler und SPD-Herterich anschließend wieder zu einem Umtrunk getroffen haben, ist unbekannt. In den Schulbüchern jedenfalls steht über solche parlamentarische Gebräuche: Die Parteien sind die Willensbildungsorgane des Volkes. Sie sind demokratisch organisiert.

Wyhl: Aufruf an Alle
die wissen worum es geht.

Seit Monaten verhindern in Wyhl am Oberrhein die Bürgerinitiativen mit Erfolg den Bau eines Kernkraftwerks. Im September wird es neue Auseinandersetzungen geben. Deshalb haben die Wyhler zur Unterstützung aufgerufen:

"Der Platz in Wyhl ist seit dem 23. Februar ununterbrochen besetzt und muß auch weiterhin besetzt bleiben. Im September erwarten wir eine Beschluß des Gerichts in Mannheim. Dort wird entschieden, ob das Kernkraftwerk Süd trotz des laufenden Hauptsache-Verfahrens mit dem Bau beginnen darf. Die über 40 Bürgerinitiativen haben schon lange beschlossen, daß diese Entscheidung, die noch nicht einmal auf der Grundlage unserer Einwände gefällt werden kann, nicht bindend ist. Die Regierung offenbar in Kenntnis wichtiger Vorentscheidungen – will sich ganz auf diesen Mannheimer Beschluß stützen.

Das heißt, wir müssen im September wieder mit einem Räumungsversuch rechnen. Unsere Strategie ist klar, unser Alarmsystem funktioniert. Aber nicht alle werden unsere Sirenen hören. Wenn ihr also aus der Zeitung oder aus dem Radio erfahrt, daß die Polizei den Platz wieder einmal genommen hat, das versucht, kommt nach Wyhl. Wir haben Zeit. Beim letzten Mal hatten wir Polizeifestung drei Tage lang belagert, bis wir zahlreich genug waren.

Bringt Zelte mit und was man so braucht. Informiert euch schon vorher, aber auch am Ort, kauft keine Aktionen auf eigene Faust. Respektiert Strategie und Beschlüsse der Gruppen am Ort, die einheitlich handeln. Wir bleiben, bis die wieder gegangen sind. Und wir wollen geduldig. Provoziert niemanden und verzichtet auf die Propagierung von Parteiprogrammen und Emblemen. Nehmt schon jetzt Kontakt auf mit euren Leuten in der Region, damit ihr unter Umständen schnell informiert sein könnt. Bereitet Leute, die mit uns solidarisch sind, auf September vor. Wir können diesmal 50.000 sein und wir sind, dann sind wir auch genugens. Es geht darum, daß um Kaiserstuhl. Das Kernkraftwerk wird nicht gebaut."

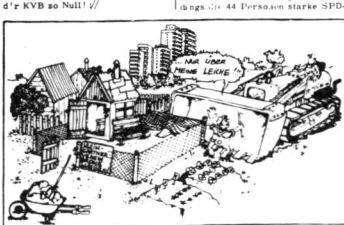

Das ist die Zukunft der Schrebergärten an der Inneren Kanalstraße. Denn SPD-Herterich und FDP-Winkler haben sich geeinigt: die Nord- und Süd-Teile der Stadtautobahn werden gebaut. Und die Fraktionen haben zugestimmt. Die CDU ist auch dafür. Die Sache ist "gebongt".

8.1 Das Volksblatt-Konzept

Im Zentrum der Volksblatt-Konzeption steht die Idee, die Betroffenen selbst, aus den Initiativen und Gruppen, aber auch außerhalb dieser Zusammenhänge, zu Wort kommen zu lassen. Wir wollen eine »Zeitung von unten sein«, heißt es in der ersten Nummer des »Kölner Volksblatt« (1975), eine „Zeitung aus der Sicht der Bürger im Stadtteil, der Arbeiter und Angestellten in ihren Betrieben, die sich gegen etwas wehren, für etwas kämpfen. Darum zielen unsere Berichte, Kommentare und Analysen auch immer darauf, daß sich die Leser bestehenden Initiativen anschließen, neue Gruppen und Organisationen bilden, daß Aktivitäten zusammenfließen, Gruppen gemeinsam kämpfen, um den Widerstand derjenigen kleinen Minderheiten zu brechen, die mit Hilfe von Geld, Beziehungen und Klüngelei überall versuchen, sich an der Macht zu halten."

Aus der Entstehungsgeschichte des »Kölner Volksblatt« wird die doppelte Funktion der »Volksblätter« ersichtlich: Zum einen dienen sie der kommunikativen Verknüpfung der voneinander isoliert arbeitenden Gruppen und Initiativen, die Zeitungen sollen gleichsam ein kommunikatives Medium des Erfahrungsaustausches sein, ein Artikulationsforum für die, diese Zeitungen tragenden Gruppen und Initiativen. Darüberhinaus aber, und dieser Aspekt hat bei den »Volksblättern« zumindest programmatisch immer im Vordergrund gestanden, sollen die Initiativen und Gruppen via Betroffenenberichterstattung / Reportage etc. in der *lokalen Öffentlichkeit* Gehör finden. Adressat ist also nicht nur der Aktivist, sondern auch immer der Normalbürger. Wir wollen auch, so heißt es im Kölner »Volksblatt« weiter, eine *»Lokalzeitung«* sein. Anstehende Probleme, lokale Ereignisse und Fragen sollen in einen politischen Gesamtzusammenhang (im Gegensatz zur bürgerlichen Lokalpresse) gestellt und so neu und anders diskutiert werden. Auf dieser Ebene soll die Berichterstattung der Lokalpresse, der herrschende Diskurs korrigiert und ergänzt werden. „Ereignisse und Vorgänge werden nicht nur verständlich geschildert, eingeordnet und kommentiert, sondern das weitergehende Ziel ist, praktikable Alternativen aufzuweisen und für diese Alternativen Identifikationsmöglichkeiten anzubieten." (Eurich 1980: 18)

Aus diesem, nur kurz angerissenen konzeptionellen Ansatz, wird bereits die Uminterpretation der redaktionellen Arbeit ersichtlich. Nicht mehr der Journalist, der Redakteur ist derjenige, der die Artikel und Reportagen schreibt, redigiert und plaziert, die lokalen Gruppen und Initiativen, die betroffenen Bürger sind diejenigen, die die Zeitung tragen, sie schreiben die Beiträge, Betroffenenberichte, und sie sorgen schließlich auch dafür, daß diese, ohne große redaktionelle Überarbeitung in die Zeitung kommen. Politischer Hintergrund dieser Vorstellung vom Leser-Schreiber-Redakteur ist die Idee von einer dienstleistenden Medienarbeit, die Zeitungsproduktion, Zeitungsmachen nicht als eigenständige journalistische Leistung goutiert, sondern nach deren Beitrag zum »Klassenkampf« fragt. Den kämpfenden Massen, hier dem aufmüpfigen Bürger, soll ein Medium angeboten werden, das dieser benutzen und für seine Interessen einsetzen kann. „Die Zeitung sollte in diesem Prozeß als »Transmissionsriemen« fungieren, als zusätzliches, aber nicht eigenständiges Element im Prozeß der Gegenöffentlichkeit." (Beywl 1982: 27)

Idealiter soll jeder Zeitungsmacher in einer Basisgruppe »verankert« sein: „Es ist wichtig, daß in der Redaktion Leute vertreten sind, die »aus dem Volk« kommen, d.h.: es darf keine Zeitung der »Szene« sein, die sprachlich als auch von den Problemen her über die Köpfe der Leute hinweggeht. Wir haben gute Erfahrungen damit gemacht, daß wir Redaktionsmitglieder haben, die als Lehrlinge auf der Zeche sind, in der Gewerkschaft verankert sind — oder Eltern, die in der Schulpflegschaft engagiert sind —; insofern ist man darüber näher an den Problemen des »Normalbürgers«." (Eurich 1980: 19) Diese idealtypische Vorstellung von der unmittelbaren Einbindung der Zeitungsmacher in die Basis (»Volksverbundenheit«) ist aber längerfristig nicht haltbar. Bedingt auch durch die spezifische Arbeitsweise unstrukturierter Gruppen, bilden sich arbeitsteilige Strukturen heraus, die das Basiskonzept pervertieren.

Um einem Mißverständnis zuvorzukommen, wir behaupten hier nicht, die Volksblätter seien *die* Medien der Bürgerinitiativen schlechthin, obgleich diese Annahme naheliegt, beanspruchen diese doch, Sprachrohr der Bürgerinitiativen zu sein. Allein darauf aber ist ihre Funktion nicht reduzierbar. Frauengruppen, Jugendliche, Homosexuelle, Ausländer usw., das heißt, fast alle kommunikationsdefizitären Randgruppen haben in diesen Zeitungen ein Medium, eine Plattform ihrer Interessen gefunden. Die Volksblätter sind also viel eher einer »*lokalen Initiativöffentlichkeit*« (Beywl) zuzuordnen, die sich einer Einteilung in Bürgerinitiativbewegung auf der einen und Alternativbewegung auf der anderen Seite entzieht.

Als klassisches Medium der Bürgerinitiativen ist beispielsweise die Zeitung der Wyhler Bürger »Was wir wollen« zu bezeichnen, ein Blatt, das unmittelbar aus den Diskussionen im internationalen Freundschaftshaus auf dem besetzten Bauplatz hervorgegangen ist. In dem Maße wie sich die Bewegung organisatorisch zunehmend verdichtet, hat sie dann aber auch eine Anzahl von Mitteilungsblättern hervorgebracht, die eher einem Typus von »Verbandspresse« zuzuordnen sind.

8.2 Zum Scheitern der Volksblätter

Der Erfolg der Volksblätter liegt nun nicht so sehr wie etwa bei den anderen Alternativzeitungen darin, daß sie als Medium der Verallgemeinerung, der Reflexion und Selbstverständigung einen Beitrag zur Autonomisierung der politischen Szene geleistet haben, sondern dort, wo sie die lokalpolitischen Auseinandersetzungen vorangebracht haben.

Die Belebung des lokalen und regionalen Kommunikationsraums durch die Thematisierung entscheidungsreifer Fragen und Sachverhalte, ist der besondere Verdienst der »Volksblätter«. Nicht nur haben sie einen Beitrag zur kommunalen Problembewältigung geleistet, sondern auch die Formulierung einer autonomen, »linken« Kommunalpolitik erst ermöglicht, ohne die der Erfolg der Grünen auf lokalpolitischer und landespolitischer Ebene nicht möglich gewesen wäre. Die »Initiativpresse« ist zu einem, wenn auch noch relativ unbedeutenden, Teil der lokalpolitischen Auseinandersetzung geworden.

Die Grenzen der Volksblatt-Konzeption aber liegen dort, wo man über die Propagierung des sog. Bürgerwillens — man will eine »Zeitung aus der Sicht der Bürger« sein — nicht hinausgekommen ist. Die beanspruchte »Sprachrohrfunktion« wird nämlich dann zur Fessel, wenn das Engagement der Bürger, die Aktivitäten der Basis nachlassen und die sog. Träger der Zeitung an »ihrer« Zeitung kein Interesse mehr haben. Das Volksblatt wird gleichsam zum Gefangenen seiner eigenen Ideologie, denn wenn die Berichte der Betroffenen, der Initiativen und Gruppen ausbleiben, verliert das Blatt seine Existenzberechtigung, da eine mögliche Zeitungsredaktion in diesem Konzept keinen Handlungsauftrag hat.

Eine Entkoppelung von Zeitungsmachern und Basis hat bei den Volksblättern relativ rasch eingesetzt: Die, die Zeitung tragenden Bürgerinitiativen, Gruppen und Initiativen sind in den Hintergrund getreten, was zur Folge hat, daß eine Professionalisierung redaktionellen Arbeitens einsetzen kann. Der Rückzug der Basis, oder umgekehrt, die Entfremdung der Basiszeitung von ihrer Klientel hängt in diesem Fall aber auch zweifellos mit dem spezifischen Interesse der Bürgerinitiativen zusammen, die, wie wir bereits gesehen haben, kein längerfristiges Interesse an der Schaffung von Gegenöffentlichkeit haben, sondern entsprechend ihrer neoaufklärerischen Intention eher daran interessiert sind, *kurzfristig* die bürgerliche Öffentlichkeit zu mobilisieren. Ein Mitarbeiter des Aachener »Klenkes« hat dies einmal selbstkritisch so formuliert: „Das ist überhaupt die Frage, ob die Bürgerinitiativen so ne Zeitung brauchen ... Die Bürgerinitiativen selber nutzen eigentlich so viel mehr andere Möglichkeiten der Öffentlichkeitsarbeit, z.B. Flugblätter oder Bürgerversammlungen oder irgendwelche Feste, und die Zeitung, die kommt eben nur einmal monatlich raus..." (Kuhn/Marchal 1977: 9)

Diese Selbstzweifel sind auch deshalb so charakteristisch, weil die praktische Arbeit immer zwischen absoluter Bürgernähe und einem wachsenden linken Politikverständnis geschwankt hat. Eine Gratwanderung zwischen Anbiederung bzw. Verleugnung eigener politischer Überzeugungen und Aufgaben in einem Bereich identitätsstiftender linker Subkultur ist die Folge. So heißt es im »Dortmunder Volksblatt« (6. April 1977), „Liebe Freunde vom »Klüngelkern«! Wir waren heute morgen wieder im Einsatz. Auf dem Hombrucher Wochenmarkt haben wir das »Dortmunder Volksblatt« unter das Volk verkauft. Aber das »Volk« will nicht so recht. Und wir wollen auch nicht mehr so richtig. Warum? Weil das »Dortmunder Volksblatt« kein Volksblatt ist. Schon gar kein Dortmunder! Da sind ne Menge Artikel drin, über das Russell-Tribunal, über Brokdorf, über Knast-Alltag, übers Schwarzfahren ... Die sind sicher wichtig. Aber für wen eigentlich?"

Der Ablösungsprozeß der Zeitungen von der Basis aber ist unaufhaltsam, daran hat auch die Beschwörung der »Basisideologie« nichts geändert, im Gegenteil, es sind gerade diejenigen Zeitungen eingegangen, die einzig an der »Sprachrohrfunktion« festgehalten haben wie etwa das »Bochumer Volksblatt«. Nur wenn es diesen Zeitungen gelingt, die alten konzeptionellen Überlegungen zu modifizieren und damit den Volksblattcharakter zu verändern, haben sie eine Überlebenschance. Der Niedergang der Volksblätter hängt aber auch damit zusammen, daß in dem Maße, in dem der ökologische Protest sich ausgeweitet hat, Spezialzeitschriften sich ausbilden, die nicht mehr so sehr den ökologischen Abwehrkampf widerspiegeln, sondern ökologische Gestaltungsalternativen publizieren.

9. Resümee

Der Bürgerprotest hat im wesentlichen, entsprechend seinem Engagement vor Ort, die lokalen und kommunalen Institutionen des Systems genutzt und aktiviert. Wie keine vergleichbare soziale Bewegung der letzten Jahre hat er Zugang zu den etablierten Macht- und Einflußstrukturen, zu den politischen Eliten, und insofern sich die Bürgerinitiativbewegung auf lokale Problemkomplexe beschränkt hat, um thematisch eingegrenzte Differenzen aufzuzeigen, hat sie auch durch die etablierten Medien, durch Teile der bürgerlichen Öffentlichkeit Unterstützung erfahren.

Im Gegensatz zur Alternativbewegung etwa, die von den existierenden Einflußstrukturen sich abgekoppelt und eigenständige Kommunikationsstrukturen aufgebaut hat, ist die Intention der Bürgerbewegung auf eine solche Autonomie zunächst nicht gerichtet. Damit hängt wohl auch zusammen, daß diese Bewegung entgegen ihrem Anspruch alsbald Hierarchien und funktionale Entscheidungsstrukturen ausgebildet hat, obwohl es ihre Intention war, gegenüber den zentralistisch organisierten Strukturen von Parteien und Verbänden, wie auch gegenüber einem exklusiven Entscheidungshandeln durch staatliche Bürokratien, ein größtmöglichstes Maß an Partizipation zu setzen. Eine offene, von Hierarchien und Dogmen freie Kommunikation, eine direkte, nicht-repräsentative Willensbildung sollte dies gewährleisten.

Unsere These ist, daß der mehr oder weniger unbegrenzte Zugang zu den etablierten Medien, zu den Eliten und Entscheidungsträgern nicht unwesentlich zur organisatorischen Verdichtung dieser Bewegung beigetragen hat. Der Preis, den die Bewegung für diese ihre Privilegien hat zahlen müssen, ist der Verlust egalitärer Kommunikations- und Handlungsstrukturen. Der Verlust einer Öffentlichkeit, in der die Erfahrungen der Beteiligten zum Ausdruck kommen, in der diese diskutiert und transformiert werden: eine »authentische Öffentlichkeit« also. Eine solche Öffentlichkeit hat die Bürgerinitiativbewegung in nur sehr fragmentarischer Form herausgebildet. Eine solche Öffentlichkeit wurde anfänglich ja auch nicht benötigt, die Schaffung eines Gegendrucks auf die Entscheidungsträger war, mehr oder weniger ausreichend, durch die Aktivierung der bürgerlichen Öffentlichkeit gewährleistet. Und eine Reflexion über die je unterschiedlichen Erfahrungen der an diesen Auseinandersetzungen Beteiligten war, zumindest als politisches Programm, nicht intendiert.

Erst als der Protest grundsätzlicher und im Zusammenhang mit der Formulierung ökologischer Fragen und der Problematisierung der Atomenergie universeller wird, läßt das Interesse der Öffentlichkeit und mit ihr der Medien nach. Deshalb ist auch erst an der Grenzlinie der Mobilisierung der Medien, der Unbeweglichkeit staatlicher Instanzen, die *Notwendigkeit* einer Veränderung und Komplettierung derselben evident geworden. Hier sind die neuen Partizipations- und Entscheidungsformen zu nennen, die das staatliche Handeln unterstützen und kontrollieren sollen: Bürgerforen, Planungsräte, Planungszellen, Zukunftswerkstätten sowie verschiedene für Gemeinden konzipierte und teilweise auch praktizierte Partizipationsmodelle (Nürnberger-Plan, Salzburger Modell, Modell für Beckum, Strategien für Kreuzberg, Planungsrat etc.), sollen den Bürgerprotest integrieren und kanalisieren und damit dem administrativen Entscheidungshandeln wieder die nötige Legitimität verschaffen. Von daher kann die von der Bewegung geschaffene Öffentlichkeit auch als *lokale »Partizipationsöffentlichkeit«* bezeichnet werden, die der klassisch-bürgerlichen zuzuordnen ist, diese aber noch erweitert.

Auf medialer Ebene hat das wachsende Desinteresse der Medien am Bürgerprotest dazu geführt, daß man gezwungen war, eigene Zeitungen aufzubauen. Erst als es dem aktiven Bürger nicht mehr gelingt, die etablierten Medien für seine Interessen zu instrumentalisieren, schafft er sich Ansätze einer eigenen Öffentlichkeit. Dieses Nebeneinander von Gegenöffentlichkeit und Präsenz in den etablierten Medien, kommt einer publizistischen Doppelstrategie der Bürgerinitiativbewegung gleich.

Die »Volksblätter« und »Initiativzeitungen« der Bewegung haben zwar einen Beitrag zur Reaktivierung der lokalen Öffentlichkeit geleistet, als eigenständige Medien einer politischen Gegenkultur sind sie aber nicht anzusehen. Mehr als andere Alternativzeitungen sind sie »Bewegungsmedien«, die, in dem Maße wie sie sich ideologisch und politisch der jeweiligen Bewegung verpflichten, dann ihre Existenzberechtigung verlieren, wenn die Bewegung zum Erliegen kommt. Wenn es aber richtig ist, wie es Rammstedt (1981: 322ff.) formuliert, daß die Ausbreitung sozialer Bewegungen einen entwickelten Stand von Kommunikationsmedien voraussetzt, um die Identität der Ideologie zu wahren, dann hat dieser Mangel nicht unerheblich zum Verfall der Bewegung beigetragen. Denn die Bürgerinitiativbewegung hat sich zu wenig um solcherart Medien gekümmert, die einer kommunikativen Vernetzung und damit auch Stabilisierung hätten dienen können.

Und so liegt der Erfolg der Bewegung eher auf der Ebene, wo es ihr gelungen ist, bislang nicht berücksichtigte Interessen und nicht artikulierte Probleme öffentlich zu machen. Denn erst mit der expliziten Formulierung anstehender Fragen eröffnen sich Chancen, sie zum Gegenstand politischer Entscheidungen zu machen.

Insofern hat die Bürgerinitiativ- und Ökologiebewegung an der politischen Themenstruktur der 70er Jahre mitgewirkt, mehr noch, sie hat diese mitbestimmt, was schließlich, wie es Dahrendorf formuliert, zu einem »historischen Themenwechsel« geführt hat. „Die Bürgerinitiativen haben das von den Parteien sorgsam gehütete Anbietermonopol über die zur öffentlichen Erörterung zugelassenen Themen durchbrochen und das inhaltlich-programmatische Spektrum weit über das von der »offiziellen« Parteiprogrammatik abgedeckte, hinaus erweitert." (Guggenberger 1978: 26) Vor allem die anhaltende Parteienkrise, die dadurch gekennzeichnet ist, daß die Parteien ihre genuine Funktion, die Probleme, Meinungen, Interessen und Bedürfnisse der Bürger zu repräsentieren, nicht wahrnehmen, hat dazu geführt, daß die Bürgerinitiativen die Themen bestimmen. Die Formulierung ökologischer issues ist folglich der historische Verdienst dieser technikkritischen Bewegung. Sie hat damit erreicht, daß heute nahezu keine neue Technologie mehr ohne öffentliche Diskussion eingeführt werden kann.

Wenn am Ende dieser Betrachtung versucht wird, ein vorsichtiges Resümee zu ziehen, dann fällt auf, daß es der Bürgerinitiativ- respektive Ökologiebewegung nicht gelungen ist, sich als eigenständige, soziale und politische Kraft zu etablieren. Das liegt vor allem daran, daß in ihr zwei Kulturen aufeinanderstoßen: Die Kultur der industriellen Expansion und die Ansätze einer gegenkulturellen Alternativbewegung. Zwischen diesen beiden Polen hat sie als Grenzgänger — weil sie in beide hineinreicht — eine vermittelnde Funktion. Ob sich allerdings, so die These von Dieter Rucht (1983 b: 68ff.), aus ihrer Mitte heraus eine »intermediäre Kultur« etabliert hat, möchten wir bezweifeln. Ihre formale Organisierung auf Vereins- und Verbandsebene, der konstatierte Mangel autonomer Kommunikationsstrukturen sowie die fehlende Verankerung in einer gegenkulturellen Szene sprechen eher dagegen. Außer Zweifel steht, und das muß hervorgehoben werden, daß sie die zunächst folgenlosen Ansätze der Alternativen mit der Thematisierung ökologischer Fragestellungen entscheidend beeinflußt hat. Ohne diese ideologische Unterstützung wären die alternativen Ansätze an innerer politischer Auszehrung zugrunde gegangen. Damit war diese Bewegung auch an der Konstitution und Etablierung einer politischen Gegenkultur beteiligt, aus der sie gleichwohl keine authentische Kraft hat schöpfen können.

Hier soll nicht der falsche Eindruck entstehen, es habe in der Bürgerinitiativbewegung keine Lernprozesse, keine Politisierungsprozesse gegeben. Bürgerinitiativen waren in den 70er Jahren der Ort, wo sich aufgebrachte Bürger versammelten, um sich in solidarischem Handeln gemeinsam zur Wehr zu setzen. Die oft jahrelange gemeinsame Arbeit in der Gruppe, die Erfahrungen miteinander und mit dem politischen Gegner, ließen die Bürgerinitiativen zu einer neuen »Instanz politischer Sozialisation« werden (Rucht). „Selbst Bürger mittleren und reiferen Alters können — teilweise entgegen sozialpsychologischen Erfahrungswerten von der frühzeitigen Strukturierung der Persönlichkeit — ihre Grundüberzeugungen, ihre Lebensgewohnheiten, ihre Toleranzgrenzen und ihre Umgangsformen entscheidend verändern." (Rucht 1980: 209, vgl. Rodenstein 1977) Bürgerinitiativen wurden somit zum Medium einer sekundären Sozialisation.

Und zugestanden werden muß auch, daß die Bürgerinitiativ- und Ökologiebewegung zentral zur Bildung postmaterieller Werte — einer neuen Verhaltens- und Leistungsethik beispielsweise — beigetragen hat. Mit der Herausbildung neuer Lebensbedürfnisse und Verhaltensorientierungen ist sie bis hart an die Grenze der Veränderung von Lebenszusammenhängen gestoßen. Deshalb stimmen wir auch mit Guggenberger überein, der der Meinung ist, daß auch für Bürgerinitiativen gilt, „daß das »Medium« selbst Teil der »Botschaft« ist; daß also das »alternative Lebensprogramm« und die Art und Weise wie man dafür kämpft und sich einsetzt, nicht voneinander zu trennen sind." (Guggenberger 1978: 11) Letztendlich aber hat die Bürgerinitiativbewegung diese Grenzlinie zur Veränderung der Lebenswelt *nicht* überschritten. Das ist erst von denjenigen Gruppen praktiziert worden, die, aus der Alternativbewegung kommend, eine nichtkapitalistische Produktion und Konsumption zu verwirklichen suchen.

Im Gegensatz zur Alternativbewegung, deren oberstes Prinzip es immer war, die Trennung von Kopf- und Handarbeit, mithin die Trennung von Politik und Leben aufzuheben, ist diese von der Bürgerinitiativbewegung nicht grundsätzlich thematisiert worden. Das Gros der Bürgerinitiativen, die Bürgerinitiativbewegung als globale Bewegung der 70er Jahre, hat die Trennung von privat und öffentlich nicht problematisiert. Im Gegenteil, diese Trennung ist gerade eine notwendige Voraussetzung für den relativen Erfolg der Bewegung. Aus der Sphäre der Privatheit tritt der engagierte Bürger in die Öffentlichkeit, die gleichsam Schauplatz der politischen Auseinandersetzung ist. Im Medium eines rational geführten Diskurses ringt er mit den Entscheidungsträgern um einen Kompromiß. Seine Rolle als Ehemann, Liebhaber, Vater, Mutter oder was auch immer, bleibt davon unberührt. Und so ist dieser Öffentlichkeitstypus, den wir bereits als »Partizipationsöffentlichkeit« bezeichnet haben, nicht etwa, wie die Gegenöffentlichkeit der Alternativen, dadurch gekennzeichnet, daß das Private aufgeschlossen wird für öffentliche, politische Auseinandersetzungen, sondern eher dadurch, daß es als Reservat innerhalb einer Aufklärungsöffentlichkeit dient, die sich mit den existierenden Formen bürgerlicher Öffentlichkeit kurzschließt. D.h. die liberalen Elemente der etablierten Öffentlichkeit und die Partizipationsöffentlichkeit der Bewegung sind eine Symbiose eingegangen. Es zeigen sich Ansätze einer neuen Form von Öffentlichkeit, die wir im Schlußkapitel dieser Arbeit näher kenntlich machen.

Substrat dieser neuen Form von Öffentlichkeit ist aber nicht, wie es Habermas für die Träger bürgerlicher Öffentlichkeit beschrieben hat, die private Verfügungsgewalt über Produktionsmittel, sondern die *Verfügungsgewalt über Zeit.* Ein zentrales Wesensmerkmal von Bürgerinitiativmitgliedern, daß sie im weitesten Umfang über ihre Zeit selbst verfügen, und das bezogen sowohl auf die Berufs- als auch auf die Freizeitsphäre. Es findet sich, so Thomas Ellwein (1978: 246), ein Stück »Honoratiorentum« das es gerechtfertigt erscheinen läßt, von einer »Renaissance des Bürgers« (Rucht) zu sprechen, von einer »dritten Welle« jener bürgerlichen Revolution und Emanzipation des Bürgers, die in den USA und Frankreich am Ende des 18. Jahrhunderts begann und nun einen erneuten Aufschwung erfahren hat.

Kapitel 6
Die »neue« Friedensbewegung und ihre Öffentlichkeit

1. Entstehung und Verlauf

Hatten zu Anfang der 80er Jahre noch ökologische Fragen und Themen im Mittelpunkt des außerparlamentarischen Protestes gestanden, so schiebt sich ab Sommer 1981 ein neuer Problemkomplex in den Vordergrund, der eine ungleich größere politische Sprengkraft entwickelt: die Nachrüstungs- und Friedensthematik. Dadurch kommt die Ökologiebewegung zwar nicht zum Erliegen, aber die Friedensbewegung wird zu einem »symbolischen Kristallisationspunkt« der neuen sozialen Bewegungen. Äußerer Anlaß ist der, auch von einer knappen Mehrheit der Sozialdemokraten getragene, NATO-Doppelbeschluß vom 12. Dezember 1979, der zum Auslöser einer riesigen »Friedensrevolte« wird. Innerhalb kürzester Zeit wächst in der gesamten Bundesrepublik Deutschland, aber auch in den westlichen Nachbarstaaten, den USA sowie einigen Ostblockländern, dieser Protest zu einer Massenbewegung an, die von der gemeinsamen Angst vor dem atomaren Holocaust getragen wird.

Historischer Vorläufer dieses Protestes ist die »Kampf-dem-Atomtod« Bewegung Ende der 50er Jahre, die aber im Gegensatz zur *»neuen«* Friedensbewegung primär moralisch argumentierte. Das hängt damit zusammen, daß die »Ostermarschierer« die persönlich erlittenen Schrecken und Grauen des zweiten Weltkrieges noch frisch in Erinnerung hatten. Anhänger dieser »Ostermarschbewegung« sind dann auch personelles, organisatorisches und intellektuelles Rückrat der »neuen« Friedensbewegung. Ein zentraler Differenzpunkt zur »alten« Bewegung liegt aber im geänderten gesellschaftlichen Umfeld und in der Motivationslage des heutigen Friedensprotestes. „Der Aufstand gegen den Rüstungswahn und den Schrecken des Abschreckungssystems muß gewissermaßen als Spitze eines Eisberges von postmaterialistischen, gegenkulturellen und antitechnokratischen Strömungen in der jüngeren Generation gesehen werden, die in diversen neuen sozialen Bewegungen ihren engagierten Ausdruck finden. Mit der Frage des Überlebens wird hier gleichzeitig die qualitative Forderung nach einer »neuen Lebensweise« gestellt, die solidarischer, friedfertiger und ökologisch angepaßter sein soll." (Brand u.a. 1983: 214)

Neben der, Ende der 60er Jahre geführten, »Kampagne für Demokratie und Abrüstung« — die vom Sog der Studentenrevolte überlagert wurde —, war es bereits in den siebziger Jahren zu Demonstrationen für Frieden und Abrüstung gekommen. Aber all diese Aktionen hatten nicht diese Massenbasis und die öffentliche Resonanz wie der Protest gegen die NATO-Nachrüstung. „Im Zusammenhang mit dem konkreten NATO-Doppelbeschluß verwandelte sich der bisher übliche »Verdrängungspazifismus« (C. Amery) bei vielen in einen bewußten (Nuklear-) Pazifismus, der sich mit den sicherheitspolitischen Realitäten auseinanderzusetzen begann." (Brand u.a. 1983: 209)

Obwohl der NATO-Doppelbeschluß vom Dezember 1979 datiert, kann man, bedingt durch eine zeitliche Verzögerung, von einer spezifischen »Bewegung« erst ab 1980/81 sprechen. Eine »*Appellationsphase*« (Brand/Büsser/Rucht) löst die »*Latenzphase*« der 70er Jahre ab, in der Kriegsdienstverweigerung und militärisch-industrielle Fragen im Mittelpunkt gestanden haben. Vor allem der »Krefelder Appell« — er wird auf dem »Krefelder Treffen« am 15./16. November 1980 verabschiedet —, der innerhalb nur eines halben Jahres von 80.000 Bundesbürgern unterschrieben wird, spielt am Anfang des Friedensprotestes eine zentrale Rolle. Zu einem ersten Erfolg der Bewegung aber wird der Hamburger Kirchentag, auf dem vor allem junge Christen gegen die offizielle Kirchenpolitik ihre individuelle Kriegsfurcht öffentlich demonstrieren. Mit der abschließenden Kirchentagsdemonstration am 20. Juni 1981, an der 80.000 Menschen teilnehmen, wird die »*Demonstrationsphase*« eingeläutet, die mit der Massendemonstration in Bonn am 10. Oktober 1981 ihren Höhepunkt hat. Diese Bonner Großdemonstration, an der mehr als eine Viertelmillion Menschen teilnehmen, ist der erste Kulminationspunkt der Bewegung, die nun auch von der nationalen und internationalen Öffentlichkeit nicht mehr länger ignoriert werden kann.

Nach dieser »Demonstrationsphase« setzt dann eine »*Aktionsphase*« ein, in der die Bewegung ein breites Spektrum unterschiedlichster Manifestationsformen entfaltet, zumal die konventionellen Protestformen wie Unterschriftensammlung und Großdemonstration ausgereizt sind. Für den Stationierungsherbst sind, so die Veranstalter, die größten und vielfältigsten Demonstrationen vorgesehen, die das Land jemals erlebt und gesehen hat, sie sollen die Bundesrepublik in einen »Friedenstaumel« stürzen und so die Stationierung politisch unmöglich machen. Tatsächlich aber kann die Stationierung der Cruise Missiles und der Pershing II nicht verhindert werden, so daß auch das große gemeinsame und einende Nahziel der Bewegung verloren geht. Nach dieser Niederlage setzt ein Zerfallsprozeß ein, der sich in Frust und Resignation der Teilnehmer und einem verstärkten Rückzug ins Private niederschlägt.

Von nun an stehen nicht mehr die riesigen Massenveranstaltungen, die die Straße mobilisieren und die Aufmerksamkeit der Öffentlichkeit erlangen, im Mittelpunkt, sondern zahlreiche Einzelaktionen, bei denen der Alltag, die Berufssphäre zum Schauplatz des Protestes gegen die Atomwaffen wird. So wendet sich beispielsweise eine Gruppe Richter und Staatsanwälte gegen die Rüstungsspirale in Ost und West, oder aber junge Naturwissenschaftler warnen vor der erneuten Hochrüstung, die im Zusammenhang mit der Militarisierung des Weltraums zu erwarten ist. Mit dem Entmischungs- und Zerfallsprozeß der Bewegung ist aber auch gleichermaßen ein Fraktionierungsprozeß verbunden, der die Unterschiede und Gegensätzlichkeiten der heterogenen Gruppierungen hervortreten läßt. Sektiererische Machtkämpfe rücken in den Vordergrund, in denen vor allem die parteipolitisch orientierten Gruppen versuchen, ihre Machtbasis zu vergrößern.

Angesichts dieses Sachverhaltes scheint es, trotz wiederholter Aktivitäten, gerechtfertigt vom Niedergang der Friedensbewegung zu sprechen. Zwar hatte der anfängliche Protest gegen den Rüstungsexport noch den Eindruck hinterlassen, daß es lediglich zu einer Verschiebung der Aktions-Thematik gekommen sei, diese Hoffnung ist aber angesichts der allgemeinen Sprachlosigkeit der Bewegung zu den Beteiligungsplänen der Bundesrepublik am amerikanischen SDI-Projekt zerstoben. Es kann also allenfalls davon gesprochen werden, daß diese größte Massenbewegung der bundesrepublikanischen Nachkriegsgeschichte in ein Stadium der Verpuppung getreten ist, von dem man allerdings nicht sagen kann, ob daraus jemals wieder ein bunter Schmetterling werden wird.

Der Versuch, ein vorläufiges Fazit dieser »neuen« Friedensbewegung zu ziehen, kommt nicht umhin, über die mißglückte Verhinderung der Nachrüstung hinaus nach den grundlegenden gesellschaftlichen Auswirkungen des Protestes zu fragen. Hierbei ist von Interesse, daß die Friedensbewegung ähnlich wie die Bürgerinitiativbewegung durch weite Kreise des Mittelstandes Unterstützung und offene Sympathie findet, d.h. die soziale Basis der Bewegung reicht bis ins bürgerliche Lager hinein. Das hängt nach Brand/Büsser/Rucht damit zusammen, daß sie Teil einer »postmateriellen Gesellschaftsformation« ist. Ob damit allerdings, wie es Peter Schlotter (1982) optimistisch formuliert, das Machtparadigma abgelöst wird, und ein »Friedens- und Lebensweiseparadigma« sich durchsetzt, ist mehr als fraglich.

2. Die Demonstrations- und Aktionsformen des Friedensprotestes

Ähnlich wie die Bürgerinitiativ- und Ökologiebewegung hat auch die »neue« Friedensbewegung ein breites Spektrum unterschiedlicher Aktions- und Demonstrationsformen praktiziert, die nicht nur darauf zielen, das eigene Anliegen öffentlich zu machen, sondern auch darauf, Massen-Lernprozesse in Gang zu setzen (vgl. Heine u.a. 1983: 29ff.) Ihr besonderes Verdienst besteht dabei darin, daß sie konsequent alle bekannten Formen außerparlamentarischer Öffentlichkeitsproduktion einsetzt und dabei ein nicht erwartetes Ausmaß an Phantasie und Kreativität entfaltet. Ein Beispiel sind die Bonner Großdemonstrationen, die „eine ganze Stadt in den Rhythmus und den Wirbel einer von Subkulturen getragenen, expressiv-beschwingten Massenveranstaltung hereingezogen haben" (Habermas 1985: 80). Mit diesen Straßendemonstrationen hat die Friedensbewegung eine »plebejische« Form von Öffentlichkeit reaktiviert, in der die Beteiligten das erfahren, was das 18. Jahrhundert »public happiness«, das Glück des Öffentlichen, genannt hat. Das »Glücksmoment der kollektiven Anstrengung« (Negt), das auch von den Friedensaktivisten erfahren wird, hat aber eine höchst zwieschlächtige Funktion, einerseits dient es der inneren Homogenisierung und Solidarität der ansonsten heterogen zusammengesetzten Bewegung, andererseits entlastet es von individueller Anstrengung und politischer Verantwortlichkeit, worauf zu einem späteren Zeitpunkt noch eingegangen wird. Schließlich sind es gerade diese Massendemonstrationen, die Fähigkeit zu einer an Zahl und Intensität kaum berechenbaren Massenmobilisierung, die das spezifische Drohpotential neuer sozialer Bewegungen ausmachen (vgl. Rucht 1983: 202). Bereits die Bürgerinitiativ- und Ökologiebewegung hatte mit ihren riesigen Demonstrationszügen eine solche Straßenöffentlichkeit geschaffen, die Großdemonstrationen von Kalkar und Brokdorf waren gleichsam Symbole eines bundesweiten Widerstandes gegen die Kernenergie — sie war mit dieser Aktionsform aber auch tendenziell an die Grenze einer quantitativen Gigantonomie gestoßen. Ähnlich die Massendemonstrationen der »neuen« Friedensbewegung, auch sie verlieren auf Grund der raschen und häufigen Wiederholung ihre Mobilisierungs- und Aktivierungsfunktion, die »Latschdemos« wie sie verächtlich genannt werden, verkommen zu frustrierender Routine. Hinzu kommt, daß auch die spektakulären und medienwirksamen Aktionen der Umweltschutzorganisationen »Greenpeace« und »Robin Wood« gezeigt haben, daß Phantasie eine wirksamere Waffe ist. Nicht zuletzt deshalb hat die Bewegung eine breite Palette *dezentraler* und *lokaler* Widerstands- und Protestformen entwickelt, die schließlich auch die Funktion haben, den Widerstand auf eine breitere Basis zu stellen. So zeigen die nahezu flächendeckenden Aktionen des »Stationierungsherbstes«, daß diese Bewegung die erste außerparlamentarische Oppositionsbewegung im Nachkriegsdeutschland ist, die nicht mehr nur überwiegend in den Metropolen oder an bestimmten Brennpunkten angesiedelt ist, sondern daß sie ihre Basis bis weit in die Provinz, bis in kleinste Dörfer, gefunden hat.

Unterschriftensammlungen, Petitionen, Leserbrief-Kampagnen, großformatige Anzeigen in überregionalen Zeitungen werden ebenso eingesetzt wie »direkte« Aktionen, die von den unmittelbar Betroffenen, ohne Vertretungssystem oder Delegationsinstanzen, praktiziert werden. Zielte die klassische Form der »direkten Aktion« auf die Behinderung von Arbeits- oder Verkehrsabläufen — Betriebsbesetzungen der Arbeiter gehörten beispielsweise dazu — so hat die Friedensbewegung sich auf die »Blockierung« von Kasernen, Waffen- und Raketendepots kapriziert. Aber auch Straßenkreuzungen und Bahngleise werden besetzt, um den Einsatz staatlicher Macht zu provozieren. Das anschließende gewaltfreie Verhalten beim Polizei- und Militäreinsatz ist die konsequente Fortführung einer solchen »direkten Aktion«. Dieser plebiszitäre Druck des zivilen Ungehorsams hat seinen Höhepunkt in einer Vielzahl von Blockaden, die im »Stationierungsherbst« das Aufstellen der SS 20 und Cruise-Missiles verhindern sollen. Die dreitägige Prominentenblockade von Mutlangen wird, wie es J. Habermas formuliert, zu einem entschieden statuierten, aber auch sorgfältig behüteten Exempel, zu einer Demonstration des »gewaltfreien Widerstandes«. Das politische Kalkül dieser Blockade ist folgendes: „Entweder sie räumen uns wie bei anderen Blockaden weg und klagen uns wegen Nötigung an. Dann haben sie in der gesamten Weltpresse das für sie peinliche Bild, wie u.a. der Nobelpreisträger Heinrich Böll von jungen Polizisten wegtransportiert und gewisermaßen verhaftet wird, weil er gegen die Raketenstationierung demonstriert. Oder sie lassen uns sitzen und ungestört blockieren, was sie auch taten. Dann aber untergraben sie politisch ihr eigenes Rechtsdogma, nachdem auch gewaltfreie Blockaden Nötigung und Gewalt sein sollen." (Vack 1983 a: 89) Und in der Tat scheuen die Verantwortlichen davor zurück, den Nobelpreisträger und ehemaligen Präsidenten des PEN und andere »Friedenshetzer« vor der Weltöffentlichkeit »abschleppen« zu lassen.

Im besonderen Maße aber hat die Bewegung expressive, symbolisch-spektakuläre Aktionsformen entwickelt und eingesetzt, die das Spektrum außerparlamentarischer Formen der Aufklärung erweitern. Der Friedensforscher Alfred Mechtersheimer hatte ja bereits formuliert, für bloße Appelle sei keine Zeit mehr, deshalb sei die spektakuläre Aktion unverzichtbar. Insbesondere die emotional möglichst aufrüttelnden Darstellungen von medizinischen, psychologischen, ökologischen, wirtschaftlichen und politischen Folgen einer atomaren Katastrophe spielen hierbei eine besondere Rolle. Das »Die-In« beispielsweise, bei dem sich die Demonstranten an zumeist belebten Stellen der Stadt, etwa vor dem Kaufhaus, auf den Boden legen, soll die Realangst der Öffentlichkeit stimulieren und persönliche Betroffenheit auslösen. Wolfgang Prosinger hat in seinem Buch »Laßt uns in Frieden« das Szenario einer solchen Aktion beschrieben: „Die Medizinstudentin zieht die Gasmaske vors Gesicht. Dann schlüpft sie in einen grünen Plastikumhang und wartet. Pünktlich um 11 Uhr kommt die Sirene. Die Menschen fallen um; sie liegen auf der Straße. Manche leben noch einen Augenblick. Aber die Medizinstudentin kann nichts mehr machen. Man kann die Toten nur wegschaffen; auf einen Haufen zusammentragen. Durch den Lautsprecher kommt eine Stimme: „Bleiben Sie in Ihren Häusern. Trinken Sie kein Wasser. Essen Sie kein Obst oder Gemüse. Über Heidelberg ist eine 200-Kilotonnen-Bombe detoniert«. Zehn Minuten später ist alles vorbei. Über Heidelberg scheint die Sonne. Die Medizinstudentin nimmt die Gasmaske ab, und die »Toten« stehen auf." (Prosinger 1982: 108)

Hinzu kommen »Menschenketten« und »Menschenschlangen«, bei denen sich bis zu 150.000 Friedensdemonstranten vor der Kaserne bis zur Raketenbasis aufstellen, um Hand in Hand ihren Widerstand zu demonstrieren. Insbesondere von den Friedensfrauen werden die die Idee eines »atomwaffenfreien Europa« bekräftigenden grenzüberschreitenden »Friedensmärsche« praktiziert (vgl. Quistorp 1982: 122f.). Die »Friedenscamps« und »Friedenslager« haben die Funktion, die Permanenz des Widerstandes vor Ort zu verdeutlichen. In ihnen wird aber auch der gewaltfreie Widerstand eingeübt und erprobt.

Auch passive Formen des Protestes werden von der Friedensbewegung benutzt, so das Anketten von Menschen an Kasernenzäunen oder Militärfahrzeugen, weiter »Friedensgelöbnisse«, bei denen die Anwesenden feierlich ihre Friedfertigkeit geloben, sowie öffentliche »Schweigestunden«, »Schweigemärsche« und »Mahnwachen« werden eingesetzt. Eine besondere Steigerung des moralischen Protestes stellen die unter Umständen mehrtägigen »Fasten-Aktionen« dar, die häufig an den Tagen der Atombombenabwürfe in Hiroshima und Nagasaki praktiziert werden. Einen besonderen symbolischen Charakter hat schließlich das Ausrufen »atomwaffenfreier Zonen«, das unabhängig von der rechtlichen Situation den politischen Widerstand von Gemeinden und Kommunen demonstriert (vgl. Vack 1982). Und nicht vergessen werden darf, daß *auch* die Friedensbewegung ein expressives Symbolspektrum entbunden hat, das für die Individuen eine integrative Wirkung hat.

Was an Hand der von der Friedensbewegung praktizierten Aktionsformen sich zeigen läßt, das ist die Herstellung von Öffentlichkeit vermittels spezieller Aktionsformen. Öffentlichkeit wird hergestellt, sie wird produziert. Die

Aktionen zielen nicht nur darauf, eine unmittelbare Öffentlichkeit zu entfalten, sondern sie zielen darüberhinaus auf mediale Publizität. Die Aktionen der Friedensbewegung „entfalten ihre erfolgversprechende Wirkung nur *mittelbar*, d.h. *politisch* und vermittelt über eine Öffentlichkeit, deren Herstellung und deren Politisierung geradezu der Sinn der Sache ist — als Druckmittel, als »ritualisierte Formen der Erpressung« (Habermas) als sublime politische Gegen»gewalt«, die »Gewalt der List« (Negt)." (Krum 1983: 27)

Sind diese Aktionen zu Anfang noch voller Spontaneität und Phantasie, so lernen die Friedens-Gruppen schnell ihre Informationen pressegerecht zu präsentieren. Professionell in der Manier etablierter Werbestrategen, die Public Relation betreiben, werden die anstehenden Aktionen geplant und vermarktet. Dementsprechend heißt es zum gezielten Einsatz der Presse in einem Aktionsbuch gegen Rüstungs- und Atomgeschäfte: „Vor der direkten Aktion sollte die Gruppe ca. zwei Wochen vorher bei den Medien nachfragen, ob und wer bei diesen Interesse hat, über ihre Aktion zu berichten. Man sollte natürlich Ort und genauen Zeitpunkt der Aktion nicht nennen. Die Journalisten sollten aber wissen, daß sie einen Tag vor der Aktion Bescheid bekommen. Am Vortag des Vorhabens informiert die Gruppe die betreffenden Journalisten und vereinbart für den folgenden Tag einen Termin und Treffpunkt mit ihnen, zum dem alle pünktlich kommen müssen. Dieser Termin sollte ca. eine halbe Stunde vor dem Termin der Aktion liegen. Von dem vereinbarten Treffpunkt aus fahren die Beteiligten zum »Tatort«. Zu jeder Aktion sollte eine vorgefertigte Pressemappe vorhanden sein, die man an die Journalisten nur während der Aktion verteilt. Sie sollte beinhalten

— einen Bericht über die Aktion und ihre Hintergründe, also quasi einen Entwurf für einen Zeitungsartikel;

— Hintergrundmaterial mit offiziellen Quellen, um das ganze glaubhaft zu belegen, sowie mit eigenen Recherchen." (Arbeitsgemeinschaft 1984: 99)

Waren in der Revolte Aktion und Aufklärung noch weitestgehend identisch, so ist dieser Zusammenhang nun endgültig auseinandergebrochen, Aktionen werden praktiziert, die »an sich« sinnlos sind, erst durch die millionenfache Reproduktion der Medien bekommen sie eine Bedeutung.

Nach Habermas markieren all diese Demonstrationen und Friedenswochen im Stationierungsherbst einen »Einschnitt in der politischen Kultur der Bundesrepublik« und das in zweifacher Hinsicht: zum einen haben diese Großdemonstrationen einen bis dahin unvorstellbaren Umfang erreicht, eine beispiellose Mobilisierung von Massen, zum anderen markieren sie eine massenhafte Praktizierung bürgerlichen Ungehorsams im Rechtsstaat. Durch die Aktionen der Friedenswochen ist das, den amerikanischen Vorbildern entlehnte, Konzept des bürgerlichen Ungehorsams eingebürgert worden, „das der

Moralphilosoph John Rawls in seiner bekannten *Theorie der Gerechtigkeit* definiert als eine öffentliche, gewaltlose, gewissensbestimmte, aber gesetzwidrige Handlung, die gewöhnlich eine Änderung der Gesetze oder der Regierungspolitik herbeiführen soll." (Habermas 1985: 101) Damit, daß die Friedensbewegung den Rahmen des bürgerlichen Demonstrationsrechts voll ausschöpft, mehr noch, darüber hinausgeht, nimmt sie die Aufgaben einer echten Bürgerrechtsbewegung wahr.

3. Organisations- und Kommunikationsprinzipien

Als locker institutionalisierte, nicht-hierarchische, außerparlamentarische Basisbewegung ist auch die Friedensbewegung den, den Emanzipationsbewegungen zugrundeliegenden Prinzipien einer egalitären Kommunikations- und Organisationsstruktur verpflichtet. Interessant ist hierbei, daß sie ein Element dieses basisorientierten Organisationsprinzips noch *radikalisiert*. War den sozialen Bewegungen der siebziger Jahre die plebiszitäre Abstimmung als formaler Endpunkt eines diskursiven Willensbildungsprozesses durchaus noch ausreichend, so setzt die Friedensbewegung gegen solcherart Mehrheitsentscheidung, die die Minderheit vergewaltigt, ein »alternatives Modell« der Entscheidungsfindung: das sog. »Bezugsgruppenmodell«. „Ein etwas kompliziertes Verfahren, bei dem — nach altem indianischen Brauch — eine Entscheidung erst dann getroffen wird, wenn alle Beteiligten zustimmen oder nach ausführlicher Diskussion die Entscheidung zumindest tolerieren." (Prosinger 1982: 67)

Dieses »Konsensusprinzip«, das einen ungewöhnlich hohen Grundkonsens voraussetzt sowie eine Bereitschaft zu langwierigen Diskussions- und Delegationsprozeduren, funktioniert am ehesten bei kleinen überschaubaren Gruppen. In großen Zuammenhängen, etwa einem Friedenscamp, ist das Prozedere weitaus komplizierter: „Die anstehenden Probleme werden zunächst in den Bezugsgruppen besprochen und vorläufig entschieden. Dann treffen sich die Sprecher/innen der Gruppen zum Austausch. Ist keine Einigkeit da, geht die Diskussion wieder zurück in die Gruppen. Dort geht es dann darum, die neuen Argumente oder die Bedenken anderer Gruppen einzubeziehen und eventuell die vorherige Meinung zu ändern oder zu überlegen, ob mensch auch mit einer anderen Entscheidung »leben kann«." (Adolph/Kunzweiler 1983: 177; vgl. Erchinger 1984) Die mit diesen konsensuellen Handlungs- und Öffentlichkeitsformen verbundenen hohen Entscheidungskosten aber werden von den überwiegend dezentral operierenden Gruppen und Initiativen gerne getragen, sind sie doch Garant für ein Maximum an Partizipation und Mitbestimmung des Einzelnen.

Insgesamt gesehen verfügt die Bewegung über keine *formellen* Organisationsstrukturen, über keinen Dachverband und auch nicht über ein Machtzentrum, das in der Lage ist, den Widerstand zu koordinieren und ihm eine strategische Richtung zu geben. „Streng genommen gibt es also eigentlich nicht *die* Friedensbewegung, sondern bislang nur eine heterogene und lockere Assoziation von mehr oder weniger autonomen Friedensinitiativen, die sich in einer Negativkoalition zusammenfinden zur Verhinderung des NATO-Mittelstreckenraketenpotentials in Westeuropa." (Brand u.a. 1983: 227) Wohl bedingt auch durch die geringe Lebensdauer der Bewegung, ist diese in ihrer Binnenstruktur also kaum konsolidiert und strukturiert. Gleichwohl besteht ein gewisser Bedarf nach kontinuierlich arbeitenden Organisationskernen als sog. »Unterbau« sowie an Koordinationsgremien als »Überbau« der Bewegung. Die Herausbildung eines informellen Koordinationsgremiums als auch ein überregionales Kommunikationsnetz entsprechen diesem Bedürfnis. Hier sind vor allem die ständigen Aktionskonferenzen, sowie bundesweite und regionale Koordinationstreffs zu speziellen Anlässen und Aktionen zu nennen. Auch diese Koordinations- und Entscheidungsgremien, in denen es um eine projektorientierte Kooperation geht, sind einem radikalen Öffentlichkeitsanspruch unterworfen, der ein Maximum an Mitsprache aller Beteiligten gewährleisten soll. Zwar haben die parteiförmig organisierten Gruppen und Initiativen immer wieder versucht, die Bewegung für ihre Interessen zu instrumentalisieren, ihre Hegemonialansprüche durchzusetzen, bis auf vereinzelte Erfolge aber ist die Friedensbewegung parteiunabhängig geblieben. Keine Instanz, keine Organisation oder Personengruppe hat über die nötige Autorität oder organisatorische Kraft verfügt, um dieser Bewegung einen besonderen ideologischen Stempel aufzudrücken. Vielmehr ist ein absoluter Egalitismus vorherrschend wie er für neue soziale Bewegungen typisch ist: „Suchten traditionelle Protestgruppen die organisatorische Einheit und eine kluge Führung als Garanten politischer Schlagkraft und Zielstrebigkeit, so gilt Teilen der neuen Protestbewegungen ihr fragmentierter, pluraler und führungsloser Charakter eher als Vorteil, wenn nicht gar als Überlebensbedingung. Die fehlende Homogenität und oganisatorische Straffheit wird also durchaus nicht nur als eine Not empfunden, die es zur Tugend zu erheben gelte." (Rucht 1983: 199)

Was sich aber auch bei der Friedensbewegung zeigt, das ist die Ausbildung *informeller* »Kader«, d.h. selbsternannter »Führer« und hierarchischer Kommunikationsstrukturen, die denjenigen entsprechen wie wir sie bei der Alternativbewegung untersucht haben. Sie sollen deshalb hier nicht weiter erörtert werden.

Aber auch in dieser, an ihren Außenrändern sehr offenen Bewegung, die bis weit in die »Normalgesellschaft« hineinreicht, machen sich Ansätze von Lagerdenken breit: „Politisch unverdächtig hat sie, wie die Hippiebewegung ehedem (...), eine *existentialistisch-missionarische Lagermentalität* ausgeprägt, die Jung und Alt gleichermaßen »anmacht«, sauber, adrett und gewaltfrei durch und durch." (Krum 1983: 26) Gleichwohl hat sich die Friedensbewegung insgesamt gesehen, trotz Parteieinfluß und informeller Hierarchie, eine egalitäre Kommunikations- und Organisationsstruktur wahren können.

4. Die Öffentlichkeit der Bewegung

Versucht man die Öffentlichkeit der Friedensbewegung typologisch einzuordnen, so ergeben sich Schwierigkeiten deshalb, weil diese zum einen auf der Basis einer im Zerfall begriffenen Struktur der Gegenöffentlichkeit operiert, zum anderen, weil sie die etablierten Medien, die bürgerliche Öffentlichkeit unbekümmert und vorurteilsfrei nutzt. Die Ebenen sind eng miteinander verknüpft, weshalb die folgende analytische Trennung auch nur heuristischen Wert haben kann.

Den von der Friedensbewegung praktizierten Vorstellungen einer »direkten Demokratie« entspricht eine unmittelbare Gesprächsöffentlichkeit, die in allen Aktionsformen praktisch wird. Mit ihren zahllosen Demonstrationen, Aktionen und Versammlungen hat die Friedensbewegung eine *Demonstrations- und Straßenöffentlichkeit* geschaffen, zu der ein uneingeschränkter Zugang möglich ist, sehen wir einmal von den Sitzblockaden ab, die nur den, an speziellen Friedensworkshops Beteiligten, zugänglich ist. In dieser »unmittelbaren Öffentlichkeit«, speziell in den Workshops und Friedenscamps, wird die Erfahrung, die eigene Betroffenheit, zum Gegenstand eines öffentlichen Diskurses, der die alltäglichen Konflikterfahrungen, Gruppenstrukturen und Herrschaftsverhältnisse im kleinen, im konkret Lokalen und Regionalen wie auch die Auseinandersetzungen mit abstrakter Politik auf Bundesebene zum Inhalt hat. Insbesondere im Anschluß an Demonstrationen und Aktionen des zivilen Ungehorsams (Sitzblockaden etc.), werden die Aktionserfahrungen der Beteiligten diskutiert, kritisch gewürdigt und gegebenenfalls die Aktionsstrategie revidiert. In dieser Öffentlichkeit ist tendenziell auch die traditionelle Trennungslinie von Öffentlich und Privat überschritten worden, denn als »ganzer Mensch« hat man sich eingebracht in die Debatten und Auseinandersetzungen. Auf dieser Ebene entspricht der Diskurs dem bereits eingeführten Typus einer Öffentlichkeit, die wir als prozessurale »authentische« Öffentlichkeit bezeichnet haben; in ihr werden die lebenswichtigen Erfahrungen und Interessen zum Gegenstand der Erörterung. Und hier sind zweifellos auch die politischen Lernprozesse weiter Kreise der Friedensbewegung angesiedelt.

Wir sind allerdings der Meinung, daß selbst dort, wo der eigene Lebens- und Alltagszusammenhang zum Gegenstand öffentlicher Erörterung gemacht wird, wo Privates diskutiert und nicht ausgespart wird, dieser Diskurs einen anderen Stellenwert hat als in der Öffentlichkeit der Alternativbewegung. Die Auseinandersetzungen wie sie auf der Ebene unmittelbarer Gesprächsöffentlichkeit geführt werden, sind in der Regel nicht vorgestoßen zu den *realen* Erfahrungsgehalten der Betroffenen. Denn die Verarbeitung von Lebenszusammenhang zielt nicht, wie bei den Alternativen, auf die Durchdringung von Politik und Leben, nicht auf die Verbindung von Alltagshandeln und abstrakter Politik, also nicht auf eine »radikale Subjektivität«, sondern sie zielt primär auf die »therapeutische Verarbeitung« individueller bzw. kollektiver Ängste und damit auf die Wiederherstellung von Angstfreiheit. Denn im Mittelpunkt der Debatten steht die existentielle Begrenztheit, steht das Todesthema. Unsere These ist, daß die Diskurse über Angst, über die Angst vor dem atomaren Holocaust, in der Regel nicht über die Verarbeitung individueller Befindlichkeiten hinausgekommen sind.

Die demonstrative öffentliche Formulierung der Angst ist gleichsam ein Erkennungszeichen dieser Bewegung, die zum Ausgangspunkt einer paradoxen Botschaft wird: „Du mußt Angst vor Krieg haben so wie ich, und du mußt mir helfen, meine Angst abzuwehren, dadurch daß du »deine Waffen« abschaffst. (Ich kann nicht akzeptieren, daß du deine Waffen zur Abwehr deiner Angst lebensnotwendig brauchst, denn das gefährdet mein Leben.)" (Volmerg/Büttner 1983: 196) Das Paradoxon dieser Botschaft ist, daß die Angst des anderen *nicht* als reale, konkrete Angst anerkannt wird, sondern als Ausdruck falscher Ideologie oder eines Verblendungszusammenhanges. Der Diskurs ist folglich *nicht* auf Verständigung und Konsens angelegt, sondern auf Überredung, denn die eigene Meinung steht nicht zur Disposition. Eine junge Friedensaktivistin resümiert ihre politische Arbeit folgendermaßen: „In der Vorbereitungszeit hatte ich des öfteren Artikel geschrieben oder anderen Leuten von der geplanten Aktion erzählt. Allmählich hatte ich die einschlägigen Argumente drauf. — Bis mir einmal beim Artikelschreiben aufging, wie weit weg mir das war, was ich da hinschrieb. (...) Die Aufgeklärtheit, die ich anderen »verpassen« wollte, bestand bloß in Denkschablonen und Stereotypen, ohne Betroffenheit zu lehren — ohne die eigene Abgestumpftheit zu spüren; als Besserwisser, die darauf warten, wann denn die anderen endlich ihre Verdrängung aufgeben." (Adolph/Kunzweiler 1983: 184) Die ursprüngliche Betroffenheit hat sich verselbständigt und ist zum Ritual erstarrt.

Außer Zweifel steht, daß die Thematisierung der eigenen, individuellen Angst zu Anfang des Protestes sehr medienwirksam ist. Gegen die gefrorene Rationalität der Gesellschaft setzt man die Emotionalität des Gefühls. Nicht die kühle, rationale Argumentation ist vorherrschend, sondern ein leidenschaftlich geführter Diskurs, der auf einem geradezu missionarischen Eifer beruht. So treten auf dem Hamburger Kirchentag 1981 die jungen Christen dem offiziellen Kirchentagsmotto »Fürchtet Euch nicht« entgegen, indem sie öffentlich formulieren »Fürchtet Euch, der Atomtod bedroht uns alle«. Die Strategie dabei ist, die Realangst zu mobilisieren, um sie zum Motor politischen Handelns zu machen. D.h. also, die Friedensbewegung propagiert den Begriff Angst „in der bewußten politischen Absicht, eine erlebnisfähige Ankoppelung zwischen der verdrängten Angst und der Vorstellung über das mögliche Ausmaß atomarer Vernichtung zu erreichen. Dabei wird sie von der Erfahrung geleitet, daß alle Appelle an Vernunft und Einsicht scheitern, wenn der Veränderungswille nicht mit starken emotionalen Kräften, insbesondere mit Angst und dem Entsetzen vor der möglichen Katastrophe verbunden ist." (Petri 1985: 11) Die fortwährend bestehende, aber verdrängte Realangst wird gleichsam entbunden und als persönliches und politisches Kampfmittel instrumentalisiert. Nach Dietrich/Steinmann/Wirth (1982) erscheint die Friedensbewegung damit als vorläufiger Endpunkt einer langjährigen Entwicklung zur »Politisierung des Gefühls«, die nicht nur ein persönlicher, sondern auch geschichtlich bedingter Lernprozeß ist.

Kann, so muß man aber fragen, diese »Politisierung der Gefühle« gelingen? Kann eine riesige Massenbewegung, die sich apokalyptischen Angstvisionen hingibt — ob diese nun auf eine irrationale Todessehnsucht zurückzuführen sind, soll hier außer acht gelassen werden — einen solchen kollektiven Lernprozeß leisten. Wir sind eher skeptisch, denn kritische Realerfahrung wird auch in der Friedensbewegung oft nicht mehr gemacht, da diese immer schon als gegeben vorausgesetzt wird. „Ich sehe große Schwierigkeiten, in irrationales und apokalyptisches Bewußtsein aufklärend, kritisch, im Sinne möglicher Lernprozesse einzubrechen und einzugreifen." (Vack 1983 b: 24) Denn die moralisch postulierte Angst als unnachprüfbares, unantastbares Gut dient vielfach einzig als Zugangskriterium für solcherart Angstdiskurse, bei denen man über die Reproduktion von Gruppensymptomen wie allgemeine Klagsamkeit, Betulichkeit und übertriebene Friedfertigkeit oftmals nicht hinauskommt.

Von einem Friedensworkshop wird Dementsprechendes berichtet: Mit dem Bierkonsum, im Anschluß an die Tagessitzung, der im Laufe des Abends zunimmt, sind auch die Ängste mit jedem Glas billiger zu haben. „Die Angst des einen beflügelt auch die Angst des anderen. Ein Gesellschaftsspiel hat begonnen. Mut zu haben, ist heute abend nicht gesellschaftsfähig. Der Gruppenzwang ist beträchtlich. Wer Angst hat, ist dabei. (...) Die Angst hat Konjunktur. Und sie ist nicht kleinlaut." (Prosinger 1982: 43) In diesen Auseinandersetzungen ist man an einer *rationalen* Bewältigung des Problems, an einer nüchternen Analyse der Kriegsgefahr nicht interessiert, gleichsam als ängstige man sich, so der Politologe Egbert Jahn (1984, Teil 1: 25) polemisch, daß man ihnen ihre Angst vor den amerikanischen Mittelstreckenraketen stehlen wolle, und er fährt fort: „Die Angst vor dem Verlust der eigenen Angst vor den neuen Atomwaffen scheint der Motor der gegenwärtigen Friedensbewegung zu sein. Der Kult des subjektiven Erlebens, der Emotionalität, des Bekenntnisses zur Angst — (...) — bildet oft schier unüberwindbar erscheinende Barrieren gegen rationale Argumentation."

Was in den Friedenswerkstätten vorherrschend ist, so Prosinger in seinem Bericht über die Innenansicht der Bewegung, das ist eine antiintellektuelle Stimmung, die einzig aufs »feeling« setzt und die reale Erfahrungsverarbeitung außer acht läßt. Die Grundstimmung zielt zwar auf die Unteilbarkeit des Privaten und des Politischen, allerdings mit einem eindeutigen Primat der Veränderung des Privaten: der Friede ist zuallererst eine Sache der persönlichen Lebensumstände, »daß also keiner zu ernsthafter Friedensarbeit fähig sei, ehe er nicht bei sich selbst begonnen habe« (Prosinger 1982: 80).

Zwar ist auch in der Friedensbewegung ein Prinzip der öffentlichen Auseinandersetzung, der uneingeschränkten Meinungs- und Willensbildung vorherrschend, aber auch dieses Öffentlichkeitspostulat wird oft eingeschränkt. So hat beispielsweise die »Berührungsangst« zu den »Autonomen«, zu den »antiimperialistisch« sich nennenden Gruppen, zu einem fatalen Öffentlichkeitsverlust, zu einer Rücknahme des Öffentlichkeitsprinzips geführt. Ein bereits öffentlich anberaumter »Bundeskongreß autonomer Friedensinitiativen« (BAF) am 19.-21.März 1982 in Osnabrück wird wieder abgesagt, als bekannt wird, daß die »Autonomen« zum Eröffnungsplenum einen Beitrag über den »militärischen Widerstand« an Hand des RAF-Anschlages auf NATO-General Kroesen und den »Anschlag Ramstedt« halten wollen.

Nun kann man über Sinn und Zweck solcher militanter Anschläge durchaus geteilter Meinung sein, fatal aber ist, das soll dieses Beispiel zeigen, die Ausgrenzung und Verweigerung eines Diskurses. Fatal ist das schon deshalb, weil seit dem Zerfall der Revolte und dem damit verbundenen Öffentlichkeitsverlust, der neuen Linken bewußt sein sollte — und wir gehen durchaus davon aus, daß von einer gewissen Kontinuität gesprochen werden kann —, daß Lernprozesse, die sich einer ständigen *öffentlichen* Erörterung entziehen, bei Einzelnen aber auch bei Gruppen, in die Irre führen können. Das zeigt der bewaffnete Kampf der RAF, die das Öffentlichkeitsprinzip

graswurzel revolution

Nr. 27/28 Winter 1977 — DM 1,50

Für eine gewaltfreie, herrschaftslose Gesellschaft

Aus dem Inhalt:
☆ Grohnde ☆
Itzehoe
Brokdorf – zur Politik des KB
Wyhl ★ Gerstheim ★ Fessenheim
die amerikanische Ökologiebewegung
Interview mit Murray Bookchin
Gewaltfreiheit – eine Chance?
Sarvodaya in Sri Lanka
Stromzahlerboykott

umkehrten, und Nichtöffentlichkeit zum Prinzip erhoben. Hier zeigt sich erneut, daß kollektive soziale Lernprozesse das Medium einer uneinschränkenden Öffentlichkeit benötigen.

Grundsätzlich aber rührt die mangelnde Auseinandersetzung der Friedensbewegung mit den authentischen Meinungen und Erfahrungen der Individuen *auch* daher, daß diese Bewegung eng mit dem etablierten Mediensystem kooperiert. Die übergroße mediale Publizität des Friedensprotestes hat wohl auch zu einer Entlastung der Privatsphäre geführt, diese steht nicht zur Disposition, denn es genügt, sich den öffentlichen Protesten vermittels Unterschrift und gelegentlicher Demonstrationsbeteiligung anzuschließen. Im Gegensatz zur Alternativbewegung, die versucht hat, mit ihrer dezentralen Struktur einer autonomen Gegenöffentlichkeit unmittelbar an die Alltagserfahrungen der Beteiligten anzuknüpfen, diese zu verarbeiten, operiert die »neue« Friedensbewegung mit ihren Star-Rednern, ihren christlichen Würdenträgern, ihrer Prominenz aus Politik, Kunst und Kultur immer schon auf der Ebene bürgerlicher Öffentlichkeit, was die etablierte Medienindustrie mit einer relativ wohlwollenden Berichterstattung goutiert. Mit der öffentlichen Berichterstattung über die zahllosen Proteste gegen die Nachrüstung ist also gleichsam eine Entlastung von individueller politischer Verantwortung und damit die Legitimation eines Rückzugs ins Private verbunden. Anders formuliert: Die mit Hilfe der etablierten Medien geschaffene Publizität der Friedensbewegung hat nicht nur den Bereich der Alltags- und Lebenswelt ausgespart, mehr noch, sie hat diesen vor veränderten Zugriffen entlastet. Die mediale Verarbeitungsform ist dementsprechend auf Propaganda und Aufklärung beschänkt. Insofern hat in dieser Öffentlichkeit, um es überspitzt zu formulieren, *eine Verarbeitung es Privaten nicht stattgefunden.* Dort wo die Friedensaktivisten sich exponieren, sind sie an der Produktion einer *Aufklärungsöffentlichkeit* beteiligt, die die Distribution von Meinungen zum Gegenstand hat, und nicht die Verarbeitung der authentischen Lebensinteressen, die Ausgangspunkt einer kollektiven Veränderung erst sein können.

Analog zur Studentenrevolte, die zunächst an das Emanzipationsversprechen der bürgerlichen Öffentlichkeit demonstrativ erinnert und deren Politikverständnis anfangs einem bürgerlichen Aufklärungsdenken geschuldet ist, setzt auch die Friedensbewegung, zumindest ein großer Teil von ihr, auf Aufklärung, auf die »Macht des besseren Arguments«. Diesem Aufklärungsdenken entspricht ein geradezu mystischer Glaube an die »Volksmassen« — ein Sachverhalt, der auch gerade für die Grünen typisch ist —, die bei zunehmender Information durch die Bewegung schon die richtige Haltung einnehmen und die Verhinderung der Nachrüstung durchsetzen werden. Aber auch hier gilt, daß eine solche Strategie, die allein auf kognitiver Ebene ansetzt, ohne die Konflikte des Alltags zu politisieren, zum Scheitern verurteilt ist. „Eine Politik, die am tradierten Schema der Aufklärer auf der einen Seite und der Massen auf der anderen Seite sich orientiert, unterschätzt was zu ändern gefordert ist. »Den Massen« fehlt nicht nur das Ziel, über das die Avantgarde vorgeblich fix und fertig verfügt und das sie ihnen überzustülpen trachtet. Diese Vorstellung von Politik und ihre Praxis handhaben Politik als einen Markt, der sie ja nicht ist. Dabei wird übersehen, daß nicht allein die politischen Motive, sondern auch die politischen Formen sowie die »produktionsbedingten, ... Werkzeuge... Sprache, ... Produktionsweise (N/K) für eine Politik gegen den Strom überhaupt erst produziert werden müssen." (Walter 1983: 226) Damit aber, daß sich die Friedensbewegung mit den mächtigen Produktionsöffentlichkeiten der Medienindustrie verbündet, hat sie die Produktion einer Gegenöffentlichkeit und damit die Erstellung von Gegenprodukten sträflich vernachlässigt.

Das Spezifikum dieser medialen Öffentlichkeit ist aber, daß hier Belange von höchst abstrakter Natur verhandelt werden. Die Auseinandersetzungen wie sie auf dieser Ebene des Diskurses geführt werden, drehen sich um Vorwarnzeiten und nukleare Abschreckung, um Einsatz- oder Erstschlagwaffen usw., also allesamt um Themen militärstrategischer Provenienz. Dieser Diskurs ist aber notwendigerweise an einer Reflexion und Verarbeitung personaler Erfahrung uninteressiert, sie wird ausgespart und ausgegrenzt.

Die Dominanz dieser Themen führt nun aber dazu, daß die Ansätze personaler und dialogischer Erfahrungsverarbeitung, die Ansätze primärer Öffentlichkeit, tendenziell *überlagert* und *zurückgedrängt* werden, und zwar auch deshalb, weil die Verarbeitung dissonanter Erfahrung nicht der tagesaktuellen Verwertungslogik bürgerlicher Öffentlichkeitsproduktion entspricht: Aktualität und Repräsentativität usw.. Die Friedensbewegung muß dieser Logik aber entsprechen, sie muß eine Auseinandersetzung auf dieser Ebene führen, da sie sich die Verhinderung der Nachrüstung zur Aufgabe gemacht hat, ja sie muß innerhalb kürzester Zeit ein Maximum an öffentlicher Aufmerksamkeit auf sich ziehen, will sie diesen Anspruch einlösen. Von daher ist auch das geringe Interesse der Bewegung am Aufbau einer Gegenöffentlichkeit zu erklären, deren Reichweite auf die Gegenkultur begrenzt ist. Nicht zuletzt der ungeheure Zeitdruck, dem die Friedensbewegung ausgesetzt ist, hat zu diesem Diskurs über Sicherheits- und Abwehrstrategien geführt, der einen riesigen Output an Fachliteratur und Experteninformationen zur Folge hat. Die Zeitnot ist aber auch dafür verantwortlich, daß widersprechende Meinungen, der Dissens in den eigenen Reihen weitestgehend marginalisiert und ausgegrenzt worden ist. „Widerworte gegen die falsche Angst und die falsche Hoffnung werden leicht als Abwiegelei im objektiven Interesse der Aufrüster und »Kriegstreiber« denunziert." (Jahn 1984, Teil 1: 29)

Diese beiden von uns analysierten Diskursebenen verweisen unserer Meinung nach auf eine Spaltung in der von der Friedensbewegung produzierten Öffentlichkeit: Auf der einen Seite sind Ansätze einer dezentralen Basisöffentlichkeit ausmachbar, in der ansatzweise eine Erfahrungsverarbeitung stattfindet und die Lebensinteressen und Bedürfnisse der Menschen unmittelbar zum Ausdruck kommen. Auf der anderen hat die Bewegung eine Form von Öffentlichkeit hervorgebracht — in Verbindung mit dem etablierten Medienbetrieb — die die Merkmale einer bloß »hergestellten« Öffentlichkeit trägt, die da sind Zensur und Ausschließungmechanismen.

Dieser Dualismus, genauer diese Aufspaltung der Öffentlichkeit ist es aber, der für die Friedensaktivisten eine Art double-bind Situation schafft: „Wie oft wird nicht heute in der Friedensbewegung argumentiert, daß man verkünden müsse, die Nachrüstung sei zu verhindern, alles andere sei unpolitisch, defaitistisch und Abwiegelei im Dienste der Nachrüster! Privat geben dann die meisten zu, daß sie nicht an einen unmittelbaren Erfolg der Friedensbewegung glauben. Aber so mancher Jugendliche glaubt an die eigenen Parolen, spaltet sein Bewußtsein nicht in öffentlich verkündete Erklärungen und in eine private realistische Einschätzung der politischen Kräfteverhältnisse." (Jahn 1984, Teil 1: 30)

An Hand der bereits erwähnten »Prominenten-Blockade« soll ein weiteres Element der von der Friedensbewegung produzierten Öffentlichkeit festgemacht werden: Die Friedensbewegung hat, wie keine der von uns analysierten sozialen Bewegungen, prominente Persönlichkeiten der liberalen Öffentlichkeit für eine wirksame Außendarstellung eingesetzt. Zweifellos haben Personen wie Eppler, Böll, Albertz, Niemöller, Jens, Gollwitzer etc. kraft ihrer Integrität und politischen Glaubwürdigkeit eine wichtige Integrationsfunktion für die Bewegung nach innen. Viel wichtiger aber ist deren Funktion nach außen, gegenüber der medialen und politischen Öffentlichkeit, die das ungewohnte Auftreten eines alternativen Politik-Typus gern auf vertraute Personen reduziert. Mithin entsprechen diese »Opinion leader« ganz dem Bedürfnis des etablierten Mediensystems, Politik, und inssondere solche von unstrukturierten Gruppen, zu personalisieren. Der persönliche Einsatz dieser Personen hat zweifellos dazu beigetragen, die »neue« Friedensbewegung aus den anfänglichen Ignorierungs- und Verleumdungszonen herauszuführen und sie politisch »gesellschaftsfähig« zu machen. Und schließlich hat die politische Prominenz, insbesondere bei Aktionen des zivilen Ungehorsams wie Blockaden u.a., eine gewisse Schutzfunktion für die anderen anonymen Teilnehmer. Die Präsenz politischer und kultureller Prominenz soll ja der Kriminalisierung der Aktion und der ürigen Teilnehmer entgegenwirken.

Worauf wir hinaus wollen ist aber folgendes: Das Modell Mutlangen ist nicht nur ein Exempel gewaltfreien Widerstandes, es ist darüberhinaus ein Medienspektakel par excellence. Die »republikanische Intelligenz« (140 Personen ?) der Bundesrepublik Deutschland ist zu einer dreitägigen Blockade versammelt und die Weltöffentlichkeit schaut auf sie (Live-Reportagen, Fernsehteams, Rundfunkleute, Bildjournalisten etc. bestimmen die Szene). Allein die physische Anwesenheit, die körperliche Präsenz dieser Persönlichkeiten bei dieser Blockade, bei Großveranstaltungen, Tribunalen, Demonstrationen etc. produziert eine hochgradig *personifizierte Form von Öffentlichkeit*, die dann unterbleibt, im wort-wörtlichen Sinn erlischt, wenn die Prominenz von der Bühne abtritt. Wer kennt nicht die Situation, wenn bei Kundgebungen und anderen öffentlichen Veranstaltungen die Scheinwerfer der anwesenden Fernsehteams erlöschen, sobald unbekannte, medienunwirksame Redner und Rednerinnen die Bühne betreten.

Zwar sind, im Unterschied zur Studentenrevolte, in der Führungspersönlichkeiten und Opinion-Leader *auch* eine zentrale Funktion in der internen Struktur der Meinungs- und Willensbildung hatten, die »Gallionsfiguren« des Friedensprotestes innerhalb der Bewegung, d.h. auf der Ebene interner Entscheidungsstrukturen, weitestgehend einflußlos — „Leute wie Erhard Eppler und Oskar Lafontaine fungieren quasi als Drehpunktpersonen zwischen den politischen Antipoden SPD und Friedensbewegung, wobei nicht ganz klar ist, wer wen letzlich funktionalisiert bzw. integriert" (Brand u.a. 1983: 228), — gleichwohl haben sie eine repräsentative Funktion. Die Exponenten des Friedensprotestes präsentieren nicht nur den Protest gegenüber den Medien, den Zeitungen, Fernseh- und Funkanstalten, sondern sie entfalten ihre Autorität *auch* gegenüber der Bewegung. So sind bei der legendären Bonner Großdemonstration von 1983 nicht die anwesenden 300.000 Friedensdemonstranten die Adressaten der Redner — aufeinander geht man ohnehin nicht ein — , sondern die Fernseh-, Funk- und Pressevertreter. Die anwesende Masse ist einzig auf ihre Akklamationsfunktion reduziert und dient lediglich dazu, den Rednern den nötigen Nachdruck zu verleihen. In den öffentlichen Veranstaltungen der Bewegung präsentieren und repräsentieren die »Promis« ihre persönliche Integrität nicht nur vor den Medien, sondern auch vor dem Fußvolk. Um der damit verbundenen Reduktion der anwesenden Demonstranten auf ihre reine Akklamationsfunktion (Akklamationsmasse) zu entgehen, wird der augenscheinlich vorherrschende Mangel an Kommunikation durch wirksame Integrationsrituale zu kompensieren versucht: „Das schaurigste Ritual war dann das öffentliche Gelöbnis, die große Friedensvereidigung. Jegliche Erinnerung an die Störungen von Rekrutenvereidigungen schien gelöscht zu sein. Jeder ist froh, nun auch ein Wörtchen sagen zu dürfen. Da schmettert es dann tausendfach »Sag nein!« über den Platz. Jeweils als Refrain auf das Gedicht von

Borchert, das als eine Art Gebet von Uta Ranke-Heinemann vorgetragen wird." (Pflasterstrand 117, 6.Nov. 1981) Hier zeigt sich, daß repräsentative Öffentlichkeit eine starke Affinität zu symbolischen Riten und Zeremonien hat (vgl. Altmann 1954: 82).

5. Das Defizit an theoretischer Reflexion

Die von der Friedensbewegung produzierte Öffentlichkeit trägt nicht nur Züge »hergestellter Öffentlichkeit«, sondern sie hat auch ein zentrales Element »authentischer Öffentlichkeitsproduktion« sträflich vernachlässigt: den theoretischen Diskurs und die strategische Debatte. War noch in der Studentenbewegung ein Verständnis von theoretischer Reflexion und politischer Praxis vorherrschend, das in allen Phasen der Revolte versucht, Erfahrungen zu verarbeiten und Theorie praktisch werden zu lassen, so ist dieses Bewußtsein von der Einheit von Theorie und Praxis mit dem Zerfall der Revolte auch weitestgehend verloren gegangen. Eine Theoriefeindlichkeit hat sich breit gemacht, die dem Bedürfnis nach übersichtlichen Freund-Feind Bildern entspricht und einer dualistischen Denkweise entgegenkommt. Der durch die Alternativbewegung eingeleitete Rückzug aus der Politik, die allgemeine Reprivatisierung als Folge einer Überlastung der Privatsphäre, findet noch in der Friedensbewegung seinen Niederschlag in einem weitverbreiteten Anti-Intellektualismus, der bis zur Theoriefeindlichkeit reicht. Das zeigt sich in den ich-bezogenen Ausformungen des Protestes, der einzig den eigenen Frieden, den Frieden in der eigenen Person als Voraussetzung gesellschaftlicher Friedfertigkeit postuliert.

Zwar hat die Friedensbewegung ähnlich wie die Bürgerinitiativ- und Ökologiebewegung auf der Ebene polit-strategischen Handelns den Diskurs mit Rüstungs- und Wehrexperten geführt — auf dieser Ebene ist in einem nicht unerheblichen Maße die Bedeutung der Friedensforschung deutlich geworden —, es ist ihr aber nicht gelungen, diese sicherheits- und rüstungspolitischen Fragen und Problemkomplexe mit der Ebene alltagspolitischen Handelns zu verbinden. Erst eine solche Verbindung aber ermöglicht langfristig-politisches Handeln. Insbesondere das »Sozialistische Büro« (SB) hat immer wieder versucht, die Diskussion über eine kurzfristige Strategie der Verhinderung von Raketen hinauszutreiben, um die Bewegung über die »Endschlacht« des Herbstes politisch handlungsfähig zu halten. „Die hintergründigen Dimensionen, die Ängste und Sorgen, die in der Friedensbewegung vorhanden sind, müssen in einem gemeinsamen Diskussionsprozeß offen zur Sprache gebracht, also begreifbar und begriffen gemacht werden. In einem solchen Diskussionsprozeß sind dann auch Theorie, Utopie und Antizipation gefragt. (...)

Ein solcher Prozeß der Diskussion, der Selbstverständigung und des klaren Selbstbewußtseins muß in der Friedensbewegung einsetzen, sonst wird sie übers Waffenzählen oder die Logik des derzeit vorgegebenen Sicherheitssystems nicht hinaus kommen und auch nicht die in ihr liegenden Möglichkeiten mobilisieren können." (Schmiederer 1982: 5) Auf dem gemeinsam mit dem Frankfurter Asta organisierten »Friedenskongreß« (17.-20.6.1982), auf dem genau dieser kollektive Diskurs geführt werden soll - »es bedarf der Auflösung der Kriegsangst als Metapher für eine tiefgreifende zivilisatorische Krise unseres Wachstumsmodells« — kommt aber der obligate Vorwurf, „man könne doch die Zeit nicht mit politischen Reflexionen und theoretischen Erörterungen verplempern, statt angesichts der vorgesehenen Stationierung neuer Mittelstrecken, die die Apokalypse beschleunige, die ganze Kraft zu konzentrieren auf Aktionen und Mobilisierung" (links 1982, Nr. 4).

Halten wir fest: es ist der Friedensbewegung zwar gelungen, auf der Ebene alltäglicher Erfahrungsverarbeitung den Diskurs über Fragen tagesaktueller Notwendigkeiten hinauszutreiben, grundsätzlich aber, hat sich die Dialektik von wissenschaftlich-theoretischer Analyse und praktisch-alltäglicher Erfahrungsverarbeitung *nicht* entfalten können. Die »neue« Friedensbewegung hat es nicht vermocht, konkrete und allgemeine Strategien aufeinander zu beziehen. Vor allem ist es ihr nicht gelungen, den abstrakten Diskurs anzubinden an die Ansätze einer Friedenskultur, die der vorherrschenden Rüstungskultur entgegengesetzt ist. „Nur wenn es uns gelingt, in der Gesellschaft hier ein dauerhaftes Friedensengagement aufzubauen, eine politische Kultur der Versöhnungsbereitschaft zu entwickeln, die selbst den eigenen Beitrag zum Unfrieden in der Welt nicht ausklammert, sondern bereit ist, ihn zu bearbeiten, können wir erwarten, daß auch in der jetzigen Sicherheitspolitik sich etwas ändert." (Buro 1984) Erst „nachdem in der Friedensbewegung die Diskussion über längerfristige Perspektiven monatelang gewissermaßen »verboten«, als Abwiegelei, Defaitismus, deaktivierend und demoralisierend wahrgenommen worden war, sieht es zur Zeit so aus, als wolle sie sich nunmehr fast ausschließlich in die langfristige Programmatik mit hohem Utopiegrad flüchten, (...)." (Jahn 1984, Teil 2: 35)

Dabei offenbaren sich nun, nachdem das einende Ziel der Verhinderung der Abrüstung weggefallen ist, zwischen den höchst heterogenen Gruppen der Bewegung unüberwindbare Gegensätze, sobald es um konkrete Alternativen zur gegenwärtigen Militär- und Rüstungspolitik geht. Was sich hier abermals zeigt, das sind die »Abenteurer der Dialektik« (Merleau-Ponty): Dominiert bis dato ein Aktivismus ohne theoretisch-strategische Reflexion, so wird nun die reale Praxis- und Erfahrungsebene ausgeblendet und die Formulierung strategischer Fragen in den Mittelpunkt gestellt.

6. Friedensbewegung und bürgerliche Öffentlichkeit

Die Friedensbewegung hat mit der von ihr praktizierten Vielfalt zentraler und dezentraler Aktionen eine Straßen- und Demonstrationsöffentlichkeit geschaffen, eine Basisöffentlichkeit entfaltet, die in einzigartiger Weise das ganze Bundesgebiet überzogen hat. Sie hat dabei auf ein, noch immer breites Spektrum alternativer Medien, zurückgreifen können, das durch die Friedensthematik einen nicht unwesentlichen Auftrieb erfahren hat. Allein aber aus der so geschaffenen Öffentlichkeit ist der Erfolg, die breite Publizität, die die Bewegung letztendlich zu einem innenpolitischen Machtfaktor hat werden lassen, nicht erklärbar. Hinzu kommt, was von vielen Beteiligten oftmals geleugnet wird, das relativ große Interesse der bürgerlichen Medien.

So ist es allein der »Geburtshilfe« durch links-liberale Medien wie »Stern«, »Spiegel«, »Frankfurter Rundschau«, »Süddeutsche Zeitung« und »Zeit« zu verdanken, daß die, zunächst vereinzelt vor sich hinwurstelnden Friedensinitiativen aus dem politischen Abseits herausgeführt werden und eine öffentliche Resonanz erfahren. Aber es ist über die verschiedensten Friedensaktivitäten, über Massendemonstrationen, Menschenketten usw. nicht nur von regionalen und überregionalen Printmedien berichtet worden, sondern auch das Fernsehen hat sich, sieht man von Qualität und Quantität der Berichterstattung ab, des Friedensprotestes angenommen. Gesprächsforen im Fernsehen, Features über Nachrüstung, Diskussionen mit und um Franz Alt etc., haben das Thema Nachrüstung millionenfach via Bildschirm in die bundesrepublikanischen Haushalte gebracht. Die Friedensbewegung hat dadurch, d.h. durch die Summe aller ihrer Aktivitäten inclusive der medialen Verstärkung ein Maximum an öffentlicher Aufmerksamkeit an sich gebunden. Nebenbei bemerkt hat sie dadurch eine Reihe anderer, brisanter Themen (Verkabelung der Republik usw.) ins politische Abseits gedrängt. Man kann ohne Zweifel sagen, daß das Thema Nachrüstung in den Jahren 1982/83 im Mittelpunkt des öffentlichen Interesses gestanden hat. Natürlich hängt das auch mit den politischen Positionen der Bewegung zusammen, die beispielsweise die Berührungsängste zum etablierten Medienbetrieb weitestgehend abgelegt hat. Geht es der Bewegung doch um eine maximale Mobilisierung der Öffentlichkeit, weil nur so Druck auf die Entscheidungsträger ausgeübt werden kann. Im Gegensatz zur Alternativbewegung, die weitestgehend antiinstitutionalistische Positionen vertritt, will die »neue« Friedensbewegung diese etablierten Organisationen (Kirchen, Verbände, Parteien) ja gerade als Bündnispartner gewinnen. Trotz des publizistischen Erfolges soll hier nicht darüber hinweggegangen werden, wie und in welcher Art und Weise die etablierten Medien über dieses Thema berichtet haben. So hat beispielsweise ein großer Teil der Medien versucht, den Protest als Moskau-gesteuert, oder gar Moskau-hörig darzustellen und damit die ganze Bewegung zu diskreditieren.

Als im Stationierungsherbst verkehrsbehindernde Menschenketten, Blockaden und andere Äußerungen des zivilen Ungehorsams geplant sind, berichtet die Presse „über diese Pläne wie über Kriegsvorbereitungen eines Angreifers, der die nationale Sicherheit bedroht. Nachrichten über die Protestszene werden wie geheimdienstliche Erkenntnisse über feindliche Truppenbewegungen behandelt. Friedenscamps gewinnen das Aussehen von Partisanennestern. Und in den Polizeihauptquartieren werden Einsätze generalstabsmäßig nach bekannten Szenarios durchgespielt." (Habermas 1985: 81) Typisch für das Verhältnis eines Teils der etablierten Presse gegenüber dem Friedensprotest ist die vertrauliche Hausmitteilung des Chefredakteurs der »Ostfriesen-Zeitung« Kurt Wilken. Dieser schreibt: „Wir haben keine Veranlassung, den Friedensmarschierern, den Nachrüstungsgegnern und ähnlichen Minderheiten durch publizistische Unterstützung den Weg zu bereiten. (...) Ich bin fest entschlossen, die OZ auf dem Boden des Grundgesetzes zu halten und den Feinden unserer Demokratie keinen Raum zu geben. Wer damit nicht einverstanden ist, möge für sich die Konsequenzen ziehen..." (zit. nach Spoo 1984: 74)

Aber auch das öffentlich-rechtliche Fernsehen benutzt eine Vielfalt von Techniken, den legitimen Protest einer, nach demoskopischen Untersuchungen, Mehrheit der Bevölkerung verfälschend darzustellen. Die Suspendierung von Franz Alt als Moderator der Sendung »Panorama« ist hierbei nur die Spitze eines Eisberges. Der Berliner Medien-Journalist Reiner Brückner-Heinze urteilt: „Befürworter des Doppelbeschlusses haben totale Narrenfreiheit, auch wenn ihre medienpolitischen Methoden höchst fragwürdig sind. Gegner der herrschenden Sicherheitspolitik werden dagegen hart kritisiert wie etwa Wilhelm Bittorf für seinen Film »Weg des Ungehorsams« oder gleich vom Moderatoren-Dienst freigestellt wie Franz Alt. Die Situation ist paradox: Gegner der Aufrüstung stellen in den öffentlich-rechtlichen Medien ein Sicherheitsrisiko dar; Befürworter neuer Raketen dürfen sich dagegen uneingeschränkt als die großen Sicherheitsexperten aufspielen." (zit. nach Wienert 1984: 88)

7. Die Thematisierungsleistung der Friedensbewegung

Zwar ist es der Friedensbewegung nicht gelungen, die Nachrüstung mit landgestützten MX-Raketen zu verhindern, das aber soll ihren Verdienst nicht schmälern, denn sie hat ein bislang stiefmütterlich behandeltes Thema, das der Friedenssicherung, aus dem Deutungsmonopol von Politikern und Sicherheitsexperten herausgebrochen und zum Gegenstand eines alltäglichen Diskurses gemacht. „Nicht die Stationierungsverhinderung war und ist der Inhalt der größten Mobilisierung der letzten Jahre, sondern die Thematisierung einer organisierten, im Militär materialisierten, »verdinglichten« Logik, die zur atomaren Verteidigungskonzeption gestern, zur Stationierung heute und zur atomaren Grenzbefestigung und präventiven Vorwärtsverteidigung morgen geführt hat." (Krippendorf 1983: 129) Diese Thematisierungsleistung ist zweifellos der größte Verdienst dieser Massenbewegung. Innerhalb weniger Jahre hat sie die Diskussionen über Rüstung, Abrüstung und Sicherheit gründlich demokratisiert, die noch in den siebziger Jahren in winzigen Zirkeln unter militärstrategischen Gesichtspunkten entschieden worden sind. „Einige Dutzend Leute im Kanzleramt, im Auswärtigen Amt, im Verteidigungsministerium und in der Bundeswehr, dazu ein knappes Dutzend sachverständiger Parlamentarier, ein halbes Dutzend eingeweihter Fachjournalisten, allenfalls noch ein paar Experten aus mehr oder minder unabhängigen Institutionen — das war die Gruppe, die streng nach außen abgeschottet, in ihrer Geheimsprache die Fachdebatte führte und fernab von aller Öffentlichkeit entschied." (Eppler 1984: 19) Das aber hat sich durch die Aktivitäten der Friedensbewegung geändert, denn die öffentliche Akzeptanz der offiziellen Verteidigungspolitik ist gründlich erschüttert worden. Die Themen Rüstungskontrolle, Gleichgewicht der Kräfte, Ost-West Ausgleich, soziale Verteidigung usw., sind nicht länger Themen für Expertenrunden, sondern sie sind von einer breiten Öffentlichkeit diskutiert und angeeignet worden.[15] Kein außen- und sicherheitspolitisches Thema der Nachkriegsgeschichte hat die öffentliche Meinung tiefer gespalten, die politische Szenerie mehr verändert, als das Thema Nachrüstung. Die Friedensbewegung hat in breiten Kreisen der Bevölkerung eine Sensibilisierung gegenüber den existentiellen Themen wie Frieden und Sicherheit erreicht, „sie hat schließlich den Prozeß der Gewöhnung an die Anwesenheit und Vermehrung von Nuklearwaffen und an das System der Abschreckung mit Massenvernichtungswaffen durchbrochen; sie hat damit erneut begonnen, den dauerhaften Weltfrieden zu einer historisch konkreten Utopie zu machen. Die Atomkriegsgefahr wurde von einem scheinbaren himmmlischen Damoklesschwert, einer anonymen Schicksalsmacht zu einem irdisch erfahrbaren

Rüstungskomplex mit Standorten in der Nachbarschaft sowie in verfestigten sozialen Interessenbündeln, in nationalen Vorurteilen und kollektiven Ängsten der anderen Nationen, Staaten und Parteien verdeutlicht." (Jahn 1984, Teil 1: 23)

Was aber beängstigend an dieser Entwicklung ist, das ist die Schnelligkeit, mit der das Thema zum Gegenstand des öffentlichen Diskurses geworden ist. Beängstigend deshalb, weil am inflationär anmutenden Ausmaß der öffentlichen Erörterung bereits der Niedergang, der Tod des Themas, sich ausmachen läßt. Berücksichtigt man, wie es Niklas Luhmann (1971) formuliert hat, die »Karriere eines Themas«, dessen Lebensgeschichte, die nach typischen Phasen geordnet werden kann, dann wird folgendes klar: da das Thema sein Problem nicht gelöst hat, »muß es als neues Problem wiedergeboren werden«. Zwar ist der Versuch, in einer »Form von Ersatzbeschaffung« das Thema »Rüstungskontrolle« auf die öffentliche Agenda zu setzen, bereits gescheitert, die Genfer Verhandlungen aber lassen hoffen, daß dieser größten Massenbewegung nach dem Ende des Zweiten Weltkrieges ein postumer Erfolg beschieden sein wird.

Kapitel 7
Der Etablierungsprozeß der »grünen« Bewegung und die Ausdifferenzierung einer Parteiöffentlichkeit

1. »Grüne«, parlamentarische Öffentlichkeit

Beschäftigt man sich mit der Öffentlichkeit der Grünen, insbesondere deren parlamentarischer Öffentlichkeit, dann kommt man um eine Funktionsbestimmung parlamentarischen Handelns, wie sie von den Grünen vorgenommen wird, nicht umhin. „Wir wollten mit dem einen Bein fest innerhalb der Bürgerinitiativbewegung stehen und dort in den Diskussionen, aber auch bei Aktionen aktiv mitwirken. Mit dem anderen »parlamentarischen« Bein wollten wir »Hefe im Teig« der etablierten Parlamentsparteien sein, neue Denkanstöße ins Parlament bringen und darin gleichzeitig ein Forum und Sprachrohr für die politischen Vorstellungen und Wünsche der Bürgerinitiativen darstellen." (Hasenclever 1982 b: 104) Basis dieser recht unscharfen Bestimmung ist das Spielbein-Standbein Modell, das die parlamentarische Partizipation nicht als Ziel, sondern als Teil einer Strategie sieht (Spielbein), während die außerparlamentarische, außerparteiische Arbeit, die Einbindung in die neuen sozialen Bewegungen, das Standbein darstellt.

Kommt im obigen Zitat noch die Ambivalenz von *inhaltlicher Partizipation* und *instrumentellem Interesse* an parlamentarischer Arbeit ansatzweise zur Geltung, so herrscht in weiten Kreisen der Partei, gerade in ihrer Gründungsphase, eine reduzierte Funktionsbestimmung vor, die das Parlament einzig auf seine Funktion als Tribüne reduziert. „Wir sind nicht im Parlament, um die anderen überzeugen zu wollen," formuliert die ehemalige Frankfurter Stadtverordnete Jutta Dithfurth, sondern um es als „Forum für grüne Öffentlichkeitsarbeit zu nutzen." (Mettke 1982: 17) Ähnlich wie die parlamentarischen Vertreter der Arbeiterklasse, für die das Parlament eine Tribüne des Klassenkampfes ist — diese Idee von der »Tribünen-Funktion« geht auf Lenin zurück —, ist die parlamentarische Tätigkeit für die grünen Volksvertreter etwas Sekundäres.

Außer Frage steht, daß die parlamentarische Tribüne die Möglichkeit eröffnet, vor einem großen Publikum und mit entsprechender Wirkung in den Medien, die Kritik der ökologischen Bewegung an der Industriepolitik, an der Entwicklungspolitik, an der Verteidigungspolitik und am Wettrüsten etc. öffentlich zu vertreten. Auch wenn die Parlamentsberichterstattung in unseren Medien keine so große Rolle spielt wie etwa in England, so ist diese »Tribünen-Chance« nicht zu verachten. So bewertet ein großer Teil der grünen Bonner Parlamentarier nach zweijähriger Zugehörigkeit zum Parlament die damit verbundene wachsende Beachtung durch die Medien, durch die anderen Parteien und durch Verbände (Gewerkschaften z.B.) denn auch als äußerst positiv.

Außer Zweifel steht, daß es den Grünen in der Praxis in vielfältiger Weise gelungen ist, das Parlament als Forum, als Bühne zu nutzen, um politisch relevante Sachverhalte und nicht berücksichtigte Problemkomplexe offenzulegen und zu thematisieren. Besonders auf kommunaler und lokaler Ebene haben sie umweltunverträgliche Projekte verhindert, indem sie die Öffentlichkeit frühzeitig auf bestimmte Schwachstellen hingewiesen und so eine Stimmung der Nichtdurchsetzbarkeit erzeugt haben. Vor allem die Intention, Zugang zu bislang für Basisinitiativen und Bürgerinitiativen unerreichbare Informationen zu bekommen, das Informationsmonopol der etablierten Gruppen zu durchbrechen, ist, mehr oder weniger zufriedenstellend, realisiert worden. Die Frankfurter Grüne Fraktion im Rathaus resümiert ihre diesbezüglichen Erfahrungen: „Aber im Hinblick auf Informationen, auf Verwertung dieser Informationen und die wieder nach draußen für die Bewegung nutzbar zu machen, haben sich meine Erwartungen also wirklich übertroffen. Wir haben viel mehr Informationen gekriegt, als ich dachte. (...) So beschissen das klingt: dadurch, daß wir hier im Parlament sitzen, haben wir viel mehr Möglichkeiten, in die bürgerliche Öffentlichkeit reinzukommen. Wir sagen eigentlich dasselbe wie vorher in vielen Punkten, wir kriegen jetzt aber zusätzliche Informationen, an die wir sonst nicht rangekommen wären. Das ist ein positiver Mechanismus, den man jetzt wieder ausnutzen kann für die außerparlamentarische Arbeit." (Pflasterstrand 114, Sept. 1981)

Eher negativ ist hier die Erfahrung der Grünen in Bonn: „Bei der Arbeit in den Ausschüssen hatte ich die Hoffnung, an weitergehende Informationen heranzukommen, das hat sich aber als falsch erwiesen. Zumindest im Wirtschaftsausschuß, in dem ich sitze, kommt an inhaltlichen Informationen nicht sehr viel mehr 'rüber als in der Plenardebatte oder bei Pressekonferenzen. Wenn der Wirtschaftsminister in den Wirtschaftsausschuß kommt, sagt er oft genau das gleiche, was er zuvor auf einer Pressekonferenz gesagt hat." (Burgmann 1985: 54)

Aber selbst dann, wenn es gelingt, an bislang unbekannte Informationen zu kommen, den Informationsfluß zu steigern, stößt dieser oftmals auf eine mangelhaft interessierte Basis, sowohl innerhalb als auch außerhalb der Partei. Die Grenzlinie der Aufmerksamkeit ist ohnehin spätestens dann erreicht, wenn es in den Parlamenten um die Erhöhung des Strom-, Wasser-, und Gas-Tarifs geht, da diese Themen schlecht öffentlichkeitswirksam eingesetzt und inszeniert werden können.

Unabhängig von diesen punktuellen Erfolgen zeigt sich aber, gerade in jüngster Zeit, daß diese ursprünglich *defensive* Funktionsbestimmung parlamentarischen Handelns, im Widerspruch steht zu der eigenen, hochfliegenden Programmatik und dem Erfolgszwang, dem man ausgesetzt ist. Berücksichtigt man noch die gegenwärtige Agonie der außerparteiischen populistischen Strömungen — „Die Spielbein-Standbein-Theorie ist in ihr Gegenteil verkehrt worden: Die neuen sozialen Bewegungen sind erstarrt — das Spielbein Parlament ist zum grünen Standbein geworden." (Weinberger 1985: 28) — dann wird eine Revision dessen, was grüne Parlamentsarbeit leisten soll, notwendig.

Es muß den Grünen nicht nur darum gehen, über die Parlamente Öffentlichkeit zu erlangen, sondern darüberhinaus dieses wieder als *Entscheidungsgremium* zu reaktivieren. Im Gegensatz zum britischen Unterhaus und der italienischen Deputiertenkammer, die als »Redeparlamente« angesehen werden, zeichnet sich der deutsche Bundestag als »Arbeitsparlament« aus, allerdings in dem Sinne, daß die Entscheidungsabläufe hochgradig bürokratisch-selektiv sind. So entspricht beispielsweise die Spezialisierung einzelner Abgeordneter auf bestimmte Sachgebiete, die mit einer gewissen »Betriebsblindheit« für andere Bereiche einhergeht, der Auslagerung der politischen Entscheidungsgewalt aus dem Parlament in die Ausschüsse, die unter Ausschluß der Öffentlichkeit tagen. Damit aber wird das Öffentlichkeitsprinzip, das durch das Grundgesetz verbrieft ist, geradezu pervertiert. Das Parlament wird seiner intendierten Funktion, Forum eines kontrovers geführten Diskurses mit abschließendem Plebiszit zu sein, beraubt. An Stelle einer öffentlichen Auseinandersetzung in Rede und Gegenrede treten formalisierte Debatten, die nur mehr den Schein wahren und öffentliche Legitimation binden sollen. Eine Professionalisierung der politischen Kommunikation durch die Parteien und Regierungsinstitutionen potenziert diesen Sachverhalt noch: „Public-Relation-Spezialisten, Kommunikationsstrategen, Semantikexperten stellen systematisch politische Öffentlichkeit her. Politisches Marketing ist Teil der Partei- und Staatsfunktionen." (Langenbucher/Lipp 1982: 221)

Gegen diese hochkomplex-arbeitsteilig-strukturierten und selektiv arbeitenden Mechanismen setzen die Grünen alternative Politikformen, Vorstellungen von personaler Kommunikation und Interaktion, wie sie seit der 68er Revolte in den neuen sozialen Bewegungen sich herausgebildet haben. Diese, in lokalen und regionalen Sozialzusammenhängen ausgebildeten, Verhaltensmuster und normativen Orientierungen werden nun zu generellen Lösungsmodellen verabsolutiert. Das Problem hierbei ist aber, daß die in solch überschaubaren Öffentlichkeiten gewonnene Rationalität von Interaktionsprozessen sich nicht bruchlos auf die Organisationsebene und die Ebene gesamtgesellschaftlicher Strukturen und Prozesse hochdifferenzierter Gesellschaften abbilden lassen (vgl. Brand 1983: 190). Es zeigt sich, daß alles, was der außerparlamentarischen Bewegung als wichtig erscheint, im herkömmlichen Sinne nicht unbedingt parlamentsfähig ist. „... die Linke hat, (...) noch keine neue *Form* der Politik entwickelt, die das Kardinalproblem der Linken, die Verallgemeinerungsfähigkeit von Bedürfnissen und Interessen löst und Regeln einer Verantwortungsethik formuliert, nach der politisches Handeln an der Vertretung *konkret-allgemeiner* Interessen interessiert ist." (Negt 1983 c)

Ulrich K. Preuß (1985) hat dies den »Naturalismus« der Grünen genannt, der die Einheitlichkeit der Interessen und damit auch deren Verallgemeinerbarkeit immer schon voraussetzt. Das hängt mit der Grundlegung grüner Politik zusammen, die das »Überlebensinteresse der Gattung« zum Inhalt hat, d.h. die im Industrialismus gefesselte, sozial beherrschte ökologische Lebensweise soll entbunden werden. Das aber führt entweder zu einem »autoritären Etatismus«, das Überleben der Gattung wird den Partialinteressen untergeordnet, oder zu einer »plebiszitären Formlosigkeit«, in der der unmittelbare Volkswille zu einer möglichst unverfälschten Präsenz kommt (Urdemokratie). Der »Naturalismus« der Grünen „ist blind gegenüber dem Wesentlichen der Politik, d.h. jenes Bereichs, in dem durch Institutionen, Verfahren und Normen die Unmittelbarkeit des natürlichen oder kreatürlichen Lebens der Menschen in dauerhafte und normativ geprägte Sozialbeziehungen überführt und durch die er vom Natur-, zum Sozial- und Kulturwesen wird. Insofern befindet sich der »Naturalismus« der Grünen ganz in Übereinstimmung mit dem Marxismus, was immerhin eine Erklärung dafür sein könnte, daß sich viele einstmals dogmatische K-Grüppler dort wieder- und offenbar auch wohlbefinden. Zur Politik gehört die Rationalisierung und Kultivierung von Bildung und Ausübung kollektiver Herrschaftsmacht. Wenn diese Kollektivgewalt einem im Grunde nicht-kommunikativen, da nicht bestreit- und diskutierbaren Naturinteresse dient, dann können freilich die zu seiner Durchsetzung anwendbaren Mittel jeder kulturellen Überformung und Rationalisierung entraten, insbesondere kann die ihm dienende Kollektivgewalt selbst zur Unmittelbarkeit einer Quasi-Naturgewalt werden, sprach- und kontextlos." (Preuß 1985: 11) Das Problem ist nach Preuß (1985: 13), daß die Grünen, „wenn sie wirklich eine grundlegend neue Orientierung der Gesellschaft wollen, den Charakter der Politik selbst ändern (müssen), und hierzu bedürfen sie der Utopie eines sich über Verständigungsprozesse integrierenden Gemeinwesens. Diese Utopie muß die gegenwärtige Praxis anleiten." Das aber ist bislang weitestgehend ausgespart worden.

Folglich kommt es zu augenscheinlichen Widersprüchen: Das grüne Projekt ist als Partei der außerparlamentarischen Bewegung angetreten, gegen eine Stellvertreter-Politik, wie sie von den etablierten Parteien praktiziert wird. Eine Interessenvertretung der lokalen und regionalen Gruppen und Initiativen in den Parlamenten ist das Ziel. Das Problem besteht aber darin, daß sowohl die parlamentarische Intervention notwendigerweise von den konkreten Problemlagen und Bedürfnissen abstrahieren muß, wie umgekehrt eine Rückführung parlamentarischer Aktivitäten auf die besonderen Interessenlagen der Betroffenen. Eine unmittelbare, *direkte* Interessenvertretung auf administrativer Ebene des Entscheidungshandelns, als auch deren Rückkopplung auf konkrete Lebenszusammenhänge scheint unmöglich. Mag die Transformation individueller Interessen auf lokaler und regionaler Ebene noch gelingen, so erscheint dies bezogen auf komplexe Systeme unmöglich. Wenn das richtig ist, heißt das aber, daß die Grünen Abstand nehmen müssen von einem Politikverständnis, wie es im »Selbstkonstitutionsprozeß« der neuen sozialen Bewegungen sich ausdifferenziert hat: „Interessenvertretung ist etwas anderes, als das exemplarische Vorleben von privaten Umgangsformen und Lebensweisen, die in bestimmten sozialen Schichten als wünschenswert angesehen werden." (Schaeffer 1983: 92)

Ausgehend von der Tatsache, daß das Parlament eine äußerst eingeschränkte Form von Öffentlichkeit zuläßt, stellt sich die Frage, ob es grundsätzlich möglich ist, diese klassische Form bürgerlicher Öffentlichkeit anders zu nutzen, anders mit ihr umzugehen? Oder anders gefragt, gibt es eine Möglichkeit, die Parlamente anders zu nutzen, als dies gemeinhin durch die etablierten Parteien geschieht?

2. Die medienzentrierte Öffentlichkeitsproduktion der Grünen

Auch die Vorstellungen der Grünen von politischer Öffentlichkeit, deren Inhalt und Funktion, sind an einem Idealtypus orientiert, wie er sich ansatzweise in den außerparlamentarischen Sozialzusammenhängen realisiert hat. An einer Basis- und Bewegungsöffentlichkeit, in der die Lebensinteressen und Bedürfnisse der Menschen unmittelbar zum Ausdruck gebracht werden können: Öffentlichkeit als kollektive Organisationsform der Betroffenen.

Die abgehobene Form parlamentarischer Öffentlichkeit aber kann dies schwerlich leisten. Der Einzug der Grünen in die Parlamente, insbesondere in den deutschen Bundestag, spiegelt dieses Dilemma wider: Da die Grünen in das Parlament gekommen sind, *ohne einen Erfahrungsbegriff parlamentarischer Machtausübung,* wiederholen und reproduzieren sie die alten bewährten Demonstrations- und Aktionstechniken des außerparlamentarischen Protestes „vor wesentlich erweiterter Öffentlichkeit, aber unter den eingeschränkten Bedingungen der parlamentarischen Geschäftsordnung." (Negt 1983 c) Petra Kelly hat es explizit formuliert: „Die Parlamente sind für uns ein Ort wie der Marktplatz, wie der Bauplatz, wo wir sprechen können, unsere Standpunkte hineintragen und Informationen hinaustragen können. (...) Wir wollen ungehindert sprechen können, uns zu Gesetzesvorlagen äußern, auch gewaltfreie Proteste ins Parlament tragen und Entscheidungen transparent machen." (Mettke/Degler 1982: 30)

Dementsprechend ist der Einzug der Grünen in die Parlamente durch eine Reihe clownesker und spektakulärer Aktionen begleitet, die die verkrusteten Parlamentsstrukturen affizieren und die Aufmerksamkeit der Medien auf bestimmte Schwachstellen lenken sollen. Ein antiautoritärer Gestus ist vorherrschend, der an den Symbolen des parlamentarischen Repräsentationssystems sich abarbeitet, die eingeschliffenen parlamentarischen Rituale negiert oder durch symbolische Inszenierungen ad absurdum führt. Ganz gleich, ob die Frankfurter Rathaus-Grünen mit Gasmasken in den Römer ziehen oder dem Oberbürgermeister ein Abbruch-Environment samt Spielzeugbaby mit einem Stück vergifteten Rasen (Aufschrift »OB Wallmanns Potemkinsche Dörfer«) vor das Rednerpult stellen, oder ob die Berliner AL-Rathausfraktion den frisch gekürten regierenden Bürgermeister zu seiner Regierungserklärung mit Nachthemd und Schlafmütze bekleidet in eindeutig gelangweilt bis schlafender Haltung empfangen; die Grünen im Parlament, das ist eine Provokation per se. Auch die Grünen in Bonn haben keine Ehrfurcht vor der »Würde des hohen Hauses«. Allein schon ihre Erscheinungsform, langer Rauschebart, handgestrickter Schafwollpullover, Jeans und flottes Hemd, stellt eine Provokation dar. Diese offensichtliche Verweigerung der Kleiderordnung hat z.B. dazu geführt, daß der christdemokratische Parlamentspräsident im Berliner Abgeordnetenhaus Peter Rebsch ernsthaft eine öffentliche Kleiderordnung für die rebellischen Parlamentarier erwog, schließlich sei das Abgeordnetenhaus »keine Freizeitveranstaltung«, sondern ein Ort, an dem ernsthaft gearbeitet werde. Es treffen die Vertreter der »Turnschuhgeneration« mit ihrem provokativen Outfit auf die Repräsentanten einer blau-grauen »Anzugskultur«, die sich heftig gegen den Verfall der Sitten und des parlamentarischen Verhaltenskodex wehren. Bundeskanzler Helmut Kohl am 15.12.1985 in »Bild am

Sonntag« über den ersten »Grünen« Minister Joschka Fischer: „Die Aufmachung des Herrn Fischer ist ja allein schon eine Unverfrorenheit."

Vor allem die Aktionen und symbolischen Handlungen im Bundestag, mit denen die Grünen ihre Positionen verdeutlichen und ihre Argumente unterstützen wollen (das Aufhängen von Transparenten gehört dazu), zeitigen einigen Erfolg. Die Wirksamkeit dieser Aktionen hängt damit zusammen, daß es sich hier um eine der höchsten Verfassungsinstanzen handelt, die für die Funktionsweise unserer bürgerlich-parlamentarischen Demokratie u.a. von symboltragender Bedeutung ist.

Das Problem symbolischer Aktionen ist aber deren Uneindeutigkeit (Beispiel das Wiesbadener »Blut-Attentat«), sind doch nicht alle Inszenierungen so klar und durchsichtig wie die Forsythien auf den Abgeordnetenbänken, oder die Sonnenblumen, mit denen die Grünen in die Parlamente einziehen, oder aber die verdorrten Reste einer Tanne, die dem Waldsterben zum Opfer gefallen ist. Alle diese eingesetzten Mittel sind Symbole der ökologischen Friedfertigkeit, die in Form und Inhalt das Zusammenwirken der verschiedensten ästhetischen, politischen und sozialen Elemente dieser neuen politischen Kultur reproduzieren. Zwar haben auch die »grünen« Symbole die Funktion, Sympathie bei der Bevölkerung zu wecken, eine emotionale Reaktion auszulösen, allein auf Vertrauenspflege, wie das von der klassischen »Public-Relation« intendiert ist, lassen sich die Aktionen der Grünen aber nicht reduzieren. Der Inhalt steht immer noch im Vordergrund.

Besonders die Vermittlung von Aktionen an eine breite, diffuse Öffentlichkeit, z.B. übers Fernsehen, ist problematisch. Als anläßlich der Nachrüstungsdebatte in Bonn die »grünen« Parlamentarier sich von ihren Plätzen erheben und mit hocherhobenen Großfotos, die Kriegsszenen aus Hiroshima, Vietnam, aber auch KZ-Szenen darstellen, auf den Kanzler zulaufen, wird diese Aktion allenfalls als »unerhörte Provokation« begriffen. Dem interessierten Fernsehzuschauer stellte sich das Herbeieilen der Parlamentsdiener, die den Abgeordneten das Demonstrationsmaterial aus den Händen winden, am Bildschirm nur mehr als kaum nachvollziehbarer Tumult dar. Auch hier zeigt sich die Gefahr einer »medienzentrierten Öffentlichkeitsproduktion«, wie sie bereits in Ansätzen von den Grünen in Bonn, in einzelnen Landesparlamenten, aber auch von Kreisverbänden mit unterschiedlichem Erfolg betrieben wird.

Die Gefahr einer solchen Öffentlichkeitsproduktion liegt darin, daß zwar ein Maximum an öffentlicher Aufmerksamkeit eingefangen wird, was an den Presseberichten festgemacht wird, die intendierten politischen Ziele und Argumente aber zu kurz kommen. Man orientiert sich allein an der Verkaufbarkeit, ohne zu berücksichtigen, daß die Inhalte verloren gehen. So hat die Berichterstattung der nationalen und internationalen Presse über den Einzug der Grünen in Bonn, sich auf Äußerlichkeiten und Aktionen beschränkt (Blumen, Hunde, Turnschuhe usw.), während die politischen Zielvorstellungen unerwähnt bleiben. „Kurzum, die Grünen haben bei ihrem Einzug ins Parlament ihre Show geliefert, und die Medien sind voll darauf abgefahren." (Borgmann 1983: 32) Heinz Suhr (1983: 37), grüner Pressesprecher in Bonn, empfiehlt den Grünen deshalb beim Umgang mit den Medien: „Die Aktion muß mit dem Inhalt gekoppelt sein, daß sie nicht zum Selbstzweck wird, nur um in die Medien zu kommen. (...) Aktionen sollten die eigene Politische Kultur transportieren: Form und Inhalt und das Zusammenwirken verschiedener ästhetischer, politischer, sozialer Elemente, um zu vermitteln, was die neue politische Kultur ausmacht." D.h. man hat seitens der Grünen die Gefahr erkannt, die mit einer »Professionalisierung der politischen Kommunikation« verbunden ist. Über die Inhalte wird kaum berichtet, berichtet wird über spektakuläre Aktionen, über die Aufhänger, an denen die konfliktorientierte Journaille orientiert ist, nach der Devise: »Ich kann nur dann an die Zentrale was verkaufen, wenn es bei Euch Zoff gibt oder wenn ihr eine Aktion macht.« Für Suhr ist deshalb schon viel gewonnen, wenn es den Grünen gelingt, Begriffe wie »Waldsterben« oder »soziale Verteidigung« zu etablieren, ganz im Sinne Luhmanns (1971: 18f.), für den das »Prägen von Begriffen« der wichtigste Schritt zur Karriere eines Themas ist.

Zwar kann der Einsatz provokativer Aktionen gegenüber den erstarrten Ritualen des parlamentarischen Diskurses durchaus sinnvoll sein, als sie das Parlament als »Tribüne« nutzen und den eingeschliffenen Konsens der »Altparteien« aufbrechen, kontraproduktiv aber werden sie, wenn sie eine mögliche Zusammenarbeit in keineswegs unwichtigen Fragen verhindern, potentielle Bündnispartner verschrecken und nach anfänglicher Öffentlichkeit länger andauernde Isolation bewirken. „Gerade alternative Politik aber erfordert ein breites Spektrum politischer Handlungsformen. Sorgsam dosierte Provokation vermag ihren Zweck zu erfüllen, indem sie auf Probleme aufmerksam macht und als notwendiger Anstoß zur Kooperation dient." (Murphy 1982: 332) Längerfristig können die, vermittels symbolischer Aktionen erzeugten, Effekte, die inhaltliche Arbeit sowieso nicht ersetzen, denn auch die von den Grünen praktizierten Aktionsformen sind einem Abnutzungseffekt ausgesetzt. Hannegret Hönes (Der Spiegel vom 8.Juli 1985), Parlamentarierin in Bonn, hängt diesen alten Zeiten nach, als mit dem bloßen Erscheinen der Grünen schon die Aufmerksamkeit erregt wurde. „Wenn ein Grüner den Plenarsaal betritt, ist das keine Provokation mehr. Da hatten es unsere Vorgänger leichter." Deshalb gilt: Nicht durch symbolkräftige Inszenierungen und provokative Aktionen, sondern nur durch konkrete Intervention, durch Konzepte, Vorschläge, Kritik und Auseinandersetzung wird das Parlament als »öffentliche Bühne«, was heißt, die Aufmerksamkeit der Medien auf Dauer, zu gewinnen sein.

So ist der Einsatz solcherart disruptiver Protest- und Aktionsformen in jüngster Zeit auch geringer geworden; das hängt nicht nur damit zusammen, daß das Interesse der Medien an den Grünen sich verringert und auf ein Normalitätsmaß eingependelt hat, womit sich die Aufmerksamkeitsschwelle für die Grünen erhöht, sondern vor allem auch mit einem internen Prozeß der Anpassung, in dem die »Bewegungspartei« sich zu einer normalen Mitglieder- und Programmpartei entwickelt. So haben die Landtagsfraktion in Niedersachsen, aber auch die GAL-Fraktion in Hamburg beschlossen, auf spektakuläre Aktionen im Parlament zu verzichten. „Die Fraktion bemüht sich, den Ausweis ihrer Kompetenz zu führen, das ist wichtiger als die Effekthascherei über publikumswirksame Aktionen", so der Pressesprecher der grünen Landtagsfraktion in Niedersachsen (Stadlmayer 1984: 80). An Stelle von Polemik und Eklat ist der »anständige Dissens« getreten, der an den politischen Tagesnotwendigkeiten sich abarbeitet. Haben die moralisch motivierten Einsprüche und symbolischen Aktionen doch ein Defizit an politischer Programmatik offensichtlich werden lassen, das man nun versucht, vermittels inhaltlicher Arbeit zu kompensieren.

Hinzu kommt ein Bedürfnis nach parlamentarischer Auseinandersetzung, das über konkrete Arbeit *kollegiale Anerkennung* sucht. Nach einem ersten »Kulturschock« kommt es zu einer Anpassung an das neue soziale Umfeld. „Je länger du im Abgeordnetenhaus bist, um so öfter findest duch dich mit bestimmten Gegebenheiten ab. Die Gedanken wie etwas anders zu machen wäre, werden seltener und seltener. Überspitzt gesagt, beschränken sich politische Ziele dann manchmal auf die Frage, was am nächsten Tag wohl in der Zeitung steht", heißt es in einem Rechenschaftsbericht der Berliner AL-Rathausfraktion nach bloß zweijähriger Zugehörigkeit zum Berliner Abgeordnetenhaus (1983/84: 12).

In dem Maße aber, wie sich das Parlament die widerspenstigen, renitenten grünen Parlamentarier fungibel macht, diese einbindet in die vielen kleinen alltagspolitischen Zusammenhänge, werden die alten Lebens- und Realitätserfahrungen der einst außerparlamentarisch Bewegten zurückgedrängt zugunsten eines eher traditionellen Politikverständnisses. Die »grünen« Parlamentarier, das ist absehbar, entfremden sich, trotz Rotation, von ihrer »Bewegungsidentität«, setzen diese nunmehr als Versatzstück ihres Engagements strategisch ein. Die Elemente radikaler Subjektivität, einstmals Kennzeichen eines veränderten Politikverständnisses, das noch auf das Ganze zielt, werden auf parlamentarischer Ebene instrumentell eingesetzt und vermarktet.

Berührungsängste und Kontaktverbote zur etablierten Medien- und

Bewußtseinsindustrie, ein bis Ende der siebziger Jahre vorherrschender »medienpolitischer Purismus« wie er in den außerparlamentarischen Aktionszusammenhängen oft vorherrschend ist, ist ohnehin überwunden. Umgekehrt hat sich ein Professionalismus durchgesetzt, der auch vor dem instrumentellen Einsatz der Medien, des Fernsehens, nicht halt macht. So haben auch die Grünen erkannt, daß nicht das Parlament, sondern das Fernsehen die Tribüne ist, nach dem Motto: Was nicht im Fernsehen ist, das ist nicht in der Welt. Als auf dem Hamburger Parteitag der Grünen Waltraud Schoppe ihre Minderheitenposition zum Bericht der Fraktionsvorständlerinnen vorträgt, wird sie unterbrochen mit der Begründung, man wolle jetzt eine Grußadresse für die DDR-Friedensbewegung verlesen, da das Fernsehen gerade »live« berichte. Zwar wird der Antrag von der Mehrheit des Auditoriums abgelehnt, das Ansinnen des Parteipräsidiums wirft allerdings ein bezeichnendes Licht auf das medienpolitische Verständnis der Grünen. Der Parteitag dient als Hintergrund, als lebendige Kulisse für den ARD-Kommentator. Habermas (1962: 257) hat diese Mediatisierung parteilicher Öffentlichkeit vor mehr als zwanzig Jahren folgendermaßen beschrieben: „Auch Versammlungen taugen nur mehr als Werbeveranstaltungen, an denen die Anwesenden, wenn es hoch kommt, als unbezahlte Statisten für die Fernsehübertragung mitwirken dürfen."

Insbesondere sind es alternative Medienschaffende, die ihre journalistische Sozialisation in den alternativen Zeitungen erfahren haben, die nun ihre Kenntnisse in den Dienst der Partei stellen. Denn angesichts der Tatsache, daß viele Alternativzeitungen zu Anzeigenblättern des subkulturellen Mode- und Kulturmarktes mutiert sind, sind auch die alten Maßstäbe abhanden gekommen. Die einstigen Verfechter uneingeschränkter Öffentlichkeit untergraben nun dieselbe, wenn sie als public-relation- und Öffentlichkeitsarbeiter »grüne« Politik optimal verkaufen. Die Arbeit der grünen Pressesprecher laviert zwischen einer Verabsolutierung des alternativen Anspruchs, der die »schonungslose Offenheit« und »Wahrhaftigkeit« der Grünen zum Markenzeichen stilisiert und einem überzogenen Professionalismus, der einzig als Überreaktion auf einstmalige Kollektivitäts- und Egalitätsansprüche zu erklären ist. Von Georg Dick, dem stellvertretenden Pressesprecher in Bonn wird berichtet, daß dieser zur Zeit der Hessenwahl, als er die dpa-Nachrichten bekam, ein bestimmter hoher grüner Funktionär habe schwere Verluste der Partei prognostiziert, gemurmelt habe: „So ein Idiot, das zu sagen. Der gehört in die Straßenbaukolonne!" (U. Enzensberger 1983: 105)

Martina Stadlmayer (1984) hat diese »medienbezogene Öffentlichkeitsarbeit« der Grünen in einer gleichnamigen Arbeit analysiert. Dabei kommt sie zu dem Ergebnis, daß auch die Grünen, wie die anderen Parteien, bei ihrer Öffentlichkeitsarbeit häufig dieselben Mittel einsetzen, wie sie in der Marktwirtschaft üblich sind, so daß deren medienwirksame Aktionen durchaus unter den Begriff »Public-Relation« fallen. Hat die Öffentlichkeitsarbeit der sog. Altparteien aber bereits den Charakter von Konsumwerbung angenommen, so kann von professionellem Kommunikationsmarketing bei den Grünen keine Rede sein. „Die Angebote von PR-Agenturen, Kommunikationsstrategien für die Grünen auszuarbeiten, wurden bisher immer ausgeschlagen. Medienwirksame Aktionen führen die Grünen ohne großes Know-How, dafür mit viel Kreativität, durch." (Stadlmayer 1984: 150)

Als in jüngster Zeit das öffentliche Interesse an den Grünen nachläßt und die Medien einen moderaten Ton anschlagen, sind die Grünen verblüfft, das haben sie nicht erwartet. Nicht die eigene Arbeit, nicht die eigene Unfähigkeit, sich in den politischen Debatten einzubringen sind schuld an dem öffentlichen Meinungsumschwung, sondern die etablierten Medien, angefangen bei der »taz« bis zum »Spiegel«. Neben diesen inhaltlichen Sachverhalten, die wir für maßgeblich halten, basiert dieser Interessenschwund aber noch auf folgenden Gründen: Zum einen hat das Wahldebakel der Landtagswahlen im Saarland und in Nordrhein-Westfalen die junge Partei in eine arge Krise gestoßen, die von einer politischen Gegenoffensive der »Altparteien« begleitet wird. Verluste sind aber allgemein mit einem Attraktivitätsschwund und einem Öffentlichkeitsverlust verbunden, den die Partei nun zu spüren bekommt. „Schwimmt eine Partei oder eine Bewegung mit bestimmten Vorstellungen und Aktionen gerade auf einer solchen Medien-Woge — (...), — erfreut sie sich größten Interesses und ausführlichster Berichte, ohne sich im besonderen darum bemühen zu müssen. Befindet sie sich hingegen in der Talsohle einer derartigen Welle, muß sie sich schon entweder sehr professionelle oder überaus unkonventionelle Maßnahmen einfallen lassen und enorm viel Kraft aufwenden, um diese Wellenbewegungen zu durchbrechen und in die Öffentlichkeit durchzudringen — falls das überhaupt gelingt." (Hasenclever 1982 a: 78)

Zum anderen kann man konstatieren, daß die grünen Parlamentarier in der Öffentlichkeit weniger spektakulär auftreten, zumal sich die Medien an bestimmte Aktionsformen gewöhnt haben. Der Neuigkeitswert der Grünen im Parlament ist verloren gegangen und die Grünen haben sich ein Stück weit den parlamentarischen Ritualen angepaßt.

Es ist aber auch nicht zufällig, daß dieser öffentliche Meinungsumschwung zu einem Zeitpunkt einsetzt, als in Bonn die Nachrücker ins Parlament einrotieren. Hatten zuvor öffentlichkeitswirksame Personen wie Petra Kelly, Joschka Fischer, Gerd Bastian, Otto Schily u.a. es verstanden, auf der Klaviatur öffentlicher Meinungsbildung zu spielen, so treten jetzt Personen ins Licht der Öffentlichkeit, die nicht nur unbekannt sind, sondern auch bleiben wollen. Das aber konterkariert die Arbeitsweise des Profi-Journalismus, der im wesentlichen mit dem Instrument der Personalisierung arbeitet. „Auf die Frage, warum er nicht mehr über die Grünen im Bundestag berichte, antwortet ein WDR-Journalist, da gäbe es nichts zu berichten, außerdem kenne er die neuen Leute kaum und halte es für eine Zumutung, sich nach zwei Jahren schon wieder an »Neue« gewöhnen zu müssen." (Schoppe 1986: 23)

Diese Tatsache, daß das mediale Interesse an Personen sich festmacht, gilt den Grünen aber als äußerst verwerflich, fördert es doch den Personenkult und die Herausbildung einer professionellen Politikerkaste, gegen deren Ausbildung die Partei eine Reihe von Prävenmtivmaßnahmen gesetzt hat (Rotation, Basisdemokratie, keine Ämterhäufung etc.). So verzichten die Grünen in der Wahlwerbung konsequent auf die Wahl von Spitzenkandidaten wie auch auf deren Darstellung vermittels Wahlplakat oder Werbespot. Die konsumistischen Bedürfnisse der Wählerbasis bleiben so unbefriedigt. Gleichwohl werden auch diese Vorsätze durchbrochen, so berichtet der Pressesprecher der Alternativen Liste in Berlin, daß er am Bekanntheitsgrad von Dieter Kunzelmann, Mitbegründer der Kommune I und streitbarer Aktivist der Revolte, nicht mehr vorbeikommt: „Ich bin jetzt dazu übergegangen, sein Image zu vermarkten." (Stadlmayer 1984: 125)

Da die Grünen sich in der Öffentlichkeit behaupten müssen werden sie in Zukunft nicht umhin kommen, solcherart Mechanismen wie »Personalisierung von Politik« auszunutzen und einzusetzen, denn dadurch, daß man die Bedürfnisse nach personeller Identifikation, nach Orientierung nicht ernst nimmt, sind sie nicht weniger wirksam und daß der etablierte Medienbetrieb sich auf »human-interest« versteht, zeigt nicht nur die Spiegel-Story über Joschka Fischer, sondern auch die vielen zahlreichen Berichte und Artikel, die das »Grüne-Phänomen« an besonders medienwirksamen Personen festmachen.

3. Das Ende einer Politik des Privaten und die Instrumentalisierung der Lebensinteressen

Was ist, so muß man fragen, aus dem nicht nur von der Alternativbewegung propagierten Erfahrungsansatz geworden, der das Zentrum des alternativen Öffentlichkeitsparadigmas darstellt, was aus der Intention, die Trennung von Öffentlichkeit und Privatheit aufzuheben und das Private dem Öffentlichen zugänglich zu machen? Wie wir bereits gesehen haben, ist dieser Anspruch nach Politisierung des Privaten, des Alltäglichen, bereits in der Alternativbewegung an seine Grenzen gestoßen, an einen Punkt, der grundlegende Zweifel an der Realisierbarkeit solcherart Forderungen aufkommen läßt. Was nun in der »grünen« Bewegung, zumindest in deren parlamentarischen Teil, sich zeigt, das ist das totale Umschlagen des ursprünglichen Prinzips: „Der Satz »Das Private ist politisch« scheint von GRÜNEN (auch von grünen Frauen) so interpretiert worden zu sein, daß alles Politik ist (was ja richtig ist) und daß deshalb das Private (im Sinne von das Schöne, Lustvolle) keinen Platz, keine Daseinsberechtigung mehr hat." (Michalik 1985: 61)

Demgegenüber haben insbesondere grüne Feministinnen und Frauen aus der autonomen Frauenbewegung diese Ansprüche nach einer radikalen Subjektivität immer wieder eingeklagt. „Das Private ist politisch — das heißt zum einen, daß wir grünen Frauen das scheinbar Private — beispielsweise den Umgang mit grünen Männern (und Frauen) durchaus als politisch und von daher als für die Öffentlichkeit bestimmt ansehen müßten und deshalb auch unsere Arbeit, unseren Kampf um »andere« Atmosphäre, einen »anderen« Umgangsstil, eine »andere« Art von Politik als politische Arbeit begreifen sollten." (Michalik 1985: 61)

Wir sind der Meinung, daß hier ein politischer Dezisionismus vorherrschend ist, der die Realerfahrungen, die die alternative Bewegung mit diesen Ansprüchen gemacht hat, ausblendet, und diese Konzepte geschichtsblind reaktiviert. Mag auf lokaler und regionaler Ebene, in überschaubaren Interaktions- und Produktionszusammenhängen, sich ein solcher Anspruch, der auf die Einheit von »Politik und Leben« zielt, realisieren lassen, so wird er auf parteiischer wie auch auf parlamentarischer Ebene mit den Erfordernissen einer Realität konfrontiert, die ihn als illusionär, romantisch erscheinen lassen. Heidemarie Dann, grüne Feministin in Bonn, die mit solchen radikalen Ansprüchen im grünen Frauenvorstand angetreten ist, kommt hinsichtlich der praktischen Umsetzung zu einem eher negativen Ergebnis. „Meinen Tätigkeitsbereich im Frauenvorstand charakterisierte ich selbst als »Hausfrauenarbeit«, d.h. es war notwendige Arbeit, ohne sichtbare Außenwirkung und Anerkennung." (Dann 1985: 72)

Cora Stephan (1985: 87) nennt dies, die »*Hausfrauisierung der Politik*«, zwar ist die »Politik des Privaten« öffentlich geworden, das zeigt die Wahl des grünen »Feminats« in Bonn, aber „statt daß die emotionalen Leistungen im privaten Bereich neu verteilt werden, dehnen sie sich aus: die Aufhebung des Unterschieds zwischen Öffentlichkeit und unmittelbarem Lebensbereich, die »Hausfrauisierung« der Politik sozusagen, erhöht lediglich die Mehrfachbelastung der Frauen ins Grandiose."

Im Zusammenhang mit der Frage, ob eine »Politik des Privaten« sich realisieren läßt, stellt sich für uns das Problem, ob der Erfahrungsansatz wie er im Mittelpunkt dieses Politikkonzeptes, aber auch im Mittelpunkt eines Paradigmas »authentischer Öffentlichkeit« steht, auf dieser Ebene politischen Handelns sich verwirklichen läßt. Wir sind der Meinung, daß dieser Erfahrungsbegriff an unmittelbare Basisöffentlichkeiten geknüpft ist und deshalb auch nicht transformiert werden kann. Denn außer Frage steht, daß die grünen Parlamentarier Erfahrungen machen und diese auch reflektieren. Nur beziehen sie sich in zunehmendem Maße auf die Erfahrungen ihrer Parlamentstätigkeit, die Erlebnissphäre ihres Alltagshandelns, ihrer Lebenswelt, werden nur in einer sehr vermittelten Art und Weise eingebracht. Also doch eine Produktionsöffentlichkeit von Erfahrung?

Hinter diesem Problem der Ausgrenzung des Privaten aus dem Öffentlich-Politischen steht aber unserer Meinung nach bei den GRÜNEN noch eine andere Konfliktlinie, nämlich die zwischen Fundamentalopposition und Realpolitik. Milan Horacek, ein Frankfurter »Fundi«, formuliert seine Position so: „Wir wollen einen ganz anderen Zugang zum Leben, wir wollen die Frage nach dem Sinn des Lebens ganz anders stellen, tief und fundamental. Das ist unsere letzte Möglichkeit zu einem Ausweg aus der Katastrophe, nur nach neuen Mehrheiten zu schielen hilft uns da nicht weiter." (Fischer/Horacek 1984: 112) Dem setzt Joschka Fischer (Fischer/Horacek 1984: 112) seine eigenen Lebenserfahrungen entgegen: „Ich habe viel zu lange selber in einer Bewegung gearbeitet und gelebt, die diesen Anspruch, den du hier formulierst, sehr ernst genommen hat — ich würde sogar behaupten, ernster als die grüne Partei. Das war etwas, das uns letztendlich an der Politik hat verzweifeln lassen. Es hat uns daran gehindert, unseren regionalistischen Standpunkt aufzugeben. Wir waren immer Dorf, wir waren immer gebunden an eine andere Lebensweise in ihrer ganzen Widersprüchlichkeit."

Und an anderer Stelle fährt er fort: „Wer dabei allerdings der Fiktion unterliegt, persönliche Emanzipationsbedürfnisse mittels der Strukturen einer parlamentarischen Partei verwirklichen zu können, der wird eine herbe Enttäuschung erleben. Parlamentspartei und Fraktion sind, weiß Gott, dazu der denkbar schlechteste Ort. Die GRÜNEN werden sich sehr schnell darüber Klarheit verschaffen müssen, ob sie weiterhin eine parlamentarische Neuauflage studentischer Basisgruppen bleiben oder nicht vielmehr alles auf die Wirksamkeit als parlamentarische Partei der Protestbewegung setzen wollen." (Fischer 1984 a: 33)

Mag der Kampf zwischen diesen beiden Strömungen auch noch nicht entschieden sein, so ist doch zu erwarten, daß, früher oder später, der realpolitische Flügel sich durchsetzen wird. Hier aber zeigt sich ein Ablösungsprozeß von einem Politikansatz, der die traditionelle Trennung von Öffentlich und Privat überwinden, und das Personale, den Alltagszusammenhang zum Gegenstand eines politischen Diskurses machen will. Für die Ökolibertären ist das ganz klar: „Der in der Linken in den letzten 15 Jahren verbreitete Hang zur Politisierung aller Lebensbereiche war ein Holzweg." (Thesenpapier 1984)

Das heißt nun nicht, daß die Elemente »authentischer Politik« total vernachlässigt werden, sondern hier zeigt sich ein Umschlagprozeß, der beispielhaft am Fall des »Busengrabschers« Hecker aufgezeigt werden soll: Die Grünen haben es sehr schnell verstanden, das zunächst private Problem eines grünen Abgeordneten von seiner individuellen Befindlichkeit und Not abzukoppeln und zu verallgemeinern, als sie eine Kampagne zur Situation der Frau in unserer Gesellschaft, speziell die Gewalt und Abhängigkeitsverhältnisse am Arbeitsplatz, an diesen »Skandal« angehängt haben. Gleichzeitig aber haben sie die private Person fallengelassen, Hecker muß gehen. Der »private« Sachverhalt wird poltisch aufgeladen, ohne daß das Private als Politikum anerkannt wird. Die öffentliche Wirkung wird von den privaten Ursachen abgekoppelt.

Hier wird nicht nur die Negierung des überkommen Politikverständnisses deutlich, sondern mehr noch, der *instrumentelle Zugriff* auf dieses. Das »authentische Politikverständnis« zielte aber immer auf beide Elemente, auf die Veränderung des Subjektes, als auch auf die der Gesellschaft. Hatte die Alternativbewegung sich gegen die Instrumentalisierung der Lebensinteressen gewehrt und die Unmittelbarkeit der Eigeninteressen eingeklagt, dabei die therapeutische Veränderung des Privat-Subjektes in den Vordergrund gestellt und das Gesellschaftliche oftmals vernachlässigt, so schlägt das jetzt wieder um: Das Private wird zum Ausgangspunkt des Politischen, ohne daß die Veränderung, die Emanzipation des Subjektes berücksichtigt wird. Die Grünen sind mithin an einem Punkt, an dem die Revolte an ihrem Ende war: Es findet eine öffentliche Aneignung des Privaten ohne Veränderung desselben statt. Mag dieser Vorfall nur eine Einzelerscheinung sein, so ist er doch ein Indiz für eine generelle Entwicklung, die dahin geht, daß auf der Basis eines abgekoppelten und ausgegrenzten Privat- und Lebensbereiches Politik gemacht wird. Heißt das aber nun, daß der Erfahrungsansatz der Alternativbewegung, der in dem Postulat von der Einheit von Politik und Leben zum Ausdruck kommt, hinfällig ist?

4. Öffentlichkeitsverlust und Parlamentarisierung

Auch der Anspruch der grünen Partei auf offene, egalitäre, »herrschaftsfreie« Binnenstrukturen rührt aus der Zugehörigkeit der Grünen zu einer unstrukturierten grün-bunten Bewegung, wie sie in den Gründungsjahren 1978/79 vorherrschend war. Vermittels basisdemokratischer Strukturen soll der Wille der

»Basis« möglichst auf kurzem Wege, unverfälscht, durch die Parteiorganisationen oder einzelne Repräsentanten in politische Handlung umgesetzt werden. Basisdemokratie soll im wesentlichen auf drei Wegen erreicht werden: „Zum einen durch den Grundsatz, wonach »Entscheidungen der Basis« prinzipiell Vorrang einzuräumen ist; zum zweiten, indem »überschaubaren, dezentralen Basiseinheiten« auf Orts- und Kreisebene »Autonomie« und Selbstverwaltungsrechte zugestanden werden; schließlich dadurch, daß die »betroffene« Bevölkerung ihren Willen verstärkt in Volksabstimmungen artikulieren kann." (Fogt 1981: 98)

Basisdemokratie ist aber auch ein Kampfbegriff gegen die Pervertierung des Demokratiebegriffs durch die etablierten Parteien und deren bürokratische Strukturen und den vorherrschenden Parteienfilz. „Der Ausdruck »Basisdemokratie« wurde geboren als sprachliche Distanzierung: Wenn Ihr diese entartete repräsentative Demokratie demokratisch nennt, dann nennen wir das, was wir wollen, basisdemokratisch." (Huber 1981: 70)

Was aber ist aus diesen Ansprüchen, was aus der propagierten Durchlässigkeit und der Offenheit der Partei geworden? Es gibt durchaus Anzeichen dafür, daß es tendenziell gelungen ist, vor allem auf kommunaler, lokaler Ebene, die Mitwirkungs- und Mitgestaltungsmöglichkeiten für interessierte Nichtmitglieder an der Basis, d.h. in den örtlichen oder den Kreismitgliederversammlungen, zu realisieren. Wolf Dieter Hasenclever (1982 c: 320) berichtet: „Arbeitskreise werden oft gemeinsam mit anderen, der neuen sozialen und ökologischen Bewegung zuzurechnenden Gruppen durchgeführt. Bei Maßnahmen der außerparlamentarischen Opposition auf breiter Basis ordnet sich die Partei als eine von vielen Gruppen gemeinsamen Entscheidungen unter — so etwa über das Vorgehen bei einer Demonstration. Ein Vertretungs- oder Führungsanspruch gegenüber Bürgerinitiativen besteht nicht. Auf Parteitagen erhielten oft Sprecher von Minderheitengruppierungen außerhalb der Partei die Möglichkeit, ihre Vorstellung in Redebeiträgen zu äußern."

Was Hasenclever hier noch rosig schildert, hat sich mittlerweile aber geändert. Trotz der punktuellen Einbindung der Basis in die politische Arbeit der Grünen läßt sich im wachsenden Maße eine Entfremdung der Partei und außerparlamentarischen Initiativgruppen konstatieren. Dieses Wachsen der Distanz zwischen Partei und neuen sozialen Bewegungen hängt auch damit zusammen, daß die vielbeschworene Basis, überspitzt formuliert, an einer kontinuierlichen politischen Arbeit nicht interessiert ist. Das Interesse der Initiativen und außerparlamentarischen Gruppen an einer Mitarbeit geht zurück, und es kommt zu einem Rückzug der Protestpotentiale in die Nischen der Gesellschaft. „So bemängelten Abgeordnete der Hamburger Bunten Liste in der Eimsbütteler Bezirksverordnetenversammlung, daß nur ein geringer

Teil der Initiativen zur Zusammenarbeit mit ihnen bereit sei, daß die Basis der Fraktion gegenüber ein »Konsumverhalten« an den Tag lege, daß sie nur wenig Bereitschaft zeige, ihre mangelnde Sachkenntnis in wichtigen Fragen zu überwinden — ja daß mehrere parlamentarische Ausschüsse zeitweilig unbesetzt bleiben mußten, weil sich keine Mitarbeiter aus den Initiativen fanden." (Murphy 1982: 330) Und in einem Bericht der „taz" (22.7.81) über die Berliner Alternative Liste (AL) heißt es, die Mitglieder der AL im Abgeordnetenhaus „fühlen sich überfordert, von der Basis wie der Scene im Stich gelassen. An den Vorbereitungen der Sitzung des Abgeordnetenhauses beteiligten sich wenige, viele kamen, wollten Erklärungen zu den in der Öffentlichkeit erhobenen Vorwürfen (die AL sei für gewaltsame Ausschreitungen während einer Demonstration verantwortlich, der Verf.). Kaum einer, der sich die Mühe macht, bei den Fraktionssitzungen mitzudiskutieren, Anregungen zu geben."

Dieser Prozeß der Entkoppelung von außerparteiischer Basis und Partei rührt u.a. auch daher, daß der parlamentarische Diskurs einer anderen Struktur und anderen Gesetzmäßigkeiten unterworfen ist als die Alltagskommunikation außerparlamentarisch Handelnder. Für die Basis sind andere Dinge aktueller und wichtiger als die Probleme der Mandatsträger im Parlament. „So ist für die Basis die Diskussion einer Stellungnahme zum — sicher wichtigen — Problem der regionalen Wirtschaftsförderung oft nicht so interessant, wie die Vorbereitung einer örtlichen Demonstration." (Hasenclever 1982 c: 322) Die Aktualitätsbezüge der neuen sozialen Bewegungen sind asynchron zu denjenigen, die die Tagespolitik vorgibt. Die Auseinandersetzungen, wie sie in den Parteizeitungen und Medien der Grünen geführt werden, entsprechen kaum den Anforderungen lebensweltlichen Alltagshandelns. Rotation, imperatives Mandat, Koalitionsaussagen etc., das sind die Themen der Diskurse, wie sie in der Parteipresse geführt werden, sie sind primär den aktuellen Problemlagen parlamentarischer Politik geschuldet.

Dieser Prozeß wird noch dadurch potenziert, daß der Kommunikationsfluß innerhalb der Partei, entgegen allen basisdemokratischen Postulaten, nicht von unten nach oben, sondern eher umgekehrt organisiert ist. „»Ich habe es vielleicht fünfmal erlebt, daß ein Beschluß alle basisdemokratischen Hürden genommen hat«, d.h. formal korrekt von unten nach oben »durchgestimmt« worden ist — so ein Gründungsmitglied der Grünen und heutiges MdB. Von sehr seltenen Ausnahmen abgesehen (...) werden die Mitglieder weder über die Tagesordnung noch über Beschlußvorlagen informiert, noch kennen sie die Probleme, um die es bei der jeweiligen Entscheidung geht. Sie erfahren von den Beschlüssen der Bundes- und Landeshauptausschüsse aus der Zeitung oder über »gut plazierte« Bekannte." (Schaeffer 1983: 87)

Dieser Ablösungsprozeß ist nicht einseitig, denn gleichzeitig parallel zu ihm verstärkt sich der Einfluß der grünen Parlamentarier innerhalb der Partei. Es setzt ein reziproker Prozeß der Parlamentarisierung und Professionalisierung ein, der auf allen Ebenen der Partei sich durchsetzt. Zwar heiß es in einem Bericht über ein Forschungsprojekt soziale Bewegungen und parteiische Repräsentation, daß am Beispiel der AL Berlin sich zeigen lasse, daß eine von den Parlamentariern ausgehende »Parlamentarisierungswirkung« auf die Gesamtorganisation geringer sei als erwartet (Zeuner u.a. 1983), wir sind allerdings der Meinung, daß dieses Ergebnis allzu berlinspezifisch ist und deshalb für die gesamte Entwicklung der Grünen Partei auf Bundesebene kaum repräsentativ. Denn zweifellos ist in der Berliner AL eine großstadtspezifische Kräftekonstellation vorherrschend, vergleichbar allenfalls mit Hamburgs GAL, die diesem Parlamentarisierungsprozeß gensteuert. Generell ist die Parlamentarisierung der Grünen viel weiter fortgeschritten als gemeinhin angenommen, und dieser Prozeß wird sich noch fortsetzen. Die Grundtendenz, so hat es Joschka Fischer fomuliert, läuft auf Parlamentarisierung, Bündnis und Kompromiß: „Grüne Politik in den Parlamenten wird, wie in allen parlamentarischen Parteien, von den Parlamentsfraktionen, allenfalls noch von den »oberen« Parteigliederungen (Hauptausschüsse, Vorstände) gemacht. Die untere Ebene segnet allenfalls ab oder protestiert." (Schaeffer 1983: 78)

Mit diesem Auseinanderdriften von Parteibasis (Mitgliederbasis) und mittleren bis höheren Parteichargen ist aber nicht nur ein Verlust dissonanter Meinungen verbunden — eine indirekte *Reduktion von Öffentlichkeit* — sondern es ist abzusehen, daß die Basis alsbald zur bloßen Manövriermasse, zur beliebig einsetzbaren Appellationsinstanz verkommt, die, wie Wolf-Dieter Narr (1982: 263) es formuliert, jedes opportunistische Verhalten rechtfertigt. Der Schritt zu einer totalen Mediatisierung des eigenen Wählerpublikums ist da nicht mehr weit.

Wir halten diesen interdependenten Prozeß der Entkoppelung von (externer und interner) Parteibasis und Parlamentsfraktion deshalb für fatal, weil damit eine wichtige Aufgabe der grünen Partei verloren zu gehen droht: Das ist die Thematisierungsfunktion. Schaut man sich die außerparlamentarischen Bewegungen seit '68 an, so wird klar, daß deren gesellschaftliche Relevanz genau darin zu sehen ist, daß sie bislang tabuisierte Fragen, politisch unbehandelte Themankomplexe und Sachverhalte angeschnitten und öffentlich thematisiert haben. Wenn die Grünen aber diese Funktion verlieren, dann verlieren sie ihr größtes Kapital, sie verlieren ihre innovative Kraft.

5. Das Öffentlichkeitsprinzip und die Ausbildung informeller Strukturen

Die Radikalität, mit der die Grünen das Öffentlichkeitsprinzip anfänglich propagieren und praktizieren, rührt aus den Ursprüngen der Partei, die in den unstrukturiert-dynamischen Bewegungs- und Protestzusammenhängen liegen. Als Teil dieser außerparlamentarischen Protestpotentiale, auf die sie sich als ihr »Standbein« vom Anspruch her bezieht, reproduziert sie die Wertstandards, Glaubenssätze und konsensuellen Richtlinien, wie sie in Bürgerinitiativen, Alternativprojekten und neuen Protestgruppen vorherrschend sind.

Das Prinzip einer uneingeschränkten Öffentlichkeit ist gleichsam die »Drehtür« der grünen Organisation nach außen, zu den unterschiedlichen Gruppen und Projekten, die diesen, unabhängig von Parteibuch und innerparteilichen Karrierestufen, Diskussions- und Einflußmöglichkeiten sichern soll. Sprecher von Minderheiten außerhalb der Partei können auf Parteiversammlungen reden und auch Anträge stellen. Diese Rechte sind satzungsmäßig fixiert, im grünen Bundesprogramm heißt es: „Vertretern von Gruppen und Institutionen, die im Bereich Umweltschutz, Lebensschutz und Wahrung demokratischer Rechte arbeiten, wird in Arbeitsgruppen und bei Versammlungen das Rede- und Antragsrecht eingeräumt (Die Grünen: 29).

Die Öffentlichkeit der Sitzungen hat nun aber zur Folge, daß eine straffe Diskussion umöglich ist, folglich nur ein Bruchteil der anstehenden Tagesordnungspunkte behandelt werden kann. Daraus folgt die Zunahme *informeller* Treffen, wo die nötigen Entscheidungen vorgeplant und Kompromißformeln ausgehandelt werden. Zu all diesen informellen Treffen haben selbstverständlich nur diejenigen Zutritt, die infolge ihres Parteistatus (Gründungsmitglied, Parteiarbeiter etc.) sowieso schon eine exponierte Position einnehmen. Außerdem müssen diese »Entscheidungsträger« auf Grund ihrer sozialen und ökonomischen Situation über genügend Zeit verfügen, um an all diesen Zusammenkünften teilzunehmen. Das uneingeschränkte Rederecht jedes Anwesenden steigert folglich die personellen, politischen und zeitlichen Entscheidungskosten in unendliche Höhen.

Dadurch aber, daß die wichtigsten Entscheidungen bereits festgeklopft sind, werden die grünen Mitgliederversammlungen (MVV) zu »Fix und Foxi-Sprechblasenkulturen«, die unliebsame Fragen ausklammern und Strittiges außer acht lassen. Joschka Fischer (1983: 39) dazu ironisch: „Da führt die Öffentlichkeit aller Parteiversammlungen und das damit einhergehende strikte Rauchverbot dazu, daß die Profis und das, was sich dafür hält, die politischen Entscheidungen rauchend, flüsternd vor der Tür ausmachen, während die Basis sich bei gesunder Luft und nunmehr zwei Stunden erbittert über Plakate kleben streitet."

Zum anderen führt die Öffentlichkeit der Arbeitsgruppen, Versammlungen und Gremien zu Chaos und undurchsichtigen Strukturen: Rednerlisten, Geschäftsordnungsdebatten und ellenlange Redebeiträge beherrschen das Bild. Hinzu kommt, daß nur ein verschwindend kleiner Teil der grünen Mitglieder auf den Versammlungen der Parteigremien präsent ist, was wiederum die Grundlage von geänderten Beschlußlagen ist. Beschlüsse werden mehrheitlich gefaßt und abgestimmt und bei nächster Gelegenheit, mit geänderten Mehrheitsverhältnissen, wieder korrigiert. Das hat zur Folge, daß nur noch die Aktivisten das Meinungsbild bestimmten: „Nur eine Minderheit beteiligt sich aktiv am Innenleben der Partei. Der Kern von Daueraktivisten wird zum Machtfaktor in der Parteibasis und gibt für die politische Legitimation der Parteivertreter oft genug den Ausschlag." (Thesenpapier 1984) Ernst Hoplitschek berichtet, daß in der Berliner Alternativen Liste (AL) weniger als dreißig AL-Aktive, eine unterhalb der offiziellen Gremien liegende informelle Struktur bestimmen und dort Schlüsselpositionen einnehmen. Zwar ist es der Anspruch, eine offene, egalitäre Kommunikations- und Willensbildungsstruktur zu realisieren, tatsächlich aber sind Fraktions- und Machtkämpfe vorherrschend, die es gerade dem einfachen Parteimitglied verunmöglichen, sich in diesen Auseinandersetzungen einzubringen. „Im Unterholz dieser Basis werden die klassischen Fraktionskämpfe geführt: Hausmachtorganisationen, hochdienen, sich an der »Basis« sehen lassen, den Leuten nach dem Munde reden (und etwas ganz anderes meinen), austricksen, auf die Tränendrüse drücken, den »Frauenbonus« bemühen etc." (Schmid 1983: 50)

Die Grenzen des radikalen Öffentlichkeitsprinzips zeigen sich aber auch dort, wo es zum Einfallstor parteiexterner Gruppen und deren Sonderinteressen wird. Angefangen bei der Indianerkommune über Teile der autonomen Frauenbewegung, hat es immer wieder Versuche gegeben, die Partialinteressen mit dem Druckmittel unmittelbarer Betroffenheit als allgemeingültige durchzusetzen.

Aber auch eine Instrumentalisierung der Gremien und Sitzungen durch rivalisierende innerparteiliche Strömungen hat der Öffentlichkeitsanspruch zu verantworten. Es zeigt sich, daß das radikale Öffentlichkeitsprinzip gerade das herbeiführt, was es verhindern soll: oligarchische Strukturen, informelle Kader und »unterirdische Machtfraktionen«. Nur wenn es gelingt, diese »Eigenmacht der Formen förmlich zu begrenzen« (Offe/Wiesenthal), wie es in der Professionalisierungsdebatte versucht wird, dann hat die Partei eine Chance, dieses Chaos in den Griff zu bekommen. Von einem Traum wird sie sich dabei allerdings verabschieden müssen, nämlich von dem, „zu glauben, daß man dem hochprofessionalisierten und -spezialisierten industriell-technokratischen System mit einem Laiensystem begegnen kann (Weinberger 1985: 28).[11]

6. Die Ausbildung einer Parteiöffentlichkeit

Wie wir bereits gesehen haben, sind die Ansätze einer »authentischen Produktionsöffentlichkeit«, wie sie von der Alternativbewegung realisiert worden sind, auseinandergebrochen und zerfallen. Gleichwohl sind einzelne Elemente dieser Öffentlichkeitsform noch existent, haben sich bis in die Gegenwart gehalten. Die Frage, die sich stellt, ist, ob die Öffentlichkeit der Grünen an den produktiven Erfahrungen dieser Produktionsöffentlichkeit anknüpft, oder aber ob sie hinter diese zurückfällt, und einen Typus von Öffentlichkeit ausbildet, wie er von den etablierten »Altparteien« als Parteiöffentlichkeit realisiert wird. Es geht hier also um die Frage, was ist das Spezifische »grüner« Öffentlichkeit?

Eine »prozeßhafte Öffentlichkeit«, in der die Lebensinteressen und Bedürfnisse der Menschen unmittelbar zum Ausdruck kommen, ist allenfalls in der Konstitutionsphase dieser Partei ausmachbar. Auf Grund der Sogwirkung, die die grün-bunten Listenverbände zu Anfang auf die vielen verstreuten Gruppen des links-alternativen Spektrums haben, werden sie zu einem Kristallisationspunkt eines neuen grün-ökologischen Diskurses. Hausbesetzer, Tierversuchsgegner, Lesbierinnen, Feministinnen, Homosexuelle, 68er, Spontaneisten und Alternative, K-Grüppler und Ex-MLer führen eine von Parteiprogrammen und Statuten uneingeschränkte Auseinandersetzung. Diese Vielschichtigkeit der Diskussionen spiegelt sich im Parteiprogramm der Grünen wider, welches zunächst nicht mehr ist als eine Addition all derjenigen Sachkomplexe und Themen, mit denen sich die neue Linke seit 1968 auseinandergesetzt hat. Die Partei entsteht als »Motivgerinsel« (Narr). Diese Öffentlichkeit hat eine egalitäre »herrschaftsfreie« Binnenstruktur, die auch heute noch, in unterschiedlicher Ausprägung in den einzelnen Landes- und Kreisverbänden, vorherrschend ist. So ist die Auseinandersetzung um die Legalisierung gewaltfreier Sexualität mit Kindern (Päderastiedebatte), die kurz vor dem Wahlkampf 1984 in Nordrhein-Westfalen geführt wird, für uns ein Indiz für eine solche, durch Normen und Werte uneingeschränkte Diskussionsöffentlichkeit. Ohne Rücksicht auf die Wählergunst, ohne Rücksicht auf Stimmenmaximierung und Wahlarithmetik wird dieser Diskurs geführt. Angesichts des nachfolgenden Wahldebakels, das nicht unwesentlich auf diese Auseinandersetzungen zurückzuführen ist, ist aber absehbar, daß ein solcher Diskurs, der die moralischen und normativen Grenzen in Frage stellt, bis auf weiteres ausgeschlossen sein wird.

Unsere These ist, daß in der ersten Phase der grün-bunten Bewegung, bis zu dem Punkt, an dem sich die Partei parlamentarisiert und professionalisiert, auch bei den Grünen eine »primäre Öffentlichkeit« existent ist, die das Ziel hat, für die Betroffenen „ein Kommunikations- und Aktionszentrum zu schaffen, in dem sich ein gemeinsames Interessenbewußtsein herausbildet und die herrschaftsstabilisierenden, auf Partikularisierung und Isolierung beruhenden Blockierungen des Austausches von Informationen und der Verallgemeinerung von Erfahrungen aufgebrochen werden." (Negt 1976: 318)

In dem Maße aber, wie sich das grün-bunte Spektrum parteiförmig organisiert, mit all den damit verbundenen Insignien wie Mitgliederstatus, Parteiprogramm und Ausschlußregeln etc., wird dieser Diskurs, werden die zunächst schrankenlosen Debatten eingeschränkt und zurückgedrängt zugunsten eines parteitaktischen Lavierens, das an Wählergunst und Parteipositionen orientiert ist. Stimmenmaximierungstaktik und Verschleierung von Interessengegensätzen verdrängen die offene Auseinandersetzung. Damit aber grenzt sich der Diskurs notwendigerweise von der außerparteiischen Basis aus, koppelt sich von der linken Öffentlichkeit ab und bildet eine *eigene, »grüne« parteiische Öffentlichkeit* aus. Die grüne Partei wird damit zu einem abgekoppelten »parteiinternen Wählerclub«, der in zunehmendem Maße sich einzig auf die Mitgliederbasis noch bezieht. Es zeigt sich auch hier, wie jüngst A. Kluge (1985: 58) formuliert hat, daß alle Parteiöffentlichkeit eigentlich primitiv ist, nämlich auf Ausschluß von Öffentlichkeit gerichtet.

Durch eine radikale Praktizierung des Öffentlichkeitsprinzips ist zwar versucht worden, die Grenze zwischen außerparlamentarischer Bewegung und Partei zu minimieren, langfristig aber, das zeigt sich in jüngster Zeit, bricht die fortwährend beschworene Identität zwischen Partei und außerparlamentaricher Basis auseinander. Als im Zusammenhang mit dem Tod eines Demonstranten in Frankfurt die beiden Ex-Spontis und jetzigen Grünen Daniel Cohn-Bendit und Joschka Fischer während einer Podiumsdikussion anheben, ihre Redebeiträge zu formulieren, werden sie von den Streetfightern, von der außerparteiischen Basis, ihrem Klientel, niedergeschrieen und am Reden gehindert. Ein Dialog findet nicht mehr statt, scheint unmöglich. Auch die in der Partei geführte Professionalisierungsdebatte trägt ja nicht nur der Tatsache Rechnung, daß sich die Partei von einer Aktivisten- und Basispartei zu einer traditionellen Mitglieder- und Repräsentationspartei entwickelt hat, sondern auch dem Sachverhalt, daß der, insbesondere von der Politikwissenschaft beschworene Mythos von den neuen sozialen Bewegungen als gleichsam neues revolutionäres Subjekt sich verflüchtigt, sprich seinen Geist aufgegeben hat.

„Die ehemals oppositionelle Szene als Ansammlung staatlicher Subventionsempfänger mit den Grünen als ihr ehrlicher Makler, auch das ist eine möglich Perspektive," (Hirsch 1985: 185) und keine schlechte.

Was hier sich zeigen läßt, das ist die Ausbildung einer grünen Parteiöffentlichkeit, die gar nicht mehr den Anspruch hat, Gegenöffentlichkeit herzustellen. So ist im Bundesprogramm der Grünen der Begriff Gegenöffentlichkeit, der für die medienpolitische Debatte der alternativen Linken der 70er Jahre von entscheidender Bedeutung war, nicht existent. Einzig zu den alternativen Medien findet sich eine dürre Bemerkung, die da heißt: „Wir werden die lokale alternative Presse unterstützen." (Die Grünen: 43) In der Praxis sieht das allerdings anders aus, nicht nur, daß man mit der sog. Gegenöffentlichkeit relativ wenig arbeitet, man ist auf das etablierte Mediensystem fixiert, auch eine Unterstützung der alternativen Zeitungen findet *nicht* statt. Dabei kann den Grünen die »Pflege« der Alternativpresse nur empfohlen werden, bevor die für sie ungemein nützliche Presselandschaft endgültig verschwindet.

Wozu aber auch Gegenöffentlichkeit herstellen, haben die Grünen doch mittlerweile Zugang zu den etablierten Medien. Auf Grund ihrer Zugehörigkeit zum parlamentarischen Parteiensystem sind sie nicht nur legitimer Gesprächspartner für Politiker und Verbände, sondern auch für das öffentlich-rechtliche Mediensystem. Daß ein Vertreter der Grünen am Abend der Hessen-Wahl 1982 bei der »Bonner Runde«, die die Wahl kommentiert, nicht zugelassen war — immerhin gewann die Partei 8 Prozent der Wählerstimmen — ist mittlerweile eine Marginalie. D.h. die Grünen haben den »Status des Absenders einer Kommunikation« (Luhmann) erreicht, der nötig ist, um von den Medien gehört zu werden. „Politische Führer, bekannte Namen, gesellschaftliche Größen finden für ihre Mitteilungen mehr Aufmerksamkeit und Echo als Leute, die nicht über prominenten Status verfügen. Der Status färbt gleich auf die Mitteilung ab." (Luhmann 1971: 17)

Neben diesem, zwar eingeschränkten, Zugang zum etablierten Mediensystem hat die grüne Partei noch eine Vielzahl eigener Zeitungen und Zeitschriften (Basisdienste, Infos usw.) aufgebaut, die den Anspruch und die Funktion haben, die innerparteiische Kommunikation zu gewährleisten. Allein diese »grünen« Medien, die parteiinternen Veröffentlichungen, können die Basis aber nicht hinreichend informieren. Der Pressesprecher der Grünen in Bonn hat bestätigt, daß auch seine Partei auf die Vermittlung der Aktivitäten der Abgeordneten durch die Massenmedien angewiesen ist.

Diese Ausbildung einer grünen Parteiöffentlichkeit potenziert den Strukturwandel alternativer Gegenöffentlichkeit noch, der seit Ende der siebziger Jahre die alternativen Zeitungen und Blätter erfaßt hat. Partialöffentlichkeiten bilden sich aus und der Diskurs bricht vollends auseinander. Zwar wird in jüngster Zeit in der Linken, bedingt durch die Bonner »Wende«, wieder verstärkt politisch diskutiert, politisch in dem Sinne, daß über längerfristige gesamtgesellschaftliche Perspektiven und das Verhältnis zu den Institutionen des bürgerlichen Staates nachgedacht wird, es gibt Debatten und Auseinandersetzungen der unterschiedlichsten Art, nur finden diese Diskurse nicht unbedingt bei den Grünen statt. Dazu der »ökolibertäre« Thomas Schmid (1985: 44): Es gibt viele Intellektuelle, Techniker, Bastler usw., die bereit wären, mit den Grünen zu diskutieren, ihre Fähigkeiten dort einzubringen, „solange wir sie aber als Störer unserer hermetischen Besserwisserkultur behandeln, werden wir sie immer wieder verlieren — werden uns also von der Basis, ohne die diese Partei keine Zukunft haben kann, »abheben«."

Haben in der Gründungsphase der Partei die exponierten Vertreter von höchst unterschiedlichen politischen Strömungen noch *miteinander* gestritten und diskutiert (Baldur von Springmann, Helmut Gruhl, Rudolf Bahro, Rudi Dutschke, Petra Kelly usw.), ohne daß theoretische Vorgaben und politische Strategien diese Auseinandersetzungen eingeschränkt hätten, so hat sich im Zuge der »Parlamentarisierung« auch das Spektrum innerparteiischer Strömungen erheblich reduziert. Und auch die Ansätze einer Diskussion, die über das Bestehende hinausweisen, die Debatten, die die Lebens- und Alltagserfahrungen zum Ausgangspunkt eines theoretisch-strategischen Diskurses haben, sind immer spärlicher geworden. Nicht mehr der große Entwurf, die strategische Debatte ist angesagt, sondern der kleine Disput, der einzig an tagespolitischen Erfordernissen sich orientiert.

Diese Ausgrenzung aus einem, wie auch immer gearteten, linken Diskussionszusammenhang wird noch dadurch verstärkt, daß innerhalb der Partei Ansätze einer Lagermentalität sich breit machen, die in einer Vielzahl von Ab- und Ausgrenzungsmechanismen zum Ausdruck kommen.

Der Kampf gegen innerparteiische Gegner und Widersacher nimmt geradezu kannibalische Züge an, so daß Ignoranz und Nichtbeachtung von Kontrahenten noch die feineren Mittel der Mißachtung sind. Daß auch grüne Frauen, die einen anderen politischen Stil fordern, vor solchen Verhaltensweisen nicht gefeit sind, zeigt das von Waltraud Schoppe geschilderte Beispiel: „Als Marita Haibach die inhaltlichen und strategischen Überlegungen zu Hessen vortrug, stieg der Geräuschpegel im Saal auf eine Höhe, die es unmöglich machte, alles zu verstehen. Ein Verhalten, das sonst bei Männern zu beobachten und zu kritisieren ist. Daß mit dieser Art der versuchten Ausgrenzung einer Position gleichzeitig eine Mißachtung der Person einherging, ist von den Anwesenden in Kauf genommen worden." (Schoppe 1985: 31)

Zu dieser Lagermentalität, die geradezu in ein »grünes Getto«, in ein »grünes Milieu« führt, kommt ein Prozeß der Ausbildung einer »grünen Parteiidentität«, die den Bedürfnissen vieler Parteimitglieder nach solidarischer Gemeinschaft und parteilicher Geborgenheit entgegenkommt. Schon die Gründung der Partei geht nicht unerheblich auf das Bedürfnis zurück, endlich auch eine *eigene* Partei zu haben, mit der man sich identifizieren kann. Die Nähe-Sehnsüchte münden aber schnell in unerbittliche normative Orientierungen und ideologische Regularien, die um so unerbittlicher eingeklagt werden, je größer die äußere Bedrohung ist. „An den Beispielen Werner Vogel, Hecker und den Zumutungen der sog. Basis an die parlamentarischen Repräsentanten der GRÜNEN lassen sich solche unerbittlichen Tendenzen ablesen, die Subjekte bedrängen, um angeblich politische Prinzipien zu retten." (Dudek 1984: 104) Im Zuge der äußeren Bedrohung durch Wahlstimmenentzug nehmen diese Abschottungs- und Ausgrenzungsprozesse noch zu, d.h. der innerparteiliche Dissens wird, zugunsten parteipolitischen Wohlverhaltens, weitestgehend ausgeschaltet. Eine Öffnung der Partei kann deshalb nur gelingen, wenn die ureigensten Ansprüche der Grünen, Offenheit und Öffentlichkeit auf allen Parteiebenen reaktiviert werden: „Also: Öffnung nach außen; innerparteiliche Demokratie als Prozeß, statt als Hab und Gut; Einführung plebiszitärer Elemente wenigstens in den eigenen Reihen; Überlegungen, wie formale Demokratie in wirkliche überführt werden kann, Überlegungen vor allem, wie *eine offene politische Kultur* der Grünen zustande kommen kann, wie Streit und Konsens miteinander leben können." (Schmid 1985: 44)

Einen zentralen Stellenwert in der »grünen Öffentlichkeit« haben die grünen Parlamentarier in Bonn, nicht nur vertreten sie eine ökologische Politik auf allerhöchster Ebene, das scheint uns hier von untergeordneter Bedeutung, sie *repräsentieren,* was noch wichtiger ist, die »antiproduktivistische Allianz« (Habermas) der neuen sozialen Bewegungen auf Bundesebene. Petra Kelly, Otto Schily, Antje Vollmer, Waltraud Schoppe, Joschka Fischer u.a. werden einem besonderen *Bedürfnis nach Repräsentation* gerecht, das nach jahrelanger machtpolitischer Abstinenz sich nun Bahn bricht. „Wir delegieren unsere Leute ins Parlament, und zwar nicht nur deshalb, weil sie uns repräsentieren sollen. Unsere Generation will offenbar gesellschaftsfähig werden, neben den ganz alten Alkoholikervisagen soll plötzlich auch »einer von uns« sitzen ..." (Stephan 1985: 132) Zwei Millionen Demonstranten haben jetzt im höchsten Parlament ihre politischen Repräsentanten, die nicht nur auf den Tisch hauen, sondern auch das alternative Outfit gesellschaftsfähig machen. Der grüne Minister Fischer auf dem Cover des »Spiegel«, das bedeutet nicht nur, »wir haben es geschafft«, sondern auch die gesellschaftliche Anerkennung der »Aussteiger«, die nun wieder »einsteigen«.

Dem entspricht, daß sich die Partei in zunehmendem Maße von einer Basis- und Bewegungspartei zu einer Mitglieder- und Programmpartei entwickelt, die

die neuen sozialen Bewegungen nicht mehr integrieren, sondern allenfalls ein Stück repräsentieren kann. Mithin hat sich die »Bewegungspartei« zu einer »*Repräsentationspartei*« klassischen Typs entwickelt.

„Wenn Otto Schily sprach, hörte der Beobachter gespannt und erleichtert zu: Der spricht auch für mich, dachte er, aber gleich darauf fiel ihm ein, daß er ziemlich anspruchslos geworden sein mußte, wenn er aus dem rhetorisch brillanten Plädoyer des Anwaltes Schily für Rechtsstaatlichkeit die Sprache des eigenen Neinsagens heraushörte." (Baier 1985: 769) Die Identifikation mit den grünen Repräsentanten ist zwar nicht eindeutig, ist gebrochen, wie das hier von Lothar Baier formuliert wird, gleichwohl stellt sich das Gefühl ein, vertreten zu werden. Diese Delegierung von Vertrauen, von Verantwortung an einen Vertreter erscheint deshalb so wichtig, weil damit eine Entlastung von individueller Verantwortung, von politischem Druck verbunden ist. Verbreitet hat sich eine abwartende Haltung, die die Durchführung notwendiger Maßnahmen von anderen erhofft. D.h. die Präsenz der Grünen in den Parlamenten ermöglicht einen Rückzug ins Private. Um einem Mißverständnis vorzubeugen, es handelt sich hier um einen interdependenten Prozeß: Eine ab Ende der siebziger Jahre einsetzende Reprivatisierung, die das »grüne Projekt« erst ermöglicht, wird durch die beschriebene Repräsentationsfunktion noch beschleunigt.

Hatten die Bonner Grünen bei ihrem Einzug in den Bundestag mit ihrer Forderung nach Öffentlichkeit aller Sitzungen der Bundestagsausschüsse für Aufregung gesorgt, so sind sie mittlerweile selbst vom Prinzip der uneingeschränkten Öffentlichkeit abgekommen. So hat man in Bonn beschlossen, die Diskukssion über Redebeiträge »grüner« Parlamentarier vor dem Bundestag in Zukunft unter Ausschluß der Öffentlichkeit zu führen, Personaldebatten finden ohnehin hinter verschlossenen Türen statt. Zwar ist die Produktion offizieller Papiere, Presseerklärungen, Parlamentsvorlagen usw. gestiegen, dafür aber fließen die persönlichen Informationen spärlicher. Die »taz« (4.9.1985) kommentiert diese Entwicklung folgendermaßen: „Das Verhältnis der Grünen zur Öffentlichkeit verändert sich in ihrer politischen Krise offenbar grundsätzlich, auch wenn es von dieser Veränderung noch kein einheitliches Bild gibt. Der politische Streit — auch untereinander— war in den letzten Jahren immer größtes Kapitel der Grünen. Wenn jetzt Presseerklärungen möglichst nur noch zentralisiert über die grüne Fraktionsführung gehen sollen, wenn künftig Kritik an der Arbeit der Führungsgremien nicht mehr öffentlich, sondern intern geführt werden soll — und solche Beschlüsse wurden in der letzten Woche gefaßt — dann igeln sich die Grünen genauso ein, wie die von ihnen so genannten Altparteien." Aber nicht nur auf Bundesebene lassen sich Anzeichen einer solchen *Rücknahme von Öffentlichkeit* konstatieren. Fanden die ersten Gespräche mit den Sozialdemokraten in Hessen über die Möglichkeit einer Tolerierung noch öffentlich statt — »das Ganze sollte öffentlich sein, am besten im Fernsehen, wie damnals auf der Danziger Leninwerft« — nach dem Motto, was die Gewerkschaftsbewegung in Polen kann, das können wir auch, so werden die Koalitionsverhandlungen ca. eineinhalb Jahre später hinter geschlossenen Türen geführt. Und die Grünen in den Landtagen von Baden-Württemberg und Hamburg haben sich sogar dazu entschlossen, ihre Fraktionssitzungen nurmehr mitgliederöffentlich abzuhalten.

Bei den Grünen zeigt sich das alte verkürzte Verständnis von der linken Öffentlichkeit: „Auf der einen Seite eine sklavische Abhängigkeit von den bürgerlichen Medien, auf der anderen Seite der ungebrochene Anspruch an die linken Zeitungen, Sprachrohr, Verstärker und nichts sonst zu sein. (...) Die Grünen sind geradezu öffentlichkeitsfeindlich geworden, obwohl man ihnen nicht vorwerfen kann, daß nicht jeder bei ihnen reden kann." (»taz« 4.9.1985) Dieses gebrochene Verhältnis zur Öffentlichkeit zeigt sich auch im Umgang der Parteien mit ihren eigenen Medien, der Parteipresse. So hat es erst jüngst in der Berliner AL einen Eklat über den autonomen Status der Redaktion der Zeitschrift »Stachelige Argumente« gegeben. Diese Kontroverse endet mit der Entpflichtung der »alten« Redaktion und damit, daß die »neue« an die Mehrheitsmeinung per Richtlinien angebunden wird (vgl. Sonnenschein 1986).

Während die alternative Presse einen Punkt erreicht, den man nicht einmal mehr als Krise, sondern als stillen Exodus bezeichnen kann, ausgenommen sind die kommerziellen Stadtmagazine, bei denen allein der Service in den Vordergrund gerückt ist, wächst die Zahl der »grünen« Medien ständig. Nicht nur gibt jeder Landesverband eine eigene Zeitung heraus (vgl. Muntischek 1986: 23), sondern die Grünen finanzieren auch eine Reihe von Zeitungs-Projekten, die nicht unmittelbar an die Partei angebunden sind (»Chips und Kabel«, Medien-Magazin, »Flex« Hannover etc.). »Grüne« Infos, Basisdienste, Rundbriefe, Magazine und Illustrierte entstehen, die schon alsbald ihren alternativen »touch« abwerfen und sich zu ordentlichen Parteiblättern entwickeln.

Die Vielzahl der »grünen« Zeitungen und Blätter läßt eine Pluralität, eine Themenvielfalt erwarten, die in der Realität nicht vorhanden ist. Nicht nur hat der Pragmatismus Einzug gehalten und die Strategiedebatten verdrängt, sondern die Zeitungen sind, von ihren Inhalten her, an den tagespolitischen Erfordernissen orientiert. D.h. primär spiegelt sich die innerparteiliche Verfaßtheit (Rotationsdebatte, imperatives Mandat, Basisanbindung usw.) in den Gazetten der »grünen« Partei wider, so daß kein Nicht-Parteimitglied auf die Idee kommt, ein solches Blatt zu kaufen, geschweige zu lesen.

Die geringe Themenvielfalt, die mangelnde Pluralität »grüner« Blätter rührt aber auch daher, daß ein Teil der Zeitungen fest in der Hand bestimmter Partei-

GRÜNE RHL.-PFÄLZER

Nr. 1 – 1. Jahrgang – August 1983
DM 2,–

fraktionen ist, die einzig an der Publizierung ihrer Position interessiert sind. Der Zugriff einzelner Strömungen auf die Partei-Medien macht diese dann aber eher zu Verlautbarungsorganen als zu Medien der diskursiven Meinungs- und Willensbildung. So wird beispielsweise die in Hessen beschlossene Koalition der »Realos« mit der SPD vom parteieigenen überregionalen »Grünen-Basisdienst« einzig durch Beiträge kommentiert, die die fundamentalistische Mehrheitsposition des Bundesvorstandes wiedergeben, dem Herausgeber dieses Kommunikationsmediums. D.h. die grünen Zeitungen und Blätter spiegeln primär die Positionen und Meinungen der jeweiligen Träger- und Herausgebergruppe wider, an dissonanten Erfahrungen und deren Reflexion sind sie wenig interessiert. Jutta Ditfurt publiziert in der »Grünen Hessenzeitung« und Joschka Fischer bedient sich des (parteiunabhängigen) Frankfurter »Pflasterstrand«.

Damit aber sind die Parteizeitungen zu machtpolitischen Instrumenten verkommen, die nurmehr die innerparteilichen Fraktionskämpfe widerspiegeln. Und so findet die eigentliche Auseinandersetzung, der Parteidiskurs nicht in den parteieigenen Zeitungen statt, sondern allenfalls außerhalb, in der Zeitschrift »Kommune«. Was fehlt ist ein bundesweites Medium, das vom Verlautbarungscharakter der herkömmlichen Parteipresse sich absetzt, und damit zu einem Diskussionsforum nicht nur der Partei, sondern der gesamten Linken wird.

7. Fazit

Die Grünen sind mithin in den Strukturzusammenhang der bürgerlichen Öffentlichkeit hineingewachsen, sie antizipieren diese. In dem Maße aber, wie sie Teil des etablierten Parteiensystems werden, gleichermaßen aber Bewegungsidentität für sich beanspruchen, kollidieren die Strukturelemente beider Öffentlichkeitsformen miteinander. Das stellt die Grünen vor einen unlösbaren Widerspruch. Während in der Partei noch immer höchst heterogene Werthaltungen, diffuse Positionen, im Fluß befindliche Meinungen vorherrschend sind, fordert das politische Tagesgeschäft klare Aussagen und politische Statements. Denn hier ist die »Signalökonomie« (Pross) des Mediensystems vorherrschend, das die Zusammenhänge in immer kleinere Einzelmitteilungen zerstückelt, um sie in immer kürzerer Zeit in immer weitere Räume zu vertreiben. Andererseits werden holzschnittartige, plakative Positionen und Meinungen gefordert, die auf dem Markt der Meinungen Bestand haben, differenzierte Positionsbestimmungen haben da keinen Platz. Der Parteidiskurs ist den Zwängen einer Öffentlichkeit ausgeliefert, die ab- und ausgrenzt, die hierarchisiert und personalisiert. Das aber hat zur Folge, daß das Spannungsverhältnis von einer egalitär-diskursiven Meinungs- und Willensbildung und deren *parteiischer Überformung* nicht ausgehalten wird. Man fühlt sich bemüßigt, Positionen zu beziehen, wo keine sind. Die Einbindung in die bürgerliche Öffentlichkeit nötigt den Grünen Diskussionen auf, für die sie teilweise noch nicht reif sind. Man ist der Meinung, alles muß hier und heute entschieden werden, anstatt vorläufige Positionen zu beziehen, offene Stellungnahmen in den Raum zu stellen. Dadurch aber werden exponierte Positionen nivelliert und kollektive Lernprozesse, die viele Um- und Abwege gehen, werden abgeschnitten, zugunsten politischer Positionen, die einzig an der Tagesaktualität oder praktischer Relevanz orientiert sind. Gerade aber die heterogenen Meinungen, das bunte Spektrum von Ansichten, die Pluralität, der Widerspruch in den eigenen Reihen, ist es, der den Motor des grünen Projektes ausmacht.

Aber auch die Öffentlichkeit der Partei, das haben wir zu analysieren versucht, ist nicht mehr bezogen auf die Näheverhältnisse und die Überschaubarkeit der sozialen Lebenswelt der Klientel. Denn die Grünen haben eine Parteiöffentlichkeit ausgebildet, die sich abkoppelt vom Lebenszusammenhang ihrer Mitglieder und die deshalb auch eine Kollektivierung der unmittelbaren Erfahrung nicht mehr leisten kann. Diese »grüne« Parteiöffentlichkeit droht zu einer *institutionalisierten* Demonstrationsöffentlichkeit von Herrschaft zu werden, denn in dem Maße, wie sie sich nicht mehr auf die Lebenszusammenhänge bezieht, beziehen kann, trägt sie nicht mehr zur Veränderung von Auffassungen, von Einstellungen und Ideen bei, sondern dient lediglich der Stabilisierung und Absicherung des Status quo.

Hier zeigt sich folgendes: Ein Diskurs, der frei von taktischen und ideologischen Erwägungen ist, der exponierte Positionen genauso berücksichtigt wie die Ideen von Querdenkern, Spinnern und Chaoten, ein solcher Diskurs, mithin eine Form von Öffentlichkeit, die wir »authentisch« genannt haben, ist inkompatibel den Strukturen einer Öffentlichkeit, wie die Grüne Partei sie ausgebildet hat. Und auch der Erfahrungsansatz, wie er besonders in der Bewegung der Alternativen vorherrschend war, ist kaum auf parteiische oder gar parlamentarische Öffentlichkeit zu transformieren, er ist unmittelbar an Basisöffentlichkeiten gebunden. Parlamentarische Öffentlichkeit als kollektive Organisationsform von Betroffenen, das ist unter den gegebenen Bedingungen wohl kaum möglich.

Gleichwohl, wenn es den Grünen nicht gelingt, den »grünen Naturalismus« (Preuss) zu überwinden, der die Einheitlichkeit der Interessen und damit deren umstandslose Verallgemeinerbarkeit immer schon voraussetzt, durch ein anders geartetes Politikverständnis, das an der »Utopie eines sich über Verständigungsprozesse integrierenden Gemeinwesens« orientiert ist; wenn die grüne Partei nicht in der Lage ist, die »wirklichen« Interessen ihrer Wählerbasis, mit welchem Instrumentarium auch immer, zu erfassen und durch den Filter der Generalisierung hindurchzutreiben, und wenn sie nicht in der Lage ist, sie machtpolitisch abzusichern, dann hat sie keine Überlebenschance.

Kapitel 8
Zum Struktur- und Formwandel alternativer Öffentlichkeit

1. Die Folgen des »Deutschen Herbstes«

Sind die Studenten und Schüler der Protestbewegung noch weitestgehend auf die Medien der vorherrschenden klassischen Öffentlichkeit angewiesen, um ihre Interessen öffentlich werden zu lassen, so hat sich das heute grundlegend geändert. Die neuen sozialen Bewegungen können auf ein breites Spektrum alternativer Medien, auf die Ansätze einer neuen Form von Öffentlichkeit zurückgreifen, die sich in einem kaum zwanzigjährigen Prozeß ausdifferenziert hat. Nachdem die offizielle Publizistikwissenschaft das Phänomen der alternativen Basiszeitungen lange Zeit nicht registriert hat, schlägt sich heute dieses Genre selbst in Presse-Statistiken nieder (vgl. Basisdaten 1985: 40).

Entstehen alternative Zeitungen ursprünglich aus dem Bedürfnis politisch engagierter Gruppen, sich eine eigene Öffentlichkeit zu schaffen, um die dezentralen Basisgruppen kommunikativ zu verknüpfen — d.h. diese Medien sind eng an die sie tragenden Bewegungen gebunden — so hat sich das mit der Krise der neuen sozialen Bewegung geändert. Auch die alternativen Medien sind in eine Krise geraten, die an einem Strukturwandel der neuen Presse sich festmachen läßt.

Nach unserer Meinung ist ein politisches Ereignis der jüngsten Vergangenheit nicht nur für einen grundlegenden politischen Orientierungswandel der außerparlamentarischen Protestgruppen, sondern auch für den damit unmittelbar zusammenhängenden, strukturellen Wandel der alternativen Printmedien verantwortlich. Das ist der »Deutsche Herbst« 1977, als der Arbeitgeberpräsident Hanns Martin Schleyer von Mitgliedern der RAF und befreundeten politischen Gruppen entführt und anschließend ermordet wird. Dieses Ereignis zeitigt in zweifacher Hinsicht eine Veränderung:

1. Im »Deutschen Herbst« zeigt sich, daß das Politikverständnis der außerparlamentarischen Gruppen (Alternativbewegung, Anti-AKW-Bewegung),

das durch Dezentralismus und Regionalismus sich auszeichnet, gegenüber organisierten politischen Eingriffen des Systems relativ hilflos ist. Die Vorstellung einer dezentral organisierten, autonomen Basispolitik wird durch die Folgeereignisse der Entführung (Nachrichtensperre, Verhaftungs- und Durchsuchungswelle usw.) konterkariert. Es wird klar, eher unbewußt als bewußt, daß eine solche Politik keine Antwort hat gegenüber zentralstaatlichen Pressionen. Das Trauma des »Deutschen Herbstes« zeitigt insofern einen Reflex, als es zu einem politischen Umorientierungsprozeß kommt, in dem nun wieder der Staat zum Adressaten gesellschaftsverändernder Aktivitäten wird. Das zeigen die grün-alternativen Listenverbände, zunächst auf Länderebene, aus denen die Bundespartei der »Grünen« hervorgeht.

2. Als am 8. September 1977 der Leiter des Bundespresse- und Informationsamtes Klaus Bölling an die Chefredakteure von Presse, Rundfunk und Fernsehen sowie an die Nachrichtenagenturen der Bundesrepublik die Bitte richtet, sich bezüglich der Berichterstattung über die Entführung Hanns Martin Schleyers zurückzuhalten (vgl. Dokumentation 1977), was einer Gleichschaltung der bundesrepublikanischen Presse gleichkommt, bleibt die gesamte Alternativpresse zunächst sprachlos.

Während der »Nachrichtensperre« zeigt sich, daß diese Gegenpresse, inclusive der ID, nicht in der Lage ist, und aufgrund der »Basisideologie« auch nicht willens, ihre Funktion wahrzunehmen, Gegenöffentlichkeit herzustellen: „Es muß klar werden, daß wir, wenn die Basis schweigt, nicht anfangen, Berichte selber zu schreiben." (ID 196, 24.9.1977) Aus dieser Erfahrung heraus wird die Überlegung geboren, eine autonome, überregionale Tageszeitung, später „die tageszeitung" aufzubauen, die potentiellen »Nachrichtensperren« entgegenarbeiten könnte. (Die Gründung der Zeitung »Die Neue« ist nur der Reflex auf die Ankündigung, eine solche Zeitung aufzubauen.)

Der »Deutsche Herbst« stellt mithin für die Politik der bundesrepublikanischen Protestgruppen eine Zäsur dar, insofern ein neues, respektive altes politisches Paradigma auf den Plan tritt. Der Autonomieansatz wird abgelöst und ein Etatismus macht sich breit. Zunächst aber stehen sich zentralistische und dezentralistische Werthaltungen gegenüber: Auf der medialen Ebene ist das die Kontroverse zwischen »Professionalismus« und »Idealismus« und auf politischer Ebene die zwischen »Realpolitik« und »Fundamentalopposition«.

2. Merkmale des Strukturwandels der Alternativpresse

In dem Maße, wie sich jenseits der konjunkturellen Phasen der politischen Oppositionsbewegungen die Ansätze eines neuen »historischen« Trägersubjektes ausdifferenzieren, in dem Maße ist es auch auf medialer Ebene zur Ausbildung eines komplexer werdenden alternativen Mediensystems gekommen. Dieses Mediensystem ist gleichsam die materialisierte Form einer neuen Produktionsöffentlichkeit, deren diskontinuierliche Entwicklung wir beschrieben haben.

Angetreten mit dem Impuls der Entdifferenzierung und gegen Trennungsprozesse gerichtet, setzen sich seit geraumer Zeit innerhalb des Systems der alternativen Medien Differenzierungs- und Segmentierungsprozesse durch, Prozesse der Monopolisierung sowie solche der Konzentration, die es erlauben, von einem Strukturwandel der alternativen Medienlandschaft, respektive der alternativen Öffentlichkeit zu sprechen. Das alternative Mediensystem, insbesondere die alternativen Zeitungen und Blätter, auf die wir uns hier primär beziehen, kann mittlerweile analog dem gesamtgesellschaftlichen System der Massenkommunikation durch die Faktoren Differenzierung, Erweiterung und Qualitätssteigerung gekennzeichnet werden[16], sind es doch diese Merkmale, die auch für die Umstrukturierung der alternativen Presselandschaft typisch sind. Die allenthalben zitierte Krise der Alternativpresse ist struktureller Natur, worauf wir im folgenden noch eingehen. Sie kann durch die Faktoren Auflagenrückgang, respektive Zeitungssterben sowie durch Kommerzialisierung und Professionalisierung charakterisiert werden. (Ihr Erscheinen eingestellt haben die älteste Alternativzeitung der Bundesrepublik, das Müchner »Blatt«, das »Kölner Volksblatt««, die Frauenzeitung »Courage«, »Radikal« Berlin usw.) Wir haben deshalb den *Strukturwandel der alternativen Presse* durch die beiden Koordinaten Etablierung/Professionalisierung und Deprofessionalisierung/Marginalisierung gekennzeichnet.

Diese Entwicklung auf dem alternativen Zeitungsmarkt führt dazu, daß professionell bzw. semiprofessionell erstellte Produkte den laienhaft produzierten Zeitungen und Blättern gegenüberstehen. Dadurch kommt es aber zu einem Dualismus, der auch in Zukunft noch zunehmen wird. Was in jünster Zeit sich nun zeigt, das ist ein Verdrängungswettbewerb, in dem die mächtigen Blätter der Metropolen die regionalen Zeitungen entweder vereinnahmen[17] oder tendenziell verdrängen. Die dezentrale Struktur der alternativen Zeitungslandschaft droht dadurch zentralistische Züge anzunehmen. Die Polarisierung der alternativen Zeitungen kommt aber auch darin zur Geltung, daß a) die sich professionalisierenden Produkte tendenziell in den Strukturzusammenhang der bürgerlichen Öffentlichkeit hineinwachsen, und b) daß die anderen, laienhaft, handwerklich produzierten Presseprodukte in zunehmendem Maße ausgegrenzt und marginalisiert werden.

ad a) Nicht nur wachsen die professionellen Stadtzeitungen und Magazine in den Herrschaftszusammenhang der bürgerlichen Öffentlichkeitsproduktion hinein, sondern sie antizipieren diesen. Im Zuge der Integrationsprozesse zersetzen sich die alten gegenkulturellen, kritischen Werthaltungen und Motivlagen, die »Moralökonomie« der Szene wird brüchig und die tradierten klassischen Normen der Medienproduktion werden übernommen. Vom politischen Gesinnungsdruck entlastet, suchen sich diese Medien eine Marktnische, in der das ökonomische Überleben gesichert ist bzw. aus der heraus der kommerzielle Aufschwung gelingen kann.

Diese Entwicklung ist dann positiv, wenn es diesen etablierten Zeitungen und Blättern gelingt, der allgemeinen Öffentlichkeit eine bestimmte Art zu leben und zu denken präsent zu halten. Sie fungieren gleichsam als Transmissionsriemen und arbeiten deshalb gegen eine mögliche Spaltung zweier gesellschaftlicher Realitäten.

Negativ ist die Entwicklung, wenn der alternative Zeitungsmarkt zum Schauplatz scharfer Konkurrenzkämpfe wird, in dem es allein nur noch um Marktanteile geht und die alternative Lebensweise allein einem total kommerzialisierten Medieninteresse überantwortet wird. Angesichts der Tatsache, daß die neuen sozialen Bewegungen derzeit stagnieren, nimmt diese Tendenz zu. Neugegründete Magazine und Journale, die im wesentlichen aus kommerziellen Interessen und angesichts der verlockenden Marktpotentiale entstehen, drängen auf den alternativen Zeitungsmarkt. Gegen diese Entwicklung haben einzig die alternativen Fachzeitschriften noch eine Überlebenschance.

ad b) Umgekehrt potenziert die Ausgrenzung der unprofessionellen Medienprodukte die Gettoisierung und Selbstausgrenzung eines Teils der neuen sozialen Bewegungen. Dadurch droht eine Spaltung des »linken Lagers«, wodurch ein zusätzlicher Segmentierungsprozeß ausgelöst werden kann.

Die aufgezeigte Polarität der Zeitungsbewegung wird allerdings dadurch konterkariert, daß *neue* Bewegungen auch immer, mit Ausnahmen selbstverständlich, neue Zeitungen und Blätter konstituieren. Ein Beispiel: Als die Ökologie- und Umweltbewegung langsam abebbt, geht auch die Zahl der Umweltzeitungen zurück, umgekehrt wächst mit der politischen Konjunktur der Friedensbewegung die Zahl der lokalen und regionalen Friedenszeitungen und Blätter. Ein ähnlicher Prozeß hat mit der »grünen« Bewegung eingesetzt. D.h. Bewegungszeitungen, die unmittelbar an dieselben angebunden sind, verlieren ihre Existenzberechtigung dann, wenn die Bewegung sich paralysiert. Gelingt es solcherart Zeitungen nicht, sich ein Stück von den radikalen Imperativen und der Ideologie dieser Bewegung abzukoppeln, dann führen sie zumeist ein kümmerliches Dasein.

Für das ausdifferenzierte System der alternativen Printmedien unterscheiden wir eine horizontale und eine funktionale Differenzierung, die auf einer Produktdifferenzierung basiert, die wiederum die Voraussetzung dafür ist, daß der alternative Zeitungsmarkt optimal ausgeschöpft werden kann.

a) Horizontale Differenzierung meint die Auffächerung lokaler Medien und die Etablierung regionaler Publika (Landzeitungen, Regionalblätter und Dorfzeitungen) sowie die Existenz einer überregionalen, bundesweiten Tageszeitung. b) Funktionale Differenzierung bezieht sich auf die Ausbildung von Zielgruppenzeitungen, d.h. auf eine alternative Fach- und Zielgruppenpresse. Hierzu gehört beispielsweise das breite Spektrum der frauenspezifischen Medien, für die ein ebensolcher Prozeß zu beobachten ist.

Es kommt aber auch zu einem Differenzierungsprozeß hinsichtlich der Erscheinungsweise, d.h. Monats-, Wochen- und Tageszeitungen komplettieren das alternative Medienangebot. Allerdings sind all diese Prozesse seit geraumer Zeit rückläufig, Konzentrationsprozesse und eine verschärfte Konkurrenz ebnen die bunte Vielfalt der nichtkommerzialisierten Zeitungslandschaft ein.

2.1 Die Strukturkrise der Zeitungen

Was aber sind die einzelnen Faktoren dieser Strukturkrise? Die Krise der alternativen Zeitungen drückt sich u.a. dadurch aus, daß ein wesentliches Spezifikum alternativer Öffentlichkeitsproduktion, nämlich die Dialektik von Allgemeinem und Besonderem, auseinanderbricht. Dabei kommt es zur wechselseitigen Verabsolutierung der aufeinander bezogenen Momente: Einerseits werden privat gemachte Erfahrungen nicht mehr auf das Allgemeine bezogen, dienen nicht mehr der kollektiven Verarbeitung, sondern oftmals der individuellen, narzistischen Selbstbespiegelung; es kommt zu einer Privatisierung der Erfahrung, zu einer »Tyrannei der Intimität«, für die der anhaltende Psychoboom ein Indiz ist. Andererseits spaltet sich der Prozeß der Verallgemeinerung, der Kollektivierung ab. Theoriebildung findet, wenn überhaupt, im Getto der politischen Zirkel oder im Elfenbeinturm der Universität statt. Dieser Abspaltungsprozeß führt entweder zu einer erfahrungsarmen, defizitären Theoriebildung, die nicht zuletzt deshalb an der sozialen Realität vorbeigeht, oder zu einem blinden Aktionismus, der verallgemeinerbare Interessen, geschweige denn Strategien nicht mehr herausbilden kann.

Beide Prozesse haben zur Folge, daß die Ansätze einer »authentischen Öffentlichkeit«, wie sie in der zweiten Hälfte der siebziger Jahre sich ausgebildet haben, auseinanderbrechen und in einzelne Partikel zerfallen. Es bilden sich Teilöffentlichkeiten aus, die sich auf die »abgeschotteten Kommunikationswelten« beziehen, welche sich um die auf dem Rückzug befindlichen Gruppen bilden. Für Bewyl (1983), der in seine Überlegungen noch das mehr oder weniger gescheiterte Experiment lokaler Wochenzeitungen wie auch die Bewegung »freier« Radios mit einbezieht, fällt der alte Gegenöffentlichkeitsansatz in drei Zerfallsprodukte auseinander: Das ist einmal eine herkömmliche Öffentlichkeit, die von den neuen Wochenzeitungen hergestellt wird, mit einem »aufklärerischen« Journalismus, dann gibt es die Medien der »zerfasernden Alternativöffentlichkeit«, die die zerrissene Realität der sozialen Bewegungen widerspiegeln, sowie die »subversive Öffentlichkeit« der freien Radios, die die Anbiederung an das Normative stören will und sich deshalb sowohl gegen den »faden« Aufklärungsjournalismus als auch gegen das »alternativpluralistische Geseiere« wendet.

Als Folge des obigen Differenzierungsprozesses setzt ein widersprüchlicher Prozeß sowohl der Themeneingrenzung als auch einer der -ausweitung ein. Eine Themenreduktion konstatieren wir an Hand der horizontalen Aufspaltung: Stadt- und Regionalzeitungen sind zuständig für das Lokale, für den regionalen Bereich, die »taz« verwaltet das Nationale. Umgekehrt können durch die Ausbildung themenspezifischer Zeitungen aber auch einzelne Sachverhalte ausgeweitet und vertieft werden. Die Medien der Umweltbewegung vertiefen Fragen des Umweltschutzes in ihren Gazetten, gleichzeitig aber werden sie damit den nichtspezialisierten Medien entzogen.

2.2 Entmischungsprozesse und Funktionsverlust

Die Komplexität des ausdifferenzierten Kommunikationssystems führt aber auch zu einer Funktionsspezialisierung in *produzierende* und *konsumierende* Einheiten. Damit aber brechen die alten, in sich konsistenten Weltbilder, zusammen, die solche Trennungen nicht vorsehen, ja gerade gegen diese gerichtet sind. Angesichts wachsender Arbeitsteilung und Hierarchie treten Anspruch und Realität auseinander und die nach den alten Normen sozialisierten Medien und Zeitungsmacher werden von Identitätskrisen erschüttert. Das aber ist wohl nur ein ephemeres Problem, scheint doch heute selbst der Weg vom eingreifenden kritischen Journalismus zu dessen »Totengräbern« (den PR Spezialisten von Parteien und Verbänden) als geradezu selbstverständlich. Sprungbrett für den journalistischen Nachwuchs sind die Zeitungen und Medien der alternativen Öffentlichkeit ohnehin, was, wie Harry Pross (1983) es formuliert, so untypisch nicht ist, war die linke Medienproduktion, das zeigt ihre Geschichte, doch immer schon der »Humus« der offiziellen Publizistik.

Für die Strukturkrise ist aber noch ein anderes Moment verantwortlich: was sich auf der Ebene des politischen Systems als Etablierung der Grünen und eine Anonymisierung ihrer Wähler aufzeigen läßt, zeigt sich auf der medialen als wachsende Distanzierung von Kommunikator und Rezipient. Die Identität von Leser und Schreiber, die in den Leserzeitungen noch zum Ausdruck kommt, bricht auseinander. Dem sich professionalisierenden Schreiber steht eine weitestgehend anonyme Leserschaft gegenüber (»wir wissen nicht, für wen wir schreiben«). Das hängt u.a. damit zusammen, daß der soziale Kontext, aus dem die Zeitungen sich entwickelt haben, oder umgekehrt, der sich um die Zeitungen gebildet hat, längst zerfallen ist. Alternativzeitungen sind nicht mehr länger geistiges und organisatorisches Zentrum vielfältiger politisch-kultureller Prozesse, sie sind zu abgehobenen Kommunikationsorganen verkommen, die auf ihre Leser nurmehr als Konsumenten sich beziehen und einzig an der wachsenden Auflage orientiert sind. Diese Entkoppelung von *Kommunikator und Rezipient*, die auch die Leser-Blatt-Bindung lockert, hat zur Folge, daß a) sich seitens der Schreiber ein Professionalisierungsprozeß durchsetzen kann, und b) der Leser und Rezipient in zunehmenden Maße seine »bürgerlichen« Rezeptionsgewohnheiten reaktivieren kann (d.h. die Bedürfnisse nach gängigen Themen, einer flotten Schreibe und ästhetischer Aufmachung), die an den traditionellen Produkten der Kulturindustrie sich orientieren.

Wesentlich für die Professionalisierung ist aber weniger das geänderte Rezeptionsverhalten der Leser — das von den Blatt-Machern oftmals zur Legitimierung der eigenen Qualifizierungsansprüche ins Feld geführt wird — als das Scheitern des Basis- und Betroffenenkonzeptes. Denn gegenüber dieser Konzeption, die von einer Eliminierung des Profijournalismus ausgeht, setzen sich, aufgrund der Schwierigkeiten mit der Praktizierung desselben im alltäglichen Prozeß des Zeitungsmachens doch wieder überkommene journalistische Arbeitsformen und damit verbunden journalistische Professionalität durch.

Hinzu kommt ein weiteres Moment, auf das wir später noch eingehen, nämlich das Auseinanderfallen von politischer Aktion und Öffentlichkeit. In dem Maße, wie diese beiden Momente sich entkoppeln, entstehen im Spannungsfeld von Aktion und Aufklärung Übersetzungsprobleme, die geradezu nach einem professionellen Übersetzer verlangen. Das aber ist die Funktion von Journalisten, die als Vermittler zwischen verschiedenen Realitätsebenen fungieren.

Als weiteres, die Krisenhaftigkeit der Alternativpresse noch potenzierendes Moment, tritt der allgemeine Kaufkraftverlust der Leser hinzu. Das hängt mit der sozio-ökonomischen Situation der alternativen Käuferschichten zusammen, die in besonderem Maße von der allgemeinen Krise des Systems betroffen sind. Hinzu kommt, daß das soziale Netz (Sozialhilfe, Arbeitslosengeld, Bafög etc.) immer enger wird. Dies wiederum hat zur Folge, daß ein Teil derjenigen Medienmacher, die auf Grund der ökonomischen Situation ihrer Zeitung ihre Existenz nicht aus Lohneinkünften, sondern aus staatlichen Hilfsprogrammen reproduzieren, von nun an auf die Zeitungen und Blätter als ihre Existenzgrundlage angewiesen sind. Professionalisierung, die mehr Geld abwirft, ist die Folge.

Von zentraler Wichtigkeit aber erscheint ein Sachverhalt, der gerne von den Blattmachern ignoriert oder verleugnet wird, das ist, daß Teile der neuen sozialen Bewegung tendenziell, von ihrer Basis her wie auch ihren Inhalten, an den existierenden Zeitungen vorbeigehen. Sie schaffen sich a) eine eigene Öffentlichkeit mit eigenen neugegründeten Zeitungen und Blättern und b) sie wenden sich mit ihren öffentlichkeitswirksamen Aktionen in verstärktem Maße den etablierten unter den Alternativzeitungen zu (das sind die großen, auflagenstarken Stadtmagazine und Stadtillustrierten, die eine größere Publikumsreichweite versprechen), wenn sie sich nicht ohnehin an die bürgerlichen Medien, die ein Optimum an Publizität versprechen, wenden. D.h. die Alternativzeitungen haben kein Monopol mehr für Nachrichten und Informationen von und über kommunale Initiativen und Aktivitäten. Das sind auch die Gründe, weshalb die Volksblattkonzeption an ihr vorläufiges Ende gekommen ist, die Zeitungen, die einstmals Sprachrohr der Initiativgruppen und Bürgerinitiativen waren, sind funktionslos geworden.

Umgekehrt haben die etablierten Zeitungen und Medien die bislang von den alternativen Blättern behandelten Themen begierig aufgegriffen — Stern und Quick streiten gegen das Waldsterben und auch die Boulevardblätter sorgen sich neben Sex und Crime um die geschlagenen Frauen der Frauenhäuser, aber auch eine radikal subjektivistische Berichterstattung, ein Stilelement, das die Alternativzeitungen auszeichnet, wird von »Stern« und »Zeit« aufgegriffen und perfektioniert. Damit aber geht den alternativen Medien tendenziell eine substanzielle Funktion verloren, nämlich die *Korrektivfunktion* gegenüber etablierten Zeitungen und Medien. Der dadurch einsetzende Bedeutungs- und Funktionsverlust der alternativen Presse potenziert den allgemeinen Motivationsverlust der alternativen Pressearbeiter noch. Mit dem Einbruch des etablierten Journalismus in das links-alternative Themenspektrum ist die alternative Presse gezwungen, ständig neue Themen aufzubauen. Sie ist damit einem ungeheueren Innovationsdruck ausgesetzt, dem allein die kommerziellen Medienprodukte entsprechen, die am Trendsetting, am Zeitgeist sich orientieren und die Realität unkritisch verdoppeln. Der beschriebene Strukturwandel der Alternativpresse geht einher mit einem Verfall dessen, was wir zuvor den utopischen Gehalt alternativer Gegenöffentlichkeitsproduktion genannt haben. Alternative Zeitungsproduktion, das war mehr als die Herstellung einer Zeitung, eines Blattes, alternative Medienproduktion war Teil einer umfassenden Medienkritik am vorherrschenden Repräsentativitäts- und Delegationsprinzip, war Teil einer universellen Kritik am gesellschaftlichen Status quo. Alternative Medienproduktion, das war politische Arbeit per se, damit war man Teil der politischen Bewegung. Das distanzierte »Berichten über« sollte ersetzt werden, durch das »Kommunizieren mit«, »horizontale Kommunikation«, im Gegensatz zum vorherrschenden »vertikalen Kommunikationsfluß«, sollte zwischen den vereinzelten Betroffenen, Initiativen, Gruppen etc. unmittelbare, direkte Kontakte wieder herstellen. Mit dem Zerfall der Bewegungen ist aber auch dieses, an überschaubaren, dialogischen Öffentlichkeiten orientierte, Kommunikationsideal auseinandergebrochen. Das Bewußtsein vom *experimentellen Gehalt* alternativer Medienproduktion ist verlorengegangen. Mediale Kommunikaton hat die personale ersetzt, was auch an einem verstärkten Medienkonsum sich festmachen läßt. Dieser hat, das läßt sich nicht verleugnen, schließlich eine stark narkotisierende Wirkung auf die Individuen. Medienrezeption dient als Handlungsersatz und vermittelt das Gefühl des Dabei-gewesen-seins, hat eine Entlastungsfunktion.

2.3 Mediatisierungsprozesse

Ist anfänglich in Teilen der neuen sozialen Bewegung noch ein Medienpurismus, eine Gegnerschaft gegen die etablierte Medienindustrie vorherrschend, die diese der Manipulation bezichtigt, so werden in jüngster Zeit die Massenmedien ungeniert genutzt, instrumentell eingesetzt, um ein Maximum an Publizität zu entfalten. Nicht nur die Revolte ist ein Medienereignis von nationaler Bedeutung, sondern auch die Anti-AKW-Bewegung wie auch der Protest gegen die Nachrüstung, arbeiten mit dem Spektakel, mit der exemplarischen Inszenierung von Aktionen, die von den Medien millionenfach reproduziert und vervielfältigt werden. Fallen in der antiautoritären Protestbewegung idealiter politische Aktion und Öffentlichkeit noch unmittelbar zusammen, so brechen mit zunehmender Distanzlosigkeit zum etablierten Mediensystem diese Elemente auseinander, und eine Öffentlichkeitsproduktion setzt sich durch, die das Herstellen von Öffentlichkeit und das Planen von Aktionen professionellen Kommunikationsstrategen überantwortet. Die verbale Argumentation wird zurückgedrängt und die Protestgruppen setzen Techniken der »szenischen Argumentation« ein, die vor allem der Produktionsform und der Ästhetik des Fernsehens entgegenkommen. Höhepunkt dieser Entwicklung sind die Aktionen der Umweltorganisationen „Greenpeace" und „Robin Wood", die einzig an der medialen Vermarktung ihrer Aktionen noch interessiert sind, nach dem Motto: „Was nützt ein Striptease auf der Eiffelturmspitze, wenn niemand davon weiß?"[10] Die traditionelle Reihenfolge der Politik ist nun nicht mehr Initiative — Handlung/Wirkung — Medien, sie heißt heute Initiative — Medien — Wirkung. Damit hat sich eine »medienbezogene Informationsproduktion« (Bazon Brock) durchgesetzt; politische Aktionen finden nicht mehr um der Erfahrung der Beteiligten willen statt, sondern als *symbolische Inszenierung um der Medien willen*. Die Produktion medialer Ereignisse steht im Vordergrund. Auch die Grünen setzen umstandslos propagandistische PR-Maßnahmen ein (»medienbezogene Aktionen«), um in das rechte Licht der Öffentlichkeit zu gelangen.

Der Umgang mit und die Produktion von Medien ist so zu einer Hauptbeschäftigung der neuen Linken geworden, die uns berechtigt, von einer »Medien-Linken« zu sprechen. Nicht nur die alternativen Medien sind zum Bezugspunkt von Politik geworden, mehr noch, die Politik der Protestbewegungen orientiert sich primär an ihrer medialen Umsetzung und Vermarktung. Mediatisierung wird damit zu einem vorherrschenden Prinzip.

2.4 »die tageszeitung« (taz), Kommunikationselite in der sich hierarchisierenden Gegenöffentlichkeit

Haben die alternativen Zeitungen in ihrer »Hochphase« die Funktion, die einzelnen Partikel der Bewegungen kommunikativ zu vernetzen, die heterogenen Interessenlagen zu homogenisieren, so ist auch diese ihre »Organisationsfunktion« seit Anfang der 80er Jahre verlorengegangen. Nicht nur hat sich jenseits der Protestkonjunkturen ein »gegenkultureller Kern« auskristallisiert, sondern auch die Ansätze einer formalen Organisationsstruktur. Es sind insbesondere die Partei-Strukturen der »Grünen«, die zu einer Ausbildung von Macht- und Funktionseliten geführt haben. Analog dieser Elitenbildung auf poltischer Ebene haben sich aber auch auf der medialen, bedingt durch den beschriebenen Strukturwandel, *Kommunikationseliten* ausdifferenziert. Diese »linken Mediokraten« (Berberich/Bohn) — sie entsprechen der zeitgemäßen Elitebildung — haben in der Öffentlichkeit eine größere Chance, gehört zu werden, als die Mitglieder von Nichteliten (vgl. Deutsch 1969: 19), was ihre Machtpostion noch zusätzlich stabilisiert. Im ausdifferenzierten Mediensystem der Gegenkulturen hat sich folglich eine Struktur von Zentralinstanzen herausgebildet, die die Nervenpunkte der politischen und kommunikativen Struktur kontrollieren und steuern. Diese Instanzen können auch von der Basis nicht

die Tageszeitung

Preis: DM 1,-- · Null-Nr. 1 · Freitag, 22. September 1978

England
Astrid Proll

FRANKFURT/LONDON (taz). Astrid Proll, die letzten Freitag von einer Spezialeinheit der englischen Polizei in London festgenommen wurde, befindet sich nach wie vor in Auslieferungshaft. Über ihr Leben in London und die Ereignisse nach ihrer Verhaftung haben wir mit Karin Monte gesprochen, die als ihre enge Freundin verschiedenen Verdächtigungen in der Presse ausgesetzt war.

Bericht auf Seite 3

Uranabbau
Strahlender Schwarzwald

FREIBURG (AKS/taz)
Seit dem 5. September dieses Jahres sitzt Joachim Schnorr, Mitglied des Arbeitskreises Strahlenschutz (AKS) in Freiburg in Untersuchungshaft. Die Anklage lautet "versuchter Totschlag".
Im Zusammenhang mit einer fotografischen Erkundungsfahrt auf dem Gelände der bundeseigenen Uranabbau-Gesellschaft, Saarberg-Interplan in Gernsbach/Baden-Baden soll er versucht haben, zusammen mit Edgar Klementz, ebenfalls Mitglied des AKS, einen Mitarbeiter der Interplan "mit Tötungsabsicht" zu überfahren.
Die Interplan war vom AKS in letzter Zeit mehrfach beim wilden Abkippen radioaktiven Gesteins beobachtet worden.

Bericht auf Seite 12

Howaldtswerke

Nicaragua

Somoza: Alles unter Kontrolle Bürgerkrieg beendet

MANAGUA (taz, Liberation, dpa) In Nicaraguas Hauptstadt Managua ließ Diktator Somoza am Donnerstag verkünden, daß die Nationalgarde die Kontrolle über das ganze Land zurückgewonnen habe. Nach Augenzeugenberichten sieht dies folgendermaßen aus:
In den zurückeroberten Städten Leon und Massaya sind von der Guardia Nacional schreckliche Massaker an der Bevölkerung verübt worden: Junge Männer wurden in Lastwagen vor die Stadt gebracht, sodann gezwungen, sich ihre Gräber zu schaufeln und schließlich ermordet; eine Gruppe Flüchtender wurde außerhalb der Stadt in einen Hinterhalt gelockt und vom Hubschrauber heraus erschossen.
Erzbischof Espinosa erklärte angesichts des Vorgehens der Guardia Nacional:
"Für das, was hier geschehen ist, fehlen mir einfach die Begriffe."

Dennoch leistet selbst in Leon die Bevölkerung gemeinsam mit sandinistischen Guerilleros weiterhin Widerstand; die Stadt Chinandega wird immer noch von der Befreiungsbewegung gehalten, während die Situation in Jinotepe, Esteli und in Diriamba unklar ist, wo die Guerilla zumindest aber noch einige Stadtteile besetzt hält.

Bericht auf Seite 15 und "Der Sturm auf den Nationalpalast" von Gabriel Garcia Marquez, Seite 8

Herbstmanöver '78
Jäger stoppt Nato

NÜRNBERG. Die Unversehrtheit seines Jagdreviers war einem 45-jährigen Jagdpächter aus Treuchtlingen entschieden wichtiger als die ungehinderte Durchführung des gerade stattfindenden Herbstmanövers. Er trank sich etwas Mut an, setzte den Tirolerhut auf und stellte sich mit scharfgeladenem "Drilling" unerschrocken einem Konvoi aus Panzern, Jeeps und LKW's entgegen, der gerade über ein Feld auf sein Jagdrevier zurollte.
Dabei drohte er, auf die anführende Offizierstruppe zu schießen, falls der Konvoi in sein Revier einfahren würde. Da weder Kriegsgefangene noch Totschießen im Generalstabsplan vorgesehen waren, wußte sich die derart schwerbewaffnete Truppe nicht mehr selbst zu helfen. Die Polizei wurde geholt. Von da an nahm alles seinen r e c h t s s t a a t l i c h e n Gang. Verhaftet wurden nicht die Soldaten wegen Hausfriedensbruch, sondern der Jagdpächter. Über das Ausmaß der Revierschäden liegen bis jetzt noch keine Meldungen vor...

Der Vorstand kann gehen Wir bleiben bestehen

HAMBURG/KIEL (taz, Reuter). Gegen die drohenden Entlassungen bei den Howaldtswerken Deutsche Werft AG (HDW) in Hamburg haben gestern 4000 Beschäftigte der Werke Ross und Reiherstieg drei Stunden lang die Arbeit verweigert. Spontan demonstrierten sie gegen die Pläne der HDW-Vorständes, in Hamburg vorerst 1500 Arbeiter zu entlassen, der Schiffsneubau soll eingestellt, das Werk Ross Reiherstieg geschlossen und die Reparaturarbeiten um 20% gesenkt werden.
Nach Meinung einiger Arbeiter geht der Trend zur Zeit dahin, die versuchen HDW-Werften in Hamburg an denen Blohm & Voss zu verkaufen. Offenbar ist der Salzgitter AG, die mit 70% an den HDW beteiligt ist, nicht daran gelegen, 4000 Arbeitsplätze in Hamburg zu erhalten. Um Grund für die Arbeiter, sich erstmals nach vielen Jahren zu wehren.

Bei den Betriebsversammlungen am Dienstag und Mittwoch war dann auch die Beteiligung entsprechend hoch. Schon am ersten Tag gab es 35 Wortmeldungen. Reden konnten jedoch nur 12 Kollegen, weil die Betriebsleitung durch langgezogene Beiträge der restlichen 23 üblichen Redner dafür sorgte, daß die Belegschaft rechtzeitig, das Werk Reiherstieg fast diesmal vollkommen aus. Die Belegschaft entschloß sich, kurz für die Arbeitspause zu kämpfen.
Am Donnerstag wurde die Arbeit im Werk Reiherstieg gar nicht erst aufgenommen. Unter der Arbeiter wurde eine Versammlung auf dem Werksgelände abgehalten, an der sich auch die 800er Leute teilnahmen. Die Leute vom Werk Reiherstieg, die jetzt ein paar Kilometer entfernt liegt, sind am Vormittag so durch den Hafen zum Werk Ross im Regen zu Fuß gekommen. Wir

haben uns alle um halb neun getroffen und sind mit verschiedenen Plakaten durch das ganze Werk zum Hauptgebäude gezogen, wo der Vorstand mit dem Betriebsrat verhandelte. Wir riefen: "Drehen wir die Lichter aus, holen wir die Hämmer raus!". Wenn wir fest zusammenstehen, brauchen wir nicht alle. Die Kundgebung war um halb zehn beendet, und wir machten dann eine zweiseitige Frühstückspause. Die Diskussionen hielten noch den ganzen Tag an.
Auf einer Betriebsversammlung am Mittwoch warf der Werksleiter den Kollegen schlechte Arbeitsmoral vor. "Warum sollten wir Moral haben? Der eine hat schon kurze Krone und der andere wird bald entlassen werden."

Magazin

Peep - Show
Blick durch die Schlüsselloch, S. 7

Portugal
Abschied von der toten Nelke, S. 8

Gorleben
Ein Bericht aus dem Landkreis, S. 10

mehr kontrolliert werden, haben sie sich doch weitestgehend verselbständigt und von den Basisimperativen abgekoppelt.

Eine dieser Kommunikationseliten ist zweifelsfrei die taz, die als zentralistisches Medium in der dezentral strukturierten Gegenöffentlichkeit eine Sonderstellung einnimmt. Mehr noch, die Tageszeitung ist als Katalysator am Neuformierungsprozeß der alternativen Öffentlichkeit grundlegend beteiligt. Denn in dem Maße, wie sie zum tag-täglichen Abnehmer und Multiplikator der Informationen von der Basis wird, schlägt sie die lokalen und regionalen Zeitungen der Bewegung aus dem Feld der aktuellen Informationsübermittlung.

Angetreten, um der dezentralen Linken ein Sprachrohr zu sein, den Gegenpluralismus abzubilden, hat sie nun selbst eine zentralisierende Funktion, sie wird zum geheimen Zentralorgan. Sie ist der Filter, durch den alles hindurch muß, sie ist der Zensor, ohne den Publizität sich vermeintlich nicht entfalten kann. Kraft ihrer Existenz ist sie zu einem Machtfaktor geworden, scheint sich dessen aber nicht bewußt zu sein, nimmt man die Sorglosigkeit im Umgang mit Informationen und Informanten als Indiz. Ihre Vormachtstellung in der linken Öffentlichkeit hängt aber auch mit dem Zerfall der Protestkulturen zusammen. Da Zugehörigkeit zur Szene sich nicht mehr über gemeinsame Aktion und Interaktion herstellt, zumal auch die gegenkulturellen Sozialzusammenhänge weitestgehend auseinandergebrochen sind, wird der Medienkonsum, die Rezeption der sekundären Realität um so wichtiger. In diesem Vakuum haben die linken Medien, speziell die taz, eine besondere Bedeutung, insofern sie die Weichen der Informationsübermittlung besetzt halten.

War die taz anfangs als Organ einer sich erweiternden Linken gedacht, als deren Medium sie fungieren wollte, so hat hier eine Verschiebung stattgefunden auf die Schmid (1984:82) hingewiesen hat: Die Szene ist auseinandergebrochen und die fossilen Enklaven, in denen sie überlebt, werden heute lediglich durch die Berichterstattung der taz zusammengehalten. Schwarz auf weiß gedruckt, werden diese Enklaven für eine »expandierende Realität« gehalten. Das hängt auch damit zusammen, daß durch die tägliche Berichterstattung eine zweite Wirklichkeitsebene produziert wird, die sich dadurch auszeichnet, daß sie höhergradig organisiert ist. Ist doch jeder Bericht, jede Nachricht die Synthese widersprüchlicher Ereignisabläufe und Fakten, die zu einem ein- oder zweispaltigen Artikel verdichtet werden. Die so konstruierte zweite Realität steht der ersten oft diametral gegenüber, da sie eine andere Struktur aufweist. D.h. die taz hat eine zweite Realitätsebene geschaffen, nämlich ihre eigene. Waren die linken Medien der siebziger Jahre noch darum bemüht, eine Öffentlichkeit für die unterschlagene Wirklichkeit überhaupt erst herzustellen, so sind sie heute, wie die etablierte Medienindustrie, an der

Konstruktion einer fiktiven, einer medialen Realität beteiligt. Sie schaffen Ereignisse, über die sie berichten. Die Wirklichkeit ist zum Gespenst ihrer Reproduktion geworden (vgl. Anders 1956:191). Eine Verwechslung dieser Realitätsebenen aber hat verhängnisvolle Folgen bei der Einschätzung gesellschaftlicher Kräfteverhältnisse, täuscht eine extensive Berichterstattung die Beteiligten doch oft über die reale Bedeutungslosigkeit ihrer Aktionen hinweg.

Die zentrale Stellung im Informationsfluß von unten und die Machtposition innerhalb der linken Öffentlichkeit erklären die Anfeindungen, denen die Tageszeitung wiederholt ausgesetzt ist. Die den Lesern abverlangte Toleranz gegenüber Andersdenkenden überfordert erkennbar das Selbstverständnis vieler linker Gruppen. So wird die achtjährige taz-Geschichte begleitet von Versuchen, die Berichterstattung von außen zu beeinflussen und die Tageszeitung auf Linie zu bringen. Angefangen bei öffentlichen Boykott-Aufrufen über Redaktions-Besetzungen und die besonders effektive Form der heimlichen Seitenauswechslung, bis zu tätlichen Angriffen auf unliebsame Redakteure hat es immer wieder Versuche gegeben, Einfluß zu nehmen.

Daß die taz, respektive ihr publizistischer Ansatz, daran nicht ganz schuldlos ist, zeigt ein Blick in die Vergangenheit. Alle in den Protestgruppen und der Alternativpresse Ende der siebziger Jahre virulenten Vorstellungen von Nachrichten- und Öffentlichkeitsproduktion wurden in der Konstitutionsphase mobilisiert und bruchlos auf das taz-Konzept übertragen. Die »Zeitung der gesamten Linken« sollte ein offenes Forum sein, alle Positionen abbilden. Die im ganzen Bundesgebiet entstandenen Initiativen zum Aufbau einer linken Tageszeitung halfen, das Projekt inhaltlich und organisatorisch voranzutreiben und sorgten für die nötigen Voraus-Abonennten. Das Inititativ-Gruppen-Modell war aber nicht nur der soziale Träger, die taz-Inis sollten auch als Nachrichtenquelle und Informationslieferanten aus der Provinz und dem Alltag des Widerstandes dienen. Die Basis- und Betroffenenberichterstattung war das konzeptionelle Pendant dieser Basisanbindung.

Die Aufgabe der taz sollte sein, den Basisdiskurs anzubilden und zu verallgemeinern, sowie denjenigen zur Sprache zu verhelfen, die vom öffentlichen Meinungsbildungsprozeß ausgeschlossen waren. Soll der Gehalt linker Öffentlichkeit aber mehr als die platte Verdoppelung der Basisdiskurse sein, dann hat der linke Journalismus darüberhinaus die Aufgabe, kritisch und lenkend in diese Auseinandersetzungen einzugreifen. Damit aber hat sich die taz immer schwer getan. Der redaktionelle Pluralismus, der gegen orthodox-marxistische Rechthaberei und andere Avantgardeansprüche gerichtet war, hat oft zu einer verhängnisvollen Standpunktlosigkeit geführt, die erst in jüngster Zeit langsam überwunden wird.

Die Basisanbindung war aber nicht nur der Garant für einen ungehinderten

Informationsfluß von unten, sondern auch die Bedingung dafür, daß das Projekt-Tageszeitung seitens der fraktionierten Linken eine breite Unterstützung fand, auf die es lebensnotwendig angewiesen war. Letztendlich hatten die lokalen und regionalen taz-Initiativ-Gruppen jedoch nur eine Steigbügelhalter-Funktion, an die heute nur noch die lokalen taz-Korrespondenten vor Ort erinnern.

Die taz spielt aber nicht nur in der linken Öffentlichkeit eine wichtige Rolle, sie hat eine doppelte Funktion, nach innen und nach außen. In der institutionell nicht gesicherten Gegenöffentlichkeit hat sie eine zentrale Stellung, insofern sie den heterogenen Teilen als kommunikative Instanz zur Verfügung steht, diese miteinander verknüpft. Sie dient als überregionales Forum, den Diskurs zu gewährleisten und den Prozeß der Selbstverständigung voranzutreiben. Für die Aktivitäten und Ziele der neuen sozialen Bewegungen schafft sie Öffentlichkeit und Publizität. So hat sie der Friedensbewegung als Kommunikationsinstrument gedient, die dezentralen Aktivitäten bekanntzumachen, wie auch die politischen und strategischen Fragen des Friedensprotestes bundesweit zu diskutieren und zu dokumentieren. Da in diesen populistischen Bewegungen die verschiedensten Bevölkerungsschichten sich immer wieder neu, an Hand wechselnder Problemfelder, zusammenfügen, während sie im Alltag weitestgehend voneinander getrennt sind, muß die taz die Interessensvielfalt dieser Gruppen kommunikativ verbinden. Die Organisierung dieser heterogenen Erfahrungslagen ist insofern wichtig, als sie den kollektiven Lern- und Emanzipationsprozeß der Protestpotentiale vorantreibt.

Indem die Tageszeitung die Meinungen einer ausgegrenzten Teilöffentlichkeit zur Geltung bringt, hat sie aber auch einen zentralen Stellenwert für die Gesamtgesellschaft. Sie gibt einen Einblick in einen Bereich alternativer Produktion und Reproduktion, in die marginalisierten Lebenswelten und Widerstandspotentiale, die dem direkten Zugriff des Staates, der Parteien und Verbände weitestgehend entzogen sind. Der Gegendiskurs wird von der taz auf die Ebene des herrschenden Diskurses transformiert. Diesem »schmarotzerhaften Öffentlichkeitseffekt« (Simeon) verdankt die Tageszeitung auch ihr Ansehen bei den liberalen Journalisten, mehr noch, bei den etablierten Medien ist sie als Innovationspotential, als Nachrichtenlieferant und Informationsquelle — zu Bereichen, zu denen man selbst keinen Zugang hat — geradezu begehrt und beliebt.

Über die Qualität der taz-Berichterstattung soll hier nichts weiter gesagt werden, was bei der Lektüre einer wachsenden Zahl von Artikeln sich allerdings zeigt, das ist ein seltsamer Inversionsprozeß: Beim Bemühen, Öffentlichkeit zu schaffen für ausgegrenzte Themen und Sachverhalte, werden die impliziten Widersprüche und Ungereimtheiten oft glattgebügelt und ausgemerzt, so daß die intendierte Aufklärung in ihr Gegenteil umschlägt. Beim Bemühen, flotte, eingängige Artikel zu formulieren, hat sich ein linker Boulevardstil durchgesetzt, der beim anspruchsvollen Leser das Gefühl zurückläßt, »das kann doch nicht alles gewesen sein«.

Scharfsinnige Analysen, Nachforschungen vor Ort, Prüfung von Informationen, Suche nach Dokumenten, das ist die Sache der taz nicht, das kostet zu viel Zeit und Geld und beides ist nicht vorhanden. Was gefragt ist, das ist die exponierte Meinung, die im Gewand der flotten Schreibe daherkommt. Man mißt dem moralisierenden Urteil mehr Wert bei, als der konkreten Analyse — da ist die taz ganz französisch. Der linke Gesinnungsjournalismus der taz, der oft mit plakativen Versatzstücken eines angeblich verbürgten linken Weltbildes arbeitet, trägt damit aber eher zu einem Prozeß der Ab-, als der Aufklärung bei.

Gleichwohl kann die Funktion der linken Tageszeitung im Spektrum der bundesrepublikanischen Tagespresse nicht hoch genug bewertet werden. Trägt sie doch dazu bei, daß das Meinungsspektrum der Tagespresse — idealiter nach dem Modell der Außenpluralität organisiert — ein Stück weit nach links erweitert wird. Immerhin ist die taz eine derjenigen sechs Zeitungen, von 25 Zeitungsneugründungen in der Zeit von 1954 bis März 1983, die den Zutritt zum Tageszeitungsmarkt geschafft haben (vgl. Kiefer 1982:730).

Schließlich spielt die taz im Durchbrechen der Meinungsmonopole, im Aufbrechen von Herrschaftswissen eine wichtige Rolle, insofern sie eine Heerschar von Gegen-Experten und Gegen-Interpreten zu Wort kommen läßt. Diese linke Expertokratie hat sich im Zuge eines Aneignungsprozesses von unten ausgebildet, in dem die neuen sozialen Bewegungen in Fragen der Umwelt, Ökologie, Friedenspolitik usw. eine ungeheure Kompetenz entfaltet haben. Indem die taz diese alternativen Spezialisten und Profis zu Wort kommen läßt, ist sie allerdings an der Produktion einer *Gegen-Expertenöffentlichkeit* beteiligt, die sich dadurch auszeichnet, daß sie nur noch spezifische Erfahrungen verarbeitet, die höher organisiert ist als diejenige der Alltagsöffentlichkeit. Nicht zuletzt aber ist die Thematisierungsfunktion der taz zu nennen, hat sie es doch immer wieder geschafft, politisch brisante Themen aufzugreifen und einer Erörterung zugänglich zu machen. Ohne die alternative Tageszeitung hätte das Thema Volkszählung beispielsweise wohl nicht die Karriere gemacht, die es zu einem öffentlichen Thema hat werden lassen.

3. Zum Formwandel der linken Öffentlichkeit

Der beschriebene Strukturwandel und Funktionsverlust der alternativen Presse deutet auf einen grundsätzlichen *Formwandel der Gegenöffentlichkeit* hin, der im folgenden kurz beleuchtet werden soll: War es besonders in der zweiten Hälfte der siebziger Jahre tendenziell zu einer Wiedervereinigung des Öffentlichen mit dem Privaten gekommen, in dem Sinne, daß durch das Private hindurch auf das Öffentliche, auf das Allgemeine Bezug genommen wird, so entkoppeln sich nun diese Bereiche wieder und es kommt zu den altgewohnten Trennungen. Die Strategie einer Politisierung der Privat- und Lebensbereiche, die als Gegenideologie zur bürgerlichen Privatheitsillusion dienen soll, zerbricht an einer zunehmenden Reprivatisierung der politischen Srukturen und alternativen Lebenszusammenhänge. Die Zeithorizonte zwischen Alltag, Privatbereich und Politik fallen wieder auseinander. Die Katastrophenmentalität eines Teils der neuen sozialen Bewegungen macht dies deutlich: „Es ist 5 vor 12, aber erst einmal (privat) in Urlaub fahren."

Diese erneute Aufspaltung und Trennung des Öffentlichen vom Privaten führt auf der einen Seite zu einer Hinwendung zu den Konzepten traditioneller Politik, zu einem neuen Selbständigkeitsmythos, der auch den Diskurs um individuelle Karrieren nicht ausschließt, auf der anderen Seite zu einer Abspaltung des Privaten, zu einem Rückzug auf das Selbst, zu einer neuen Innerlichkeit, in der eine Tendenz zur »Glücksuche im Privaten« (Negt) vorherrschend ist. Ein »neuer« Privatismus setzt sich durch, der u.a. aus einem gesteigerten Medienkonsum seine politische Identität zieht. Diese ab- und ausgegrenzte Privatsphäre, die vom Druck politischer Verantwortlichkeit entlastet ist, ist nun aber gerade die Basis öffentlichen politischen Handelns. Umgekehrt ist es gerade der Rückzug aus dem Kollektivismus, der eine Hinwendung zu den traditionellen Politikvorstellungen erst ermöglicht.

Basis dieses Reprivatisierungsprozesses ist der Zerfall der gegenkulturellen Sozialzusammenhänge, der u.a. am Funktionsverlust der Wohngemeinschaften sich festmachen läßt: Einst Refugium des kommunitären Zusammenlebens sind diese heute auseinandergebrochen, man zieht sich mit seiner »Beziehung«, oder auf sich selbst zurück, oder aber ihre Funktion wird auf das preiswerte Wohnen reduziert. Verstärkt wird dieser Privatisierungsprozeß noch durch eine neue Familienideologie, durch eine neue Mütterlichkeit, eine neue Verbindlichkeit, die den Rückzug ideologisch absichert respektive den Vormarsch der Kleinfamilie begünstigt.

Aber nicht nur auf medialer Ebene, wie oben beschrieben, sondern auch auf ökonomischer Ebene kommt es zu Konzentrations- und Krisenprozesen, die die Institutionen des alternativen Lebens zerbrechen lassen. Die Zufuhr staatlichen Geldes an diese Projekte potenziert oftmals den bereits laufenden Prozeß der Kommerzialisierung, indem nun auch die letzten Anteile qualitativ strukturierten Lebens und Arbeitens ausgegrenzt und kapitalistischem Rationalitätsdenken überantwortet werden.

In dem Maße wie die Instanzen des gegenkulturellen Lebens auseinanderbrechen, sich institutionalisieren, zerfallen auch die kommunikativ strukturierten Lebens- und Sozialzusammenhänge, die die Zellformen einer dialogisch-partizipatorischen Kommunikationskultur sind. Es kommt zu einem Zerfall der Diskussionsöffentlichkeit und die Orte der diskursiven Meinungs- und Willensbildung verlieren ihre Funktion. Nicht nur bleibt dabei das Egalitätsprinzip auf der Strecke, sondern es werden nun auch die nicht nach Effizienzkriterien strukturierten Freiräume zurückgeschnitten. Der aufs Universelle zielende Diskurs wird zurückgedrängt zugunsten vereinzelter Gespräche, die sowohl den Stachel des Utopischen als auch den Bezug zu gesellschaftsverändernden Theorien verloren haben. War noch die Studentenrevolte durch große Debatten und öffentliche Kontroversen gekennzeichnet, in denen die exponierten Vertreter unterschiedlicher politischer Positionen in einem öffentlichen Disput engagiert miteinander stritten, Dahrendorf und Dutschke, Habermas und Biedenkopf, Adorno und Offe, Augstein und Enzensberger usw., so ist heute eine Debatte ohne feste Paradigmen vorherrschend, vielfältig, brav und moderat: »die Gesellschaft als talk show«.

Teach-in, Vollversammlungen, WG-Diskussionen, Sponti-Plenum etc., die Medien der diskursiven Meinungs- und Willensbildung sind zerfallen, und es kommt zu einer Rücknahme personaler Kommunikation und Interaktion. Denn in dem Maße, wie die kommunikativ strukturierten gegenkulturellen Sozialzusammenhänge auseinanderbrechen, schieben sich mediale Vermittlungsinstanzen dazwischen. Ein Prozeß der *Mediatisierung der Gesprächsöffentlichkeit* setzt ein, in dem nun auch in den westdeutschen Bewegungskulturen die dialogische Interaktion durch mediale Kommunikation weitestgehend ersetzt wird.

Höhepunkt dieser Entwicklung ist eine Mediatisierung der Politik, die die politischen Themen nicht mehr nach deren Inhalt bemißt, sondern an der möglichen Medienwirksamkeit. »taz« und andere alternative Medien organisieren den Disput, der aus sich selbst heraus sich nicht mehr entfalten kann, und die tägliche Kommentierung gibt noch den Interpretationsrahmen vor, in dem der Entpolitisierte sich bewegen soll. Man diskutiert nicht mehr selbst, man läßt diskutieren. Damit aber ersetzt die private, individuelle Rezeption die kollektiven Interaktions- und Kommunikationsprozesse, *privater Konsum ersetzt die kollektive Aneignung.*

Aber auch die Öffentlichkeit der »grünen« Bewegung hat sich infolge des Parlamentarisierungsprozesses verändert. Hervorgegangen aus den Diskussionszusammenhängen des fundamentaloppositionellen Protestes, hat sich die »grüne« Partei mittlerweile von den Basis-Diskursen abgetrennt und eine eigene Parteiöffentlichkeit ausgebildet. Weit davon entfernt eine Bewegungspartei zu sein, kann sie die Interessen der außerparlamentarischen Bewegungen nicht mehr umstandslos für sich proklamieren, sondern diese allenfalls *repräsentieren*. In dem Maße aber, wie sich die »Grünen« von ihrer Basis abkoppeln, werden institutionalisierte Vermittlungsinstanzen nötig, den unterbrochenen Kommunikationsfluß zu kompensieren. D.h. Propaganda und traditionelle PR-Maßnahmen werden eingesetzt, um das privatisierte, mediatisierte Wählerpublikum, die sog. Basis, sporadisch zu mobilisieren. Auch innerhalb der Partei findet ein offener, basisdemokratischer Diskurs nicht mehr statt, ein vertikaler Kommunikationsfluß hat die Ansprüche an eine egalitäre Meinungs- und Willensbilung von unten nach oben pervertiert. Die »grünen« Medien schließlich, die Parteipresse, ist nicht in der Lage, den Parteidiskurs zu führen, sind die einzelnen Zeitungen und Blätter der Partei doch zu Kampfmitteln im Richtungsstreit der rivalisierenden Strömungen verkommen.

Aber auch die Kulturproduktion wird kommerzialisiert und profanisiert (vgl. Baier 1984). Ist dieser Bereich auf dem Höhepunkt der außerparlamentarischen Protestkonjunktur noch integraler Bestandteil der Projektes vom »alternativen Leben«, d.h. Malerei, Musik, bildende Kunst, Poesie usw. sind die Elemente eines lebendigen Experiments, das die »neue« Gesellschaft anvisiert, so ist dieser Zusammenhang nun endgültig auseinandergebrochen. Auf der einen Seite wird Kunstproduktion zum Selbstzweck, das Formprinzip, die Ästhetik verselbständigt und verabsolutiert sich, zum anderen macht sich ein Konsumismus breit, ein Kulturräsonnement, das einzig an den wechselnden Moden noch interessiert ist. Die alternative Kulturproduktion wird Teil der kapitalistischen Bewußtseinsindustrie, mit der sie auch die Kommerzialisierungs- und Vermarktungsmechanismen übernimmt. Im Zuge dieses Integrationsprozesses werden auch die Symbole des Protestes, die Widerstandssymbolik, von ihrer ursprünglichen Funktion entbunden und können so für kommerzielle Verkaufsstrategien eingesetzt werden. Auch die sprachlichen und literarischen Verarbeitungsformen des Protestes finden ihren Platz auf dem kommerziellen Markt der Absatzwirtschaft. Hinzu kommt ein genereller Konsumismus, der, bedingt durch das Auseinanderbrechen der geselligen Kommunikations- und Lebenszusammenhänge, sich vollends entfalten kann. Die unverbindlichen Gruppenaktivitäten einer »Single-Kultur«, die in den individualbezogenen Ausformungen der Gegenkultur, z.B. in der Psychokultur einen guten Nährboden finden, machen dies deutlich.

Heißt das nun, daß die Ansätze einer anderen Form von Öffentlichkeit gescheitert sind? Heißt das, daß die Alternativzeitungen, die Träger dieser Öffentlichkeit, allesamt nun Teil der vorherrschenden bürgerlichen Öffentlichkeit geworden sind? Es liegt nahe, eine solche Position zu beziehen und diese Entwicklung seit 68 als eine nachgeholte »bürgerliche« Revolution zu interpretieren, die in der Bundesrepublik Deutschland nicht stattgefunden hat. Dementsprechend lassen sich auch alle Prozesse politischer Identitätsbildung als Befreiung vom Untertanengeist bezeichnen (Gollwitzer), die die bürgerliche Subjektivität wieder herstellen. Mathias Horx (1985: 116) hat in seinem Abgsang auf den Kollektivmythos den Zusammenhang der bürgerlichen Freiheitsideale mit der gegenkulturellen Szene aufgezeigt: „Dort, wo die Alternativkultur die romantische Liebe gegen die formalisierte Ehe, die Kooperation gegen die kalten Gesetze der Ökonomie, die Wohngemeinschaft gegen die Kleinfamilie setzte, griff sie — in moderner Form — die bürgerlichen Freiheitsideale wieder auf. Im Unterschied zum klassisch-bürgerlichen Liberalismus schuf sie eine Kultur der Emanzipation, die radikaler das Individuum veränderte, weitere »autonome Lebensräume« schuf, als der humanistische Citoyen von einst es je verkraften konnte." Aber auch eine andere Interpretationsfigur entbehrt nicht einer gewissen Plausibilität, nämlich die vom Dualismus zwischen den traditionellen Formen von Öffentlichkeit und den autonomen Ansätzen von Gegenöffentlichkeit (vgl. Habermas 1985: 247).

Wir halten sowohl die Position von der totalen Vorherrschaft, von der Dominanz bürgerlicher Öffentlichkeit als auch diejenige, die von einer Polarität ausgeht, für nicht ausreichend, denn wir sind der Meinung, daß es genügend Anzeichen dafür gibt, daß beide Öffentlichkeitstypen einander überlagern und überlappen. Es kommt tendenziell zu einer Verschränkung und Durchdringung von bürgerlicher und alternativer Öffentlichkeit. Entlang dieser Überschneidungslinien, an den Bruchstellen gleichsam, entstehen die Ansätze einer neuen Form von Öffentlichkeit, die wir sehr provisorisch »authentisch« genannt haben. Da wo alte und neue Formen von Öffentlichkeit sich übereinanderschieben, werden die Formelemente einer neuen Öffentlichkeit ausdifferenziert. Dieser neue Typus von Öffentlichkeit hält einerseits fest an den positiven Elementen bürgerlicher Öffentlicheitsproduktion (Professionalismus, Ästhetik, Investigativ-Journalism, ... usw.), reaktiviert diese, wirft aber auch die erhaltenswerten Teile einer alternativen Medienproduktion nicht auf den Müllhaufen der Geschichte: radikale Subjektivität, Erfahrungsverarbeitung, Parteilichkeit usw.

Kapitel 9
Inhalt und Funktion einer »neuen«, »authentischen Öffentlichkeit« — Zusammenfassung und vorläufige theoretische Einordnung

1. Zur Diskontinuität alternativer Öffentlichkeitsproduktion

Läßt man die von den neuen sozialen Bewegungen ausgebildeten Formen von Öffentlichkeit Revue passieren, dann sieht man, daß die anfänglich unterstellte Annahme, es gäbe eine logische und auch qualitative Entwicklung von der utopischen Forderung, eine Gegenöffentlichkeit aufzubauen, bis zu deren Realisierung, nicht haltbar ist. Eine solche, quasi teleologische Entwicklungslinie läßt sich nicht ausmachen, der Entwicklungsprozeß alternativer Öffentlichkeitsproduktion seit 68, wie er hier in Hauptzügen dargestellt worden ist, ist vielmehr durch eine Dialektik von Kontinuität und Bruch gekennzeichnet.

Bereits die der Revolte nachfolgende Phase des »Interventionismus« hat den radikalen Öffentlichkeitsanspruch der Antiautoritären pervertiert, indem sie die egalitären Entscheidungs- und Willensbildungsstrukturen zurückdrängt zugunsten eines Kaderprinzips, das durch *Nicht-Öffentlichkeit* sich auszeichnet. Postuliert die Studentenbewegung noch das »Herstellen von Öffentlichkeit« und das »Einbringen von Eigeninteressen«, so sind die marxistisch-leninistischen Parteien und Zirkel an solchen Prinzipien nicht mehr interessiert. Personale, subjektive Erfahrung wird als unpolitisch ausgegrenzt und abqualifiziert. An die Stelle einer Dialektik von Aktion und Aufklärung tritt Agitation und Propaganda, was auch die Mittel sind, mit denen den entfremdeten Massen das »richtige« Bewußtsein nahegebracht werden soll. Das »Prinzip Öffentlichkeit« und der egalitäre Duktus der Bewegung werden zurückgenommen zugunsten formalisierter Partei- und Öffentlichkeitsstrukturen, zugunsten einer Hierarchie, in der die Parteileitung den einfachen Mitgliedern per Dekret die »richtige«, »revolutionäre« Linie vorgibt.

Erst die in der zweiten Hälfte der 70er Jahre, sich ausbildende Alternativbewegung, die auch gegen das traditionalistische Politikverständnis der

K-Gruppen gerichtet ist, nimmt das Postulat vom Aufbau einer Gegenöffentlichkeit wieder auf. Sie bildet, vor allem vermittels einer Unzahl alternativer Medien, die Ansätze einer autonom strukturierten Gegenöffentlichkeit aus, die als Reflexionsinstanz kollektiver Diskurse dienen.

Die Bürgerinitiativ- und Friedensbewegung hingegen sind am Aufbau und an der Konsolidierung von Gegenöffentlichkeit kaum interessiert. Aufgrund ihrer strategischen Grundorientierung ist ihnen weniger an der Absicherung einer kommunikativen Infrastruktur als an der *Entfaltung maximaler Publizität* gelegen, die den öffentlichen Druck auf Entscheidungsinstanzen und -personen erhöhen soll. Ein Maximum an Öffentlichkeit aber läßt sich eher vermittels des etablierten Mediensystems herstellen als über die alternativen Medien, die primär auf die gegengesellschaftlichen Sozialzusammenhänge bezogen sind. Aufgrund der sozioökonomischen Zusammensetzung ihrer Mitgliederbasis („neue Mittelschichten«), haben diese Bewegungen auch, im Gegensatz zu den Alternativen beispielsweise, einen gewissen Zugang zu den lokalen und regionalen Kommunikatoren.

Für die Grünen sind die Zugangsschranken zum etablierten Mediensystem ohnehin weitestgehend ausgeschaltet, haben diese doch, aufgrund ihrer Parlamentszugehörigkeit, den Status eines Absenders erzielt, der nötig ist, um von den etablierten Zeitungen wie auch dem öffentlich-rechtlichen Rundfunk gehört zu werden. Demzufolge beziehen sich die Grünen auf die Zeitungen der Gegenöffentlichkeit nurmehr als willkommene Verteilungsinstanzen eines möglichen »Gegendiskurses«.

Entsprechend der politischen Grundorientierung und ihrer inhaltlichen Ausrichtung haben soziale Bewegungen unterschiedliche Protest- und Durchsetzungsstrategien sowie voneinander abweichende Handlungsinstrumente entwickelt, um ihr Ziel zu erreichen. „... die Veränderung nationaler gesetzlicher Bestimmungen oder poltischer Entscheidungen (...) erfordert andere Mobilisierungs- und Organisationsformen als der örtliche, auf die Verhinderung großtechnischer Projekte konzentrierte Widerstand; der Kampf gegen Kernkraftwerke bietet und erfordert die Nutzung anderer Handlungsoptionen als der Kampf um besetzte Häuser; die gegenkulturelle Veränderung der eigenen Lebenszusammenhänge, der Aufbau alternativer Projekte, legt andere Orientierungsmuster und strategische Perspektiven nahe als die direkte Auseinandersetzung mit der staatlichen Administration oder die Mobilisierung öffentlichen Drucks, um parlamentarische oder innerparteiliche Mehrheiten zur Verhinderung bestimmter Entscheidungen oder zur Durchsetzung konkreter Ziele zu gewinnen." (Brand u.a. 1983: 193)

Analog dazu differieren auch die Formen von Öffentlichkeit, die die jeweiligen Bewegungen ausbilden. So hat die Studentenbewegung zwar rudimentäre Ansätze einer Gegenöffentlichkeit entfaltet, da diese aber nicht ausreichend sind, nutzt sie das breite Medieninteresse ungeniert und macht die Zeitungen und Medien des etablierten Mediensystems zu ihrem Resonanzboden. Nicht zuletzt hängt das mit dem aufklärerischen Impetus der Bewegung zusammen, der primär an der Reorganisation und Restauration einer Öffentlichkeit liberalen Zuschnitts interessiert ist.

Auch die Bürgerinitiativ- sowie die Friedensbewegung bringen dem System der Massenkommunikation ein mehr oder weniger ausgeprägtes *instrumentelles Interesse* entgegen. Nicht nur operieren diese Bewegungen mit dem Druck der Straße, entfalten eine umfangreiche Demonstrations- und Straßenöffentlichkeit, eine *Primäröffentlichkeit*, die beispiellos für bundesrepublikanische Verhältnisse ist, vermittels der bürgerlichen Medien gelingt es ihnen auch, in der Öffentlichkeit eine Konkurrenzkampagne zu initiieren, in der sie mit Entscheidungsträgern und staatlichen Instanzen um die verbindliche Interpretation des Gemeinwohls ringen. An dieser »Doppelstrategie« zeigt sich, daß diese Bewegungen die Dialektik von spontaner und bürgerlicher Öffentlichkeit zu nutzen wissen, indem sie gleichermaßen die etablierten Medien in Anspruch nehmen, ohne auf die alternativen zu verzichten. Diejenigen Bewegungen, die eng mit dem etablierten Mediensystem kooperieren, sind ständig der Gefahr ausgesetzt, daß sie Öffentlichkeit bloß »herstellen«, anstatt daß *aus* und *durch* die Vielfalt der dezentralen Basisaktivitäten sie sich entfaltet. Der instrumentelle Einsatz etablierter Medien schafft zwar ein Maximum an öffentlicher Aufmerksamkeit, darüber aber droht der Bezug zur eigenen Basis, zu den eigenen Erlebniswelten verloren zu gehen. Eine Öffentlichkeit aber, die diesen Bezug zum Lebenszusammenhang verliert, die sich nicht mehr auf die Erfahrbarkeit und die Verhältnisse einer unmittelbaren Lebenswelt bezieht, kann die Funktion, die heterogenen Erfahrungslagen zu reflektieren, nicht wahrnehmen, sie hat keinen Gebrauchswert für die Beteiligten. Damit aber sind diese Bewegungen tendenziell an der Produktion von Scheinöffentlichkeiten beteiligt, die vornehmlich der Absicherung des Status quo dienen.

Einzig die Alternativbewegung hat ansatzweise eine Form von Öffentlichkeit realisiert, die dem in der Revolte formulierten Paradigma einer »kritisch besetzten Gegenöffentlichkeit« entspricht und die für die Beteiligten ein Medium des Diskurses und der Verallgemeinerung darstellt. An dieser erfahrungsgeleiteten Öffentlichkeit — wir haben sie in Anlehnung an Negt/Kluges Produktionsbegriff »Produktionsöffentlichkeit von Erfahrung« genannt — haben wir unsere Vorstellungen einer möglichen *»neuen« Produktionsöffentlichkeit* festgemacht, die Strukturelemente proletarischer Öffentlichkeit realisiert, ohne eine solche zu sein.

Warum aber, so muß man fragen, hat gerade die Alternativbewegung eine

solche Form von Öffentlichkeit herausgebildet? Das hängt zweifellos mit der antiinstitutionellen Grundhaltung zusammen, die primär am Aufbau einer Gegenkultur, einer altenativen Gegenwelt, interessiert ist und nicht, wie »staatsadressierte« oder »kontrahentengerichtete« Bewegungen, an der Durchsetzung eingrenzbarer Forderungen. So ist der Aufbau einer Gegenöffentlichkeit, in der die Alternativzeitungen die Funktion haben, die heterogenen Teile der Bewegung kommunikativ zu verküpfen und einen Kommunikationszusammenhang zu institutionalisieren, nur die logische Konsequenz des Autonomieansatzes. In dieser Öffentlichkeit geht es nicht nur um eine Selbstaufklärung, sondern auch darum, die individuellen Erfahrungswelten zu kollektivieren und sie im Hinblick auf politische Praxis anzuleiten. Nebenbei bemerkt hat die Alternativbewegung damit die einzig mögliche Organisationsform einer undogmatischen Bewegung, die sich gegen Hierarchie und Institutionalisierungs-
prozesse wendet, realisiert: die Organisation vermittels Kommunikation.

2. Die invarianten Elemente alternativer Öffentlichkeitsproduktion

Ich bin gleichwohl der Meinung, daß trotz der beschriebenen Unterschiedlichkeit der alternativen Öffentlichkeitstypen und -formen, eine gewisse Linearität und Kontinuität sich aufzeigen läßt, die auf eine »neue« Form von Öffentlichkeit hinweist: auf eine, die sich nicht auf ausgeprägte Institutionen und starre Strukturen stützen kann, die sich auch nicht auf feste gesellschaftliche Gruppen bezieht, die aber gleichwohl, trotz des Formwandels, in bestimmten Elementen eine eigentümliche Stabilität gewahrt hat. Fassen wir die einzelnen Etappen des von uns beschriebenen Produktionsprozesses zusammen, dann wird klar, daß, trotz aller Widersprüchlichkeit und Heterogenität der einzelnen Öffentlichkeitsformen, diese auf ein identisches Merkmal, nämlich auf den Lebenszuammenhang des Menschen, als ihre Substanz sich beziehen.

Als die Studenten '68 verblüfft konstatieren, daß sie von Teilen der Öffentlichkeit enteignet sind, versuchen sie zunächst die normativen Öffentlihkeitsangebote der bürgerlichen Gesellschaft einzuklagen. Dabei wird in einem schmerzhaften Desillusionierungsprozeß die Annahme destruiert, ein solches Modell liberaler Öffentlichkeit ließe sich wieder herstellen. Die Propagierung eines emphatischen Begriffs von Gegenöffentlichkeit ist dann nur die Konsequenz aus dem Scheitern. Realisiert wird dieser Anspruch aber erst durch die Alternativbewegung, was wohl auch damit zusammenhängt, daß diese

Bewegung nicht mehr primär an der Aufklärung der Gesellschft, sondern an einem Selbstaufklärungsprozeß der Beteiligten interessiert ist.

Erst die Alternativbewegung produziert eine »kritische Gegenöffentlichkeit«, die geradezu paradigmatischen Charakter für Inhalt und Form einer »authentischen Öffentlichkeit« hat, die wir hier begründen wollen. Die Entfaltung eines breiten Spektrums alternativer Medien und die damit verbundenen Ansätze einer autonomen Öffentlichkeit sind dann gleichsam der Hintergrund, auf dem die Friedensbewegung wiederum das etablierte System der Massenmedien instrumentell einsetzen und nutzen kann. Mit dem Institutionalisierungsprozeß der »Grünen« scheint die *Grundlegung einer »neuen« Öffentlichkeit* abgeschlossen, setzen die Grünen doch das System alternativer Medien voraus, um nahezu ungeniert und vorurteilsfrei mit den Institutionen des Systems, mit dem Medienapparat zu interagieren. Was wir hier sehen, ist, daß der Prozeß der »Selbstkonstitution der neuen sozialen Bewegungen« (vgl. R. Roth, 1985) begleitet wird von einem ebensolchen *Konstitutionsprozeß einer »neuen« Form von Öffentlichkeit*.

Jenseits der Zyklik der neuen sozialen Bewegungen lassen sich die identischen Merkmale einer Öffentlichkeit ausmachen, die wir »authentisch« genannt haben. »Authentisch« nicht nur deshalb, weil uns der Begriff »Gegenöffentlichkeit« nicht differenziert genug erscheint, sondern, weil mit Authentizität eine politische Perspektive bezeichnet wird, die von der antiautoritären Revolte ihren Ausgang nimmt, Mitte der siebziger Jahre nicht nur in der Alternativbewegung sich durchsetzt und mittlerweile auch Teile der Gesamtgesellschaft erfaßt hat. Das ist die Hinwendung nach »unten«, zu den je individuellen Erfahrungen der Menschen, zu den Erlebniswelten der Betroffenen, die aus der traditionellen Politikperspektive meist ausgegrenzt und von ihr abgespalten werden. »Authentisch« aber auch deshalb, weil dieser Begriff klassen- und schichtenunabhängig ist, d.h. diese Kategorie ist sowohl unterhalb als auch jenseits einer möglichen kategorialen Bestimmung wie »bürgerlich« oder »proletarisch« angsiedelt, bezeichnet sie doch weniger einen Idealtypus, hat mithin weniger metaphorischen Charakter, wie etwa proletarische Öffentlichkeit, sondern bezieht sich weitestgehend auf real empirische Erfahrunglagen, Lebenszusammenhänge und Interaktionsprozesse von Betroffenen.

3. Erfahrung und Öffentlichkeit

Gleichwohl knüpfen wir am Erfahrungsbegriff von Negt/Kluge an, allerdings in dem Sinne, daß Erfahrungen unmittelbar an soziale Bewegung als auch an

Reflexionsprozesse gebunden sind, da allein aus sich heraus sie sich nicht entfalten können. Frank Böckelmann argumentiert vor dem Hintergrund eines systemtheoretischen Bezugsrahmens gegen das Konzept einer »proletarischen Öffentlichkeit« und behauptet, daß dieses Konzept einer emanzipativen Öffentlichkeit auf Annahmen beruhe, die »im Verlauf *historischer* Prozesse problematisch« geworden seien. Die unverzichtbare, aber fragwürdige Prämisse sei der Begriff einer »authentischen Erfahrung«, die sich auf eine soziale Realität stützt, die in sich eindeutig sei. Nach Luhmann aber, auf den sich Böckelmann (1975: 22) bezieht, kann die Prämisse einer eigen- und einsinnigen Realität nicht mehr länger als haltbare Überzeugung gelten, diese täusche über das Risiko und die Kontingenz von Weltentwürfen hinweg. „Die Vorstellung der Welt als Grund des Seienden, der Natur als normativer Ordnung und der Erfahrung als Entsprechung oder Verfehlung eines Zugrundeliegenden ordnet Luhmann einer Gesellschaft mit geringer sozialer Komplexität zu". Wenn aber, so wird weiter argumentiert, mit der zunehmenden Komplexität unserer Gesellschaft zwischen mehreren Arten möglichen Erlebens gewählt werden muß und jeder bestimmte »Sinn« unwahrscheinlicher wird, dann verlieren aktuelle Erfahrungen und Bewußtseinszustände ihre Verbindlichkeit. „Abstraktere Prämissen der Erlebnisverarbeitung ersetzen die konkreten. (...) »Erfahrung« ist nicht länger der mehr oder weniger adäquate Ausdruck eines Soseins, einer vorgegebenen, substrathaften »Welt«." (Böckelmann 1975: 24) Diese Kritik zielt auch gleichermaßen auf das von Habermas formulierte normative Konzept bürgerlicher Öffentlichkeit, denn auch diesem liegt die Annahme zugrunde, „daß die Interessen der einzelnen Individuen nicht rein subjektiver Natur, sondern, da gesellschaftlich vermittelt, einer allgemein rationalen Argumentation zugänglich sind, die zu allgemeiner Zustimmung, wenn nicht gar zu Übereinstimmung führen kann" (Naschold 1969: 29).

Böckelmann sagt also, daß in komplex organisierten und differenzierten Gesellschaftsformationen von der Kompatibilität individueller Erfahrungslagen, von identischen Erfahrungen, nicht mehr ausgegangen werden kann. Diese Kritik geht allerdings an denjenigen Öffentlichkeitskonzepten vorbei, die sich nicht auf eine, wie auch immer geartete, Substanz, sondern auf eine kumulative Wieder- und Neuaneignung von Erfahrung und damit sozialer Realität beziehen. Sie verweist aber auf einen Sachverhalt, der erwähnenswert ist, nämlich darauf, daß auch das hier vorgestellte Konzept einer »authentischen Öffentlichkeit« an wenig komplexen Sozialzusammenhängen gewonnen worden ist. Die hier analysierten Öffentlichkeiten sind ja unmittelbar (rück)-bezogen auf die überschaubaren Lebenszusammenhänge neuerer Protestpotentiale. Problematisch erscheint deshalb eine bruchlose Übertragung der hauptsächlich in den Gegenkulturen ausdifferenzierten Öffentlichkeitsansprüche und -formen auf komplexere Gesellschaftsstrukturen. Deshalb muß der Prozeß der *Entfaltung* einer solchen »neuen« Form von Öffentlichkeit begleitet sein von Reflexionsprozessen, in denen die von uns herausgearbeiteten Prämissen im Hinblick auf ihre Praktikabilität und Verallgemeinerbarkeit geprüft werden. Das aber muß weiteren Arbeiten vorbehalten bleiben. Vor allem muß eine Unterscheidung zwischen primärer und sekundärer, medienvermittelter, Erfahrung vorgenommen werden, sind Medien doch die Instrumente, über die sich *mittelbare Erfahrung* überträgt. »Von (...) mittelbarer Erfahrung handeln die Medien, von etwas anderem können sie nicht handeln« (Kluge 1985: 95f.).

Im Gegensatz zur Neigung »gebildeter Schichten« in »hochentwickelten Gesellschaften«, den Eigenerfahrungen zu mißtrauen und sie an der kulturindustriell vorgefertigten Fremderfahrung zu messen (vgl. Ronneberger 1971: 83), haben die fundamental-oppositionellen Protestbewegungen die Lebensinteressen zum Kriterium ihrer Orientierung gemacht. In diesen Sozialzusammenhängen wird ständig der Anspruch einer *unmittelbaren Erfahrungsproduktion und -Aneignung* propagiert. Das nun aber hat oftmals zu einer Fetischisierung des Erfahrungsbegriffs geführt, der die Bildung wirklicher Erfahrung geradezu verhindert hat [9], haben die neuen sozialen Bewegungen doch die Differenz von mittelbarer und unmittelbarer Erfahrung oft nicht gesehen, das Spannungsverhältnis nicht ausgehalten. Die Verabsolutierung eines undifferenzierten Erfahrungsbegriffs wird damit aber zur Hemmschwelle gegenüber solcherart Medien, die a priori komplex und damit ungeeignet erscheinen, Eigenerfahrung zu transformieren und zu reflektieren. Nur so ist die Medienabstinenz gegenüber nicht überschaubaren Medien und die Hinwendung zu bodenständigen, einfachen Medientechnologien verständlich. Worum es in Zukunft gehen muß, das ist, den Mythos des Primats von der authentischen Erfahrungs- und Erlebnisproduktion, hinter der alle andere, mittelbare Erfahrung nurmehr als minderwertig, zweitklassig erscheint, zu destruieren. Denn außer Frage steht, daß nicht nur die »Grünen«, sondern auch die »neuen« Mittelschichten als neue gesellschaftliche Kraft, sich der technischen Herausforderung der modernen Kommunikationstechnologien stellen müssen. Hier aber gilt nach wie vor, daß gegen eine »Industrialisierung des Bewußtseins« nur wirksame Gegenprodukte sinnvoll sind: „Gegenüber großen Massenmedien, die Fernsehen betreiben, ist Kulturkritik nur wirksam, wenn sie in Produktform auftritt. Ideen können nicht gegen materielle Produktion kämpfen, wenn diese die Bilder okkupieren." (Kluge 1985: 125)

Wir sind deshalb der Meinung, daß es in Zukunft nicht nur sinnvoll ist, zwischen »mittelbarer« und »unmittelbarer« Erfahrung zu unterscheiden, sondern auch, im Hinblick auf eine entfaltete »authentische Öffentlichkeit«, von einer *»notwendig geteilten Öffentlichkeit«* (vgl. Rust 1982) zu sprechen: einer solchen, die sich auf das Alltagshandeln und die lebensweltlichen Diskurse bezieht — hier ist eine Erlebnis- und Erfahrungsverarbeitung möglich —, und einer solchen, die notwendigerweise diese Erlebniswelten nicht unmittelbar abbilden und verallgemeinern kann. Damit wird anerkannt — im Gegensatz zu bestimmten kulturkritischen Positionen, die fortwährend die Unmittelbarkeit beschwören und einklagen — daß beispielsweise im städtischen Leben der Anteil der Eigenerfahrung, als Folge zunehmend arbeitsteiliger Prozesse, sich ständig vermindert, vermindern muß. Ein irreversibler Prozeß, den es produktiv zu wenden gilt.

Um möglichen Einwänden gegen das Erfahrungskonzept, wie auch der Konstitutionsproblematik zu entgehen, beziehen wir uns in zweifacher Hinsicht auf die postmateriellen Werte der »neuen« Mittelschichten. D.h. diese neuen Werthaltungen und Normen sind sowohl a) konstitutiv für die »neue« Form von Öffentlichkeit, als auch b) setzen sie diese immer schon voraus. Die »neue«, »authentische Öffentlichkeit« ist mithin sowohl Ziel als auch Zweck.

ad a) Wir gehen davon aus, daß mit dem Konstitutionsprozeß der neuen sozialen Bewegungen neue Verhaltensweisen und normative Orientierungen sich bereits durchgesetzt haben. Diese Werte haben sich frei gemacht von den kapitalistischen Leistungsanforderungen und von den technizistischen Zwängen des Systems. Auf diese postmaterialistischen Werte, die an Dialogfähigkeit, Solidarverhalten, Humanität etc., anstatt an Macht und Hierarchie, Status und Leistung orientiert sind, bezieht sich die »neue« Öffentlichkeitsform. Diese qualitativen Werte sind geradezu konstititutiv für eine solche »authentische Öffentlichkeit«, *in der sie sich vollends entfalten.*

ad b) Umgekehrt ist eine solche Öffentlichkeit nicht nur Folge des Wertewandels, sondern sie wird immer schon vorausgesetzt. Hat sich bei der Analyse neuer sozialer Bewegungen doch gezeigt, wie wichtig die Ausbildung einer autonomen Öffentlichkeit ist, in der die, bislang blockierten, Erfahrungslagen und Interessen freigesetzt werden können. D.h. einzig in uneingeschränkten Öffentlichkeiten, in Lebenswelten, die sich freimachen von der instrumentellen Rationalität des Produktionsprozesses, in solcherart Gestaltungsspielräumen, die die präformierten Zeit- und Raumstrukturen überwinden, läßt sich gesellschaftliche Utopie, systemtranszendierendes Denken überhaupt erst ausbilden. Die »junge« Geschichte der fundamental-oppositionellen Protestgruppen ist deshalb immer verbunden mit dem *Kampf um den Zugang zur Öffentlichkeit.* Sind doch die erkämpften Freiräume, in denen der Horizont nicht auf die unmittelbare Bedürfnisbefriedigung eingeengt ist, in denen das Gelände der kollektiven Erfahrung ausgekundschaftet werden kann, die Bedingung dafür, dem Status quo zu entfliehen zu können. Die Ansätze einer »neuen« Form von Öffentlichkeit, die wir hier postulieren, sind gleichsam das Ergebnis dieses Kampfes, dieses Aneignungs- und Produktionsprozeses. In einer Situation der »neuen Unübersichtlichkeit« sind diese uneingegrenzten Basisöffentlichkeiten das Medium eines gesellschaftstranszendierenden Diskurses, da sich die klassischen Aufklärungsutopien weitestgehend erschöpft haben. (vgl. Habermas 1985: 141ff.) Nur in solchen Lebenswelten, die sich den Imperativen des Systems entziehen, sich diesen verweigern, sind die Individuen in der Lage, die normativen Werthaltungen und Orientierungen in Frage zu stellen, sich in einem langwierigen Lernprozeß von diesen abzukoppeln und zu emanzipieren. Die Ansätze einer »neuen« Form von Öffentlichkeit mögen derzeit zwar noch marginal und, bezogen auf die hohen Standards der Massenmedien von handwerklerischer Natur sein, gleichwohl bieten sie Raum für Aneignungsprozesse, die wiederum die Basis »politischer Subjektivität« sind.

4. Die Elemente der »neuen« Öffentlichkeit

Kommen wir aber nun zu den spezifischen Elementen, zu den Bausteinen dieser »neuen« Öffentlichkeit, die von den jeweiligen Bewegungen in unterschiedlicher Form und Intensität produziert werden. Auffallend ist, daß die Bewegungen gerade solche Strukturelemente von Öffentlichkeit reaktivieren, wie sie auch als Zellformen einer proletarischen Öffentlichkeit von Negt/Kluge kenntlich gemacht worden sind. D.h. die neuen sozialen Bewegungen haben in gewissem Sinne die Strukturmerkmale proletarischer Öffentlichkeit realisiert, ohne eine solche zu sein: kollektive Erfahrungsaneignung, Wiederaneignung von Lebensgelände und theoretische Reflexion.

4.1. Kollektive Erfahrung

In allen diesen Etappen des Produktionsprozesses einer neuen Form von Öffentlichkeit ist nicht nur individuelle, sondern auch kollektive Erfahrung gemacht worden, die die Basis kollektiver Lernprozesse ist, allerdings in unterschiedlicher Qualität. So hat die Alternativbewegung anfänglich eine »Produktionsöffentlichkeit von Erfahrung« realisiert, die die heterogenen Erfahrungslagen der Beteiligten zu kollektivieren und zu generalisieren suchte. Sehr schnell aber ist das Postulat von der Erfahrungsproduktion umgeschlagen, hat die Fetischisierung der Unmittelbarkeit — der subjektive Habitus der Bewegung — die Produktion »wirklicher« Erfahrung verhindert. An die Stelle von realer Lebenserfahrung ist die Produktion individueller »Befindlichkeit« getreten.

Auch die Friedensbewegung hat die Verarbeitung der Lebenswelt und der Lebensinteressen weitestgehend ausgespart, die Alltags- und Privatsphäre ist nicht wirklich angeeignet worden. Wir haben die Annahme zu begründen versucht, daß die Diskurse um Angst und Angstabwehr nicht vorgedrungen sind zu den realen Erfahrungslagen der Beteiligten. Auf Grund der engen Kooperation mit dem etablierten Mediensystem hat sich die Verwertungslogik der bürgerlichen Öffentlichkeitproduktion durchgesetzt und die Ansätze einer »authentischen Öffentlichkeit«, die die dissonanten Erfahrungen reflektiert, sind zurückgedrängt und überlagert worden.

Wie schwierig es in *Parteiöffentlichkeiten* ist, die ureigensten Alltags- und Lebenserfahrungen zum Gegenstand eines parteiischen Diskurses zu machen, hat die ML-Bewegung gezeigt, die sich gerade dadurch auszeichnet, daß sie die je individuellen Lern- und Emanzipationsprozesse ausgrenzt, privatisiert, zugunsten parteiischer Strategien, die an der historischen Notwendigkeit des proletarischen Klassenkampfes orientiert sind; tragen die individuellen Bedürfnisse der Parteimitglieder, die personalen Erfahrungen, doch immer schon das Kainsmal kleinbürgerlichen Individualismus, sind Merkmale des Klassenverrats.

Auch die »Grüne« Partei hat große Schwierigkeiten mit dem Alltag der politischen Subjekte. Einerseits wird der Erfahrungsansatz geschichtslos mystifiziert, dabei aber außer acht gelassen, daß eine umstandslose Transformation individueller, subjektiver Erfahrungsgehalte auf abgekoppelte mediale Ebenen, auf die Ebene parlamentarischer Öffentlichkeit, nur um die Preisgabe des emphatischen Gehalts, sprich Entpersonalisierung, Entprivatisierung möglich ist, was zu einer »Instrumentalisierung der Lebensinteressen« führt, andererseits gelingt es ihnen nicht, die höchst widersprüchlichen Erfahrungsgehalte der Mitgliederbasis wie auch die, womöglich entfremdeten, Interessen ihrer Wählerbasis zu erfassen und programmatisch zu überformen, haben sich doch die dazu eingesetzten Instrumente als mehr oder weniger kontraproduktiv erwiesen.

4.2. Wiederaneignung von Zeit und Raum

Zwar ist seit Mitte der siebziger Jahre die Emphase des emazipatorischen Aufbruchs zu Ende, und eine »Politik der Entgrenzung« ist an die Grenze des Wirtschaftswachstums gestoßen, gleichwohl haben die neuen sozialen Bewegungen eine Wieder- und Neuaneignung von Lebensgelände realisiert, allerdings mit unterschiedlicher Vehemenz. Vor allem der Alternativbewegung ist die rekonstruktive Aneignung rationalistisch-instrumentell organisierter Zeit- und Raumstrukturen gelungen, sie hat neues Lebensgelände eröffnet und damit die Grenzlinie qualitativ strukturierten Lebens bis weit in die Normalgesellschaft verschoben.

4.3. Verallgemeinerung und theoretische Reflexion

Zwar sind, wie oben beschrieben, Erfahrungen gemacht worden, deren theoretische Reflexion und Verarbeitung im Hinblick auf die Formulierung strategischer Handlungsperspektiven ist allerdings oftmals zu kurz gekommen. Selbst die K-Gruppen haben, mit etwas Zeitverzögerung sozusagen, nach dem Scheitern der Organisierung des Proletariats, die Konsequenzen aus ihren Fehlern gezogen und sich in mehr oder weniger geläuterter Form am kollektiven Diskurs zum Aufbau des Projektes einer grünen Partei beteiligt. Generell aber ist, spätestens seit der Revolte, die Identität von Theorie und Erfahrung, respektive Praxis immer wieder auseinandergebrochen. Denn im Gegensatz zu dieser Phase des politischen Aufbruchs, in der theoretische Reflexion ein zentrales Medium der Selbstverständigung ist, dominieren in allen anderen Bewegungen eingeschränkte, partikulare Diskurse, die an einer Verallgemeinerung wenig interessiert sind. Gesellschaftstheorie ist nicht länger der Schlüssel zu gesellschaftsverändernder Praxis (vgl. Roth 1983: 317). Mit der Ausgrenzung eines theoretischen Diskurses, mit dem Schwund an Theorie, das zeigt nicht nur die Alternativbewegung, geht aber die Fähigkeit verloren, Erfahrung auch wirklich zu reflektieren und zu verallgemeinerbaren Interessen und politischen Strategien zu verarbeiten, ein begriffsloser Erfahrungsfetischismus macht sich breit. Wenn aber Zugehörigkeit zur Bedingung des Verstehens wird, mangels universeller Utopien und kollektiver Strategien, dann wird der Integrationsdruck auf diese Bewegungen ungeheuer verstärkt, was wiederum Ab- und Ausgrenzungen zur Folge hat, die ebenso fatal sind.

5. Zur Dialektik von bürgerlicher und spontaner Öffentlichkeit

Die neuen sozialen Bewegungen haben nicht nur Strukturelemente proletarischer Öffentlichkeit entbunden, sondern auch solche der »klassischen«, bürgerlichen Öffentlichkeit reaktiviert. Das ist nicht verwunderlich, haben die existenten Instanzen und Institutionen der Gesellschaft doch nach wie vor eine verhaltensprägende Kraft und Stärke, die von den Oppositionsbewegungen schwerlich unterlaufen werden kann. Bei aller Radikalität, mit der diese die Normen und Werte der Gesellschaft in Frage stellen, sind sie doch auch in die Trägheit des Alltags eingebunden, die eigentümlich resistent gegenüber Veränderungsprozessen ist.

Interessant ist, daß die neuen Bewegungen besonders an solchen Vorstellungen und Ansprüchen anknüpfen, die das aufkommende Bürgertum in seiner Konstitutionsphase gegen die Arkanpraxis von Adel und Klerus setzte. Die neuen sozialen Bewegungen mobilisieren, inbesondere diejenigen Elemente eines Modells liberaler Öffentlichkeit, die durch den Strukturwandel derselben entweder pervertiert oder gleichsam ihrer originären Kraft beraubt worden sind. Sie mobilisieren die normativen Ansprüche einer Form von Öffentlichkeit, von der heute nur noch deren institutionelle Formen der Legitimation existent sind.

Nehmen wir als Beispiel die Literaturproduktion der Alternativbewegung, so sehen wir, daß diese, als eine der grundlegenden Instanzen der bürgerlichen Öffentlichkeit, in ihrer ursprünglichen Funktion wieder genutzt wird. Die Literatur der Bewegung wird gleichsam zum Medium der Selbstdarstellung, zum Medium eines Selbstverständigungsprozesses der politischen Szene. Aber auch im Film, Theater, Video etc. macht sich ein publikumsbezogener Subjektivismus breit, dem es um die Aneignung abgespaltener und entfremdeter Elemente des Ichs geht.

Es ist zwar ein konstitutives Element der »neuen« Öffentlichkeit, daß diese sich gegen Institutionalisierung und Etablierung wendet, gleichwohl ist der Konstitutionsprozeß der neuen sozialen Bewegungen *auch* dadurch gekennzeichnet, daß in ihr Formen der institutionellen Organisation realisiert werden, die den Strukturprinzipien der bürgerlichen Gesellschaft entsprechen. Hier sind vor allem die überregionalen Verbandsstrukturen der Bürgerinitiativ- und Umweltbewegung zu nennen, aber auch die, immer mehr sich verfestigenden, Strukturen der »grünen« Partei. Beide stehen in ihrem Prozedere, d.h. Rede- und Antragsrecht, Rednerliste usw., den bürgerlichen Vereinsstrukturen in nichts nach.

Vor allem aber die, von den Protestgruppen reaktivierten, Vorstellungen direkter, unmittelbarer Demokratie und das damit verbundene Konsensusprinzip (beispielhaft sei hier die Friedensbewegung genannt), basieren auf dem Vernunftprinzip der Aufklärung, wonach eine „aus der Kraft des besseren Arguments geborene öffentliche Meinung jene moralisch prätentiöse Rationalität (besitzt), die das Rechte und Richtige in einem zu treffen sucht." (Habermas 1962: 73) Trotz aller Hinwendung zum Irrationalismus durch Fraktionen der Bewegung, trotz der Mobilisierung der Gefühle, der eigenen Betroffenheit gegen die gefrorene Rationalität des Systems, liegt den Protestgruppen und damit auch dieser Öffentlichkeit ein Aufklärungsimpetus zu Grunde, der an der »vernünftigen« Meinung orientiert ist, die als die richtigere qua Öffentlichkeit über die irrige notwendig obsiegt. Das vom aufstrebenden Bürgertum initiierte öffentliche Räsonnement, das den Machtanspruch ausblendet und Herrschaft *an sich* verhindern will, wird somit von den neuen sozialen Bewegungen *romantisch verzerrt reaktiviert*. Mit der Hypostasierung eines Freiraumes »räsonierender Privatleute« aber, werden die Topoi bürgerlicher Öffentlichkeit revitalisiert, was dazu führt, daß diese »neue« Öffentlichkeit durchaus Züge der klassischen trägt, aus deren Schoße sie entstanden ist.

In dem Maße aber, wie Teilfraktionen der Bewegung sich etablieren, sich strukturieren und formieren, haben die neuen sozialen Bewegungen auch ihre ureigensten Ansprüche pervertiert, indem sie, in geringem Maße, Elemente einer Form von Öffentlichkeit endbunden haben, die eigentümlich antiquiert erscheint. Das ist die »repräsentative Öffentlichkeit«, die den Anspruch hat, das Ganze zu repräsentieren, vom Prinzip her aber auf Ausgrenzung beruht (vgl. Negt/Kluge 1981: 431). Nicht nur die Friedensbewegung, sondern auch die »Grünen« haben Ansätze einer solchen »repräsentativen Öffentlichkeit« produziert, die, ebenso wie ihr historischer Vorläufer, und das ist hier von besonderem Interesse, eine Trennung von öffentlich und privat nicht kennt. Präsentiert der feudale Grundherr oder Fürst des europäischen Mittelalters seine Herrschaft *vor* dem Volk, so der Repäsantant des Friedensprotestes seine politische Integrität vor dem Fußvolk der Nachrüstungsgegner *und* vor den Vertretern der etablierten Medienindustrie. Sind diese Anzeichen nichts Zufälliges, dann können sie als Tendenzen zu einer »*Refeudalisierung*« *alternativer Öffentlichkeit* gedeutet werden.

Wie nun die bürgerliche Öffentlichkeit die im Entstehen begriffene »neue« affiziert, so hat auch umgekehrt diese die etablierte beeinflußt. Die Gegenöffentlichkeitsproduktion der neuen sozialen Bewegungen ist nicht spurlos an der etablierten Öffentlichkeit vorbeigegangen. Verdrängte und verschüttete Elemente der »klassischen« sind in diesem Prozeß wieder reaktiviert und angeeignet worden. D.h. die Dialektik von Bürgerlicher- und Gegenöffentlichkeit hat zu einer *Repolitisierung und Revitalisierung* der klassischen Öffentlichkeit geführt. Nicht nur haben die alternativen Medien das etablierte Mediensystem immer wieder auf dessen genuine Aufgaben hingewiesen, sondern darüberhinaus haben sie auch als Innovationspotential für die Publizistik eine entscheidende Rolle gespielt, was an einem veränderten journalistischen Stil wie auch an der Ausbildung eines neuen »partizipatorischen Journalismus« sich festmachen läßt (vgl. Fabris 1979: 208ff.). »Radikaler Subjektivismus« — im

Gegensatz zum weitverbreiteten »objektiv reporting« — ist längst nicht mehr allein das Kennzeichen linker Schreiber und Publizisten, er dokumentiert sich mittlerweile auch in etablierten Zeitungen wie »Stern« und »Zeit«.

6. Das Neue der »neuen« Öffentlichkeit

Was nun aber unterscheidet diese »authentische Öffentlichkeit« von den beiden anderen Öffentlickeitskonzepten, die wir zum Vergleich herangezogen haben, das es gerechtfertigt erscheinen läßt, von einer »neuen« Öffentlichkeit zu sprechen? Was sind die Merkmale dieser Öffentlichkeit, die durch die Konzepte bürgerlicher- und proletarischer Öffentlichkeit *nicht* abgedeckt sind? Ein zentrales Merkmal der »neuen« Öffentlichkeit läßt sich dem Konzept proletarischer Öffentlichkeit nicht zuordnen: Das ist die Verarbeitung des Privaten. Zwar wird proletarische Öffentlichkeit nicht, wie etwa die bürgerliche, durch den Gegensatz von privater und öffentlicher Sphäre konstituiert, gleichwohl dringt dieser auch in den proletarischen Öffentlichkeitszuammenhang ein.

Das zentrale *inhaltliche* Spezifikum dieser »neuen« Form von Öffentlichkeit ist nämlich, daß nunmehr das bislang Ausgegrenzte und Ausgeschlossene zum Gegenstand einer öffentlichen Erörterung wird, es wird gleichsam aufgeschlossen für einen politischen Diskurs. Die von den neuen sozialen Bewegungen produzierten Öffentlichkeiten sind, mehr oder weniger ausgeprägt, demonstrative Öffentlichkeiten des Privaten, insofern sie sich auf die Verarbeitung des Privaten beziehen, auf die Verarbeitung von Lebenszusammenhang, daraus schöpfen sie ihre spezifische Qualität und Kraft. Sie reflektieren, idealtypisch formuliert, die ureigensten, authentischen Lebens- und Alltagserfahrungen der Individuen, ihre Alltagsinteressen, die damit zum Gegenstand einer allgemeinen Erörterung werden.

Zwar verarbeitet auch das System der Massenkommunikation das Intime, die Privatphäre — damit destruiert es die letzten Zonen der bürgerlich-liberalen, kritisch-exklusiven Öffentlichkeit — jedoch werden diese Interessen nicht wirklich angeeignet, da sie nicht auf das gesellschaftlich Mögliche bezogen werden, einzig in ihrer unmittelbaren, isolierten Gestalt werden sie »öffentlich« (Beispiel: Bild-Zeitung). Macht man sich klar, daß einzig kollektive Verarbeitung und Reflexion von Realerfahrung die Basis gelungener politischer Lernprozesse ist, die privat sich nicht realisieren lassen, dann wird der Stellenwert dieser öffentlichen Aneignungsprozesse deutlich.

Ein weiteres Merkmal ist allen den von uns analysierten Bewegungen gemeinsam, das ist die Fähigkeit, neue, bislang defizitär behandelte Sachverhalte und Fragen öffentlich und damit zu einem allgemeinen Thema zu machen. Bis auf den »Interventionismus« ist es allen Bewegungen gelungen, unterbliebene Nachrichten und unterschlagene Informationen wie auch ausgegrenzte Themen auf die öffentliche Agenda zu setzen. Bereits die Studentenbewegung hat den öffentlich-politischen Diskurs entschränkt und damit das erstarrte Themenspektrum des Nachkriegsdeutschland entscheidend erweitert. Die von den Studenten formulierten Themen sind bis weit in die 70er Jahre hinein Gegenstand einer öffentlichen Erörterung und Debatte gewesen. Zwar hat die Alternativbewegung nicht, wie die Bewegung der Nachrüstungsgegner, ein eingrenzbares Thema in die Debatte geworfen — ihr Beitrag zum traditionellen Themenspektrum politischer Fragen ist relativ gering —, dafür aber hat sie globale Fragen einer *anderen Lebensweise* gestellt und aktualisiert, die noch heute auf subpolitischer Ebene die Auseinandersetzungen bestimmen.

Die Bürgerinitiativ- und Ökologiebewegung hat schließlich das staatliche Anbietermonopol hinsichtlich der Themenvorgabe destruiert und ökologische Issues auf die Tagesordnung gesetzt, die zum Thema der 70er und 80er Jahre wurden. Damit ist nicht nur das Themenspektrum eminent erweitert worden, sondern die etablierten Parteien waren auch gezwungen, sich diesen neuen Themen zu stellen.

Auch die Friedensbewegung hat in einem entscheidenden Maße das Deutungsmonopol des Staates im Hinblick auf Militär- und Verteidigungsfragen aufgebrochen und diese Themen einem allgemeinen Diskurs zugänglich gemacht. Der dadurch eingeleitete Prozeß der Demokratisierung sicherheits- und wehrpolitischer Fragen ist nicht gering zu bewerten. Insbesondere die alternativen Zeitungen und Blätter waren es, die neue Themen aufgegriffen und veröffentlicht haben. Sachverhalte konnten damit *ver*öffentlicht werden, die ansonsten dem Verschweigen anheim gefallen wären.

Die neuen sozialen Bewegungen haben mithin nicht nur die Wissensgrundlage des individuellen-, sondern auch des öffentlichen Meinungsaustausches entscheidend beeinflußt. Man kann sie somit auch als Thematisierungsbewegungen bezeichnen, die *Thematisierungsöffentlichkeiten* ausgebildet haben. Diese Fähigkeit, sowohl über neue Themen kommunikativ zu verfügen als auch diese zu institutionalisieren, das macht ein weiteres Spezifikum der »neuen« Öffentlichkeit aus. Ist doch diese Thematisierungsfunktion von allerhöchster Wichtigkeit in einem politischen System, das sich gerade durch die selektive Ausgrenzung unliebsamer Themen und Fragen aus der öffentlichen Diskussion Massenloyalität sichert, das aus der Öffentlichkeit diejenigen Legitimationen »extrahiert« (Habermas), die es zur Bestandserhaltung benötigt. Die Thematisierung brisanter Fragen richtet sich mithin nicht nur gegen einen dominanten konsumorientierten staatsbürgerlichen Privatismus, sondern gleichermaßen gegen das politische System, das dadurch unter einen erhöhten Legitimations- und Reflexionsdruck gesetzt wird. Eine Repolitisierung der Öffentlichkeit aber ist nach wie vor eine potentielle Konfliktzone unserer Gesellschaft (vgl. Habermas 1973).

Andererseits werden dadurch aber auch Lernprozesse angeregt, die ansonsten dem integrativen Sog der Normalität erlägen. Die neuen sozialen Bewegungen erbringen damit Innovationsleistungen für das politische System, damit sind sie indirekt am Modernisierungsprozeß des Kapitals, der Gesellschaft beteiligt. Ein weiteres Charakteristikum dieser »neuen« Öffentlichkeit ist, daß sie durch eine ungeheure Aktivität gekennzeichnet ist. Ralf Dahrendorf hat bereits vor knapp 20 Jahren die Spezifika einer »aktiven Öffentlichkeit« benannt, die von einer »passiven« und »latenten Öffentlichkeit« sich dadurch absetzt, daß sie die »Quelle politischer Initiative« ist. Angesichts der gegenwärtigen Krise der politischen Öffentlichkeit zeichnen sich auch die Träger der »neuen« Öffentlichkeit dadurch aus, daß sie regelmäßig und mit eigenen Vorstellungen am politischen Prozeß teilnehmen, daß sie sich aktiv engagieren, nicht nur für die eigenen, sondern auch für die Belange anderer und dadurch, daß sie die Nichtaktivität der anderen bedauern. Dahrendorf benannte aber auch das Pendant dieses Aktivismus, das in gleichem Maße für diese neue Form einer »aktiven Öffentlichkeit« kennzeichnend ist: Das ist der *elitäre Charakter dieser Öffentlichkeit*. Auch die »neue« Öffentlichkeit zeigt in zunehmendem Maße Anzeichen eines Elitismus, haftet den neuen sozialen Bewegungen, bei aller Radikalität, doch etwas Privilegiertes an. Beanspruchen diese doch, in Bezug auf eingrenzbare politische Problemkomplexe, gegenüber den, durch parlamentarische Wahlen legitimierten Instanzen, die Volontégénérale zu repräsentieren, basierend auf einem moralischen Rigorismus, der die Argumente des Gegners als Sonderinteressen entlarvt.

Aber auch innerhalb dieser »neuen«, aktiven Öffentlichkeit zeigen sich Differenzierungsprozesse, d.h. die »linken Aristokraten« und »Kommunikationseliten« haben auf Grund ihrer fortwährenden medialen Präsenz eine politische Vormachtstellung in dieser Öffentlichkeit erlangt, die durch basisdemokratische Imperative schwerlich eingedämmt und begrenzt werden kann.

6.1 Begriffliche Näherung

Insofern die »neue« Öffentlichkeit sowohl die klassische, bürgerliche Öffentlichkeit beerbt, als auch strukturelle Elemente einer möglichen proletarischen reaktiviert, fällt eine kategoriale Einordnung schwer. Haben es diese beiden Öffentlichkeitskonzepte insofern noch einfach, als sie sich auf mehr oder weniger eindeutig identifizierbare soziale Trägergruppen, auf historische Kräftekonstellationen mit ausmachbaren Macht- und Ohnmachtssphären beziehen können, die durch die anvisierte Öffentlichkeit kompensiert werden sollen, so ist eine begriffliche Zuordnung der „neuen" Öffentlichkeit auch deshalb schwierig, weil der Konstitutionsprozeß der »neuen« Mittel- oder Zwischenschichten, des sozialen Trägers dieser Öffentlichkeit, weder abgeschlossen ist, noch als solcher gesichert erscheint. Daß mit den neuen sozialen Bewegungen ein gesellschaftliches Phänomen existiert, das die alten klassenanalytischen Bestimmungen unterläuft, scheint hinlänglich verbürgt, ob aber diese neuen Formationen auch längerfristig als eigenständige historische Kraft sich etablieren, ist fraglich.

In dem Maße, wie diese »neue« Öffentlichkeit gewisse Topoi der klassischen reaktiviert, kann sie durchaus als *Variante bürgerlicher Öffentlichkeit* bezeichnet werden. Dort, wo die neuen Ansätze an den Intentionen der bürgerlichen Öffentlichkeit sich orientieren, zeigt sich die einzigartige Kraft und Zählebigkeit der bürgerlichen Kommunikationsmodi. Die Möglichkeit, von dieser Öffentlichkeit als einer neo-bürgerlichen oder post-bürgerlichen zu sprechen, halten wir allerdings für wenig sinnvoll, und zwar deshalb, weil das konstitutive Element bürgerlicher Öffentlichkeit, die Trennung des Öffentlichen vom Privaten, von den neuen sozialen Bewegungen weitestgehend überwunden worden ist. D.h. der Gegensatz beider Sphären scheint nivelliert worden zu sein.

Andererseits hat diese Öffentlichkeit aber auch in einem sehr starken Maße Elemente einer möglichen proletarischen Öffentlichkeit realisiert, was den Verdacht begründet, hier handele es sich um »spontane Öffentlichkeiten«, nach Negt/Kluge eine spezifische Erscheingungsform proletarischer Öffentlichkeit. Mithin kann die „neue" Öffentlichkeit auch als *Variante proletarischer Öffentlichkeit* bezeichnet werden. Aber auch von einer solchen Bestimmmung wollen wir Abstand nehmen, und das aus zwei Gründen: Zum einen sind wir der Meinung, daß *in* und *durch* die neuen sozialen Bewegungen eine Fixierung auf das proletarische Klassensubjekt überwunden worden ist, entzündet sich der Protest doch an Konflikten die sich *nicht* vom Produktionsprozeß und seinen Eigentumsverhältnissen her bestimmen lassen, sondern die an den »Nahtstellen zwischen System und Lebenswelt« entstehen (vgl. Habermas 1981 a: 581); zum anderen wollen wir dem Widerspruch entgehen, dem Negt/Kluge dadurch ausgesetzt sind, daß sie einerseits ein solches historisches Trägersubjekt unterstellen, das sie andererseits prozessual erst bestimmen. Ihre Analyse schreckt vor der radikalen Konsequenz ihrer Anlage zurück, wird doch der Widerspruch zwischen einem stillen Orthodoxismus und einem theoretisch erfolgreichen Neuansatz der Konstitutionsproblematik nicht wirklich ausgetragen.

Zwischen diesen beiden Polen, d.h. im Spannungsfeld beider Öffentlichkeitsformen aber auch eigentümlich jenseits derselben, ist diese »neue« historische Formation angesiedelt. Die Vorsicht gegenüber einer begrifflichen Einordnung rührt also nicht nur aus dem prozessualen Charakter, der dem Phänomen neuer sozialer Bewegungen und ihrer Öffentlichkeit anhaftet, sondern auch aus der Tatsache, daß diese Öffentlichkeit von der Perspektive des Produktionsprozesses her nicht mehr bestimmt werden kann.

Auch der wiederholt benutzte Begriff einer *autonomen* Öffentlichkeit kennzeichnet nicht hinreichend das »Neue« dieser Sphäre, zumal er suggeriert, es handele sich hier um eine abgeschottete und abgegrenzte Lebens- und Produktionssphäre, die der Normalgesellschaft diametral entgegengesetzt sei und damit hinlänglich Autonomie verbürge. Wie wir gesehen haben, ist die »neue« Öffentlichkeit aber gerade als Abspaltungs- und Ablösungsprozeß von der alten, »klassischen« entstanden, weshalb sie auch die Merkmale derselben trägt. Deshalb ist auch die Annahme einer strikten Trennung zweier Öffentlichkeiten wenig hilfreich: „Die verschiedenen Öffentlichkeiten werden nicht immer physisch als Gruppen von Menschen einander gegenüber stehen oder sich nach Mensch und Anstalt, Mensch und Konzern unterscheiden, sondern *die zwei Öffentlichkeiten durchziehen den einzelnen Zuschauer, Redakteur,* Filmemacher, Kritiker — ganz gleich zu welcher der beiden Öffentlichkeiten sie sich bekenntnismäßig zählen." (Kluge 1983: 469) Tendenziell leben beide Öffentlichkeiten in einer friedlichen Koexistenz miteinander, nur dann und wann kommt es zu eruptiven Prozessen, in denen der Gegensatz beider Öffentlichkeiten zum Ausdruck kommt. Statt dessen haben wir den Begriff »authentisch« gewählt, weil er am ehesten in der Lage ist, das Spezifische dieser Öffentlichkeit zu charakterisieren: *das sind die authentischen Erlebnis- und Erfahrungszusammenhänge der neuen sozialen Bewegungen.*

Im Mittelpunkt des von uns formulierten Begriffs einer »authentischen Öffentlichkeit« steht das von Brückner formulierte Konzept politischer Identitätsbildung, das reflektierte Identität ursächlich an bestimmte Erfahrungen von Kommunikation, Öffentlichkeit und Umwälzung bindet. »Politische Subjektivität« ist also an oppositionelle politische Bewegungen gebunden, die eine uneingeschränkte Öffentlichkeit realisieren. Durch die je unterschiedliche Einbindung in diese werden je unterschiedliche Facetten von Erfahrung freigesetzt, die in dieser Öffentlichkeit reflektiert werden. Diese akkumulierten Erfahrungslagen sind die Basis, die gesellschaftlich vorgegebenen Trennungsprozesse zu überwinden und politische Identität zu entfalten. Die subjektgeleitete Erfahrung ist unmittelbar verwiesen auf eine Reflexionsinstanz, die die divergenten Erfahrungsgehalte reflektiert und kollektiviert: Hier hat »authentische Öffentlichkeit« ihren Stellenwert. Der langwierige Prozeß der Konstitution erfahrungsgeleiteter »politischer Subjektivität« ist nur vermittels eines langwierigen rückgekoppelten Lernprozesses möglich.

6.2 Inhaltliche Bestimmung

Sind es im Modell der bürgerlichen Öffentlichkeit die diskutierenden Privatleute, die aufgrund ihrer Verfügungsgewalt über kapitalistisch fungierendes Privateigentum die Basis dieser Öffentlichkeit ausmachen, so ist es im Konzept einer proletarischen Öffentlichkeit (Negt/Kluge) die Stellung des Arbeiters im Produktionsprozeß, die diesen dazu befähigt, eine besondere Form von Öffentlichkeit herzustellen. Beide Öffentlichkeitskonzepte sind damit ursächlich auf die Produktionssphäre verwiesen, allerdings aus einer gegensätzlichen Position: Geht es der Bourgeoisie um die politische Absicherung ihrer ökonomischen Macht[18], so umgekehrt dem Proletariat um die Eindämmung und Eingrenzung derselben. Beide nehmen eine Sphäre der Öffentlichkeit für sich in Anspruch, entfalten diese, um den Mangel ihrer Ausgangsposition zu kompensieren und ihre Macht politisch abzusichern. Von daher sind beide, bürgerliche und proletarische Öffentlichkeit, notwendigerweise dialektisch aufeinander bezogen (vgl. Negt/Kluge 1974).

Ganz anders die »neuen« Mittelschichten, die sogenannten Träger der »authentischen Öffentlichkeit«, sie abstrahieren von der Sphäre der gesellschaftlichen Mehrwertprodukion, operieren *»jenseits der Klassengesellschaft«* (U. Beck). Ein Gesellschaftssystem, das den Klassengegensatz, den Widerspruch von Lohnarbeit und Kapital ausgeglichen hat (Beck 1984, 1985), ist die Folie, auf der diese Öffentlichkeit sich entfaltet. Von daher ist es auch nicht die, wie auch immer geartete, Stellung *zum* oder *im* Produktionsprozeß, von der eine Funktionsbestimmung dieser »neuen« Öffentlichkeit sich ableiten läßt; die Gestaltung der privaten Beziehungen, die Lebens- und Arbeitsformen einer Lebenswelt, sind die Grundlage dieser Öffentlichkeit.

Diese *»Diskursöffentlichkeit« der neuen sozialen Bewegungen ist aber nicht nur auf die Sphäre der Lebenswelt allein als ihre Basis bezogen, denn auch der Bereich der Produktion* wird zunehmend öffentlich thematisiert. Ist die bürgerliche Öffentlichkeit noch dadurch gekennzeichnet, daß die Produktionssphäre dem Privatbereich zugeordnet, mithin dem öffentlichen Diskurs entzogen ist — da die Verfügungsgewalt über die Produktionsmittel in den Händen der individuellen Privatbesitzer liegt — so wird von den alternativen Produktionskolektiven diese Ausgrenzung praktisch aufgehoben. Art und Weise der Produktion wie auch Ziel und Zweck sind Gegenstand kollektiver Auseinandersetzung und Erörterung. Die »neue« Öffentlichkeit bezieht sich folglich nicht nur auf die Lebenswelt, sondern auch *idealiter* auf die gesellschaftliche Produktion und Reproduktion.

Allerdings sind es bislang nur die Kerngruppen und -schichten der »Projektgesellschaft«, die diese Verknüpfung von Arbeit und Leben praktisch realisieren. Wir sind der Meinung, daß mit der Ausdehnung des Dienstleistungssektors, die unmittelbar an die Reduzierung produktiver Arbeit gekoppelt ist, sich auch in naher Zukunft in breiten Teilen der Gesellschaft solcherart Fragen einer qualitativen Organisation des Lebens und Arbeitens stellen werden. Denn es ist nicht so, daß der Gesellschaft die Arbeit ausgeht, vielmehr geht es um die Frage, *was als gesellschaftliche* Arbeit in Zukunft definiert werden wird. Hierbei aber sind diese Experimente eines »anderen Lebens« von allergrößter Wichtigkeit. Wenn diese Annahme von einer Nivellierung der Klassengegensätze und der Verlagerung des gesellschaftlichen Konfliktpotentials aus der Produktionssphäre aber richtig ist, dann heißt das, daß im Zuge einer Expansion der »kommunikativen Klasse« auch eine Ausweitung dieser »neuen« Öffentlichkeit wahrscheinlich ist.

Fallen Arbeit und Leben aber tendenziell zusammen, dann muß diese »neue« Öffentlichkeit auch ganz anders verortet werden. Ist die bürgerliche eine Art Zwischensphäre, die zwischen dem Staat und dem Publikum, den Privatleuten, angesiedelt, ist, so ist die »neue« Öffentlichkeit weitestgehend in die Privatsphäre eingelassen, allerdings in dem Sinne, daß von der traditionellen Trennung von öffentlich und privat nicht mehr gesprochen werden kann.

Während sich die bürgerliche Öffentlichkeit auf das politisch fungierende Privateigentum als Realitätsmacht stützen kann, liegt die Macht dieser »neuen« Öffentlichkeit in ihren Ideen, in ihrer Nähe zu den unmittelbaren Erfahrungswelten der Betroffenen, in ihrer Themenvielfalt begründet. Leidet die eine etablierte Öffentlichkeit demzufolge unter inhaltlicher Auszehrung und Mangel an individuellen Einfällen, so leidet die andere unter Geld- und Marktmacht.

Lebt bürgerliche Öffentlichkeit von Ab- und Ausgrenzungsprozessen — so grenzt sie den fundamentalen Bereich der Produktion aus — so ist die Überwindung dieser Trennungen gerade konstitutiv für diese »neue« Öffentlichkeit, ist der Wunsch nach Einheit, nach Zusammenhang, der gegen Enteignung sich wehrt, doch ein zentrales Moment neuer sozialer Bewegungen. Daß das Ausgegrenzte, das Ausgeschlossene wieder einbezogen werden soll, das hat sie mit der »proletarischen Öffentlichkeit« gemeinsam, die ebenso gegen die Ausgrenzung der Lebensinteressen gerichtet ist, sich mithin statt auf eine Substanz, auf eine kumulative Form der Verständigung bezieht.

Zwei weitere Elemente konstituieren den Idealtypus einer »neuen« Öffentlichkeit: Das ist einmal, daß diese Öffentlichkeit auf der Basis uneingeschränkter Verfügungsgewalt über Zeit operiert, und zum anderen, daß sie an ein überdurchschnittliches Bildungsniveau geknüpft ist. Die Grundlage ist mithin *nicht* Geldmacht, sondern die Verfügung über Zeitmacht und Sprachkompetenz. Nicht die Ökonomie, das kapitalistisch fungierende Privateigentum, ist die Basis, sondern die freie Zeit, die mit sprachlichem und symbolischem Ausdrucksvermögen verknüpft ist. Diese beiden konstitutiven Elemente einer »neuen« Form von Öffentlichkeit sind die typischen Merkmale der »neuen« Mittelschichten, die sowohl in der Lage sind, ihren Arbeitsprozeß weitestgehend selbst zu strukturieren, damit über disponible Zeit, als auch, aufgrund der Arbeit selbst oder des überdurchschnittlichen Bildungsniveaus, über kommunikative Kompetenz verfügen. Analogien zum Bildungsbürgertum des 18. und 19. Jahrhunderts lassen sich nicht von der Hand weisen.

Hier aber liegt das ideologische Moment dieses Idealtypus, hier ist der elitäre Charakter dieser Öffentlichkeit begründet, kann doch von einer uneingeschränkten Verfügung über Zeit, als allgemeines Gut, nicht ausgegangen werden. Diese »neue« Produktionsöffentlichkeit ist dem fundamentalen Irrtum aufgesessen, eine grenzenlos aktive Öffentlichkeit aller Betroffenen ließe sich herstellen. Das mag in dynamischen, sich selbst radikalisierenden Basisbewegungen möglich sein, wird aber schlechterdings zur Ideologie, werden solche Vorstellungen auf komplexe Gesellschaftsformationen transformiert.

Daß hier aber nicht nur ein fiktives Ideal propagiert wird, zeigt der Entwicklungsprozeß der neuen sozialen Bewegungen, hat doch im Zuge des Selbstkonstitutionsprozesses dieser Bewegungen ein kollektiver Aneingnungsprozeß stattgefunden, der die einfachen Kommunikations- und Reproduktionstechniken nutzt und eine *mediale Kompetenz* ausbildet, die nicht nur am breiten Spektrum alternativer Kommunikationsmedien sich festmachen läßt, sondern auch am professionellen Gebrauch derselben. Materielle Basis dieses Prozesses ist die technische Weiterentwicklung der einfachen Medientechnologie, die eine massenhafte Ausbreitung erst ermöglicht. Die Einübung und der Umgang mit diesen technischen Kommunikationsmitteln ist ein nicht unwesentliches Ergebnis dieses geschichtlichen Produktionsprozesses, in dem diese Bewegungen die Ansätze eines »selbstorganisierten Mediengebrauchs« entwickeln und die Blockierungen der Bewußtseinsindustrie durchbrechen. In diesem Prozeß nutzen die informationsdefizitären außerparlamentarischen Gruppen die Medien gleichermaßen als *Produktions- und Konsumtionsmittel*. Die tradierte Distanz zwischen Kommunikator und Rezipient, zwischen Produzent und Konsument, ist in diesen Sozialzusammenhängen weitestgehend nivelliert, analog der Brechtschen Radio-Theorie, wonach jeder Empfänger ein potentieller Sender sei. Betrachtet man beispielsweise die öffentliche Reaktion dieser Gruppen auf besonders exponierte Meinungsbeiträge in den alternativen Zeitungen, dann wird an der Reaktion des Publikums (sie reicht von einer unerschöpflichen Flut von Leserbriefen bis zu Zeitungsbesetzungen) eine *kommunikative Kompetenz* sichtbar, die zumindest quantitativ diejenige des bürgerlichen Lese- und Medienpublikums in den Schatten stellt. D.h. im Kontext der alternativen Medienarbeit hat sich eine »Mediengeneration« etabliert, die sich nicht nur auf regionaler Ebene zu aritkulieren weiß. Dieser kollektive Aneignungs- und Produktionsprozeß einer kommunikativen und medialen Kompetenz ist für den Selbstkonstitutionsprozeß und die Enfaltung der »neuen« Zwischen- oder Mittelschichten von allerhöchster Wichtigkeit.

Stellt man die Stabilitätsfrage, d.h. fragt man nach den stabilen Faktoren dieser »neuen« Öffentlichkeit, nach deren institutionellen Trägern, die über die ad hoc hergestellte Öffentlichkeit hinausweisen, so wird man zunächst enttäuscht, insbesondere dann, wenn man die Strukturen dieser Öffentlichkeit bemißt an den Ausformungen beispielsweise der proletarischen Öffentlichkeit. So weisen die Konsumgenossenschaften und andere kooperative Formen gemeinwirtschaftlicher Produktion, die die Arbeiterbewegung ausgebildet hat, über den Status quo hinaus und zielen auf das, was gesellschaftlich hergestellt werden soll. Gegenüber diesen Instanzen, die sich in einem langwierigen historischen Prozeß ausdifferenziert, mittlerweile aber weitestgehend korrumpiert haben, zeichnen sich die Institutionen der »Gegengesellschaft« gerade durch eine hohe Instabilität aus. Was aus dieser Perspektive als Manko erscheint, wird aber zum positiven Faktum, wenn man die Intention und die Genese dieser »neuen« Öffentlichkeit und den zeithistorischen Kontext dieses kaum zwanzigjährigen Konstitutionsprozesses berücksichtigt. Sind doch die neuen Protestpotentiale und die von ihnen produzierte Öffentlichkeit gerade entstanden als Reaktion auf die Erosionskrise der etablierten Öffentlichkeit, gegenüber deren Insitutionen, die, formal organisiert, an den Veränderungspotentialen kein Interesse haben und diese ausgrenzen. Das dezentrale Netz alternativer Medien ist das Produkt einer Gegenbewegung gegen den Zentralismus der Medienlandschaft, die auf die Nähesinne und Bedürfnisse ihrer Rezipienten sich nicht mehr beziehen kann noch will. Öffentlichkeit in den neuen sozialen Bewegungen ist somit das Prinzip der Auflösung bestehender als auch das der Verhinderung zukünftiger Herrschaftsverhältnisse. Der radikale Öffentlichkeitsanpruch der Bewegungen ist *gegen* formalisierte Interaktions- und Organisationsstrukturen gerichtet, soll diese gerade verhindern. Das »neue« ist folglich der *antiinstitutionelle Charakter* dieser Öffentlichkeit, d.h. die Fähigkeit, sich ständig neu zusammenzusetzen, anders sich zu formieren und zu strukturieren. Die »neue« Produktionsöffentlichkeit der Mittelschichten zeichnet sich infolgedessen durch eine hohe Selbstreformierbarkeit aus, in der Sprache der Systemtheorie ausgedrückt, durch Selbstreflexivität.

Es sind also nicht, wie etwa in der klassischen Öffentlichkeit, die Rechtsinstanzen und Institutionen, die die Reflexionsprozesse auf Dauer sicherstellen, nicht ein institutionalisierter Medienapparat, auf den sich diese Öffentlichkeit stützt, sondern eine informell strukturierte Diskussionskultur, die über öffentliche Ausdrucksformen verfügt, die sie exzessiv einsetzt und nutzt. Ein subpolitisches Kommunikationsvermögen, das unmittelbar in die Alltagswelt der Handelnden eingelassen ist und sich nur dann und wann zu öffentlichen Diskursen verdichtet. Die Stabilität dieser Öffentlichkeit liegt also nicht so sehr in der institutionellen Verankerung begründet, sondern darin, daß sie unmittelbar in den Lebenszusammenhang der »neuen« Mittelschichten, in deren Privat- und Alltagszusammenhang eingelassen ist.

Sind es im 18. Jahrhundert die Salons und Kaffeehäuser, die Sprachgesellschaften und literarischen Clubs, die zum Übungsfeld eines zunächst literarischen Räsonnements werden (vgl. Dühnen 1986), in dem die Privatleute in einem Prozeß der Selbstaufklärung ihre genuinen Erfahrungen reflektieren, so sind es nun die vielfältigen Aktions- und Demonstrationsformen sowie die informellen Diskurse in den Wohngemeinschaften und Projekten, die ad hoc hergestellten Kommunikationszusammenhänge, die den Prozeß der reflexiven Neu- und Wiederaneignung gesellschaftlich entfremdeter Realität leisten, ist doch mit der privaten Aneignung im Zerfallsprozeß der bürgerlichen Öffentlichkeit auch die öffentliche Kommunikation über das Angeeignete verloren gegangen. Hier zeigen sich die Ansätze eines vielschichtigen Selbstaufklärungs- und Selbstkonstitutionsprozesses einer »neuen« Mittelschicht.

Nicht festgefügte Instanzen und Institutionen sind es, die den Gegendiskurs gewährleisten, sondern ad hoc sich ausbildende Kommunikationszusammenhänge, die anläßlich thematischer Konflikte sich immer wieder neu zusammenfügen und verknüpfen. Auch kennen sie die Trennung von öffentlich und privat nicht, sondern operieren eigentümlich jenseits dieses Dualismus.

Neben den vielen lokalen Netzwerken — wohl die einzige *originäre Organisationsform* dieser »neuen« Protestpotentiale — sind es vor allem die alternativen Medien, die die lokalen und dezentralen Basisaktivitäten kommunikativ verknüpfen. Die alternativen Zeitungen und Zeitschriften, die freien Radios und Videogruppen, das linke Verlagswesen und seine Buchproduktion sind die medialen Stützpfeiler, die Korsettstangen einer primär kommunikativ strukturierten Öffentlichkeit, die sie *organisieren*. Erst die Vernetzung dieser Basismedien, deren Zusammenwachsen, läßt diese »kommunikativen Organisatoren« zu einem gegengesellschaftlichen, respektive gesellschaftlichen Machtfaktor werden. Erst am explosionsartigen Zuwachs der alternativen Medien wird der Stellenwert und die Bedeutung dieser »neuen« Öffentlichkeit deutlich. Komplettiert wird diese alternative Medienlandschaft durch die Entfaltung eines eigenständigen Symbolspektrums, einer alternativen Symbolwelt, die nicht nur gegen die Symbolik der Macht gerichtet ist, sondern auch der subjektiven Identifikation dient.

7. Träger und Funktion der »neuen« Öffentlichkeit

Sozialer Träger, soziale Basis dieser Öffentlichkeit sind die »neuen«, »alternativen« Mittelschichten (vgl. Lalonde/Leggewie 1983), die sich im Prozeß der Entkoppelung von System und Lebenswelt ausgebildet haben, sind wir doch nach M. Vester (1983) Zeuge einer historischen Neuformierung und Neuradikalisierung der Mittelschichten, deren Wertvorstellungen sich von Fortschrittsideologien, von der Fetischisierung entfremdeter Arbeit, der Hierarchie und dem Statusdenken freigemacht haben. Diese Vorstellungen einer solidarischen Kultur und demokratischen Öffentlichkeit, der Selbstbestimmung und des Lebensgenusses sind zwar oft mit Illusionen und ideologischen Momenten verknüpft, durch ihre ständige öffentliche Erörterung und Infragestellung sind sie jedoch für Veränderung durch Lernprozesse stets offen.

Diese neuen Werte und Normen sind inkompatibel dem alten Herrschafts- und Verteilungsparadigma, das an Arbeit, Leistung und Konsum orientiert ist. Demgegenüber hat sich ein *»Lebensweise-Paradigma«* (Raschke) durchgesetzt, das Gegenstand und Aufgabe von Politik anders formuliert und an den neuen Werten wie Kommunikation, Expressivität, Geborgenheit und Selbstverwirklichung interessiert ist. Dieses Paradigma ist deshalb für mich relevant, weil es, analog zu unserem Öffentlichkeitsbegriff, offen gegenüber allen Sachverhalten und Erscheinungen ist, die sich vor der Hand nicht als wichtig oder unwichtig einordnen oder ausgrenzen lassen. „Durch den Begriff der Lebensweise soll ein möglichst umfassendes, keinen relevanten gesellschaftlichen Bereich ausschließendes Konzept eingeführt werden, das schon semantisch den dominanten Bezugspunkt vedeutlicht: die Lebensgestaltung des Individuums." (Raschke 1980: 31)[1] Man kann diesen Prozeß eines postmateriellen Wertewandels auch als einen »Paradigmenwechsel von der Arbeits- zur Kommunikatonsgesellschaft« (Habermas) bezeichnen, in dem eine *»kommunikative Klasse«* (Lehnert) sich ausdifferenziert hat, die von den verdinglichten Sachzwängen einer technisierten, bürokratisierten Arbeitswelt sich freigemacht hat. „Ebenso wie das kollektiv-instrumentelle Handeln in der Fabrikwelt die elitär-solidarischen Wertmuster der Arbeiterbewegung präformierte, finden die Strukturprinzipien der alternativen Politik ihre Grundlage in der sozialen Lebenswelt dieser post-industriellen Schichten: Die Praxis der Versammlungsdemokratie ist nur bei einer vergleichsweise freien Zeiteinteilung der Mitgliederschaft längerfristig funktionsfähig; die beruflichen Tätigkeitsbereiche dieser Aktivistengruppen zeichnen sich zumeist durch relativ überschaubare Dimensionen aus, so daß zwanglose Verständigung (Konsensusprinzip) anstelle formalisierter Hierarchien möglich erscheint; in der persönlichen Wertskala sind immaterielle Ziele wie Selbstverwirklichung, Unabhängigkeit und Lebensgenuß vor dem als entfremdet geltenden Streben nach Geld, Macht und Prestige angesiedelt." (Lehnert, zit. nach Weinberger 1985)

Vor allem die, von den neuen sozialen Bewegungen ausdifferenzierten, dialogischen Kommunikationskulturen, in denen ein Diskurs über die Entgrenzung der äußeren wie inneren Natur des Menschen geführt wird, sind die Basis dieser »kommunikativen Klasse«, beziehen diese Gruppen ihre besondere Stärke und Anziehungskraft doch gerade dadurch, daß sie nicht formal organisiert sind, sondern, „daß der Zusammenhang der Gruppen idealiter aus der freien kommunikativen Verständigung autonomer Einzelner zustande kommt." (Nelles 1983: 96)[20]

Was in diesen hochgradig kommunikativ strukturierten Sozialzusammenhängen sich zeigt, das ist eine erhöhte Bereitschaft, sich nicht nur in den klassischen Politikfeldern zu engagieren, sondern auch bislang ausgegrenzte Bereiche kommunikativ aufzuschließen und damit anzueignen. Familiale Interaktionsprozesse, Liebesbeziehungen, Kindererziehung, schulische und berufliche Bildung, das Verhältnis zu Alten und Kranken, zu Behinderten und Ausgestoßenen, all diese Bereiche und Konfliktzonen werden zum Schauplatz der Verbindung von Alltag und Politik. Die hier eruierten Bedürfnisse und Interessen werden umstandslos *veröffentlicht*, finden ihren Niederschlag in den Zeitungen und Blättern, in den Videoprodukten, Filmen und Features, in den Theaterproduktionen, in den Kabaretts, in den literarischen Produkten wie Roman, Erzählung und Gedicht. Sie werden zum Gegenstand öffentlicher Diskurse und Debatten.

Auf diese Lebensweisen und -stile, auf diese »kommunikative Klasse« ist die »neue« Form von Öffentlichkeit als entfaltete bezogen. »Authentische Öffentlichkeit« stellt sich mithin als Medium eines kollektiven Diskurses dar, vermittels dessen der Partikularismus und die Heterogenität neuer sozialer Bewegungen überwunden werden kann. Interessant ist in diesem Zusammenhang, daß alle theoretischen Erklärungskonzepte, die von einer möglichen »Finalisierung« dieser Bewegungen ausgehen, von einer möglichen kollektiven Identität, den zentralen Stellenwert und die Funktion einer solchen autonomen Öffentlichkeit vollkommen außer acht lassen. Der langsame und langwierige Prozeß der Kollektivierung partieller Interessen, der kollektive Lernprozeß der Betroffenen, wird entweder dezisionistisch postuliert (Roth 1982: 97) oder aber als naturwüchsiger Prozeß, bei dem ein gegenkultureller Kern sich ausdifferenziert, beschrieben (Rucht 1983: 210, Nelles 1984: 433ff.).

Unstrittig ist, daß, angesichts der höchst heterogenen Lebenslagen der Mitglieder neuer sozialer Bewegungen, diese eine *kollektive Identität* immer wieder neu, anläßlich übergreifender, aktueller Themen veranschaulichen und konkretisieren müssen. Während die individuellen Interessen und Erfahrungen des Bürgertums beispielsweise noch miteinander verglichen werden können, weil sie als die Erfahrungen von Privateigentümern sich auf strukturell analoge sozioökonomische Ausgangslagen beziehen, ist der Lebenszusammenhang der an oppositionellen Protesten Beteiligten höchst unterschiedlich. Erst in einem langwierigen Prozeß der Homogenisierung, in einem Prozeß der kommunikativen Verständigung, in dem die divergenten Partikel einer Bewegung sich nivellieren, kann von angeglichenen, analogen Sozialzusammenhängen gesprochen werden.

Die Bedeutung eigenständiger Medien, die Wichtigkeit einer autonomen Öffentlichkeit wird deutlich, wenn man die Auseinandersetzungen zwischen neuen sozialen Bewegungen und der etablierten Presse betrachtet. So zeigt die Friedensbewegung, daß eine themenzentrierte Bewegung sich an den Legitimationsmustern der staatlichen Verteidigungspolitik abarbeiten, auf einzelne Argumente einlassen muß, will sie sich in der poltischen Öffentlichkeit Geltung verschaffen. Sie stößt dabei auf die vorherrschenden Strukturen einer Öffentlichkeit, die die globalen und holistischen Begründungs- und Proteststrategien auflöst zugunsten handhabbarer Einzelargumente und Partialaussagen. Das hängt auch mit der Arbeitsweise der Massenmedien zusammen, die nicht mit dem Kollektiv arbeiten, sondern mit der Persönlichkeit, nicht mit dem Intelligiblen, sondern mit der Sensation, nicht mit dem Universellen, sondern mit dem Singulären. Christoph Lau hat diesen Selektions- und Trennungsakt folgendermaßen beschrieben: „Die eigentümliche Eigendynamik kollektiver Argumentation bewirkt nun allerdings, daß sich Einzelargumente von den strategischen Absichten ihrer Urheber lösen und damit ihren Ressourcencharakter verlieren. (...) Mit anderen Worten: Der Erfolg argumentativen Handelns kann gerade darin bestehen, daß Argumente diffundieren und zur Basis einer allgemeinen kognitiven Übereinstimmung werden." (Lau 1985: 1119) Dadurch kommt es zwar zu einer Einflußnahme auf staatliches Handeln, was als durchaus positiv zu bewerten ist, es zeigt sich allerdings, und das ist entscheidend, daß die alternativen themenzentrierten Problemtheorien immer nur kurzfristig zur Herstellung kollektiver Identität geeignet sind.

Das liegt nicht nur an der thematischen Orientierung neuer sozialer Bewegungen, sondern auch an der besonderen Struktur und Verarbeitungsform bürgerlicher Öffentlichkeit, die eine Kollektivierung und Vereinheitlichung disparater Interessen und Erfahrungen nicht leisten kann noch will. So kann parlamentarische Öffentlichkeit, das zeigen die Erfahrungen der »Grünen«, schwerlich die kollektive Organisierung subjektiver, alltäglicher Erfahrungen und Interessen leisten. Mehr noch, das Beispiel der neuen Friedensbewegung zeigt, daß immer dann, wenn außerparlamentarische Bewegungen mit den mächtigen Produktionsöffentlichkeiten der Medienindustrie sich verbünden, die primären Öffentlichkeiten, in denen eine kollektive Verarbeitung individueller Interessen und Meinungen möglich ist, zurückgedrängt und überlagert werden. Ansätze einer hergestellten Demonstrationsöffentlichkeit bilden sich aus, die auf die unmittelbaren Lebenserfahrungen sich nicht mehr beziehen.

Was sich hier zeigt, ist folgendes: Eine mögliche Vereinheitlichung neuer sozialer Bewegungen, die Ausbildung »poltischer Identität«, wie auch *kollektiver* Identitätsstrukturen, eine Nivellierung dieser heterogenen Protestpotentiale ist dringlich auf eine autonome Öffentlichkeit verwiesen, die frei ist von den Selektions- und Ausgrenzungsmechanismen einer durch Parteien und Verbände organisierten Öffentlichkeit, die frei ist von organisatorischen und pragmatischen Zwängen, wie sie in der bürgerlichen Öffentlichkeit vorherrschend sind. Denn kollektive Lernprozesse bedürfen eines Mediums, einer Öffentlichkeit, in der auch abwegige Argumente und Meinungen umstandslos zur Sprache gebracht werden können, zumal diese Prozesse viele Um- und Abwege machen. Nur vermittels einer Öffentlichkeit, die als Instanz einer Selbstreflexion dienlich ist, die das bislang Ausgegrenzte und Blockierte freisetzt, die die heterogenen und kontroversen Erfahrungslagen diskutiert und zu verallgemeinerbaren Strategien bündelt, nur in einer solchen Öffentlichkeit ist eine historische Neuformierung der heterogenen Erfahrungslagen, die Ausbildung einer neuen »historischen« Identität möglich Soll dieser historische Neuformierungsprozeß gelingen, soll dieser Kollektivierungsprozeß nicht an den Selektions- und Aufspaltungsmechanismen bürgerlicher Öffentlichkeit scheitern, dann sind nicht nur die Strukturen einer nichteingegrenzten, auf Nichtpartikularität zielenden Öffentlichkeit wichtig, sondern es muß in dieser Sphäre auch Theoriearbeit, d.h. die Verallgemeinerung von Partialinteressen geleistet werden.

Bezeichnend ist ja, daß die Debatten um eine mögliche Zukunftsperspektive neuer sozialer Bewegungen nicht von diesen selbst, sondern primär von staatlich alimentierten Interpreten geführt wird. Worum es also geht, das ist die Verlebendigung einer theoretischen Debatte, in der die gesellschaftlichen Erfahrungen zur Grundlage theoretischer Reflexion und umgekehrt, diese zur Grundlage politischen Handelns gemacht werden. Nur in einem solchen rückgekoppelten Lern- und Produktionsprozeß ist die einseitige Verabsolutierung dieser kausal aufeinander bezogenen Elemente unmöglich.

Hier kann auf die doppelte Funktion der »neuen« Öffentlichkeit eingegangen werden: Aus der Perspektive der Protestgruppen betrachtet, ist eine Öffentlichkeit entstanden, die die Funktion hat, die Ziele und Ansprüche der Bewegung selbstreflexiv zu thematisieren. Diese Thematisierungsöffentlichkeit haben wir »authentisch« genannt, weil sie sich auf die bislang ausgegrenzte Sphäre der Lebenswelt und die originären Erfahrungen der Individuen bezieht, diese aneignet. Als anti-institutionelle Diskursöffentlichkeit hat sie in der Vervielfältigung und Verallgemeinerung unmittelbarere Bedürfnisse, im Öffentlichmachen von Interessen, von Problemen und Erfahrungen ihre spezifische Kraft und Prägung.

Aus der Sicht des Systems erscheint diese Öffentlichkeit eigentümlich eingeschränkt, insofern sie sich primär auf die Lebenswelt der neuen Mittelschichten bezieht. Allerdings hat sie, gegenüber einem System öffentlicher Willens- und Meinungsbildung, das einzig den Legitimationsausgleich noch aushandelt, die Funktion, neue Themen auf die öffentliche Agenda zu setzen. D.h., diese Öffentlichkeit ist mit ihrer Kreativität und Spontaneität eine Quelle neuer Ideen und Themen, damit stellt sie ein eminentes Innovationspotential für die Gesellschaft dar. Das hängt auch damit zusammen, daß in diesen Sozialzusammenhängen eine hohe Sensibilität und Verantwortlichkeit gegenüber gesellschaftlichen Problemen und Fragen sich ausgebildet hat.

8. Ausblick

Zwar zeigt der oben beschriebene Struktur- und Formwandel der linken Öffentlichkeit die Ausdifferenzierung funktionaler Kommunikationseliten wie auch die Ausbildung formalisierter Strukturen und Hierarchien, dieser Prozeß ist aber nur als dialektischer begreifbar, der die frühen Formen authentischer Basisöffentlichkeit teilweise ablöst und neue Strukturen ausdifferenziert. D.h. die Konstitutionsphase dieser »neuen« Öffentlichkeit ist damit abgeschlossen, und es beginnt nun ein vielschichtiger Prozeß der Institutionalisierung und Etablierung. Ist diese Selbstkonstitutionsphase noch durch einen radikalen Egalitsmus gekennzeichnet, so wird er nun durch vielfältige Institutionalisierungs- und Professionalisierungstendenzen scheinbar abgelöst, hat sich doch gezeigt, daß diese spontane Öffentlichkeit begrenzt ist, wenn sie sich einzig auf die Bewegungskonjunkturen stützt. Diese »neue« Öffentlichkeit ist nur dann längerfristig lebensfähig, wenn sie sich institutionalisiert, ohne ihren Bezug nach unten, zu den unmittelbaren Lebenswelten und der Überschaubarkeit des Lokalen zu verlieren. Die neuen Protestpotentiale müssen in der

Lage sein, „die Frage der Vereinbarkeit strategisch notwendiger Institutionalisierungsschritte mit den verfolgten Bewegungszielen und Emanzipatonsansprüchen selbstreflexiv zu thematisieren, d.h. die spezifische Lösung dieser Institutionalisierungsprobleme eng an bewegungsinterne Öffentlichkeitsstrukturen rückzubinden und darin auszudiskutieren." (Paris 1981: 118)

Die »neue« Form von Öffentlichkeit hat nur dann eine Chance, wenn es gelingt, die Dialektik von spontaner und etablierter Medienöffentlichkeit bewußt zu entfalten, denn die Bewegungen haben immer vor dem Problem gestanden, eines dieser Elemente zu verabsolutisieren. Entweder haben sie authentische Basisöffentlichkeiten produziert und die etablierte Öffentlichkeit ausgegrenzt, oder aber umgekehrt haben sie die etablierte Medienöffentlichkeit für ihre Interessen genutzt, dabei aber die Ansätze basisbezogener Öffentlichkeit außer acht gelassen. Der Mangel einer offensiven Medienpolitik ist nicht nur ein kennzeichnendes Merkmal der deutschen Sozialdemokratie, er wird auch von der neuen Linken eigentümlich wiederholt. Die mehr oder weniger vorsichtige Hinwendung der Grünen zu den etablierten Medien, zum öffentlich-rechtlichen Rundfunk, paßt in obiges Schema, wird diese doch mit einem Desinteresse an den Basismedien erkauft, die in einer anhaltenden Krise stecken. Einzig aber eine *bewußte* Steuerung und Nutzung dieser Dialektik schafft die Möglichkeit, die Vormachtstellung der etablierte Medienöffentlichkeit zu brechen. Eine bewußte Gestaltung dieser Dialektik beinhaltet aber auch die Fähigkeit, das ambivalente Potential der Kommunikationsmedien zu nutzen, das die Medienöffentlichkeit »hierarchisiert« *und* »entschränkt«. Denn die These vom in die Kommunikationsstruktur eingelassenen emanzipativen Potential revidiert die kulturkritische Vorstellung von der Manipulationsmacht der Kultur- und Medienindustrie, die die Öffentlichkeit liquidiert (Habermas 1981 a: 573).

Vor diesem Hintergrund, aber auch aufgrund der Tatsache, daß es gelingt, das System der Massenkommunikation als differenziertes, widersprüchliches Potential zu begreifen, können die Berührungsängste gegenüber den neuen Kommunikationstechnologien überwunden werden, drückt sich der Medienpurismus der neuen sozialen Bewegungen doch gerade darin aus, daß diese primär auf die klassischen, seriösen, überschaubaren Medientechnologien sich beziehen und komplexere Technologien tabuisieren. Dabei muß es doch gerade darum gehen, die Wirksamkeit der »neuen« Medien sich anzueignen, ohne die radikale Kritik des Bestehenden aufzugeben. Angesichts der Unaufhaltsamkeit der Mikroelektronik, angesichts großindustriell erstellter Öffentlichkeiten, kann die Antwort nur sein: Produktion wirksamer Gegenprodukte, sowie die Herstellung kleiner, und dennoch moderner Öffentlichkeiten und zwar deshalb, „weil wir die traditionellen Gemeinschaftserlebnisse der Dorflinde, unter der jeder jeden kennt, weder zurückholen können noch wollen. Daß Anonymität nicht nur krank, sondern auch frei macht, an dieser urbanen Erfahrung kommt keine neue Form von Öffentlichkeit vorbei." (Nissen u.a. 1985: 29)

Ob es in einer *entfalteten* Form »authentischer Öffentlichkeit« — also einer solchen, die die neuen Produktionsformen der Medientechnologie nutzt — gelingt, die unmittelbaren Interessenlagen und Erfahrungszusammenhänge aufzunehmen, ist aber auch immer noch davon abhängig, mit welchem journalistischen Selbstverständnis die Medienpraktiker die Realität zu verarbeiten suchen, und vor allem auch davon, ob es gelingt, die für einen solchen Transformationsprozeß nötigen gesellschaftlichen Institutionen zu installieren, die an einer solchen Erfahrungverarbeitung überhaupt Interesse haben. Technische Berührungsängste sind in diesem Prozeß nur hinderlich.

Anmerkungen

1. Vgl. Peter Brückner (1981: 310), der den Prozeß des Überspringens der Revolte von den Berliner Universitäten (1966/67) auf die Bundesrepublik als ersten Tranformationsprozeß, die Entstehung der APO als Massenbewegung (1967/68) als zweiten, schließlich die Hinwendung zum Proletariat (Basisgruppen-Bewegung 1969/71) als dritten Transformationsprozeß bezeichnet.

2. Habermas (1969: 19) merkt hierzu kritisch an: „Sie (die militanten Studenten, der Verf.) fingieren eine welthistorische Einheit des Widerstandes gegen den Kapitalismus, der von den Guerillakämpfen in Südafrika und Asien über die Negerrevolten in den nordamerikanischen Städten und die Kulturrevolution in China bis zum Widerstand in den »Metropolen« reichen soll."

3. Selbst »Konkret« und »Pardon« waren nicht *die* Medien der Revolte, sie schwammen mit auf der allgemeinen Welle der Euphorie. Zum Verhältnis von »Konkret« und politischer Bewegung vgl. das informative Buch des damaligen Konkret-Herausgebers Klaus Rainer Röhl: Fünf Finger sind keine Faust, Köln 1974.

4. Auf die Frage, gehört der Spiegel zur außerparlamentarischen Opposition? antwortete der Verlag: „Der Spiegel ist (und versteht sich als) ein Nachrichten-Magazin; er ist kein Oppositions-Ersatz und kann das in einem plebiszitären Staatswesen auch gar nicht sein. Er ist auch als Spiegel nicht »Teil der außerparlamentarischen Opposition« — einige Beiträge, die er veröffentlicht, mögen es immerhin sein —, insofern er die Praktiken der Parteien und des Bundestages kritisch sieht." Zitiert nach Gerd von Paczensky: Ein oppositioneller Journalist, in: Wilfert 1968, S. 148.

5. „Die Konzeption des Teach-ins gründet auf der liberalen Idee der öffentlichen Diskussion mit Andersdenkenden, in der man durch bessere Information, rationale Argumentation und publizistische Enthüllungen aufklären und überzeugen will. Die direkte Aktion in der Form des Teach-ins setzt an bei der konkreten Erfahrung einer theoretischen Unrichtigkeit oder eines praktischen Unrechts. Durch sachliche Kontroverse um die Analyse der Fakten versucht sie, die inneren Widersprüche in der Argumentation des Gegners aufzudecken und die Irrationalität seiner Logik nachzuweisen. Die Idee der Teach-ins setzt voraus, daß die Bereitschaft, mit dem Gegner zu diskutieren, keineswegs zur Aufgabe dezidierter Ansichten

oder zu Kompromissen führen muß, sondern daß im Gegenteil das Argument in der Auseinandersetzung geschärft wird." (Kleemann 1971) Diese Charakterisierung des Teach-ins der amerikanischen Studentenbewegung kann wohl auf ihre bundesrepublikanisches Pendant übertragen werden.

6. Die visuelle Symbolik eignet sich besonders für die Berichterstatter audiovisueller Medien, die die bildlichen Zustände der Demonstration reproduzieren. „Demonstrationen dient nur der unmittelbaren Anschauung. Sie ist zuerst ein visuelles Medium. Als solches kann sie ein Prinzip nur durch Symbole und die Bewegungen seiner Träger darstellen, da die Denkform unsichtbar ist. Die Demonstration appelliert nicht unmittelbar an das Räsonnement, wie der Disput, der auf Schlußfolgerungen gründet, und der Spruch. Bloße Anschaulichkeit wird deshalb durch Sprache verstärkt und durch Sprache übesetzt und durch vorgezeigte Zeichen (Male) intelligibel gemacht." (Pross 1971: 77 ff.)

7. Dies war für die damals zweifellos eine ungeheure Auflage. Im Vergleich zu heute erscheint sie jedoch lächerlich gering, nimmt man als Maßstab bspw. die taz, die mit 65.000 16seitigen Exemplaren *täglich* erscheint.

8. Die von Brückner vorgelegten Vorarbeiten zu einer komparativen Studie über die Protestbewegung sind leider nicht realisiert worden. Allein der Entwurf zu dieser Studie enthält zahlreiche Anregungen für alle, die sich mit dem Komplex »Studentenbewegung« beschäftigen. (Vgl. auch Brückner 1981 ff.)

9. Auch innerhalb der Publizistik, d.h. zwischen den einzelnen Presseorganen kommt es zu Auseinandersetzungen über die Berichterstattung. Dazu Thomas Ebert: Angesehene Berichterstattung. Ein symptomatisches Beispiel der Meinungsmanipulation. In: Frankfurter Hefte, Juni 1968, S. 375. Hier wird der Vorwurf der Manipulation, der bewußten Irreführung gegen die FAZ erhoben. Auf die Gegenkritik in der Zeit Nr. 26 von Feuilleton-Chef Rudolf Walter Leonhardt antwortet im Heft 8, August 1968, der Frankfurter Hefte, deren Herausgeber Walter Dirks.

10. Ob sich die Geschichte der Studenten- und Schülerrevolte an Hand der historischen Fakten als rückgekoppelter Lernprozeß schreiben läßt, ist fraglich. Es gibt zwar genügend Anhaltspunkte, die für eine solche Deutung sprechen, der explizite Nachweis von Lern- und Kampfzyklen kann aber wohl nicht erbracht werden. Deshalb muß es ausreichen, wie ich es hier getan habe, die Revolte sowohl als Lern- und Kampferfahrung zu bezeichnen.

11. Die ID-Traumbücher waren nicht nur Ordner, in denen die Leserzuschriften gesammelt wurden, sondern darüberhinaus internes Kommunikationsinstrument. Alle Protokolle und Postionspapiere, schriftlich fixiert, wurden hier unsystematisch abgeheftet, so daß diejenigen IDler, die nur sporadisch anwesend waren, sich auf dem Laufenden halten konnten. Die ID-Traumbücher sind heute im ID-Archiv in Frankfurt einsehbar.

12. Vgl. Ästhetik und Kommunikation Heft 57/58 (1985) mit dem Schwerpunkt Intimität, insbesondere der Beitrag von Michael Sonntag: Im Schattenreich der Intimität, S. 115-122. Vgl. auch Negt/Kluge (1981: 339): „Öffentlichkeit und Intimität liegen extrem weit auseinander, man kann sie als die Beschreibung von zwei Gegenpolen bezeichnen. Die Einheit von Öffentlichkeit und Intimität wäre eine starke Organisationsform."

13. FR v. 15.11.1976: »Der Rückweg von der Demonstration wurde zum Horrortrip«; »Sturm auf Brokdorf wurde abgewehrt«; Stern 48/1976: »Der Bürgerkrieg in Brokdorf«; Hamburger Abendblatt v. 15.11.1976: »Die Schlacht von Brokdorf«; Bild-Zeitung: »Krawalle in Brokdorf: Jetzt ist die Umwelt zerstört« v. 15.11.1976; Spiegel 48/22.11.1976: »Rundumschlag mit der chemischen Keule«.

14. Wenn die These vom eingeschränkten Zugang der Bürgerinitiativen zur medialen Öffentlichkeit richtig ist, dann müßte, bei zeitweiliger Existenz von 10.000 bis 20.000 Bürgerinitiativen, die Zahl der Volksblätter weitaus größer sein. Genauere Zahlenangaben über Bürgerinitiativen liegen aber nicht vor. Obige Zahl bezieht sich auf Guggenberger 1982, S. 140

15. Für den praktischen Journalismus, speziell für den Bereich der Militärberichterstattung hat das zur Folge: „Es geht nicht mehr nur darum, dem strategischen Räsonnement einer zahlenmäßig kleinen Militär-Expertokratie Aufmerksamkeit zu verschaffen, sondern was eigentlich schon immer notwendig gewesen wäre, die abstrakten Planspiel-Regeln in ihren zu vermutenden Auswirkungen auf leibhaftige Menschen darzustellen und angemessen zu bewerten. Insoweit hat sich das schillernde Arbeitsfeld »Militärberichterstattung« thematisch erweitert, und gleichzeitig sind Gegenstände der Auseinandersetzung nicht mehr zu verwechseln mit jenen Objekten, denen schreibende Waffenbrüder die Faszination und Harmlosigkeit technisch verblüffenden Spielzeugs andichten." (Wegener 1985: 60)

16. Vgl. Talcott Parsons und Winston White (1972), sie haben diese Kategorien zur Kennzeichnung des amerikanischen Systems der Massenmedien benutzt.

17. Vgl. der Konflikt um die Expansion des Frankfurter Pflasterstrandes und der Widerstand anderer hessischer Alternativzeitungen, siehe Pflasterstrand Nr. 222, taz vom 24.1.1986, sowie Herding 1986

18. Es ging dem dritten Stand *ursprünglich* nicht um die Absicherung von Herrschaft, im Gegenteil, das bürgerliche Publikum wollte Herrschaft als solche verhindern, politische Autorität sollte in »rationale« überführt werden.

19. Siehe auch Schlotter (1982), für den die Grundlage eines Veränderungsprozesses nicht nur im »postmaterialistischen Bewußtseinswandel« zu suchen ist, sondern auch im »Segmentierungsprozeß« der Gesellschaft. Die auf dieser Konfliktlinie angesiedelten Ansprüche an das System sind noch dem »Verteilungsparadigma« zuzuordnen. Beide Ansprucheebenen laufen nebeneinander her, überlappen sich aber bereits in Teilen.

20. Nelles (1983: 97 f.) hat auch auf die Krisenanfälligkeit solcherart kommunikativ strukturiertere Sozialzusammenhänge hingewiesen, ist doch jede Handlung der kommunikativen Verständigung ausgeliefert.

Literaturverzeichnis

Adolph, Ulrike / Kunzweiler, Klaus (1983): Lernprozesse. Bericht von der Blockade eines Atomwaffenlagers. In: Horn / Senghaas 1983
Alternative Liste Berlin (Hrsg.): Rechenschaftsbericht der Fraktion der AL Berlin 1983/84
Altmann, R. (1954): Das Problem der Öffentlichkeit und seine Bedeutung für die Demokratie, Diss. phil., Marburg
Anders, Günther (1956): Die Antiquiertheit des Menschen, Bd.1, München
Andritzky, Walter / Terlinden, Ulla (1978): Mitwirkung von Bürgerinitiativen an der Umweltpolitik (Institut für Zukunftsforschung der Gesellschaft für Zukunftsfragen), Berlin
Arbeitsgemeinschaft gegen militärisch-nukleare Zusammenarbeit der BRD mit Südafrika in der Anti-Apartheid-Bewegung, Gruppe Bremen, Thorsten Maaß und Uli Barde in Zusammenarbeit mit der BUKO-Koordinationsstelle »Stoppt den Rüstungsexport« (Hrsg.) (1984): Im Herzen der Bestie, Aktionshandbuch gegen Rüstungs- und Atomgeschäfte, Bremen
Arbeitsgruppe Alternativpresse (AgAp) und Frankfurter Informationsdienst zur Verbreitung unterbliebener Nachrichten (Hrsg.) (1980): Das riesengroße Verzeichnis alle Alternativzeitungen, Bonn und Frankfurt
Arbeitsgruppe Alternativpresse (AgAp) (Hrsg.) (1981): Riesengroßes Verzeichnis aller Alternativzeitungen, Bonn
Aust, Stefan (1974): »Studentenunruhen«, eine Fernsehdokumentation, NDR

Baier, Lothar (1984): Für eine linke Kultur, in: Die Linke neue denken, Berlin, 29-39
- (1985): Die Gerührten und die Ungerührten, Grüne und SPD in persönlicher Hinsicht, in: Merkur, Heft 9/10, Sept./Okt. 1985
Basisdaten 1985, Daten zur Mediensituation in der Bundesrepublik, in: Media Perspektiven 1985
Batelle-Institut (1975): Bürgerinitiativen im Bereich von Kernkraftwerken (Bericht für das Bundesministerium für Forschung und Technologie), Bonn
Baumann, Bommi (1977): Wie alles anfing, Frankfurt/Main
Bauß, Gerhard (1977): Die Studentenbewegung der sechziger Jahre in der Bundesrepublik und Westberlin, Köln
Beck, Ulrich (1984): Jenseits von Stand und Klasse, in: Merkur, Heft 5, Juli 1984
- (1985): Von der Vergänglichkeit der Industriegesellschaft, in: Schmid, Thomas, (Hrsg.): Das pfeifende Schwein, Berlin, 85-114
Beer, Wolfgang (1978): Lernen im Widerstand. Politisches Lernen und politische Sozialisation in Bürgerinitiativen, Hamburg

Benedict, Hans-Jürgen (1978): Die bürgerliche Presse und die Bürgerinitiativen, in: Frankfurter Hefte, Heft I, Jan. 1978, 30-38
Bermann, Russell / Knödler-Bunte, Eberhard (1981): Identitätskrisen der Linken? In: Was ist heute noch links? Herausgegeben von Eberhard Knödler-Bunte, Berlin
Beywl, Wolfgang (1982): Die Alternativpresse — ein Modell für Gegenöffentlichkeit und seine Grenzen, in: Aus Politik und Zeitgeschichte, 13. Nov. 1982
- (1983): Von Christiania nach Manchester. Thesen zum Wandel der Alternativpresse, in: Arbeitsgruppe Alternativpresse (Hrsg.): Verzeichnis aller Alternativzeitungen 1983/84, Bonn, Oktober/November 1983
Beywl, Wolfgang / Brombach, Hartmut (1982): Kritische Anmerkungen zur Theorie der Alternativpresse, in: Publizistik 4
Blanke, Bernhard (1968): Dutschkismus als Gerücht. Zu einigen Elementen spätkapitalistischer Öffentlichkeit, in: Neue Kritik, Heft 47, April 1968
Bopp, Jörg (1979): Das linke Psychodrom, in: Kursbuch 55, März 1979
Böckelmann, Frank (1975): Massenkommunikation im Prozeß der Auflösung bürgerlicher Öffentlichkeit, in: ders.: Theorie der Massenkommunikation, Frankfurt/Main
Borgmann, Anne (1983): Die Grünen entern das Raumschiff, Bonn, Hattingen/Ruhr
Brand, Karl-Werner (1982): Neue soziale Bewegungen, Opladen
- (1983): »Institutionalisierung« und »Bewegung« - ein falscher Gegensatz. Kritische Anmerkungen zum Selbstverständnis neuer sozialer Bewegungen in der Bundesrepublik, in: Hartwich 1983
- (Hrsg.) (1985): Neue soziale Bewegungen in Westeuropa und den USA. Ein internationaler Vergleich, Frankfurt/New York
Brand, Karl-Werner / Büsser, Detlef / Rucht, Dieter (1983): Aufbruch in eine andere Gesellschaft. Neue soziale Bewegungen in der Bundesrepublik, Frankfurt/New York
Brückner, Peter (1968): Die Geburt der Kritik aus dem Geiste des Gerüchts, in: Die Linke antwortet Jürgen Habermas, Frankfurt/Main
- (1970): Provokation als organisierte Selbstfreigabe, in: ders.: Selbstbefreiung, Provokation und soziale Bewegungen: Herausgegeben von Oestmann, Axel-R., Berlin 1983
- (1978): Versuch, uns und anderen die Bundesrepublik zu erklären, Berlin
- (1981): (u.a.) Untersuchungsprojekt: Die Protestbewegung in der Bundesrepublik Deutschland und in West-Berlin, in: Krovoza, Alfred / Oestmann, Axel R. / Ottomeyer, Klaus (Hrsg.): Zum Beispiel Peter Brückner. Treue zum Staat und kritische Wissenschaft, Frankfurt/Main
- (1983): Zerstörung des Gehorsams. Aufsätze zur politischen Psychologie: Herausgegeben von Oestmann, Axel R., Berlin
Brückner, Peter / Krovoza, Alfred (1972): Was heißt Politisierung der Wissenschaft und was kann sie für die Sozialwissenschaften leisten? Frankfurt/Main
Brunotte, Barbara (1973): Rebellen im Wort. Eine zeitgeschichtliche Dokumentation. Flugblatt und Flugschrift als Ausdruck jüngster Studentenunruhen, Frankfurt/Main
Buchholtz, Hans-Christoph (1978): Öffentlichkeitsarbeit in den Auseinandersetzungen um das Atomkraftwerk Wyhl. Prozeß der demokratischen Willensbildung oder Beispiel für die Herrschaft der veröffentlichten Meinung? In: Buchholtz, H.-C. / Metz, L. / Zabern, Th. von: Widerstand gegen Atomkraftwerke, Informationen für Atomkraftwerksgegner und solche, die es werden wollen, Wuppertal, 49-81
Bücken, Marion / Groth, Klaus (1973): Verfolgung der linken Presse, in: Aufermann / Bohrmann (Hrsg.): Gesellschaftliche Kommunikation und Information, Bd.2, Frankfurt/Main
Burgmann, Dieter (1985): Das Schönste an Bonn ist der Nachtzug nach Nürnberg, in: Jäger,

Brigitte / Pinl, Claudia: Zwischem Rotation und Routine. Die Grünen im Bundestag, Köln
Buro, Andreas (1982): Zwischen sozialliberalem Verfall und konservativer Herrschaft, Offenbach
- (1984): Wir müssen auf dauerhafte Veränderungen setzen, in: Frankfurter Hefte, Heft 2, Jan 84
Busch, Christoph (Hrsg.) (1981): Was sie schon immer über freie Radios wissen wollten, aber nicht zu fragen wagten! Münster
Buselmeier, Michael (Hrsg.) (1974): Das glückliche Bewußtsein. Anleitung zur materialistischen Medienkritik, Darmstadt/Neuwied
Buselmeier, M. / Schehl, G. (1970): Die Kinder von Coca-Cola, in: Kürbiskern I

Cohn-Bendit, Daniel (1978): Eine Schwalbe macht noch keinen Sommer. Die Reduktion der Alternativbewegung auf ihre Projekte. Eine Diskussion mit D.Cohn-Bendit, in: Kraushaar 1978
- (1983): Das Projekt Gedächtnis. Der »Informationsdienst: Zentrum für alternative Medien (ID)«, im Gespräch vorgestellt von Daniel Cohn-Bendit, in: Medium, Nov. 1983
Claussen, Detlev (1968): Organisation des Widerstandes, Einleitung, in: Claussen / Dermitzel 1968
- (1969): Zur Kritik falschen Bewußtseins in der Studentenrevolte, in: Neue Kritik Nr. 53, April 1969
Claussen, Detlev / Dermitzel, Regina (Hrsg.) (1968): Universität und Widerstand. Versuch einer politischen Universität, Frankfurt/Main

Daum, Thomas (1981): Die 2. Kultur, Alternativliteratur in der Bundesrepublik, Mainz
Deutsch, K.W. (1969): Politische Kybernetik. Modelle und Perspektiven, Freiburg/Breisgau
Die Grünen (Hrsg.) : Das Bundesprogramm, Bonn, ohne Jahresangabe
Dietrich, Rainer / Steinmann, Ingo / Wirth, Hans-Jürgen (1982): Die Politisierung des Gefühls.
— Sozialpsychologische Bemerkungen zur Rolle von Emotionaliät und Hilfsbereitschaft in der neuen Friedensbewegung. In: Psychosozial 15, Sept. 1982, 100-115
Dokumentation der Bundesregierung zur Entführung von Hanns Martin Schleyer (1977), München
Dudek, Peter (1984): Konservativismus, Rechtsextremismus und die »Philosophie der Grünen«, in: Thomas Kluge 1984
Dülmen, Richard van (1986): Die Gesellschaft der Aufklärer. Zur bürgerlichen Emanzipation und aufklärerischen Kultur in Deutschland, Frankfurt/Main
Dutschke, Rudi (1974): Versuch, Lenin auf die Füße zu stellen. Über den halbasiatischen und den westeuropäischen Weg zum Sozialismus, Berlin
- (1980a): Mein langer Marsch: Herausgegeben von Gretchen Dutschke-Klotz, Helmut Gollwitzer und Jürgen Miermeister, Reinbek bei Hamburg
- (1980b): Geschichte ist machbar: Herausgegeben von Jürgen Miermeister, Berlin

Eisenberg, Götz / Thiel, Wolfgang (1975): Fluchtversuche. Über Genesis, Verlauf und schlechte Aufhebung der antiautoritären Bewegung, Gießen
Ellwein, Thomas (1978): Bürgerinitiativen und Verbände, in: Guggenberger 1978
Enzensberger, Hans Magnus (1970): Baukasten zu einer Theorie der Medien, in: Kursbuch 20, März 1970
Enzensberger, Ulrich (1983): Macht? Nein danke? In: Kürbiskern 74, Dez. 1983
Eppler, Erhard (1984): Friedensbewegung 1984, in: Gerosa, Klaus (Hrsg.): Große Schritte wagen. Über die Zukunft der Friedensbewegung, München

Erchinger, Herbert (1984): Bezugsgruppensystem und Sprecherratsmodell, in: Tatz, Jürgen (Hrsg.): Gewaltfreier Widerstand gegen Massenvernichtungsmittel, Freiburg, 160-164
Eurich, Claus (1980): Gegen- oder Komplementär-Medien? Zu Gegenstand, Funktion und Ursache »Alternativer« Kommunikation, in: Jarren, Otfried (Hrsg.): Stadtteilzeitung und lokale Kommunikation, München, New York, London, Paris, 13-37

Fabris, Hans Heinz (1979): Journalismus und bürgerliche Medienarbeit, Formen und Bedingungen der Teilhabe an gesellschaftlicher Kommunikation, Salzburg
Faenza, Roberto (1975): Wir fragen nicht mehr um Erlaubnis. Handbuch zur politischen Videopraxis, Berlin
Fischer, Joschka (1983): Für einen grünen Radikalreformismus, in: Kraushaar 1983
- (1984a): Von grüner Kraft und Herrlichkeit, Reinbek bei Hamburg
- (1984b): Identität in Gefahr! In: Thomas Kluge 1984
Fischer, Joschka / Horacek, Milan (1984): Ein Streitgespräch, in: Fischer 1984a
Fogt, Helmut (1981): Basisdemokratie oder Herrschaft der Aktivisten? Zum Politikverständnis der Grünen, in: Politische Vierteljahresschrift, Heft I
Fuchs, W. (1977): Der Weg nach unten. Hochschulrevolte gegen ein Leben als Akademiker, in: Ortmann, H. u.a.: Universitärer Alltag. Lernen, Lehren und Leben in der Hochschule, Gießen

Gabriel, Oskar W. (1978): Bürgerinitiativen im lokalpolitischen Entscheidungsprozeß. Entstehungsbedingungen und Aktionsmuster, in: Guggenberger / Kempf 1978
Gegenöffentlichkeit (1982), in: Medienarbeit 30, November 1982
Gerstenberger, Heide (1978): Klasseninteressen und politische Kultur in der Bundesrepublik, in: Brüggemann / Gerstenberger / Gottschalch et al: Über den Mangel an politischer Kultur in Deutschland, Berlin
Glaser, Hermann (1970): Radikalität und Scheinradikalität. Zur Sozialpsychologie des jugendlichen Protestes, München
Glotz, Peter (1978): Nicht nur eine Frage von Kommunikationstechniken, in: Hoffmann-Axthelm, D. / Kallscheuer, O. / Knödler-Bunte, E. / Wartmann, B. (Hrsg.): Zwei Kulturen? Tunix, Mescalero und die Folgen, Berlin, ohne Jahresangabe
- (1981): Sozialdemokraten und Jugendprotest, in: Aus Politik und Zeitgeschichte, 26. Sept. 1981
Guggenberger, Bernd / Kempf, Udo (Hrsg.) (1978): Bürgerinitiativen und repräsentatives System, Opladen
Guggenberger, Bernd (1980): Bürgerinitiativen in der Parteiendemokratie. Von der Ökologiebewegung zur Umweltpartei, Stuttgart, Berlin, Köln, Mainz
Günter, Roland / Hasse, Rolf (1976): Handbuch für Bürgerinitiativen, Berlin

Habermas, Jürgen (1962): Strukturwandel der Öffentlichkeit. Untersuchungen zu einer Kategorie der bürgerlichen Gesellschaft, Neuwied und Berlin
- (1966): Zwangsjacke für die Studienreform, in: der Monat XVIII, Nr. 218, 1966
- (1968): Die Scheinrevolution und ihre Kinder, in: Die Linke antwortet Jürgen Habermas, Frankfurt/Main
- (1969): Protestbewegung und Hochschulreform, Frankfurt/Main
- (1973): Legitimationsprobleme im Spätkapitalismus, Frankfurt/Main
- (1981a): Kleine politische Schriften I-IV, Frankfurt/Main
- (1981b): Theorie des kommunikativen Handelns (Bd.2), Frankfurt/Main
- (1985): Die Neue Unübersichtlichkeit, Frankfurt/Main

Hartung, Klaus (1977): Versuch, die Krise der antiautoritären Bewegung wieder zur Sprache zu bringen, in: Kursbuch 48, Juni 1977

Hartwich, Hans-Hermann (Hrsg.) (1983): Gesellschaftliche Probleme als Anstoß und Folge von Politik, Opladen

Hasenclever, Wolf Dieter (1982a): Grüne Zeiten, München

- (1982b): Die Grünen im Landtag von Baden-Württemberg, in: Mettke 1982

- (1982c): Die Grünen und die Bürger — ein neues Selbstverständnis der politischen Partei, in: Raschke 1982

Heine, Werner / Schierholz, Henning / Weichler, Kurt (1983): Das Aktionsbuch. Für Frieden — Gegen Raketen, Reinbek bei Hamburg

Hentig, Hartmut von (1969): Öffentliche Meinung, offene Erregung, öffentliche Neugier. Pädagogische Überlegungen zu einer politischen Fiktion, Göttingen

Herding, Richard (1983): Am Anfang war das Kollektiv, in: Horx, Matthias / Sellner, Albrecht / Stephan, Cora (Hrsg.): Infrarot. Wider die Utopie des totalen Lebens, Berlin

- (1986): Du darfst — Über Moral, Recht und vor allem — Politik in der alternativen Presse, in: Chips und Kabel, Medien Magazin, März/April 1986

Hin zu einer anderen Öffentlichkeit (1982), in: Medienarbeit 30

Hirsch, Joachim (1980): Das »Modell« Deutschland, seine Krise und die neuen sozialen Bewegungen, Frankfurt/Main

- (1985): Von der Faszination des Staates oder was bleibt uns außer grünen Amtsinhabern? In: links, Nr. 185, März 1985

Höbermann, Frauke (Hrsg.) (1985): Der Kampf um die Köpfe, oder: die Nachrüstung in den Medien, Göttingen

Hohmann, Eckart (1977): Bürger Recht, in: Kursbuch 50, Dezember 1977

Hollstein, Walter (1969): Der Untergrund. Zur Soziologie jugendlicher Protestbewegungen, Neuwied und Berlin

Horkheimer, Max / Adorno, Theodor W. (1969): Dialektik der Aufklärung, Frankfurt/Main

Horn, Klaus / Senghaas-Knobloch, Eva (Hrsg.) (1983): Friedensbewegung — Persönliches und Politisches, Frankfurt/Main

Horx, Matthias (1985): Das Ende der Alternativen oder Die verlorene Unschuld der Radikalität. Ein Rechenschaftsbericht, München

Huber, Joseph (1980): Wer soll das alles ändern. Die Alternativen der Alternativbewegung, Berlin

- (1983) Basisdemokratie und Parlamentarismus. Zum Politikverständnis der Grünen, in: Kraushaar 1983

Hübsch, Hadayatullah (1980): Alternative Öffentlichkeit. Freiräume der Information und Kommunikation, Frankfurt/Main

Initiativgruppe für eine Tageszeitung (Hrsg.) (1978): Prospekt Tageszeitung, Frankfurt/Main

»Jugend '81«, Studie im Auftrag des Jugendwerkes der Deutschen Shell, 1982

Jahn, Egbert (1984): Aussichten und Sackgassen der neuen Friedensbewegung (Teil 1 und 2) in: Frankfurter Hefte 1/2, Jan./Febr. 1984

Karl, Fred (1981): Die Bürgerinitiativen, soziale und politische Aspekte einer neuen sozialen Bewegung, Frankfurt/Main

Kiefer, Marie-Luise (1985): Wie vielfältig ist die Presse eigentlich wirklich? In: Media Perspektiven 10/85, 727-733

Kleemann, Susanne (1971): Ursachen und Formen der amerikanischen Studentenopposition, Frankfurt/Main
Kluge, Alexander (Hrsg.) (1983): Bestandsaufnahme: Utopie Film, Frankfurt/Main
- (1985) Die Macht der Bewußtseinsindustrie und das Schicksal unserer Öffentlichkeit, in: Bismarck, Klaus von / Gaus, Günter / Kluge, Alexander / Sieger, Ferdinand: Industrialisierung des Bewußtseins, München
Kluge, Thomas (Hrsg.) (1984): Grüne Politik. Der Stand der Auseinandersetzung, Frankfurt/Main
Kodolitsch, Paul von (1978): Effizienzsteigerung der Systemüberwindung. In: Guggenberger / Kempf 1978
Koschwitz, Hans-Jürgen (1968): Studentische Presse und Hochschulkrise, in: Publizistik, Heft 2/3/4, 1968
Krahl, Hans-Jürgen (1971): Konstitution und Klassenkampf, Frankfurt/Main
Krause, Christian / Lehnert, Detlef / Scherer, Klaus-Jürgen (1980): Zwischen Revolution und Resignation? Alternativkultur, politische Grundströmungen und Hochschulaktivitäten in der Studentenschaft, Bonn
Kraushaar, Wolfgang (Hrsg.) (1978): Autonomie oder Getto? Kontroversen über die Alternativbewegung, Frankfurt/Main
- (Hrsg.) (1983): Was wollen die Grünen im Parlament? Frankfurt/Main
Krum, Gerhard (1983): Vorherbst. Zur Politik der neuen Friedensbewegung, in: Sonderbeilage der Zeitschrift links, Herbst 1983
Krippendorf, Ekkehart (1983): Die Friedensbewegung kann nicht Friedensbewegung bleiben — oder sie ist auch das nicht mehr, in: Albrecht, A. / Galtung, J. et al (Hrsg.): Stationierung und was dann? Berlin
Kuckuck, Margareth (1977): Student und Klassenkampf. Studentenbewegung in der BRD seit 1967, Hamburg
Kuhn, Otmar / Marchal, Peter (1977): Von der Basis für die Basis. Alternativzeitungen und ihre Macher (Radiomanuskript)

Ladeur, Karl-Heinz (1977): Bürgerinitiativen — Vierte Gewalt? In: Kursbuch 50, Dez. 1977
Lalonde, Brice / Leggewie, Claus (1983): Es lebe der Ökoliberalismus, in: links, Heft 12, 1983
Lang, Roland (1974): Zur Bedeutung des Verbandsorgans und zur Arbeit mit den »roten blättern«. Diskussionsbeitrag des Genossen Roland Lang, Mitglied des Sekretariats des Bundesvorstandes, in: Dokumente des MSB Spartakus, Dortmund
Langguth, Gerd (1976): Die Protestbewegung in der Bundesrepublik Deutschland 1968-1976, Köln
Langenbucher, Wolfgang R. / Lipp, Michael (Hrsg.) (1982): Kontrollieren Parteien die politische Kommunikation? In: Raschke 1982
Lau, Christoph (1985): Zum Doppelcharakter der neuen sozialen Bewegungen, in: Merkur, Heft 12, Dez. 1985
Lechenauer, Gerhard (Hrsg.) (1979): Alternative Medienarbeit mit Video und Film, Reinbek bei Hamburg
Lehnert, D. (1985): Alternative Politik. Die neuen sozialen Bewegungen zwischen Protestpotential, Wertekonservativismus und Ökosozialismus, in: Politische Vierteljahresschrift 1985
Lehnardt, Karl-Heinz / Volmer, Ludger (1979): Politik zwischen Kopf und Bauch. Zur Relevanz der Persönlichkeitsbildung in den politischen Konzepten der Studentenbewegung in der BRD, Bochum
Leithäuser, Thomas (1981): Praxis, Wiederholungszwang und Zeiterfahrung. In: Schülein /

Rammstedt / Horn et al: Politische Psychologie. Entwürfe zu einer historisch-materialistischen Theorie des Subjekts, Frankfurt/Main
Leinen, Josef / Vogt, Roland (1977): Kalkar — die Wende? Einschätzung der Großdemonstration gegen den Schnellen Brüter in Kalkar vom 24.9.77. In: BBU-Aktuell, Nov./Dez. 1977
Leineweber, Bernd / Schibel, Karl-Ludwig (1975): Die Revolution ist vorbei — Wir haben gesiegt, Berlin
Lenin, Wladimir I. (1955): Werke, Bd. 5, Berlin
Lepenies, Wolf (1968): Student und Öffentlichkeit. Kommunikationsprobleme einer Minderheit, in: Baier, Horst (Hrsg.): Student in Opposition, Beiträge zur Soziologie der deutschen Hochschule, Bielefeld
Lippe, Rudolf zur (1974): Objektiver Faktor Subjektivität, in: Kursbuch 35, April 1974
Luhmann, Niklas (1968): Status quo als Argument, in: Baier, Horst (Hrsg.): Student in Opposition, Beiträge zur Soziologie der deutschen Hochschule, Bielefeld
- (1971): Öffentliche Meinung, in: ders.: Politische Planung, Aufsätze zur Soziologie von Politik und Verwaltung, Opladen, 9-34

Mander, Jerry (1979): Schafft das Fernsehen ab! Eine Streitschrift gegen das Leben aus zweiter Hand, Hamburg
Marcuse, Herbert (1967): Der eindimensionale Mensch. Studien zur Ideologie der fortgeschrittenen Industriegesellschaft, Neuwied und Berlin
Mayer-Tasch, P.C. (1981): Die Bürgerinitiativbewegung. Der aktive Bürger als rechs- und politikwissenschaftliches Problem, Reinbek bei Hamburg 1976, überarbeitete Auflage 1981
Mettke, Jörg R. (Hrsg.) (1982): Die Grünen. Regierungspartner von morgen? Reinbek bei Hamburg
Mettke, Jörg R. / Degler, Hans Dieter (1982): »Wir müssen die Etablierten entblößen wo wir können«, Spiegel-Gespräch mit der Bundesvorsitzenden der Grünen, Petra Kelly, in: Mettke 1982
Michalik, Regina (1985): Ohne uns läuft nichts, in: Richardsen / Michalik 1985
Michael, Fritz (Hrsg.) (1984): Die tägliche Mobilmachung oder: die unfriedlichen Strukturen der Massenmedien, Göttingn
Michel, Karl Markus (1971): Wer wann warum politisch wird — und wozu. Ein Beispiel für die Unwissenheit der Wissenschaft, Kursbuch 25, Okt. 1971
Miermeister / Staadt (Hrsg.) (1977): Provokationen. Die Studenten- und Jugendrevolte in ihren Flugblättern 1965-1971 Berlin
Mosler, Peter (1975): Die Revolte frißt ihre Kinder, in: Diskus, Frankfurter Studentenzeitung, Heft 1, 2. Juni 1975
- (1977): Was wir wollten, was wir wurden. Studentenrevolte zehn Jahre danach, Reinbek bei Hamburg
Moßmann, Walter (1977): Der lange Marsch von Wyhl nach Anderswo, in: Kursbuch 50, Dez. 1977
Münkler, Herfried (1983): Sehnsucht nach dem Ausnahmezustand. Die Faszination des Untergrunds und ihre Demontage durch die Strategie des Terrors, in: Reiner Steinweg (Redaktion): Faszination der Gewalt. Politische Strategie und Alltagserfahrung, Friedensanalysen 17, Frankfurt/Main
Muntschik, Thomas (1986): Die »graue« Presse. Grüne Landesverbands-Zeitungen, in: Chips und Kabel, Medien Magazin, März 1986
Murphy, Detlef (1982): Grüne und Bunte — Theorie und Praxis »alternativer Parteien«, in: Raschke 1982

Murphy, Detlef / Rubart, Frauke / Müller, Ferdinand / Raschke, Joachim (1979): Protest. Grüne, Bunte und Steuerrebellen. Ursachen und Perspektiven, Reinbek bei Hamburg

Nagel, Herbert (1987): Carlos Supermaus. Zur RAF und Staatsgewalt, Hamburg
Naschold, Frieder (1969): Organisation und Demokratie, Stuttgart
Narr, Wolf-Dieter (1979): Hin zu einer Gesellschaft bedingter Relexe, in: Jürgen Habermas (Hrsg.): Stichworte zur »Geistigen Situation der Zeit«, Bd.2, Frankfurt/Main
- (1982): Andere Partei oder neue Form der Politik? In: Mettke 1982
Negt, Oskar (1968): Studentischer Protest — Liberalismus — »Linksfaschismus«, in: Kursbuch 13, Juni 1968
- (1973): Massenmedien: Herrschaftsmittel oder Instrumente der Befreiung? In: Dieter Prokop (Hrsg.): Kritische Kommunikationsforschung. Aufsätze aus der Zeitschrift für Sozialforschung, München
- (1976): Keine Demokratie ohne Sozialismus. Über den Zuammenhang von Politik, Geschichte und Moral, Frankfurt/Main
- (1979): »Zensur trägt Züge einer Hydra«, in: 3. Internationales Russell-Tribunal zur Situation der Menschenrechte in der Bundesrepublik Deutschland, Bd. 3, Berlin
- (1982): Medienarbeit als Liebesbeziehung: Über Arbeitsweisen linker Medien und gegen die Betroffenenberichte als »Erfahrungsprodukte« - ein Gespräch mit Oskar Negt, in: Medien Magazin, Nr. 2, April 1982, 48-51
- (1983a): Frequenzbesetzer klagen die verdrängte Utopie des Radios ein, in: die tageszeitung vom 27.5.1983
- (1983b): Verdrängte Medien-Utopie, in: Medien Magazin, Nr. 5, 1983
- (1983c): Nach dem Schock des 6. März, zum Verhältnis von Basisbewegungen und parlamentarischer Opposition, in: Süddeutsche Zeitung vom 25./26.6.1983
- (1984): Lebendige Arbeit, enteignete Zeit. Politische und kulturelle Dimensionen des Kampfes um die Arbeitszeit, Frankfurt/New York
Negt, Oskar / Kluge, Alexander (1974): Öffentlichkeit und Erfahrung. Zur Organisationsanalyse von bürgerlicher und proletarischer Öffentlichkeit, Frankfurt/Main
- (1981): Geschichte und Eigensinn, Frankfurt/Main
Nelles, Wilfried (1983): Neue soziale Bewegung und alte Politik, in: Grottian, Peter / Nelles, Wilfried (Hrsg.): Großstadt und neue soziale Bewegungen, Basel, Boston, Stuttgart
Nirumand, Baham (1968): Die Avantgarde der Studenten im internationalen Klassenkampf, in: Kursbuch 13, Juni 1968
Nissen, Klaus / Herding, Richard / Bartscher, Bille (1985): Kabelschau, in: Medien Magazin, Heft 8/9, Okt. 1985

Oeckl, Walter (1977): Chancen von Gegenöffentlichkeit, in: Reimann/Reimann: Information, München
Oeser, Kurt (1974): Progressive und reaktionäre Bürgerinitiativen, in: Bürger initiativ, Stuttgart
Offe, Claus (1968): Kapitalismus — Analyse als Selbsteinschüchterung, in: Die Linke antwortet Jürgen Habermas, Frankfurt/Main
- (1972): Bürgerinitiativen und Reproduktion der Arbeitskraft im Spätkapitalismus, in: ders.: Strukturprobleme des kapitalistischen Staates, Frankfurt/Main
Ottomeyer, Klaus (1981): Peter Brückner und das Problem der Identität, in: Krovoza / Oestmann / Ottomeyer (Hrsg.): Zum Beispiel Peter Brückner, Frankfurt/Main

Paris, Rainer (1981): Soziale Bewegung und Öffentlichkeit, in: Prokla, Heft 43, 1981

- (1982): Sprache der Bewegung — in Bewegung, in: links, April 1982
Parsons, Talcott / White, Winston (1972): Die Massenmedien und die Struktur der amerikanischen Gesellschaft, in: Prokop, Dieter (Hrsg.): Massenkommunikationsforschung 1: Produktion, Frankfurt/Main, 277-285
Petri, Horst (1985): Angst und Friedensbewegung, in: Vorgänge 74, Heft 2, März 1985
Preuß, Ulrich K. (1985): Zivilisation und Gewaltmonopol. Über linke wie grüne Mißverständnisse, in: Freibeuter 25
Prosinger, Wolfgang (1982): Laßt uns in Frieden. Porträt einer Bewegung, Reinbek bei Hamburg
Pross, Harry (1971): Protest, Versuch über das Verhältnis von Form und Prinzip, Neuwied und Berlin
- (1983): p aut q. Über »alternative Kommunikation« und »alternative Medien«, unveröffentlichtes Manuskript

Quistorp, Eva (1982): Frauen für den Frieden, in: Pestalozzi, Hans A. / Schlegel, Ralf / Bachmann, Adolf (Hrsg.): Frieden in Deutschland. Die Friedensbewegung: wie sie wurde, was sie ist, was sie werden kann, München

Rammstedt, Otthein (1978): Soziale Bewegung, Frankfurt/Main
- (1980): Die Bürgerinitiativbewegung unter Ideologisierungszwang, in: Hauff, Volker (Hrsg.): Bürgerinitiativen in der Gesellschaft, Villingen-Schwenningen
- (1981): Soziale Bewegung, Öffentlichkeit und Legitimität, in: Schulte, Werner (Hrsg.): Soziologie in der Gesellschaft, Tagungsbericht 3, Bremen
Raschke, Joachim (1980): Politik und Wertewandel in der westlichen Demokratie, in: Aus Politik und Zeitgeschichte, B 36
- (Hrsg.) (1982): Bürger und Parteien. Ansichten und Analysen einer schwierigen Beziehung, Opladen
Rechenschaftsbericht der Fraktion der Alternativen Liste Berlin 1983/84
Resolution zum Kampf gegen Manipulation und für Demokratisierung der Öffentlichkeit (1967), in: Neue Kritik 44, Nov. 1967
Richardsen, Elke A. / Michalik, Regine (Hrsg.) (1985): Die quotierte Hälfte. Frauenpolitik in den grün-alternativen Parteien, Berlin
Rodenstein, Marianne (1977): Aufgewacht aus dem Tiefschlaf. Von der Unzufriedenheit zum Protest, in: Kursbuch 50, Dez. 1977
- (1978): Bürgerinitiativen und politisches System. Eine Auseinandersetzung mit soziologischen Legitimationstheorien, Gießen
Röder, Klaus (1978): Gegenöffentlichkeit, in: Westberliner Stattbuch I, Berlin
Röhl, Klaus Rainer (1974): Fünf Finger sind keine Faust, Köln
Ronneberger, Franz (1971): Sozialisation durch Massenkommunikation, in: ders. (Hrsg.): Sozialisation durch Massenkommunikation, Stuttgart
Roth, Karl-Heinz (1980): Die Geschäftsführer der Alternativbewegung, in: Pflasterstrand 71, Jan. 1980
Roth, Roland (1980): Notizen zur politischen Geschichte der Bürgerinitiativen in der Bundesrepublik, in: ders. (Hrsg.): Parlamentarisches Ritual und politische Alternativen, Frankfurt/New York
- (1983): Gesellschaftstheoretische Konzepte zur Analyse neuer sozialer Bewegungen, in: Politische Vierteljahresschrift, Heft 3, 1983
- (1985a): Die Indianer sind fern: »Jugendunruhen« und neue soziale Bewegungen in der Bundesrepublik, in: Widersprüche, Heft 4/5, Dez. 1985

- (1985b): Neue soziale Bewegungen in der politischen Kultur der Bundesrepublik — eine vorläufige Skizze, in: Brand 1985, 20-82
Roth, Roland / Negt, Oskar (1980): Das Sozialistische Büro — Ein Gespräch, in: links, Nr. 123, Juni 1980
Rucht, Dieter (1980): Von Wyhl nach Gorleben. Bürger gegen das Atomprogramm und nukleare Entsorgung, München
- (1983a): Institutionalisierungstendenzen der neuen sozialen Bewegungen, in: Hartwich 1983
- (1983b): Die Bürgerinitiativbewegung - Entwicklungsdynamik, politisch-ideologisches Spektrum und Bedeutung für die politische Kultur, in: Grottian, Peter / Nelles, Wilfried (Hrsg.): Großstadt und neue soziale Bewegungen, Basel, Boston, Stuttgart
Rust, Holger (1982): Geteilte Öffentlichkeit. Alltagskommunikation und Massenpublizistik, in: Publizistik, Heft 4, 505-529

Schaeffer, Roland (1983): Basisdemokratie, in: Kursbuch 74, Dez. 1983
Schenk, Michael (1982): Kommunikationsstrukturen in Bürgerinitiativen. Empirische Untersuchungen zur interpersonalen Kommunikation und politischen Meinungsbildung, Tübingen
Scherer, Klaus-Jürgen (1980): Fluchttendenzen und Veränderungspotentiale in der Alternativbewegung der Bundesrepublik. Analysen zum Selbstverständnis der Alternativkultur, Wiss. Diplomarbeit, Berlin
Scheuch, Erwin K. (1970): Zum Wiedererstehen der Erlösungsbewegung, in: ders.: Der Überdruß an der Demokratie. Neue Linke und alte Rechte — Unterschiede und Gemeinsamkeiten, Köln
Schlesinger, Philip (1983): Politische Gewalt, Intellektuelle und Medienkultur, in: Harry Pross / Claus-Dieter Rath (Hrsg.): Rituale der Medienkommunikation, Berlin
Schlotter, Peter (1982): Zur Zukunft der Friedensbewegung. Rahmenbedingungen alternativer Politik, in: Analysen aus der Friedensbewegung, Redaktion Reiner Steinweg, Frankfurt/Main, 16-33
Schlögel, Karl / Jasper, Willi / Ziesemer, Bernd (1981): Partei kaputt. Das Scheitern der KPD und die Krise der Linken, Berlin
Schmid, Thomas (1975): Facing Reality: Organisation kaputt, in: Autonomie Nr. 1, Nov. 1975
- (1983): Über die Schwierigkeiten der Grünen, in Gesellschaft zu leben und zu denken, in: Freibeuter 15, 1983
- (1984): Kommedia dell'arte alternativa, in: Susann Heenen (Hrsg.): Traumtänzer und Bildschirmtäter, Frankfurt/Main, 74-87
- (1985): Reformpolitik in fundamentaler Absicht, über den Wiederaufstieg der Grünen, in: Kommune Nr. 6, Juli 1985
Schmiederer, Ursel (1982): Zum Charakter der Friedensbewegung, in: links Nr. 6, Juni 1982
Schneider, Michael (1971): Gegen den linken Dogmatismus, eine »Alterskrankheit der Kommunisten, in: Kursbuch 25, Okt. 1971
Schoppe, Waltraud (1985): Feminismus wurde verhunzt, in: Kommune Nr. 2, 8. Nov. 1985
- (1986): In Zukunft professioneller nörgeln? In: Kommune Nr. 6, 7. Juni 1986
Schröder, Jörg (Hrsg.) (1969 und 1984): Mammut, März Texte 1 und 2, Herbstein
Schülein, Johann August (1977): Von der Studentenrevolte zur Tendenzwende oder der Rückzug ins Private, in: Kursbuch 48, Juni 1977
- (1980): Emanzipation und Selbstreflexion, in: ders. (Hrsg.): Auf der Suche nach Zukunft, Alternativbewegung und Identität, Gießen
- (1983): Normalität und Opposition. Über Ursachen und gesellschaftliche Funktion der »Alternativbewegung«, in: Leviathan, Heft 2

Schütte, Johannes (1980): Revolte und Verweigerung. Zur Politik und Sozialpsychologie der Spontibewegung, Gießen
Sozialistisches Büro (Hrsg.) (1975): Thesen des SB, Offenbach
Schwendter, Rolf (1977): Stadtzeitungen, in Horst Wackerbarth (Hrsg.): Kunst und Medien, Materialien zur documenta 6, Kassel
- (1981): Theorie der Subkultur. Neuauflage mit einem Nachwort, sieben Jahre später, Köln
SDS/KU-Autorenkollektiv: Der Untergang der Bild-Zeitung, Berlin, ohne Jahresangabe

Semmelroth, Felix (1979): Wozu diese dummen Fragen, Genossen? In: Kursbuch 55, März 1979
Sennett, Richard (1983): Verfall und Ende des öffentlichen Lebens. Die Tyrannei der Intimität, Frankfurt/Main
Simeon, Thomas (1982): Fetisch Objektivität. Die schillernden Wahrheiten der »tageszeitung«, in: Bentele / Ruoff (Hrsg.): Wie objektiv sind unsere Medien? Frankfurt/Main, 276-289
Sonnenschein, Thomas (1986): Basisdemokratie versus innere Pressefreiheit, in: Chips und Kabel, Medien Magazin, März 1986
Sonntag, Michael (1985): Im Schattenreich der Intimität, in: Ästhetik und Kommunikation, Heft 57/58, 1985
Specht, Harry (1973): Disruptive Techniken in der Gemeinwesenarbeit, in: Müller, Wolfgang, C. / Nimmermann, Peter: Stadtplanung und Gemeinwesenarbeit, München, 208-227
Spender, Stephan (1969): Das Jahr der jungen Rebellen, New York, Paris, Prag, München
Spoo, Eckhart (1984): Innere Pressefreiheit nutzt dem Leser, in: Vorgänge 68, Heft 2, 1984
Stadlmayer, Martina (1984): Die medienbezogene Öffentlichkeitsarbeit der Grünen, Hausarbeit, München
Stankowski, Martin (1983): Die Szene und ihre Macher oder Was ist alternativer Professionalismus? In: Bertelsmann-Briefe, Heft 111/112, April 1983
Stankowski, Martin / Potting, Christoph (1984): Spektakel für die Medien, in: Medien Magazin, Heft 6
Stephan, Cora (1985): Ganz entspannt im Supermarkt. Liebe und Leben im ausgehenden 20. Jahrhundert, Berlin
Suhr, Heinz (1983): »Wer die Macht hat, hat die Show«, Gespräch mit Heinz Suhr, in: Medien Magazin, Heft 6
Süß, Werner / Schröder, Klaus (1980): Theorieeinflüsse — Politikverständnis von der APO zur Alternativbewegung. Anmerkungen zum politischen und intellektuellen Selbstverständnis der Neuen Linken, Berlin

Thielicke, Helmut (1969): Kulturkritik der studentischen Rebellion, Tübingen
Thesenpapier der »Ökolibertären Grünen« über das Verhältnis zur Demokratie (1984), in: Frankfurter Rundschau, 7./8.11.1984

Vack, Klaus (1982): Hinweise, Tips und Vorschläge für eine Kampagne »atomwaffenfreie Zonen von unten«, in: Buro 1982, 197-213
- (1983a): Friedensbewegung, soziale Bewegungen, in: Vorgänge, Heft 4/5
- (1983b): Irrationalismus und Lebenssehnsüchte, Gespräch mit Klaus Vack zur Friedensbewegung, in: Sonderbeilage der links, Herbst 1983
Vester, Michael (1970): Die Entstehung des Proletariats als Lernprozeß, Frankfurt/Main
- (1983): Von neuen Plebejern, Emanzipation und Massenstreiks. Thesen zur Klassen- und Schichtenstruktur und zu den Entwicklungsperspektiven der neuen sozialen Bewegungen, in: Frankfurter Rundschau vom 5. April 1983

Volmerg, Ute / Büttner, Christian (1983): Über die Mühen der politischen Überzeugungsarbeit — Erfahrungen aus friedenspolitischen Veranstaltungen, in: Horn / Senghaas-Knoblock 1983
Vostell, Wolf (Hrsg.) (1970): Aktionen, Happenings und Demonstrationen, Reinbek bei Hamburg

Waldhubl, Thomas (1979): Sponti-Bewegung: Flucht in den Alltag? In: Das Argument 23, 1979
Walter, Helmut (1983): Schädliche Folgen nicht hinreichenden Einbringens der Fähigkeit, besorgt zu sein, in: Horn / Senghaas-Knobloch 1983
Wegener, Matthias (1985): Krieg in den Köpfen. Vierte Gewalt und militärische Macht, in: Höbermann 1985
Weichler, Kurt (1983): Gegendruck. Lust und Frust der alternativen Presse, Reinbek bei Hamburg
Weinberger, Marie-Luise (1985): Ende des grünen Zeitalters? In: Aus Politik und Zeitgeschichte, B 45
Weiss, H.J. / Uekermann, H. (1980): Die Themenstrukturierungsfunktion der Massenmedien. Systematische Analyse der angelsächsischen Agenda-Setting-Forschung, München, Göttingen (unveröffentlichter Forschungsbericht)
Wellmer, Albrecht (1979): Terrorismus und Gesellschaftskritik, in: Jürgen Habermas (Hrsg.): Stichworte zur »Geistigen Situation der Zeit«, Band 1, Frankfurt/Main
Wienert, Klaus (1984): Anstalts-Frieden, in: Vorgänge 68, Heft 2
Wilfert, Otto (Hrsg.) (1969): Lästige Linke. Ein Überblick über die außerparlamentarische Opposition der Intellektuellen, Studenten und Gewerkschafter, Mainz
Wir warn die Stärkste der Partein... (1977) Erfahrungsbericht aus der Welt der K-Gruppen, Berlin

Zeuner, Bodo / Klotsch, Lilian / Könemann, Klaus / Wischermann, Jörg (1983): Alternative im Parlament. Neue Soziale Bewegungen und parlamentarische Repräsentation, in: Hartwich 1983
Zoller (Hrsg.) (1969): Aktiver Streik. Dokumentation zu einem Jahr Hochschulpolitik am Beispiel der Universität Frankfurt, Darmstadt